楚雄师范学院省级重点学科『民族学』学术集刊

云南彝族历史文化与社会发展研究基地学术集刊

楚雄民族文化论坛

第五辑

杨甫旺 主编

云南大学出版社

图书在版编目（CIP）数据

楚雄民族文化论坛. 第5辑/杨甫旺主编. -- 昆明
: 云南大学出版社，2011

ISBN 978-7-5482-0458-9

Ⅰ. ①楚…　Ⅱ. ②杨…　Ⅲ. ①民族文化—楚雄彝族自治州—文集　Ⅳ. ①K280.742-53

中国版本图书馆CIP数据核字（2011）第093377号

楚雄民族文化论坛

第五辑

杨甫旺　主编

策划编辑：赵红梅
责任编辑：石　可
封面设计：刘　雨
出版发行：云南大学出版社
印　　装：昆明理工大学印刷印务包装有限公司
开　　本：850mm×1168mm　1/32
印　　张：16.25
字　　数：422千
版　　次：2011年6月第1版
印　　次：2011年6月第1次印刷
书　　号：ISBN 978-7-5482-0458-9
定　　价：40.00元

社　　址：云南省昆明市翠湖北路2号云南大学英华园内（邮编：650091）
发行电话：0871-5033244　5031071
网　　址：http://www.ynup.com
E-mail：market@ynup.com

目　录

专　稿

彝族历史文化研究

民族/妇女/社会性别研究

地方民族文化研究

译 文

专　　稿

伏羲女娲、楚帛书与南方民族洪水神话

刘亚虎*

摘 要: 女娲、伏羲神话是中国神话史上流传最长、演变最多的神话，较早时期各自独立叙述，女娲神话在北方地区广泛流传，显示出一种农耕民族“地母”和女性始祖神的特质。早期伏羲神话的流传地区似乎与女娲神话流传地区相近；以后，逐渐靠拢。根据目前的研究成果，显示它们互相联系的最早文本是出土于南方的长沙子弹库楚墓帛书乙篇，这就似乎为这样一种假说提供了证据，即将伏羲、女娲相互联系起来以至将与洪水兄妹婚神话三者联系起来可能是在南方完成的。于是，女娲在作为女性氏族首领、地母、造人神、高禖神等等之后，与伏羲连称并列，更显明地突出了其生育崇拜的意味，与伏羲一道成为整个人类女性和男性始祖神，以至阴和阳的象征（在北方地区）。当其随着民族的迁徙流传到南方以后，与南方各民族的洪水神话结合起来，就顺理成章地成为神话中藏葫芦避洪水繁衍人类的姐弟或

* 作者刘亚虎（1950—），男，广西灌阳人，中国社会科学院民族文学研究所研究员、博士生导师，云南彝族历史文化与社会发展研究基地兼职研究员，研究方向为中国少数民族文学。

兄妹。

关键词：伏羲女娲　楚帛书　南方民族　洪水神话

在中国神话史上，流传最长、演变最多的是女娲、伏羲神话。从先秦两汉的《山海经》、《楚辞》、《淮南子》，一直到唐宋的《独异志》、《路史》，都有一些关于女娲、伏羲的记载；河南、山东、陕西等不少地区，苗、瑶、彝、布依、仫佬等不少民族，都流传着活形态的女娲、伏羲神话和关于女娲、伏羲的信仰风俗；一些考古遗址也出土不少女娲、伏羲的砖画、帛画等。它们组成了女娲伏羲神话演变的长长画卷。

根据目前所见的材料，较早时期，女娲伏羲神话在汉文典籍中各自独立叙述。大约在汉代或稍前，两者开始相连并提，并产生各种形式的关系。

女娲之名，始见于《山海经·大荒西经》和《楚辞·天问》等。《山海经·大荒西经》载："有神十人，名曰女娲之肠，化为神，处栗广之野……"《楚辞·天问》也提到："女娲有体，孰制匠之？"其后，《淮南子》、《风俗通义》、《列子》等，也记载了关于女娲补苍天、立四极、平洪水、造人、制笙簧等情节。从神话内容及记载情况来看，早期女娲神话似乎是北方民族神话，在北方地区广泛流传。"女娲之肠"神话载于以西北地区为背景的《山海经·大荒西经》中，与女娲补天、治水有联系的颛顼、共工分别是黄帝和炎帝的后裔，共工"怒而触"的"不周之山"在"西北三百七十里"（《山海经·西次三经》），女娲"杀黑龙以济"的"冀州"乃"中土"，可见神话里的人物和地点多在北方。传说中女娲的遗址也以北方为多。《路史·后纪二》罗注、《酉阳杂俎·忠志》等列举了一些关于女娲的遗址，它们多在北方。如任城（今山东济宁）承匡山有"女娲出生处"；蓝田有女娲居处"女娲氏谷"，骊山有"女娲冶处"（均属今陕西）；虢州（今河南灵宝）有女娲坟等等。现在河南西华县思都岗仍保存相传与女娲有关的“女城”遗址和“娲”字城砖。

在北方大地流传的这些早期神话中的女娲形象，显示出一种农耕民族“地母”和女性始祖神的特质。她生于地，基于地。《抱朴子·释滞》载：“女娲地出。”《说文解字》载：“娲，古之神圣女，化万物者也。”她以地之物五色石、芦灰为基本材料，补天，止水。《淮南子·览冥篇》载：“往古之时，四极废，九州裂，天不兼覆，地不周载，火爁炎（焱）而不灭，水浩洋而不息；……于是女娲炼五色石以补苍天，断鳌足以立四极，杀黑龙以济冀州，积芦灰以止淫水。”并以黄土作人。应劭《风俗通义》载：“俗说：天地开辟，未有人民，女娲抟黄土作人。务剧力不暇供，乃引絙于泥中，举以为人。”她“母”的特质继续发展，成为高禖女神，掌握婚姻和生育。《风俗通义》载：“女娲祷祠神，祈而为女媒，因置婚姻。”

如果我们进一步探索的话，远古时期女娲的形象可能具有更多的内蕴。《说文解字注》十二篇下的女部关于“娲”的注释说：“从女，咼声，古蛙切。”女娲神话流传地之一陕西骊山附近的姜塞新石器遗址，近年来出土不少盆壁上有写实蛙纹的彩陶。人们认为，这些蛙纹是氏族图腾或其他崇拜的标志。这里至今还流行一种叫“裹肚儿”的衣物，旧时这是一个人从出生满月到结婚大礼以至老死入殓都不可或缺的东西，它正面就绘制着以蛙为中心的图案。人们把这些文物、习俗与女娲神话结合起来，认为远古时期女娲可能是母系氏族社会里一个以蛙为图腾的氏族的女首领。①

---

① 参见张自修《骊山女娲风俗及其渊源》，载《陕西民俗学研究资料》第1集，中国民间文艺研究会陕西分会编，1982年。

可以佐以旁证的是汉代女娲伏羲画像里，女娲多持月轮，月中有蟾（亦即蛙）。这大概为女娲与蛙有某种特定关系的遗痕。董仲舒《春秋繁露》载民谣："雨不霁，祭女娲。"把女娲视为跟蛙蟾一样与水旱有关、能赐雨的神灵，这也表明了女娲与蛙的神秘联系。

伏羲又作包牺、庖牺、庖羲、炮牺、宓牺、伏牺、伏戏、伏希等。《世本·帝系篇》（清张澍稡集补注本）谓："太昊伏羲氏。"后人均依此将太昊（又称太皞、大昊、大皞）与伏羲并称。早期伏羲神话的流传地区，似乎与女娲神话流传地区相近。相传，伏羲生于成纪（今甘肃天水）。《太平御览》卷一六五引《续汉书·郡国志》载："成纪，古帝庖牺氏所生之地。"但主要活动地区似乎在豫东南鲁南皖北淮河流域。《路史·后纪一》罗注："今宛丘（古为陈州治所，今即河南淮阳）北一里有伏羲庙八卦坛。《寰宇记》云：伏羲于蔡水得龟，因画八卦之坛。……《九域志》：陈、蔡俱有八卦坛。"淮阳至今仍存太昊伏羲画卦台。伏羲的神话传说以《庄子》记载最多，《人间世》、《大宗师》、《缮性》、《田子方》等都提到伏羲。庄子为蒙（今河南商丘或安徽蒙城）人，也说明伏羲的神话传说早期当主要流传在这一带。此外安徽含山县凌家滩新石器文化墓地出土了一件精致的玉龟和一块上刻历法图的玉版，它们距今大约四千五百至五千年，是当时表示四时历法的原始"八卦图"。[①] 这似乎也为伏羲画八卦神话起源地提供了物证。

伏羲的事迹，主要与中国古代很多发明创造有关。除了"始作八卦"以外，还"钻木取火"，"作结绳而为罔罟以佃以渔"，"始名物虫鸟兽之名"，"始尝草木可食者"，"豢育牺牲，

---

① 参见《安徽含山凌家滩新石器时代墓葬发掘简报》、陈久金等《含山出土玉器图形试考》，均载《文物》，1989（4）。

服牛乘马”，“冶金成器，教民炮食”，“去巢穴之居”，“制杵臼”，“丝桑为瑟，均土为埙”，“造书契以代结绳之政”，“正姓氏通媒妁”等等。他当为男系氏族首领，被尊为男性始祖神，并随着男权社会的发展而地位越来越高，逐步居于“三皇”之首，百王之始。

根据以上材料，女娲、伏羲远古时期似乎分别是地域相近的不同部落不同历史发展时期的首领，或尊崇的祖神。随着民族的融合、文化的交流，他们被联系到一起。

在较早时期的许多汉文典籍里，女娲、伏羲各自独立叙述，以后逐渐靠拢。根据目前的研究成果，显示他们互相联系的最早文本却是出土于南方的长沙子弹库楚墓帛书乙篇。其中有关他们的段落如下（青年学者吕威参照饶宗颐、李零的研究用现今通行文字作了翻译处理）：

> 曰故□熊雹戏（伏羲），出自□霆，居于䨲□。乓田渔渔，□□□女，梦梦墨墨（茫茫昧昧），亡章弼弼，□□水□，风雨是於，乃娶虘遅□子之子曰女皇（娲），是生子四□是襄，天践是格，参化法兆，为禹为万（契）以司堵（土），襄晷天步，□乃上下朕断，山陵不疋，乃名山川四海，□熏气魄气，以为其疋，以涉山陵，泷汩渊漫，未有日月，四神相代，乃步以为岁，是为四时。
>
> 长曰青榦，二曰朱四单，三曰□黄难，四曰□墨榦，千有百岁，日月夋生，九州不平，山陵备峡，四神乃作至于覆，天方动扞，蔽之青木、赤木、黄木、白木、墨木之精。……

其大意是说，创世之初，天地混沌（茫昧）无形（亡章），风雨大水，伏羲娶虘遅□子之子女娲，生四子，协助禹和契平水土（司堵，即司土，治水之官），其时洪水泛滥（泷汩渊漫），九州不平，且尚未有日月，四子（四神）乃立四至（四极）以承天覆，并以步测时，开始了创世的工作。

据饶宗颐、李零等人的研究，子弹库帛书乃战国中晚期楚地巫史占卜时日禁忌的用书（“日书”），上述传说原是“日者”为证明自己“敬天授时”工作的神圣性和权威性而选择的神话中关于众神进行时间创造的部分。[①] 关于这篇帛书的解释将“女皇”作女娲，可能还是参照较后时期汉文典籍中关于两人关系的记载。在那些文献中，二人并列首见于西汉《淮南子·览冥训》。其云：“伏羲女娲不设法度而以至德遗于后世。”另外，西汉鲁灵光殿壁画可能也出现两人并列的情景，东汉王延寿《鲁灵殿赋》描述道：“伏羲鳞身，女娲蛇躯。”应劭《风俗通义》始以女娲作为伏羲之妹：“女娲，伏希之妹。”[②]《淮南子·览冥篇》高诱注始以女娲作为伏羲之妻：“女娲，阴帝，佐伏羲治者也。”此外，在山东东汉时代武梁祠石室画像中，第一石室第二层第一图绘两人，右一人右手执矩，下身鳞尾，左一人也下身鳞尾，两人鳞尾环绕相交。图上左柱有隶书“伏羲仓精初造王业画卦结绳以理海内”十六个字，故其中一人必为伏羲。现代一些学者根据诸书所说伏羲女娲人首蛇身（或龙身）等，判断另一人为女娲。[③] 左石室第四室也有类似的图。在山东其他地方以及江苏、四川、河南等地汉代画像石中，也出现很多这种伏羲、女娲像。他们都被刻画成人首蛇尾的形象，尾巴往往交织在一

---

① 以上参见李零《长沙子弹库战国楚帛书研究》，中华书局 1985 年；饶宗颐、曾宪通《楚地出土文献三种研究》，中华书局 1993 年；吕威《楚地帛书敦煌残卷与佛教伪经中的伏羲女娲故事》，《文学遗产》，1996（4）。

② 〔宋〕罗泌《路史·后纪二》罗苹注引。

③ 参见芮逸夫《苗族的洪水故事与伏羲女娲的传说》，中央研究院历史语言研究所《人类学集刊》第 1 卷第 1 期（1938 年）。

起。他们手中常常拿着一件东西，例如伏羲拿着一把曲尺，女娲拿着一个圆规；或者伏羲手捧太阳，太阳里面有一只金鸟，女娲手捧月亮，月亮里面有一只蟾蜍，等等。

伏羲女娲并称可能是民族融合的结果。同时，随着母系社会向父系社会的发展，女娲从至高之位降为伏羲之妻，并随着中国古代哲学阴阳匹配观念、对称观念的深化，他们之间的关系有了更深刻的含义。在汉代画像中，伏羲举日轮，中刻金鸟；女娲举月轮，中刻蟾蜍，显示他们已化身为阳和阴的象征。

金鸟与太阳有联系。距今七千年的河姆渡文化、中原仰韶文化等创造了许多以太阳和鸟为中心的图饰，他们有的鸟首日身，有的鸟身日首，有的日鸟互衬，等等。鸟又有男性祖先的象征意义，在玄鸟生商的传说中，玄鸟遗卵而使女孕含男女交合的暗示。鸟形同男性生殖器形状相似，鸟图腾信仰也含以鸟为标志的男祖崇拜。金鸟可理解为雄性的象征，日鸟结合则为阳的象征。

蟾蜍或青蛙象征女性。南方壮族先民称蛙神为“蛙婆”，凝结了人们的性别观念。南方出土的大批饰有蛙纹（蟾蜍纹）的器物，不少特别夸张地描绘了蛙的圆腹，犹如孕妇的体态。其中的铜鼓，出现很多累蛙的形象，有的呈母蛙背负小蛙的情状，也暗寓着人们关于蛙的女性象征意义的认识。月亮、蟾蜍结合自然为阴的象征。

这样，女娲在作为女性氏族首领、地母、造人神、高禖神等等之后，与伏羲连称并列，更显明地突出了其生育崇拜的意味，与伏羲一道成为整个人类女性和男性始祖神，以至阴和阳的象征（在北方地区）。当其随着民族的迁徙流传到南方以后，与南方各民族的洪水神话结合起来，就顺理成章地成为神话中藏葫芦避洪水繁衍人类的姐弟或兄妹。

长沙子弹库楚墓帛书乙篇的发现和译读具有双重的意义，一是将伏羲女娲对偶神话最早记录本的上限提前到了先秦时代，二是似乎为这样一种假说提供了证据，即伏羲、女娲相互联系起来以至与洪水兄妹婚神话三者联系起来可能是在南方完成的。

在一些汉文典籍的记载中，女娲也与洪水有关，但与整个中原文化理性化人伦化相联，已经带上强烈的伦理色彩，成为关于她的英雄功业描述：她在天塌地陷、火热水深、凶怪横行、人民遭殃的危难关头，补苍天立四极，杀黑龙济冀州，积芦灰止淫水，冀州平淫水固，狡虫死颛民生……英雄救世，令人景仰，但其中却没有关于婚姻生子方面的叙述。这些神话记录较晚，但产生当为较早时期的事。长沙子弹库楚墓帛书乙篇伏羲女娲的故事，关于治水的一些情节与上述可能流传在淮河流域的神话相似（主角变了），增加了两人结婚生子的情节，这样就存在一种可能，即它流传到楚地以后已经吸收了南方民族洪水兄妹婚神话的某些成分。

南方各民族具有丰富的洪水兄妹婚神话，苗、瑶、壮、侗、布依、毛南、仫佬、黎、彝、白、傈僳、拉祜、纳西、哈尼、基诺、佤和高山等民族都有比较完整的故事流传。它清新、活泼，保留着某些人类童年时期的天真。它还逸出中国西南部，进入太平洋—亚洲南部文化区，成为其中重要的文化因子。芮逸夫先生的《中国民族及其文化论稿》在列举了东南亚和南亚次大陆的一些例子后说："这种型式的洪水故事的地理分布，大约北自中国本部，南自南洋群岛，西起印度中部，东迄台湾岛。……我推测，兄妹配偶型的洪水故事或即起源于中国的西南，由此而传播到四方。"① 这个推测是合乎实际情况的，中国西南地区此型神话在各民族里广泛集中流传，具有发源地的种种特点。

世界上许多民族都有洪水型故事。它们有人类历史上真正发

① 芮逸夫：《中国民族及其文化论稿》上册，第1059页，艺文出版社（台北），1972年。

生过的洪水灾害的影子。根据地质学家们对古代冰川遗迹的研究，地质史上曾发生过多次大冰期，公认的有震旦纪大冰期、上古生代大冰期和第四纪大冰期。第四纪大冰期包括三次间冰期，大约始于距今200万年，终于距今1万至2万年这段时期。最大的一次冰期中平均气温比现在约低3°C～7°C，世界大陆约有32%的面积为冰川覆盖，地球上大量的水分以固态形式覆盖于大陆上，致使海面下降约130米。

四纪大冰川的冰川总量约7 697万立方公里，全部融化成水后为7 136万立方公里，可使海面上升约197米。[①] 冰川融化以后，海水上涨，海面上升，会淹没一些陆地，造成很大面积的洪水灾害。对于距今最近一次由于冰川融化而造成的洪水灾害或其他大大小小的洪水灾害的惨痛记忆，可能是洪水型故事的起点。

中国南方少数民族神话和原始性史诗的洪水故事，表层展开结构大致分为三个阶段：洪水前，洪水中，洪水后。三个阶段各叙述三个中心内容：洪水发生的起因，洪水中的避难，洪水发生后的婚姻繁衍。

洪水发生的起因，在各民族神话和原始性史诗里大致有三个方面：

动物造成。苦聪人《创世歌》叙述，一棵“遮了整个天”的大树被人们砍倒以后，白蚂蚁“就去吃树根，树根被吃空了，一股大水冲出来”，形成洪水，淹没大地；[②]

某一代人心肠不好，或做错了事，天神要惩罚他们而发洪水。彝族《查姆》叙述：“直眼睛这代人呀，他们不懂道理，他

① 参见《地质辞典》（一）“普通地质构造地质分册”，第136、130页，地质出版社，1983年。

② 《创世歌》，杨老三等唱，樊晋波等搜集，韩延等整理，载《红河》总第九期，红河州文联、民委合编。

们经常吵嘴打架，各吃各的饭，各烧各的汤。一不管亲友，二不管爹妈。爹死了拴着脖子丢在山里，妈死了拴着脚杆抛进沟凹。”天神涅侬撒萨歇奉命到人间查访好心人，“走遍九山十八凹，没见一个好心人，没遇一户好人家。”最后，才遇到唯一愿意用人血为涅侬撒萨歇医龙马的好心人阿朴独姆兄妹。[①]《梅葛》、《阿细的先基》，傣族《巴塔麻嘎捧尚罗》、仡佬族《十二段经》等也有类似的情节。

某一代人触犯了天神、雷公等，天神、雷公等加以报复而发洪水。黎族《褪祷跑》叙述，扎哈射日月得罪天帝，于是“天河放水浸，风母开风篮”，“世间全是水，世上尽悄然”。[②]纳西族《创世纪》叙述，“金古不会耕田，耕到天神住的地方去，夸古不会犁地，犁到天神住的地方去。”于是天神子劳阿普怒火起，发洪水淹没大地。[③]《苗族古歌》、瑶族《盘王歌》、壮族《布伯》、布依族《赛胡细妹造人烟》、侗族《祖先哪里来》、土家族《摆手歌》等叙述人间的英雄与雷公雷婆斗志斗勇，擒住雷公或雷婆又让其逃脱，雷公或雷婆为了报复而发大水。

这些对于远古时代洪水灾害起因的推测，第一种反映了早期原始人与动物共处并存的状况，体现了他们天真幼稚的思维方式，当是最早的形态；第二种开始加进天神的活动，又体现了原始氏族部落那种集体主义的道德观念（不遵从这些观念就会引发洪水，受到惩罚），当是稍后时期的形态；第三种已经出现了反抗天神的情节，尤其是已经出现了私有财产、剥削压迫等内容，当是最迟的形态。

---

① 《查姆》，郭思九、陶学良整理，云南人民出版社，1959 年。

② 《褪祷跑（追念祖先歌）》，李亚逊、苏亚强唱，李和弟搜集翻译，孙有康、李和弟整理，海南三亚市民间文学三套集成办公室编，1987 年。

③ 《创世纪》，云南省民族民间文学丽江调查队收集整理翻译，云南人民出版社，1960 年。

洪水中避难的内容，一般表现了两兄妹或几兄弟中的一个，或者显示了某种好心肠，或者由于无知等原因救了天神或雷公雷婆，得到了天神或雷公雷婆的特别指点，得以躲在葫芦或其他物具里，安然避过洪水灾难。《梅葛》叙述，格滋天神派武姆勒娃下凡来换人种，武姆勒娃变个大老熊翻回犁好的地，被直眼人学博若五个儿子套住。“四弟兄都喊打，四弟兄都喊杀。”“学博若的小儿子，背着小妹跑过来：‘看他的头像祖父，看他的身子像祖母，千万不能打，千万不能杀。’”于是解下绳索救了武姆勒娃。武姆勒娃给了小弟妹三颗葫芦子，让小弟妹躲进葫芦里避了难。[①]《盘王歌》里的两兄妹则是以禾秆蘸水给被父亲关在大仓里的雷公“解口干”，使雷公“半个时辰胀破仓”得以逃脱。“雷公走时送个齿，阳鸟唱歌种下土”，葫芦三夜爆芽，七夜结葫芦。以后，“洪水狂，淹死天下千万人”，只有两兄妹“藏入葫芦漂水上”得以幸免。[②] 洪水后婚姻繁衍的内容，表现了两兄妹或独个人从葫芦等物具里出来以后，面临重新繁衍人类的任务。两兄妹经过诸如滚石磨、穿针眼等测试天意的活动，终于成亲生育后代。幸存的独个人也在经过天神的多种考验以后，与天神的女儿结了婚。《赛胡细妹造人烟》叙述，赛胡细妹兄妹从葫芦里出来以后，先后以推石磨、穿针眼来测试能否成亲，结果“只见两扇磨子溜溜转，不偏不歪来合成”；“只见线子犹如龙摆尾，一头穿进绣花针”。两人“再也无话讲”，只好成亲，成亲半年生下肉团，砍成一百零八块变成人类、小河、水井。[③] 纳西族《创世纪》叙述，从忍利恩从皮囊里出来以后，上天经历了

---

① 《梅葛》，云南省民族民间文学楚雄调查队搜集翻译整理，云南人民出版社，1959 年。

② 《盘王大歌》，郑德宏、李本高整理译释，岳麓书社，1988 年。

③ 载《布依族古歌叙事歌选》，贵州人民出版社，1982 年。

爬利刃梯、砍九十九片森林、烧九十九片树木、播九十九片地的种子、岩头打岩羊、江边拿鱼、挤虎奶、认姑娘等种种考验，终于娶得天神的女儿衬红褒白，回到人间繁衍人类。

这些叙述，同样具有某些远古时代生活的影子。当灾难性的洪水过后，少数人躲避在各种高处高地，幸免于难。其后，由于损失惨重，人烟稀少，按照当时的婚姻观念，同胞兄妹、堂兄妹、表兄妹之间成亲，或到族外寻找伴侣（天婚），以繁衍后代。这正反映了当时血缘婚、族外婚的状况。至于神话、史诗所叙述的只剩下两兄妹或独个人以及上天找神女等情节，当表现了原始思维的整化意识和神秘性；认为血缘婚不道德的观念以及滚石磨、穿针眼等情节，当是根据后人的观念创造的。（当然，也不排除当时已经进入下一个婚姻阶段的原始人确实存在某种类似的现象。）

与世界其他民族的洪水型故事比较起来，中国南方少数民族神话和原始性史诗里的洪水型故事具有种种自己的特点。世界许多民族都有洪水泛滥毁灭人类、只剩下以一个方舟里的一个家庭等形式存在的人种及动植物种一类的神话传说，它们没有洪水后兄妹婚的情节；中原汉族也有洪水后兄妹婚的类型，但和南方少数民族洪水型故事比较起来，缺了最具神秘色彩、最有特点的洪水中兄妹躲于葫芦里避难的情节。这个情节与洪水前洪水发生的起因、洪水后的兄妹婚（或天婚等）繁衍人类结合起来，形成了南方少数民族洪水神话的完整结构。

葫芦在南方许多民族中具有崇高的地位，它由于独有的食、用和在生育方面的象征意义而受到人们的崇拜。葫芦给早期人们提供了大量的食物来源，是早期人们的主要食品。它形似母胎，速生多子，又容易蒙上一层神秘的光辉，使人们联想到有灵性的母体和人类的生育繁衍。人们既食用它，又尊崇它。这种葫芦信仰的遗风在许多民族那里一直延续到新中国成立前后。云南哀牢山彝族家庭通常把葫芦放在壁龛或供桌上供奉；拉祜族平时将葫芦笙放在谷筐里挂于据说是家神和祖先处所的火塘上方熏烘。葫芦在生殖崇拜方面的遗迹也保存在许多民族的生活中。侗族青年男女在举办婚事时，要经过“葫芦婚礼”：当男方到女方家接新娘时，在“酿海”酒席上新娘的母亲或“司礼”把一个掏空晒干的全家最大的葫芦交给新婚夫妇，以祝愿他们代代繁荣昌盛。哈尼族在过“六月年”的歌舞游乐场上让童男头戴棕皮面具（表示祖先的脸），下挂半截葫芦做生殖器，边跳边甩。

许多民族还流传着一些早期的与洪水无关的葫芦生人（出人）的故事。佤族《葫芦的传说》叙述，大海漂来一只小船，船上有个葫芦，葫芦子两次出苗长藤结葫芦，从里面爬出一男一女；拉祜族《牡帕密帕》叙述，天神厄莎撒下葫芦子，出苗长藤结葫芦，老鼠啃开葫芦，走出一男一女；阿昌族《遮帕麻和遮米麻》叙述，天公遮帕麻和地母遮米麻结合，生下一颗葫芦子，这颗葫芦子种下后所生长出来的葫芦孕育了9个小娃娃，他们成为各民族的祖先。在一些民族的带原始宗教色彩的活动中，也突出地宣扬了葫芦在生育方面的象征意义。

洪水型故事黏合葫芦生人的故事，当与洪水后人们强烈的繁殖愿望有关。根据调查材料，原始性史诗里洪水型故事部分很多民族都是在结婚仪式上唱的，如景颇族、纳西族等等。这一方面出于缅怀自己民族的婚姻历史，另一方面更重要的是出于一种为自己家庭自己族类繁衍后代的欲望。是否可以这样推测，洪水后人们面临着繁衍复兴的任务，与生殖崇拜有关的葫芦崇拜被抬到一个新的高度，这方面的祭祀、祭词也日渐增多。在以后的婚姻仪式上，人们既追述自己民族的特别是洪水以后的婚姻史，重申自己民族遵循下来的婚姻习惯法，又祭祀葫芦，吟诵与生育有关的对于葫芦的祭词。（这方面的遗迹，如至今云南哀牢山彝族结婚还保留剖葫芦为两半作“交瓢饮”的风俗，侗族也保留了结婚举行葫芦婚礼、新娘母亲向新婚夫妇赠送葫芦的古风。）久而久之，这两种唱词逐渐融合起来，逐渐形成洪水后的第一代祖先是在葫芦里避难从葫芦里出来的情节。

在瑶族《盘王歌》和苗、布依等民族的神话、史诗、远古歌里，出现了洪水中两兄妹是伏羲兄妹（即伏羲女娲两兄妹）的情节，这体现了民族文化的交融。远古上古时期，黄淮、江淮一带民族迁徙分合频繁，伏羲女娲氏的一些后裔有可能融合于南方群蛮、百越等族团中。这样，伏羲女娲氏的后裔或留居、或迁徙并与当地土著结合，伏羲女娲的形象和神话也在不同的地域和氛围继续流传、延续、发展、变化。与在汉族中发展成阴阳的象征相似又相异，伏羲女娲神话在南方少数民族地区与洪水神话、葫芦崇拜结合起来，形成了祖先神话。具体地说，就是苗、瑶、壮、侗、布依、毛南、仫佬、彝等民族都流传着由于这种结合而形成的伏羲兄妹（或同时流传着伏羲兄妹和别的姓名的兄妹）洪水后结婚繁衍人类的神话。

南方民族伏羲兄妹洪水后结婚繁衍人类的神话，大都包括了洪水神话、葫芦神话、兄妹婚神话三个组成部分。一般的情节是：天神或精怪发起洪水，伏羲兄妹躲进葫芦（或他物），得以幸免于难，成为人类唯一的孑遗。他们在不得已的情况下经过滚磨叠磨、抛线穿针或点火合烟等方式请示天意，结成婚姻。婚后生下肉团，剁碎抛散后变为各个族类的祖先。此外，一般还有：洪水泛滥前两兄妹父亲与发洪水的雷公斗争，捉住雷公，雷公得到伏羲兄妹相救，赠牙一颗，伏羲兄妹种下后结出葫芦……

如果把伏羲兄妹洪水神话与汉文典籍有关记载作一番比较的话，会发现它们在许多方面有相吻合的地方。《太平御览》卷七八引汉代纬书《诗含神雾》说：“大迹出雷泽，华胥履之，出宓牺。”而《山海经·海内东经》说：“雷泽中有雷神，龙身而人头，鼓其腹。”则华胥所履的雷泽中的大迹当为雷神之迹，说明伏羲也为雷族。这与南方一些少数民族洪水神话所说的伏羲之父与雷公是兄弟一致。值得注意的是，交合观念、生育信仰作为两条主线贯串了两组神话。滚磨叠磨、抛线穿针、点火合烟等方式都隐喻着阴阳暗合，含神圣意味，与汉文典籍和画像中女娲伏羲作为阴阳象征如出一辙。伏羲兄妹结婚生下的肉团剁碎抛散生成人类，与化为十神的“女娲之肠”一脉相承。

伏羲女娲神话流传到南方，最大的变化就是与南方民族叙述人类再生的洪水神话、葫芦兄妹婚神话结合了起来。洪水神话世界上许多民族都有，但如前所述，中国南方少数民族洪水神话与葫芦、兄妹婚联系在一起，则别具一格，并在民间信仰中占据很重要的位置。葫芦具有独特的象征意义，它的形制如同一个怀孕的母体，而且中空多子，被许多民族的先民当做母体崇拜的象征物；它在传说中孕育了民族和人类的始祖，又被当做祖灵崇拜的象征物。在古代，葫芦还曾是渡河的工具。这些大概是它在洪水神话里被用做避水以保存人类生命种子的原因吧！作为男女始祖的伏羲女娲在这里转化为葫芦中人类生命的种子，伏羲女娲神话也在新的文化氛围里形成了新的叙事结构。

中国西南少数民族的梅山教与茅山教

张泽洪*

提 要：在中国西南少数民族传统宗教中，梅山教与茅山教是巫术色彩浓郁的教派，其神灵和法术深受道教影响。本文考察梅山教与茅山教的神灵和圣地崇拜，并分析梅山教、茅山教与西南各族群的关系，认为梅山教、茅山教的不同法术风格，是历史上道教传播影响的结果。梅山教与茅山教在西南傩祭傩文化中的浸润影响，更反映其多元宗教文化的特征。对西南少数民族梅山教多维度的解析，是西南少数民族宗教比较研究的新视角。

中国西南少数民族的梅山教，是具有多元族群影响的宗教。信仰梅山教的西南少数民族有瑶族、壮族、苗族、土家族、仫佬族、仡佬族、毛南族、侗族、布依族、水族等。梅山教在历史上的影响和辐射，甚至波及西南的白族、彝族地区，在汉族民间也

* 张泽洪，四川大学宗教与社会研究创新基地学术带头人，四川大学道教与宗教文化研究所教授，广西民族大学兼职教授，云南彝族历史文化与社会发展研究基地兼职研究员。

有梅山教影响的痕迹。[①] 本文所讨论的西南少数民族，是运用文化意义上的西南概念，即西南在现川、滇、黔、桂、藏、渝六省区市外，还延伸至湘西、鄂西、粤北的地理区域，因该地域是遍布西南的瑶、苗、土家、侗等民族世代居住之地。而西南梅山教蕴涵的多元宗教因素，梅山教与茅山教、闾山教的法术特点，梅山教与道教的历史联系，则是本文拟侧重探讨的问题。

一、梅山教的梅山圣地及神灵崇拜

中国西南少数民族的梅山教，以起源于湘中的梅山而得名。作为梅山教发祥地的古梅山文化区，地跨湖南邵阳、益阳、娄底、怀化等市县。广义的梅山指湖南中部的雪峰山东麓，狭义的梅山仅指雪峰山东麓的北段，包括今新化县和冷水江市的全部，以及安化县、涟源市、新邵县各一部分。从魏晋南北朝时期以来，梅山是瑶族先民梅山蛮的聚居地，尤其湘沅流域之间的新化、安化所在的上、下梅山，是历史上梅山蛮的活动中心。广西、湖南瑶族的《梅山峒歌》说："梅山正在永州界，安化乐县在东京。梅山离州一百里，十八峒里住瑶人。"[②] 上、下梅山溪峒居住的族群，魏晋南北朝时期称为"莫徭"。在唐宋汉文献的语境中，称上、下梅山地区的瑶人为"梅山十峒獠"、"梅山蛮"或"梅山峒蛮"。北宋神宗熙宁五年（1072），章惇曾大规模开发梅山，加强了南宋朝廷在梅山蛮地区的统治。早期的梅山教确与梅山蛮有关，但随着历史上瑶族先民在南岭走廊的迁徙，中原

---

① 民国《合川县志》载巫师有"和梅山"的表演。民国《万源县志》载："猎者则兼供梅山"；猎者以"庆坛"祭奠梅山。杨承志《罗罗太上清净消灾经对译》说："计是日所念者，有《又祭梅山》"（《国立中央研究院历史语言研究所集刊》第四本第二分，上海：1933年，第87页。）

② 黄书光、刘保元等编著：《瑶族文学史》，南宁：广西人民出版社，1988年，第97页。

汉文化在西南少数民族地区的传播，梅山教亦随之在西南各族群中广泛传播。20世纪30年代，唐兆民曾赴广西大瑶山调查，撰《徭山散记》介绍瑶族宗教有梅山教、茅山教之分，此后梅山教、茅山教之名始逐渐为学界所知。

在梅山教信仰的宗教体系中，梅山是族群起源生息之地，梅山十洞、梅山十八洞、梅山三十六洞，更是具有象征意义的地名。尤其在瑶族历史记忆中的梅山，更被视为瑶人祖先居住的祖灵地。广东八排瑶的《指路书》，就是超度死者三魂上九天，回归祖灵之地的科仪文书。广西瑶族《开坛书》吟诵道："一魂踏上梅山界，二魂踏上奈何桥，脚踏梅山深深全，不见师父心里休。"① 瑶人圣地崇拜中的梅山，其信仰通过经文和仪式得以表现。瑶族师公《游梅山书》是送亡仪式经书，死者灵魂先后经过梅山十洞，在第十洞神灵将告知是否升天成仙。

梅山十洞作为瑶族宗教信仰中的圣地，其实还是梅山地区族群居住的实际地域。《宋史》卷四百九十四《梅山峒蛮传》载："梅山峒蛮，旧不与中国通，其地东接潭，南接邵，其西则辰，其北则鼎、澧，而梅山居其中。"②

广西瑶族老人去世以后，其灵魂要送归梅山十洞，瑶人认为梅山十洞的十大王，有主宰人间兴衰祸福的能力。广西瑶族师公《梅山歌》之《引动大梅山》唱道："梅山洞头好景致，阴阳相送老师行"；"三魂渺渺梅山洞，收旗勒马归家宅。"梅山是瑶人生命的最后归宿，瑶族师公死后灵魂要返回梅山家园。《梅山歌》之《送法师十洞歌章》吟诵回归梅山十洞的历程，对沿途所见风光景致有生动叙述："送入梅山第一洞，石岩出水九重

---

① 胡起望：《论瑶传道教》，昆明：《云南社会科学》1994年第1期，第61～69页。

② ［元］脱脱等撰：《宋史》，北京：中华书局，1985年，第40册第14196页。

弯”；“送入梅山第二洞，牛扁架桥路难行”；“送入梅山第三洞，黄龙吐水不通行”；“梅山十洞好景致，一条大路水湾湾。做师得入梅山洞，逍遥快乐入梅山。”《梅山歌》之《引动大梅山》则说：“灵山洞中好景致，化师快乐住梅山。”[①] 经过师公仪式的象征表现，仰赖梅山法主神灵的护卫，瑶人亡魂终于回到梅山。梅山法主又称梅山法主九郎，梅山法主九郎还有九人之说，即卜君大郎、杨君二郎、苏君三郎、郭君四郎、张君五郎、廖君六郎、柳君七郎、宋君八郎、康君九郎。[②] 瑶族请神坛歌中有请梅山法主九郎的唱词，瑶族还盘王愿的很多科仪仪节祈请的神灵都包括梅山法主九郎。

瑶族师公《游梅山书》是送亡仪式经书，同样记载梅山十洞及三十六洞。瑶族《游梅山书》的梅山是阴间所在，是死者灵魂四处飘游的最后归宿。瑶人认为迁徙飘游于异国他乡的瑶人灵魂，最终都要回归祖先所在地梅山。在瑶人的宗教观念中，人死后只有回归梅山祖灵地，灵魂与祖先团聚才得以安宁。广西瑶族《忏饭书》开篇说道：“一声呜我去哀哀，去到梅山殿上来；亡师无命归阴府，请迎魂魄下灵台。”[③] 梅山是瑶人心目中的天界圣地，湖南邵阳傩戏《打梅山》的唱词，就说“若问梅山在何处，梅山住在九重天”。[④] 广西恭城瑶族送亡灵的祭祀仪式，要悬挂长达 40 余米的《梅山图》，图像描绘瑶人祖先生产耕作、

---

① 李刚等编：《广西恭城瑶族历史资料》，桂林：漓江出版社，1990 年，第 36 ~37 页。

② 张声震主编：《还盘王愿》，广西民族古籍整理出版规划办公室，2002 年，第 29 页。

③ 胡起望：《论瑶传道教》，昆明：《云南社会科学》1994 年第 1 期，第 61 ~ 69 页。

④ 向绪成、刘中岳：《湖南邵阳傩戏调查》，载顾朴光、潘朝霖、柏果成编：《中国傩戏调查报告》，贵阳：贵州人民出版社，1992 年，第 114 页。下同。

打猎捕鱼、击鼓起舞的场景，这与纳西族、彝族的祖灵图有异曲同工之妙。① 瑶族师公送亡灵仪式和做“洪门”仪式，师公在仪式中遍请36方梅山神祇。仪式中由德高望重者吟唱《梅山图》歌，怀念祖先在梅山的渔猎生活，唱送逝者灵魂回归梅山圣地。②

梅山三十六洞是超度仪式的阴界，相传每洞都有梅山法主主持。《又到游梅山三十六洞念》是法国瑶人的送亡经书，用于超度亡师回梅山洞。经文中说：“师今身带三华盖，送去梅山学法文”；“超度亡师送山阴，去到梅山万万年”；“超度梅山送师会，梅山殿上去安身。”③ 迁徙法国的瑶人虽远渡重洋，仍矢志不忘祖先所在的梅山，要将亡师魂魄送回梅山洞中，死者灵魂最终在此进入天堂。法国学者雅克·勒穆瓦纳（Jacques Lemoine）指出：勉瑶度戒要游梅山，送亡要游梅山，赦罪时也要游梅山。勉瑶做赦罪仪式时，师公带他的哭魂“游梅山”，通过游梅山以解脱生前罪恶。④ 梅山三十六洞中第七洞为桃源洞，那是桃花园似的神仙境界。广东排瑶文书《迎兵》之一《迎兵圣请》就宣称：“且说天仙杨九郎，九郎出处有根源。九郎原是杨家子，骨是桃源洞里仙。”⑤ 瑶族梅山十洞、三十六洞的传说，明显受道教十

---

① 2007年11月23－26日，笔者在广西恭城得以亲见该县瑶族俸、盘姓收藏的3幅《梅山图》，分别是清乾隆年间（1736—1795）的重绘本，始作于明万历年间（1573—1620）。

② 《梅山图与千家峒》，王咏著：《恭城文庙、武庙》，北京：中央文献出版社，2006年，第132～133页。

③ 马少侨、王扬修：《梅山神初探》，邵阳：《邵阳师专学报》1996年第1期，第3～7页。

④ ［法］雅克·勒穆瓦纳（Jacques Lemoine）：《勉瑶的历史与宗教初探》，南宁：《广西民族学院学报》1994年第4期，第22～25页。

⑤ 李默、房先清编：《八排瑶古籍汇编》，广州：广东人民出版社，1995年，第85页。

大洞天、三十六小洞天的影响。

梅山教以“梅山启教翻天倒海张五郎”为教主，此神有张赵二郎、荒唐五郎、法王九郎等不同称呼。梅山教尊奉的梅山启教张五郎，其神格形象是张五郎两腿朝天，双手撑地，称之为“翻坛倒挂张五郎”，瑶族神谱中简称为“番坛倒立”。湖南会同县岩溪冲侗族梅山虎匠的神坛，供奉木雕张五郎的倒立神像，张贴有“玉皇老君梅山四山九郎五猖之神位”的神榜。在张家界与石门之间的慈利，每个猎夫都有一个花椒树蔸雕的张五郎，傩坛傩词称为“翻坛打庙张五郎”。土家族视梅山神为猎神，该信仰来自于土家族先民的狩猎生活。关于猎神张五郎倒立的神格形象的由来，土家族民间传说称张五郎是善于打猎的好猎手，一次和一只猛虎搏斗，被虎撞下山岩倒挂树上而死。

梅山启教张五郎作为神话人物，民间流传他生平的各种传说。湖南安化梅城梅山教《翻坛咒》曰：“奉请翻坛张五郎，梅山祖师降坛场。要知五郎身出处，便是青州大府堂。元和年间九月九，生下翻坛张五郎，一十二岁去拜法，三十六岁转回乡，行在龙虎山前过，仔细思量无座场。”① 西南各地梅山教的《翻坛咒》、《五郎咒》、《张五郎咒》，关于张五郎的出身都有大致相同的说法。湖南湘潭县请张五郎的《和神咒》说：“翻坛祖师张五郎，丙子年间九月九日午时生。”② 唐宪宗元和年间（806—820）并无丙子年，说明张五郎的身世属传说的性质。而关于张五郎学法的年龄，闾山教的《五郎咒》说张五郎：“年登七岁去学法，学得十五、十六便回乡。来到龙虎山顶过，思量此处作番坛。”③

① 李魁：《张五郎身世传说及神像实物的异同比较》，李东升，李德仁主编：《娄底优秀文艺作品选》，长沙：湖南文艺出版社，2006 年，第 101 ~ 106 页。

② 鄢光润：《梅山文化区域信仰民俗的调查与思考》，北京：《民间文学论坛》1997 年第 1 期，第 67 ~ 70 页。

③ 叶明生编：《闾山教广济坛科仪本汇编》，台北：南天出版社，第 291 页。

历史上闽西闾山教的法师都曾赴龙虎山接受张天师法箓的传授，因此咒语中称张五郎“来到龙虎山顶过”、“身往龙虎山上过”，可谓是民间对道教传播实况的历史记忆。此外更有十五岁始学法梅山的记载，广西瑶族《北府洪门化帝天王唱》说张五郎“年登十五去学法，送入梅山学法缘”。[①]但无论如何，在西南各地有关张五郎的民间叙事中，认为他出生于唐元和年间之说居于主流。

梅山教的梅山有三洞之说，三洞之分以象征法术的高下。湖南邵阳流传的三洞梅山故事，大致说梅山三兄弟学得本领，便在梅山脚下设坛收徒，并分别立上、中、下三洞为梅王，即上洞梅山李天王，中洞梅山赵天王，下洞梅山胡天王。湖南会同县岩溪冲侗族信奉的梅山教，其三洞梅山有狩猎职能的不同。上洞梅山以弓弩射猎射杀虎豹，称为“虎匠”；中洞梅山以赶山打猎枪杀野猪、野牛，称为“打山佬”；下洞梅山以装山套猎套取野猫、狐狸，称为“猫猪匠”。在侗族的三洞梅山信仰中，认为上洞梅山虎匠的法术最高。[②]贵州江口土家族猎手出师后，在自家屋外一侧设梅山坛，供奉“三洞梅山王”，即上洞赵大王、中洞李大王、下洞付大王。猎手在祭祀梅山坛时，念诵请梅山王保佑打猎的咒语。[③]湖南邵阳傩戏《打梅山》表演梅山洞猎神的故事，游山打猎者奉上洞梅山胡大王，游蓬看鸭者奉中洞梅山李大王，捕

---

① 广西壮族自治区编辑组：《广西瑶族社会历史调查》第1册，南宁：广西民族出版社，1984年，第402页。

② 梁开训：《梅山教与梅山虎匠》，王建荣主编：《湖南侗族百年》，长沙：岳麓书社，1998年，第277页。

③ 李绍明、钱安靖主编：《中国原始宗教资料集成·土家族卷》，北京：中国社会科学出版社，1998年，第47页。下同。

鱼捞虾者奉下洞梅山赵大王。[①] 湖南新宁八峒瑶族祭竹王仪式，坛场供奉主神是三峒蛮王，上峒叉星蛮王，作追捕走兽状；中峒蛇星蛮王，作捉鱼摸虾状；下峒獐星蛮王，作追打飞禽状。祭祀坛场三峒蛮王原始古朴的形象，或许表现出“三峒梅山”较原始的形态。湖南江华瑶族奉请的梅山神，有三洞梅山三位大王、十位郎君。而湖南蓝山瑶族经书咒语中，奉请的三洞梅山是上洞梅山五郎、中洞梅山五郎、下洞梅山五郎，十位郎君是梅山一郎、梅山二郎、梅山三郎、梅山四郎、梅山五郎、梅山六郎、梅山七郎、梅山八郎、梅山九郎、梅山十郎等，甚至还有梅山祖师等神祇。[②]

二、梅山教、茅山教、闾山教法术的融通

中国西南少数民族的傩祭傩文化，是少数民族传统宗教的另一表现形态。梅山教与茅山教在西南少数民族地区传播，西南各族群的傩祭也有梅山教与茅山教的影响。在西南少数民族傩祭傩文化中，有属于梅山教、茅山教的神灵。早在宋代，广西桂林的傩祭诸神中，就已有梅山神的傩面具。宋代广西桂林的傩面具有梅山、雷神、天皇、二郎、真武、令公诸神，至今仍然是广西桂林傩坛供奉的神灵。西南少数民族傩祭坛场供奉的神图，巫道神祇汇聚一起共同护坛行法，尤以民族祖先神、道教神祇最受崇祀。受梅山教影响的西南少数民族傩坛，坛场设立有翻坛张五郎的神位。梅山启教张五郎在傩坛中又称为开山五郎，傩祭《开山舞》表现开山五郎的身世。傩戏《庆梅山》也是表现敬猎神

---

① 向绪成、刘中岳：《湖南邵阳傩戏调查》，顾朴光、潘朝霖、柏果成编：《中国傩戏调查报告》，第114、109页。

② 张劲松、赵群、冯荣军著：《蓝山县瑶族传统文化田野调查》，长沙：岳麓书社，2003年。

张五郎，是在狩猎丰收时冲傩以酬梅山。[①]

西南各民族傩坛的法事内容，多有梅山教信仰的元素。傩坛法师设坛张贴的坛图，写有上中下三洞梅山名号。贵州思南傩坛的地傩会上，供奉的神灵有上洞梅山赵大王，中洞梅山李大王，下洞梅山胡大王。[②] 桃园洞是梅山三十六洞中的第七洞，傩祭仪式和傩戏演出中的《桃园洞》，即表现寻找掌握桃园洞钥匙的唐氏太婆，请她打开上中下三洞梅山。瑶族傩祭坛场有上坛、中坛、下坛之分，上坛、中坛多供奉道教神灵，下坛则供奉梅山教系统的神灵。瑶族盘王祭祀坛场的下坛兵将有：梅山法主九郎、闾山法主九郎、上元唐将军、中元葛将军、下元周将军、白虎天门李十五官等。傩祭中祈请神灵的科仪，要由道教的三元将军召请三洞梅山兵马。贵州苗族庆坛的《追魂帖式》称："差三元将军葛文度三洞梅山兵马集此。差三元将军唐文昌三洞梅山兵马集此。差三元将军周文达三洞梅山兵马集此。"[③] 贵州荔波县布依族傩戏的三元，是唐、葛、周三个同母异父兄弟，三元职在保护掌坛师及弟子的平安。[④]

傩戏《打梅山》则表演梅山峒猎神的故事，戏中老君门徒奉请梅山圣众降赴坛场，为事主家充叩傩牌、踏踩九州、驱除妖魔、扫邪归正。傩戏《打梅山》甚至在清代的成都也有流传，清傅崇矩《成都通览》"成都之迷信"条载："凡病重请巫者，

---

① 李怀荪：《湘西傩戏调查报告》，顾朴光、潘朝霖、柏果成编：《中国傩戏调查报告》，第72页。

② 思南县民族事务委员会编：《思南傩堂戏》，贵阳：贵州民族出版社，1993年，第41页。下同。

③ 杨兰、刘锋：《贵州省晴隆县中营镇新光村硝洞苗族庆坛调查报告》，王秋桂、庹修明：《民俗曲艺丛书》，台北：财团法人施合郑民俗文化基金会，1996年，第275页。

④ 柏果成、黎汝标：《贵州荔波县布依族傩戏调查》，顾朴光、潘朝霖、柏果成编：《中国傩戏调查报告》，第262页。

三更后，必有《打梅山》一剧，亦不知何鬼神，大约系五倡之类。巫者画脸，现怪相，助以粉火，大声疾呼，在病人室中大肆搜索，开门驱鬼，出外而返。”① 贵州是傩祭傩文化最盛行之地，至今在黔东、黔北、黔南等地的土家族、苗族、仡佬族、侗族、布依族、汉族村寨中都有流传。

西南各少数民族的傩坛，多称其教法来自梅山和茅山，傩坛供奉梅山教、茅山教的神灵，具有傩坛法派传承的特点。贵州思南起祖师为马法纪的傩坛，马法纪传太上老君上坛法，称之为玉皇教正法，传说该傩坛授教于茅山，又称之为茅山教。贵州德江傩戏《报门》，法师声称“风吹茅草扫地开，吾从茅山学法来”。德江傩戏《祭兵》科仪，宣称李老君住茅山，拜请的八位法主中有茅山启教。贵州德江县茅山教黑虎玄坛张金辽傩艺班，该傩坛的“司坛图”供奉的神灵，包括茅山启教刘元兴、刘元生、刘应乾、刘应榜、刘应弟，梅山启教张法娘、谭法娘、苏法娘、熊法娘，可谓融汇梅山教、茅山教神灵于一坛。在巴蜀傩戏中梅山神是常见神祇，多出现于科仪程序或神牌中。合江赵侯坛戏中有《和梅山》的科仪，梁平师道戏供奉牌位中有梅山神。② 四川芦山傩坛信奉茅山教或梅山教，两个教派虽同是驱鬼斩妖，但茅山教以感化说服为主，而梅山教则以武力镇压为主。

西南少数民族地区的茅山教，在民间以擅长法术著称。茅山教从事的法事活动，有朝神、建醮、治丧、藏禁、压邪、扫邪、引符治病、劾治鬼魅等。运用的法术有启教、祭将、搬兵、运粮、施法、上刀山、过火海、下油锅、扫邪、放河灯、翻坛破庙等。擅长运用道教色彩的手诀、咒语，来达到法术通神的特殊效

---

① ［清］傅崇矩编：《成都通览》，成都：巴蜀书社，1987 年，上册第 556 页。

② 李绍明：《巴蜀傩戏中的少数民族神祇》，昆明：《云南社会科学》1997 年第 6 期，第 68 ~ 73 页。

果。民间巫术色彩浓郁的“上刀山”、“过火炼”大醮会，就常请擅长法术的茅山教法师主坛。民国时期庞新民曾赴广东北江瑶山调查，所见北江瑶山瑶族宗教属茅山教。庞新民《广东北江猺山杂记》记载所见瑶族神坛：“挂纸画像七幅，东西两旁壁上，各挂神像三幅，巫者（彼自称为‘茅山教’）云，居中三像为‘灵宝、元始、道德’，又四名为‘盘王，岳王，龙王，西岳’。[①] 民国《河池县志》载当地壮族“每届迎茅山教于家，设坛做法”。[②] 茅山教的“追魂”又称“喊魂”、“叫魂”，广西仫佬族师公唱本《追魂科》，演唱“追魂”仪式的来历，“追魂”由三位师公主持，深夜时分在病者家中正堂进行。清光绪十年（1884 年）《平南县志》载：“疾病，多延请道士许福，或禳星拜斗。又有所谓演茅山法者，巫扮女人，插花执剑，屈一足作商羊舞，撞钟击鼓以助之，名曰‘跳鬼’。”[③] 广西山子瑶信奉茅山教，家有病者请茅山教驱鬼，法事举行显露驱鬼的凶恶之状。

清张渠《粤东闻见录》卷上《好巫》，记载清乾隆年间粤东民间茅山教的仪式：

> 男巫名鬼公，女巫名鬼姥，如北方端公然。为人祈禳，或至病所，或移祭其家门者，题曰“集神雷坛”。又一种名跳茅山者，击鼓鸣金，合吹牛角，呜呜作鬼声。书符咒水，日夕不休。酾酒刲牲，结幡焚楮，所费不赀。祷毕，则杀鸡以卜吉凶。又插柳于门以禁往来。有诣之者则斗殴讦讼，谓之触禁。虽衙役持牒拘人，亦

---

① 国立中央研究院历史语言研究所集刊编辑委员会编辑：《历史语言研究所集刊》第 2 册，北京：中华书局，1987 年，第 500 页。

② 黄祖瑜修，黎德宣撰：［民国］《河池县志》，民国八年（1919）铅印本。

③ ［清］裘彬、江有灿修，周寿祺纂：［光绪］《平南县志》，清光绪十年（1884）刻本。

不敢入其门也。[1]

《粤东闻见录》生动记录粤东民间茅山教的仪式，由此可见西南地区茅山教法术的一般特点。

我们从梅山教、茅山教的行法特点，不难看出该民间教派受道教的深刻影响。瑶族宗教的法师分为师公、道公，瑶族师公的教义体系出自梅山教，而道公则出自茅山教。壮族宗教的派系也同样有师公、道公的区分，壮族师公的武道即梅山教，壮族道公的文道即茅山教。师公的法事习惯上称为武坛，而道公的法事则称为文坛。仫佬族的法门弟子分茅山弟子、梅山弟子。毛南族民间的宗教法师，同样有师公、道公的区分。云南瑶族做法事要请茅山兵马、梅山兵马、闾山兵马。云南瑶族《法书》之《迎接茅山兵马唱用》科仪文书说："一声鸣角成花花，茅山洞里请师爹。二声鸣角成扬扬，茅山法殿请师娘。"[2] 受道教影响的西南少数民族，多称其教来自梅山或茅山。而道教的茅山是上清派祖庭，从南朝齐梁至唐宋，是茅山道教宗风兴盛的时期，茅山在江南社会影响最为深远。西南少数民族信奉的茅山教，或许就肇始于唐代茅山宗风最盛的时期。当时茅山法箓为天下所信向，茅山教的得名或许与此历史大势有关。

西南少数民族茅山教的法术，与江南的闾山教也有关系。闾山教属于正一道的一个支派，在今福建、台湾南部的道教，多自称属于闾山教。该派擅长符箓道法，行用的法术被称为闾山法。广西瑶族茅山教的《茆山科全书》、《度戒科》，都记载茅山教请师要请到闾山门下，所请祖师有三清上圣、道老二君、闾山九

① ［清］张渠撰，程明校点：《粤东闻见录》卷上，广州：广东高等教育出版社，1990年，第49~50页。

② 徐祖祥著：《瑶族的宗教与社会——瑶族道教及其与云南瑶族关系研究》，昆明：云南人民出版社，2006年6月，第34页。

郎、陈林李氏、茆山法主。广西瑶族祭祀文书《番扛语》，有“白驴山茆山法”之语，[①] 则将闾山法与茅山法并称。梅山教、茅山教的信仰元素中有闾山教的成分，其实是历史上不同道教派别在少数民族地区传教的结果。

西南少数民族梅山教同样有闾山教信仰的元素。梅山教的科仪文书常常提及传授闾山教法，反映出二教相互串通的特点。云南红头瑶《瑶族七星灯度戒文书》说：“师男亲受驴山教”，“承执驴山亲教主”；“上至梅山台一听，下至梅山路一条”；“今日亲受驴山戒，凡间传取有根源”；“太上证师道二教，体挂七星护令灯。”[②] 经文将“闾山”写为“驴山”，这是瑶经写本使用的土俗字。瑶族受戒弟子的文书，或称受封为“奉行太上老君门下封闾梅师道二教三戒弟子”，或称“太上奉行北极驱邪院川通闾梅二教三戒男官弟子”。瑶族的闾梅二教具有象征师道二教的内涵，广西瑶族宗教神唱《保安疏》声称“南极都法院串通闾梅师道二教”，[③] 瑶族师公、道公常常同坛举行法事，故师道二家确乎是可以串通的。

三、西南少数民族梅山教、茅山教与道教的关系

西南少数民族的梅山教与茅山教，都接受了道教的神仙信仰和法术科仪。梅山教在上坛祀太上老君，中坛祀历代祖师，下坛祀梅山启教翻天倒挂张五郎。道教的太上老君、张天师、玉帝、三元为各族梅山教、茅山教普遍敬奉。梅山教信仰中的道教因素，与道教在西南少数民族地区的传播有关。长江中游的武陵蛮

---

① 广西壮族自治区编辑组：《广西瑶族社会历史调查》，南宁：广西民族出版社，1987 年，第 9 册第 442 页。下同。

② 邓玉民：《瑶族七星灯度戒文书》，云南省编辑组：《云南少数民族社会历史调查资料汇编（五）》，昆明：云南人民出版社，1991 年，第 141 ~ 145 页。

③ 广西壮族自治区编辑组：《广西瑶族社会历史调查》，第 9 册第 449 页。

区，梅山蛮所在的湘州地区，魏晋南北朝时就已有道教影响。[①]在北宋崇道的社会氛围里，章惇开梅山更促成道教在梅山的传播。

宋代以来梅山教影响已波及江南，并被道门人士记载于道教经典。南宋道士白玉蟾《海琼白真人语录》卷一说：

> 巫者之法，始于娑坦王，传之盘古王，再传于阿修罗王，复传于维陀始王、长沙王、头陀王、闾山（山在闾州）九郎、蒙山七郎、横山十郎、赵侯三郎、张赵二郎，此后不知其几。昔者巫人之法，有曰盘古法者，又有曰灵山法者，复有闾山法者，其实一巫法也。[②]

白玉蟾此段有关巫法的论述，涉及西南少数民族梅山教、茅山教、闾山教各派法术。白玉蟾列举的闾山九郎、蒙山七郎、横山十郎、赵侯三郎、张赵二郎，是梅山教、茅山教系统的神灵。广东排瑶文书《长沙王》之五《发兵》科仪称："驴山九郎兵马一十万，横山七郎兵马一十千。……蒙山十郎兵马一十万，三元法主兵马一十千。"[③] 广西瑶族神唱《上坛歌》，有"张天大法李天师，赵后三郎是我儿"的唱词。[④] 20世纪30年代江应樑调查广东瑶人宗教，从瑶人经书中所见信仰的神灵有赵后三郎，瑶人请神之神唱说"张天大法李天师，赵后三郎李家儿"。[⑤] 此赵

---

① 张泽洪：《中国南方少数民族与道教关系初探》，北京：《民族研究》1997年第6期，第92～99页。

② 《道藏》，文物出版社、上海书店、天津古籍出版社联合出版，1988年，第33册第113页。下同。

③ 李默、房先清编：《八排瑶古籍汇编》，广州：广东人民出版社，1995年，第117页。

④ 广西壮族自治区编辑组：《广西瑶族社会历史调查》，第9册第394页。

⑤ 江应樑：《广东瑶人之宗教信仰及其经咒》，国立中山大学研究院文科研究所：《民俗》第1卷第3期，1937年，第5页、第13页。

后三郎就是白玉蟾所记赵侯三郎。赵侯三郎似与道经中的赵侯南法有关，明代道经《道法会元》卷二百五十说：“赵侯南法，合受赵侯箓……正义曰：南亦正法也，今之所谓南法者，假赵侯为邪法也。”[①]

法国图鲁兹市瑶族移民保存的瑶经《又到游梅山三十六洞念》说：“劝你二郎开方便，真去梅山作师公”，可见张赵二郎曾是梅山教的传人。“今识老君真面目，老君殿前拜法回”，说明张赵二郎也曾学道教之法。《梅山元皇起教——遣瘟造船咒语》，主要叙述张赵二郎行法的故事。张赵二郎与张五郎的传说多有相似处，《瑶族定婚伞的传说》讲张五郎去茅山向太上老君学法，得到老君女儿的帮助通过各种考验，故事的主要情节与张赵二郎学法的经历相同。张赵二郎的形象与张五郎也有相通处，新宁八峒瑶山瑶人的神灵面具，全由竹蔸雕成32副，其中有翻坛倒挂张赵二郎，[②] 这与张五郎倒立的形象是一致的。湖南苗族张贴的左右门神，是民间传说中的张、赵二郎。湖南邵阳大本傩堂正戏《二郎记》，讲述张赵二郎出生及拜太上老君学法的故事。湖南江华瑶族还盘王愿经有《张赵二郎歌》，湘西苗族传说故事则有《张赵二郎》，而福建将乐县则流传着《张赵二郎》的神话，可见张赵二郎的传说在各地民间有不同的表现形式。贵州省岑巩县仡佬族的《请圣科》经文，称奉请的神灵是：“淮南门下打瘟张赵二郎，木瘟赵侯圣主三郎，烤鬼庐山九郎，横山七郎，蒙山十郎，白偕仙师张五郎，翻坛倒洞张六郎，打神破庙张七郎，解冤报仇张九郎。”[③] 在苗族宗教的巫教、鬼教两大派系

① 《道藏》第30册第536页。

② 林河著：《中国巫傩史》，广州：花城出版社，2001年，第418页。下同。

③ 庹修明、杨启孝、王秋桂：《贵州省岑巩县平庄乡仡佬族傩坛过职仪式调查报告》，台北：财团法人施合郑民俗文化基金会，1994年，第168页。下同。

中，苗族鬼教称张赵二郎为启教祖师。瑶族经文说“张赵二郎来学法，学法回归度三郎”。[①] 透露出张赵二郎学习道法，又在族群中传授道法的信息。

白玉蟾所列举巫法中的闾山九郎，就是梅山教崇奉的梅山法主大圣九郎，又称为梅山法祖度法九郎。瑶族师公经书《鬼脚科》用于请神，所请神灵就有梅山法主大圣九郎，在瑶族神唱《圣经喃词》中，《下坛名》的神灵有吕山法主九郎。[②] 瑶族度戒的“挂七星”，师公所唱经文主题就是闾山九郎教法，来为师男传度授箓。师公吟唱北斗第二星的经文是：

抽起巨门第二盏，左边照过右边身。
庐山九郎来教法，师男释受法根源。[③]

经文中的庐山九郎，就是闾山九郎。广西山子瑶的乐神歌《九郎唱》，说九郎上梅山洞、雪山洞学法各三年，后过武当山遇真武斗法，九郎与真武法术不相上下，以致真武、二郎、三郎都向九郎拜法。其中唱道：“九郎不闭梅山路，下凡个个出贤人。九郎闭了梅山路，拜法到天也不真。”[④] 但闾山九郎在梅山洞、雪山洞学法的民间叙事，具有学习道教法术的象征意义，闾山九郎的巫法其实汲取了道教法术，正如白玉蟾《海琼白真人语录》卷一说：“巫法亦多窃太上之语，故彼法中多用太上咒

---

① 梁钊韬：《粤北乳源瑶民的宗教信仰》，《梁钊韬民族学人类学研究文集》，北京：民族出版社，1994 年，第 41 页。

② 广西壮族自治区编辑组：《广西瑶族社会历史调查》，南宁：广西民族出版社，1989 年，第 9 册第 413 页。

③ 广西壮族自治区编辑组：《广西瑶族社会历史调查》，南宁：广西民族出版社，1987 年，第 6 册第 641 页。

④ 广西壮族自治区编辑组：《广西瑶族社会历史调查》，南宁：广西民族出版社，1983 年第 2 册第 154 页。

语。"① 西南梅山教行用的法术科仪，有上刀山、过火炼、踩九州、跳云台、睡阴床等仪式，确乎具有白玉蟾所谓巫法的典型特征。

我们注意到在中国历史地理中，西南梅山教地区并无闾州、闾山的地名。所谓闾山应即北方的医巫闾山，坐落于辽宁省北宁市区西6千米之处，为我国五大镇山之一，有"北国第一山"之称。瑶族道经说梅山法祖大圣九郎曾上庐山向张天师学法，再结合瑶族经文中庐山九郎、吕山法主九郎的记载，可以认为所谓闾山其实就是庐山，在信仰梅山教各族宗教经文中，闾山常写为庐山、炉山、驴山、吕山，这是经文传写中使用土俗字的结果。梅山教信仰的法主闾山九郎，彰显出闾山教与梅山教互相融摄的实况。闾山九郎虚拟化的神格和学道经历的传说，隐喻他获得了道教法术的传授。

在西南梅山教信仰区域内，民间有关张五郎、张赵二郎、闾山九郎学法的传说，地点无论是龙虎山、武当山、庐山，还是抚州、淮南，大都透露出学习道法的信息。广东排瑶《大传书》第二十六《解法门》说："今日当坛传授法，坛前授法听吾言。法在信州龙虎山，五岭坛前拜老君。"② 西南少数民族梅山教、茅山教行用的法术，有咒语、口诀、书符、画讳、手诀等，民间相传有三十六种咒诀，二十四种讳，七十二种手诀。广东排瑶《招亡赦罪解结》之十一《寻天路》科仪说："法在老君殿里出，箓在玉皇衙里来。董仲带符传天下，三元法主符箓到南延。诀在祖师掌上出，罡在本师脚下生。"③ 梅山教、茅山教的所谓巫法，

① 《道藏》第33册第114页。

② 李默、房先清编：《八排瑶古籍汇编》，广州：广东人民出版社，1995年，第72、324页。下同。

③ 李默、房先清编：《八排瑶古籍汇编》，广州：广东人民出版社，1995年，第158页。

明显受道教符咒法术的影响。

西南少数民族梅山教信仰的三元，在西南各族群宗教中有着特殊地位。瑶族祭祀首先请三元降临掌坛，其神职居于诸神之上。瑶族度戒、还盘王愿的仪式，要请十部鬼神赴坛，祭祀的神灵按“旗头”划分，三元教主部旗头排列在三王五帝旗头之后，三元被视为瑶族男子度戒的保佑神。广西壮族师公认为三元是梅山教的最高神，因此民间将梅山教称作三元教，将师公舞称为“跳三元”。[①] 瑶族师公经书《三元书》，唱说三元的法历和得道的经过，是七言韵文的神唱。广西壮族师公戏的常演剧目《唱三元》，演唱唐、葛、周三元的弘道功绩。《唱三元》是祭祀坛场必表演的神唱，师公每主持一次法事，老师公在坛场内做仪式送魂，师徒则在坛场外唱三元。[②] 广西毛南族师公唱本《献茶酒给三元歌》具有仙道的色彩，称“上元唐师主成仙是最先，始创宝印朝板护身边。……中元葛教主学道的故事，创立香火和法衣。……下元周法主自由良缘，创立道教文学得传扬”。[③] 西南信仰梅山教各族群记忆中的三元，都有内容各异而情节生动的传说。

道教的三元是早期正一道的神灵，三元在西南各族群中的特殊地位，或许与公元3至4世纪早期道教的传播有关。南宋时期朝廷大规模开发梅山，可能促成天心正法在西南少数民族地区的

① 贵州民族出版社编：《傩戏面具艺术》，贵阳：贵州民族出版社，1993年，第273页。

② 黄成海：《挖掘民间艺术促其不断发展——对来宾师公戏的调查》，广西壮族自治区民族研究所编：《广西民族研究参考资料（第六辑）》，1986年，第78页。

③ 韩德明著：《与神共舞——毛南族傩文化考察札记》，南宁：广西人民出版社，2005年，第61页。

传播，从而形成西南各族群接受道教的第二次高潮。① 美国学者斯特里克曼（Michel Strickmann）博士认为梅山教源出于天心正法派，他的主要根据是当时天心正法在南方广泛传播。② 我们所见瑶族道教的许多文书，都是上呈北极驱邪院的，瑶族科书文本的大量记载，是天心正法在西南少数民族地区传播的证据。

结 语

梅山教本来是古梅山地区的宗教，历史上随西南各族群在南岭走廊的迁徙，梅山教在西南广大地域内传播，这与道教影响西南少数民族的历史大势有关。西南少数民族传统宗教，属于原始宗教的衍生形态，而西南少数民族宗教的信仰系统中，出现梅山教、茅山教、闾山教等教派名称，客观上是道教与少数民族宗教互渗的结果。梅山教师公、道公的不同法术体系，或许就与不同时期道教的传播有关。西南各族群的梅山教、茅山教，是历史上文化传播与文化涵化的产物。最早从秦汉时期开始，中原地区的汉人就开始进入西南少数民族地区，历史上少数民族与汉族的密切交往，是西南少数民族接受道教的条件。梅山教、茅山教在长期历史进程中对西南各族群产生影响，是中华民族多元一体格局在宗教文化上的反映。西南各族群梅山教、茅山教具有多元文化的特质，本文对梅山教、茅山教的比较研究，为揭示大传统与小传统宗教文化的互渗，对梅山教多元信仰文化特质的考察，为西南少数民族宗教提供了新的研究视角。

---

① 张泽洪：《道教传入瑶族地区的时代新考》，昆明：《思想战线》2002 年第 4 期，第 67 ~ 70 页。

② ［法］雅克·勒穆瓦纳（Jacques Lemoine）：《勉瑶的历史与宗教初探》，南宁：《广西民族学院学报》1994 年第 4 期，第 22 ~ 25 页。

文明进步的曙光

——彝族古代哲学述评

左玉堂*

彝族哲学，是彝族人民智慧的结晶，是彝族文化的重要组成部分，而且是彝族文化的最高形式。它直接发端于彝族的原始宗教，从起源就和理性与信仰、唯物主义与唯心主义、辩证唯物主义与形而上学错综复杂地合在一起。其内容丰富，主要反映在创世古歌、创世史诗和神话及谚语中，同时在彝文典籍中也有大量的记载。据有学者考证，随着彝族先民思维的发展，至唐宋时期，已出现了《宇宙人文论》、《训书》等哲学著作。本文简述彝族哲学中几个重要问题。

一、宇宙起源论

高远的苍天，广袤的大地，即宇宙（世界），是怎样形成的？这是人类最初给自己提出的哲学命题之一，也是最早的哲学学说的主要内容之一。世界上各古老民族都对此作出各种回答。彝族先民也不例外。他们生活在生机勃勃、气象万千、瞬息万变

---

* 作者简介：左玉堂，彝族，云南民族出版社原社长，研究员，云南彝族历史文化与社会发展研究基地学术顾问。

的大自然界中，生活于征服大自然的艰苦斗争中，根据自己的实践和认识，对这一与人类的生存息息相关的至关重大问题，作出了自己的解答。

古代彝族先民按照自我中心的逻辑，用主观幻想的因果关系解释和说明天地成因，呈现一种多元化的解释和说法。归纳起来，主要有如下诸说：

（一）物质演化说

物质演化说，也称自然形成说，即天地是自然孕育而成的。创世史诗《阿细的先基》唱述，天地形成之前，存在着自然物质“云彩”，是“云彩”演化而成天地的：

> 最古的时候，没有天和地。……云彩有两层，云彩有两张，轻云飞上去，就变成了天。……云彩有两层，云彩有两张，重云落下来，就变成了地。①

创世史诗《查姆·天地的起源》唱述，天地形成之前存在有自然物质“雾露”，是“雾露”演化而成天地的：

> 远古的时候，天地连成一片。下面没有地，上面没有天；分不出黑夜，分不出白天。只有雾露一团团，只有雾露滚滚翻。雾露里有地，雾露里有天；时昏时暗多变化，时晴时浊年复年。②

创世史诗《天地祖先歌》唱述，在未形成天地之前，在混沌中产生自然物质清浊二气，是清浊二气演化成天地的：

> 很古的时候，没有天和地，混混沌沌中，产生清浊气。大风轻轻吹，清气往上升，浊气往下沉。清气变为

① 《阿细的先基》，1版，第62页，昆明：云南人民出版社，1959年。

② 《查姆》，1版，第5页，昆明：云南人民出版社，1981年。

天，浊气形成地。①

流传于贵州大方县一带彝族地区的《天地产生歌》也唱述，是清浊二气演化为天地的：

从根来叙起：清气浮在上，形成了高天，天体白皑皑，它自然生成。浊气沉下来，形成为大地。②

彝文典籍《彝族创世志·艺文志》记述：

清气往上升，牵起了天盖，上空的天体，这样形成的。……浊气往下降，凝成了地底。广厚的地底，这样形成的。③

彝文典籍《物始纪略》中也有类似的记述：

很古的时候，天地未形成，混混沌沌的。先产生清气，大风轻轻吹，青赤渐渐分，青赤色剧升，浊气往下沉，青气变为天，赤气变为地。④

彝文典籍《彝族源流·天地人文篇》也记述，天地尚未产生时，出现自然物质“哎”与“哺”清浊二气，清浊二气是天地的成因：

远古哎未出现，哺未产生时，先出现徐徐清气，沉沉浊气。哎哺未产生，采舍未出时，徐徐的清气，不断往上升；沉沉的浊气，连续往下降。清浊气不断变化，

① 《天地祖先歌》，载于《贵州民族研究》，1983 年第 3 期。

② 《贵州彝族回族白族歌谣选》，1 版，第 6 页，成都：西南交通大学出版社，1993 年。

③ 《彝族创世志·艺文志》，1 版，第 1 ~4 页，成都：四川民族出版社，1990 年。

④ 《物始纪略》，第 1 集，1 版，第 1 页，成都：四川民族出版社，1990 年。

呈现出黑空空，黑旷旷的样子。高高的苍天，同茫茫的大地配合。朦胧的高天，朦胧的大地，出现浩荡哎，出现浩荡哺。①

著名彝文典籍《西南彝志·天地进化论》中也记述，天地产生之前，已出现了自然物质“哎”与“哺”清浊二气，清浊二气变化而形成天地。典籍记述道：

天未产生时，地也不曾生。……后来变化啦！出现了清气，清气青幽幽；出现了浊气，浊气红殷殷。清气升上去，升去成为天；浊气降下来，降来成为地。

彝文哲学著作《宇宙人文论》记述：天地未产生之前存在有清浊二气。由于清浊二气的演化发展，形成天和地。彝族先民认为：在天地未产生的时候，整个太空是一片“哪赫赫、哪贾贾”的“无极”空间，即是“大空空、大虚虚”的混沌景象。后来，由于自然物质“气”的发展变化，“清气上升为天，浊气下降为地”，从而形成产生天和地。② 该书记载云：

天地产生之前，清气熏熏的，浊气沉沉的。清浊二气互相接触，一股气，一路风就兴起了；两者又接触，形成青幽幽 红彤彤的一片，清的上升为天，浊的下降为地。

另一部哲学著作《训书》记载说：

清气浮于上，形成天盖子，天体白皑皑，它自然生成。……浊气降于地，形成地底子，大地厚沉沉，它自

---

① 《彝族源流》（1—4卷），1版，第215~216页，成都：四川民族出版社，1989年。

② 参见罗国义、陈英翻译，马学良审订《宇宙人文论》，“前言”，1版，北京，民族出版社，1984年。

然生成。①

著名彝族诗歌理论家阿买妮在其著作《彝语诗律论》中认为，在天体产生之前，已存在着自然物质“雾”、“混沌”、“风”、“云彩”，“云彩”出现后，“空中就变化，变出天体来”，“接着地又生”。阿买妮在《彝语诗律论》中论述彝族“三段诗”时，例举“三段诗”格式时写道：

在那古时候，天还没有产，地也没有产，四面八方呀，到处雾蒙蒙，一片黑压压，混沌又昏沉。其后先有风，大风吹出云。云彩出现后，空中就变化，变出天体来。天体变出后，接着地又生，大地生出来。这样一来呢，天便产生了，地也出现了，天地就有了。②

创世史诗《勒俄特依·天地演变史》则唱述，天地是由自然物质混沌演变成水、色、光、声的反复演变而成的：

远古的时候，上面没有天，有天没有星；下面没有地，有地不生草；中间无云过，既非黑洞洞，又非明亮亮；上下阴森森，四方昏沉沉。天地未分明，洪水未消退。正当这时候，一天反着变，变化极无常；一天正面变，变化似正常。天地的一代，混沌演变水；天地的二代，地上雾蒙蒙；天地的三代，水色变金黄；天地的四代，四面有星光；天地的五代，星星发出声；天地的六代，发声后平静；天地的七代，平静后又变；天地的八代，变化来势猛；天地的九代，下界遭毁灭；天地的十代，万物毁灭尽。此为天地史。

① 《增订爨丛刻·训书》。

② 《彝族诗律论》，1版，第55页，贵阳：贵州人民出版社，1988年。

南诏《德化碑》碑文开篇就说：开地乃清浊二气所成，万物由阴阳演化而生：

恭闻清浊初分，运阴阳而生万物，川岳即列，树元首而定八方。故知悬象著明，莫大于日月；崇高辨位，莫大于君臣。道治则中外宁，政乖必风雅变。

从以上证引的资料可以看出，彝族先民认为，天地是由自然物质气、雾、云、水等几经演化而成的，把物质看做是天地产生的总根源。

（二）神造天地说

此类神造天地说，即天地是天神创造的，可称之为神造说。如：流传于贵州的彝族创世古歌《创天立地》唱述：

邃古之初时，乾坤尚未分，天还未出现，地还未产生，一片混沌沌。

就像这样呀，过了许多年。后来有一天，在那混沌中，有风先出现。

和风轻轻吹，吹出一位神。这位大神呀，名叫米恒哲。

这位米恒哲，他一被吹出，就把天地造，就来造万物。

开初他造天，就把天造好；后来他造地，又把地造好。①

彝文典籍《查诗拉书》记述：

很古的时候，天神尼神罚，地神铁神罚，派人造天

---

① 《彝族古歌》，1版，第122页，贵阳：贵州人民出版社，1989年。

地。三人来造天，四人来造地，先把天造好，后把地造好。①

这类天神造天地的，还有流传于云南弥勒县彝族阿细人中的《天地的来源》："远古的时候，没有天和地，天神格自婆，出来造天地。"流传于四川大凉山的彝族创世古歌《开天辟地》也说，天地是天神恩体谷兹叫天地开辟神四仙子开辟创造的。创世史诗《勒俄特依》中也唱述是儒惹古达、署惹尔达、司惹低尼、阿俄署布四仙子开辟创造天地。

(三) 人开辟天地说

人开辟天地说，即天地人造的，可称为人造说。此类说的创世古歌，如流传于云南大姚县昙华山区的《赤梅葛》唱述：

很古以前，没有天和地，抬头不见天，抬脚不见地。盘颇②安排造天人，盘颇安排造地人，他派儿子造天，他派女儿造地。

七女来造地，七十七天造完。九男来造天，九十九天造完。③

又如，流传于云南弥勒县彝族阿细人中的《创世纪》唱道：

最古的时候，不分天和地；天和地不分，混沌如鸡蛋。到了盘古时，命他的手下，天上的空气，阿福前去分。阿福放空气，空气轻轻的，经过一万八千年，空气高飞上了天，变成天空了。造出天的是阿福。阿晏放空气，空气重重的，经过一万八千年，空气低下了地，变

---

① 《查诗拉书》，1版，第70页，昆明：云南民族出版社，1987年。
② 盘颇：彝族传说中盘古式的人物。唱述中一般干脆唱述为盘古。
③ 《彝族民间文学》，第2辑，第1页，云南省社会科学院楚雄彝族文化研究所编印，1985年。

成了地面。地面变成了，造出地的是阿晏。大地出来了，地造出来了。①

再如，流传于云南镇雄县的创世古歌《天地是怎样分开的》，流传于云南楚雄市南华县彝族地区的《兄妹造天地》等，也都唱述天地是人创造的。这类人造天地说中，还有数量庞大的队伍造天地的创世古歌。如流传于云南泸西县一带的彝族创世古歌说，远古时候没有天地，只有一片汪洋大海。海中忽起旋风，吹来九千个女人，八万个男人。他们用青筲造天，用沙造地，造出了天地。如此壮观的开天辟地队伍，在其他民族的创世歌谣中还很少见。

（四）动物造天地说

动物造天地说，即天地是动物创造的，可称之为动物创造说。此类型的有流传于云南金平县的创世古歌《造天地》唱述：

哪时产生天？哪时生下地？黄母牛阿妹，它是造天祖，牯子秃角郎，它是造地王。……黄母牛阿妹，上边去造天；牯子秃角郎，下面来造地。……黄母牛阿妹，已造好了天；牯子秃角郎，也造好了地。②

又如，流传于云南红河元阳县彝族地区的创世史诗《尼苏夺节·开天辟地》唱道：

很久很久前，距今亿万年，有一条老龙，名字叫俄谷。头有九千围，身长八万绕，手有九千九。脚有八万八，眼有九千双。这是什么龙？这是造天龙，这是造地

---

① 见《云南民族民间文学资料》，第2辑，第1～2页，中国作家协会昆明分会编印，1959年。

② 《云南民间文学集成·金平歌谣卷》，第13～16页，金平苗族瑶族傣族自治县文联编印，1988年。

龙。……

俄谷老龙爷，八万八只脚，夜里忙踩泥，九千九双手，白天勤捉泥，日夜不停歇，四千年开天，三千年辟地，一共七千年，造好了天地。①

上引古歌中诸如“亿万”、“九千九”、“八万八”，显然不是实指，而是言其造天地时间之长久、事物众多。这是彝族创世古歌表述时间久远、历史远古、事物众多的手法。它所表明的核心是：那条庞然巨龙，用很长的时间才创造了天地，言开天辟地之艰辛。

(五)“垂死化身”化生天地说

“垂死化身”神话，是世界性的学说，是世界性一种文化现象。在世界各地民族中都有“垂死化身”神话。在中国，最为著名的是盘古“垂死化身”神话，源远而流长。有关的汉文记载，始见于公元3世纪吴人徐整的《三五历纪》及《五运历年记》。此后，盘古“垂死化身”神话遍及我国南方。迄今，盘古神话或类似、近似的神话尚广泛流布于我国南方汉、苗、瑶、壮、侗、布依、哈尼、普米和彝各族人民中，尤以彝族的神话最多，有各式各样的“垂死化身”神话。

1. 动物“垂死化身”化生天地及万物

(1) 虎“垂死化身”化生天地间万物。

彝族虎“垂死化身”神话，记述于彝族著名创世史诗《梅葛》里。

史诗《梅葛》第一部“创世”中“开天辟地”之节，彝族先民借助幻想，按照自己的形象塑造了一个天地开辟神——格滋天神。在天地混沌未分的时候，格滋天神叫自己的五个儿子造

① 见《尼苏夺节》，1版，第1页，昆明：云南民族出版社，1985年。

天，四个姑娘造地。天地造好了，经过打雷试天，天震开了裂，地震试地，地通了洞，又用云彩去补天，用地公叶子去补地。天地补好以后，还在摇晃。格滋天神又叫子女捉了三千斤公鱼来撑地角，七百斤母鱼来撑地边，“大地撑住了，大地稳实了；没有撑天柱，天还在摇摆”。于是，格滋天神又叫五个造天儿子捉来老虎，用虎的脊梁骨撑天心，脚杆骨撑四边，“把天撑起了，天也稳实了”。接下来，史诗对虎“垂死化身”怎样成为天地间的万物作了详尽的唱述：

天上没有太阳，天上没有月亮，天上没有星星，天上没有白云彩，天上没有红云彩，天上没有虹，天上什么也没有。

地上没有树木，地上没有树根，地上没有大江，地上没有大海，地上没有飞禽，地上没有走兽，地上什么也没有。

虎头莫要分，虎头作天头。虎尾莫要分，虎尾作地尾。虎鼻莫要分，虎鼻作天鼻。虎耳莫要分，虎耳作天耳。虎眼莫要分，左眼作太阳，右眼作月亮。虎须莫要分，虎须作阳光。虎牙莫要分，虎牙作星星。虎油莫要分，虎油作云彩。虎气莫要分，虎气成雾气。

虎心莫要分，虎心作天心地胆。虎肚莫要分，虎肚作大海。虎血莫要分，虎血作海水。大肠莫要分，大肠变大江。小肠莫要分，小肠变成河。排骨莫要分，排骨作道路。

虎皮莫要分，虎皮作地皮。硬毛莫要分，硬毛变树林。软毛莫要分，软毛变成草。细毛莫要分，细毛作秧苗。

骨髓莫要分，骨髓变金子。小骨头莫要分，小骨头变银子。虎肺莫要分，虎肺变成铜。虎肝莫要分，虎肝变成锡。腰子莫要分，腰子作磨石。……

造天五兄弟把最后剩下的虎肉，也均匀地分成十二份，分给了老鸦、喜鹊、竹鸡、野鸡、画眉鸟等各种动物。

(2) 牛“垂死化身”化生天地及万物。

创世史诗《梅葛》主要流传地姚安、大姚、永仁等地彝族聚居地区，广泛流传的创世古歌《老人梅葛》唱述牛“垂死化身”怎样形成了天地和天地间万物：

过去没有天，过去没有地。……观音来造天，观音来造地。杀牛来造天，杀牛来造地。牛皮来作天，十血变成地。左膀作太阳，右膀作月亮。天已经有了，地已经有了。日月也有了，星星还没有。看地没有海，看地没有河。看地没有箐，观音使仙法。牛眼变星星，牛肚变大海。大肠变江河，小肠变箐沟，牛毛变草木。①

这是一则牛“垂死化身”神话。它记述了牛“垂死化身”怎样形成天地和万物。

2. 盘古“垂死化身”化生天地及万物

在双柏、楚雄和南华一带彝族地区，流传着同汉族的盘古神话类似的神话。“彝族说的是，黑埃波罗赛。汉族说的是，盘古分天地。”讲述中一般都讲盘古（也讲盘颇）。说古时候盘古最大。后来盘古死了，头在东方，脚在西方，脸朝南方，手伸在北方，身子在中间，心朝天，背朝地。盘古的眼睛变成了日月，耳朵变成了神王，牙齿变成了星宿，舌头变成了水王，奶头变成了大山小山，两只手变成了东方西方，两只脚变成了南方北方，气

① 《楚雄民族民间文学资料》，第4辑，云南省社会科学院楚雄彝族文化研究室编印，1983年。

变成了风雨雾露，脚趾手指变成了山梁，头变成天，心变成了地，骨头变成了石头，胃变成了海，大肠变成江，小肠变成河，肉变成虎、豹、麂子、野猪、山骡子和狐狸……世上会动的，都是他的肉变成的，头发变成了树林草木，胡子变成了粮食种子，血变成了金、银、铜、铁、锡。变成这些以后，盘古睁开眼睛就是天亮，盘古闭上眼睛就是天黑。①

彝族"垂死化身"神话，对人与物的因果联系的具体解释并不科学，但它贯穿着此物可以化生他物，一物可以化生多物的朴素的唯物主义发展变化观念。

彝族先民关于天地形成有物质演化说、神创造说、人创造说、动物创造说、"垂死化身"说等诸说。其中，物质演化说最具有普遍性、代表性、权威性，是彝族先民的主导宇宙观。

天地形成的问题，历来是唯物主义与唯心主义斗争的焦点之一。物质演化说摆脱了上帝创造天地的唯心主义学说，而用物质性的"气"、"雾"、"云"、"水"等来说明天地的起源和形成。它蕴涵的古朴韵味，有两方面显示出其特点：

一是反映了物质是宇宙的本源朴素唯物主义思想。比如，宇宙物质演化说所征引的创世古歌、创世史诗、彝文典籍，都反复歌吟、大量记载，最初宇宙"上没有天，下没有地"，宇宙"大空空、大虚虚"、"混混沌沌"。而"混沌"中却有自然"物"，这个自然"物"，可概括为二说：一说是"气"，即"气"为宇宙的本源；二说是"云"、"雾"，即"云"、"雾"为宇宙的本源。彝族先民探索宇宙奥秘认为，最初的宇宙即天地，是由"气"、"云"、"雾"、"水"经过变化、发展而演化成的。这种认识、理解和解释，虽然未能正确（科学）反映宇宙实际的复

① 见《查姆》（清理稿），中国作家协会昆明分会民间文学工作部编印，1962年。

杂纷纭变化过程，但它却蕴涵有最初的世界（宇宙）在本质上是物质的，是物质的存在、演化、天地和万物产生、变化发展的认识，已显示出一种原始的、自发的、古朴的唯物主义的认识，这是难能可贵的。

二是体现了物质在运动、演变、发展的原始观念。彝族先民生活于大自然界中，生活于征服自然的艰苦斗争中，他们不断总结、积累经验，不断增长自己的科学知识，意识到大自然界时刻都千变万化，处于“变”、“化”、“发展”之中，并认为这种变化具有一定的自然变化顺序，先有天地日月，而后有万物和人类。“有天有地方，天上有日月，地上长草木，人和动物还没有”（《赤梅葛·人和动物的来历》）。彝族先民凭他们的直观感觉，借对某些事物的直观所获得的印象，得出此物可以转化为彼物，彼物可转化为他物，一物可化生多物的规律，并由简单到复杂，由低级向高级变化、发展，这是把事物内部对立统一，相互结合、相互协调、相互作用推动运动、变化、发展的规律的一种探索和认识。这种探索和认识，是彝族先民最初的、最原始的哲学思维方法。彝族先民在与大自然的斗争中，目击大自然千迷万幻、瞬息万变的种种自然现象，用主观幻想的因果关系解释和说明天地开辟。在他们的认识、解释中，剔去那些“原始谬论”，确实也蕴藏着合理的因素，极其朴素的唯物观和发展观的思想火花，透露出文明进步的曙光。

总而言之，物质演化说宇宙观所透露出的古朴的唯物观和发展观，正是彝族先民针对大自然的唯物观和发展观，正是彝族先民针对大自然的种种自然现象，探索其奥秘所取得的重大成果之一，在彝族思想文化史上具有重大的历史意义和宝贵的价值。①

---

① 参见阿南：《物质演化说：彝族先民主导宇宙观》，刊《云南彝学研究》第6辑。

二、宇宙结构论

彝族先民在提出并回答最初宇宙天地起源的同时，还提出并回答宇宙天地结构论。通观彝族创世古歌、创世史诗、古老神话和宗教、民俗资料及彝文典籍，随处可见到宇宙天地结构论的论述：

创世史诗《查姆》记述最初天地形状说：

> 神仙之王涅侬倮佐颇，……召集众神仙，开口来指点：地要造成簸箕样，天要造成篾帽圆，篾帽、簸箕才合得拢，篾帽、簸箕合成天和地。①

创世史诗《门味间扎节》记述道：

> 云彩来造天，雾露来造地……天像顶篾帽，地像扇簸箕，两样合起来②……

创世史诗《梅葛》中记述道：

> 最古的时候……造天没有模子，造地没有模子；天像一把伞，地像一座轿；拿伞做造天的模子，拿轿做造地的模子。③

创世史诗《叙祖白》叙述说：

> 远古的时候……天是空空的，地是平平的。④

---

① 《查姆》，1版，第9页，昆明：云南人民出版社，1981年。

② 见左玉堂主编：《云南彝族歌谣集成》，1版，第35页，昆明：云南民族出版社，1986年。

③ 《梅葛》，2版，第3页，昆明：云南人民出版社，1978年。

④ 《叙祖白》，1版，第72～73页，昆明：云南民族出版社，1987年。

创世史诗《洪水泛滥》记述说：

地上平坦坦，天似一顶帽，来把大地罩。天空高旷旷……大地平又圆①。

彝文典籍《西南彝志》记载：

天空高在上……天地乃圆圆。②

凡此等等，都说明天地形状为天圆地圆，或天圆地方。在《指路经》中说天和地的形状是“团团的天，团团的地”。③ 创世史诗《阿细的先基》中说地是“团团的”。④

在彝族先民原始的宇宙观中，还表现出对天地结构层次的认识。如彝文典籍《西南彝志》在记述天地形成和天地状况时描述道：

七重天上，苍天明朗朗，高天金灿灿；七层地上，大地花斑斑，大地广漭漭。⑤

又记述说：

高天宽又宽，大地广又广。⑥……苍天无首尾，大

① 《洪水泛滥》，1 版，第 22 页，昆明：云南民族出版社，1987 年。

② 见《西南彝志·天地进化论》，1 版，第 18 页，贵阳：贵州人民出版社，1982 年。

③ 《彝文文献译丛》，第 3 辑，第 7 页，云南省社会科学院楚雄彝族文化研究所编印，1982 年。

④ 《阿细的先基》，2 版，第 9 页，昆明：云南人民出版社，1987 年。

⑤ 《西南彝志》第一卷，1 版，第 18～19 页，贵阳：贵州民族出版社，1988 年。

⑥ 《西南彝志》第一卷，1 版，第 25 页，第 87 页，贵阳：贵州民族出版社，1988 年。

地无上下。[①]

天地各有七层，这是认为天地有限，而这种有限又是“宽又宽”，“广又广”，“无首尾”，“无上下”，有限中包含着无限。因而古代彝族先民天地分层观念中，包含了他们关于有限、无限的自发的辩证法思想。

从宇宙结构论可以看出，彝族先民不仅仅满足于以物质演化说主导的对于宇宙天地本质的朴素唯物主义的认识，而且试图从结构、形体上去描绘天地，从物质运动、发展及其存在形式上去把握宇宙的自发辩证法思想。尽管其中有许多牵强附会的、不科学的成分，但无疑这是古代彝族先民较系统的宇宙观。[②]

三、人类起源论

人类的起源问题，是早期人类给自己提出的哲学命题之一，亦是最早的哲学学说的主要内容之一。古代彝族先民对这一问题的探究和解答，主要记述于创世古歌、创世史诗和彝文典籍中，关于人类起源的说法约可分为五类。

（一）物质演化说

物质演化说，即人类的发生可溯源至某种生物乃至无生物。创世史诗《梅葛》原始材料中有“人是雨那里出”、“人是大石头上出”等说法。[③] 又说“格滋天神来造人，天上撒下三把雪，落地变成三代人”[④]。四川大凉山彝文史诗也说人是雪的后代。《玛木特衣》说：远古时代，天下雪，雪化水，水生生物，生物

① 《西南彝志》第一卷，1 版，第 25 页，第 87 页，贵阳：贵州民族出版社，1988 年。

② 参见马学良等编著《彝族文化史》，第 1 版，上海：上海人民出版社，1989 年。

③ 《云南民族民间文学资料》第 3 辑，第 78 页，中国作家协会昆明分会编印，1959 年。

④ 《梅葛》，2 版，第 18 页，昆明：云南人民出版社，1978 年。

演化成动物、植物，人是其中之一，统称为“雪子”。创世史诗《勒俄特依》说：人与猴、熊、鹰、蛇、蛙等动物及黑头草、白杨、杉、水筋草、铁灯草、藤蔓等植物，均为“雪子”子孙①。《古侯》（公史篇）则说人与兔子、蝴蝶、素素、麦冬等12种为“白雪之子”②。《六祖魂光辉》说：最初的人系生自水中，叫“水生儿”，并几经变化，变成“凡间人”、“雁人”、“人虎”，最后变成现代人。彝文典籍《西南彝志》则说：“哎与哺结合，人类自有了”，指由清、浊二气变化之“影”与“形”演化成天地、万物与人，人起源于气。③ 创世史诗《天地祖先歌》中说：“清浊气相交，变成红和绿”，“红绿又相交”，“变成男和女”，“生了男和女，生儿又育女，天下有人迹。”④

（二）猴子变人说

创世史诗《门咪间扎节》说：大地上原先住着各种猴子，后有小猴子会辨认果子味道，用藤子作上记号；又有老猴子因咬不动树果，用石头在石板上敲树果，碰出了火花，烧熟了果子，学会了吃熟食等，于是“一天学一样，猴子变成人，树叶当衣裳，树果当饭吃”⑤。创世史诗《查姆》清理稿说：“独眼睛”时代的人是猴子变成的。创世史诗《万物的起源》中说：阿黑西尼摩养万物，“黄鱼和黑鱼，白鱼和红鱼，渐渐变成猿，变成红绿猿，变成黄黑猿。……猿猴指依若，先把人来变，变成独眼人。”⑥ 流传于四川大凉山及云南昭通一带的创世古歌则说，混沌初开，天上下大雪，地上变春天，十二种动植物生长起来，十

① 《勒俄特依》，1版，第31～37页，成都：四川民族出版社，1986年。

② 见四川省民族事务委员会彝文工作组译本。

③ 《西南彝志选》，1版，第12页，贵阳：贵州人民出版社，1982年。

④ 《天地祖先歌》，载《贵州民族研究》，1983年第3期。

⑤ 《彝文文献译丛》第1辑，楚雄彝族文化研究所编印，1982年。

⑥ 见《万物的起源》，1版，第50～51页，昆明：云南民族出版社，1998年。

一种变成草木禽兽，一种变成猴子，名叫稳芝；稳芝传阿芝，成了真正的人；阿芝传阿物，阿物传觉穆，觉穆生九子，洪水泛滥后仅留下幼子觉律斯与仙女结合而繁衍了现代人。[①] 流传于楚雄地区的创世古歌《人类起源说》、《猴子变成人》、《青棚调》等也都说"猴子变成人"。

（三）天神创造说

创世史诗《梅葛》说："格滋天神来造人，天上撒下三把雪，落地变成三代人。"在弥勒阿细人的古歌里，叙述较详细。造人的神，叫托罗神和沙罗神，或沙罗坡、沙罗么，或男神阿惹与女神阿灭；所造的人为一男一女，先造男人后造女人或说女人是男人身上抽出一根肋巴骨来造成的；造人的原料，是黄土与黑炭，或红土与黄土，或白泥与黄泥；造人过程是先造身子、再安眼睛，晒七天会动，口中吹给气会呼吸，二神教他们说话、唱歌；也有二神造了两代或四代人，最后一代是现代人的说法。

（四）盘古化身说

创世史诗《查姆》清理稿中说："盘古为最大，这个盘古身上，世上万物都有……世上的人也有……"；"盘古下了一个蛋，那个蛋遮首，世上万物在里头……世上人种在里头……"；"盘古死了后……世上会动的，是他的肉变成的，人也是一种。"[②]

（五）图腾祖先说

图腾祖先说涉及面广，较为纷繁，约可分为两大类：一是与人类有血缘关系的，或化身为人祖，或与人交配而为人祖，或为某一人类集团之成员等；二是于人类生存有过重大贡献，因而人类奉之为神、神主或祖先的；但有的又往往兼而有之。图腾动

① 《四川及云南昭通地区彝族社会历史调查资料》铅印本，第19页，1963年。

② 《云南民族文学资料》第7辑，铅印本，207~274磁，作协昆明分会编，1963年。

物，如龙、虎、鹰等；图腾植物，如葫芦、竹子、梨树等。①

以上人类起源的互不相同的说法，不仅各有其产生的独特环境条件，而且各有其产生的不同时代，反映了古代彝族先民在人类起源这一问题上认识的进程。

从人类发展史和生命起源史的角度来看，关于人类起源的诸说中，猴子变人说和物质演化说，具有重要科学价值。因为猴子变人说是对人类起源的探索，而物质演化说则已追溯到生命的起源。

总之，在人类起源这一至关重大问题上，尽管杂糅唯心主义神造人之说和不科学的说法，但占主导地位的仍是对人类起源所作的唯物主义的解答。这在彝族思想发展史上，是一道亮丽的人文景观。

四、人体结构论

彝族哲学典籍《宇宙人文论》中，用“五行”与人体相比，以“五行”、“干支”、“八卦”的道理讲述人体的部位和经络、气血。它指出：“人体和天体相彷，同样具有‘五行’，……随着‘五行’的变化，形成人的根本。‘五行’中的水，就是人的血；金就是人的骨；火是人的心：木是人的筋；土是人的肉。”又说：“在‘五行’成为人体雏形之后，就开始有生命会动，仿着天体去变化，成为完整的人。”再说：“天上有日月，人就有一对眼睛；天上有风，人就有气；天会鸣雷，人会说话：天有晴朗，人有喜乐；天有阴霾，人有心怒；……天有星辰八万四千颗，人有头发八万四千根；天有周围三百六十度，人的骨头有三

① 参见傅光宇《试论彝族创世史诗中的人类起源神话》，刊《山茶》1984 年第 2 期。

百六十节。”① 还说：“天的‘五行’就是天南、天北、天东、天西和天中，……地上的‘五行’就是金木水火土，人的‘五行’就是肺肝肾心脾。……这些都是‘五行’变化来的。”② “血气运行，则清气上升，浊气下降。不这样做不好，做了才符合并掌握天地之气的自然规律。”③ 此种观点，将人视为自然的一部分，反映了朴素的唯物主义思想，但把人与自然进行简单比附是不科学的。④

五、人类进化论

就目前所知，用不同形态的眼睛来象征“史前各文化阶段”的最完整的创世神话，是彝文记述下的创世史诗《查姆》。

在《查姆》“序诗”里用“独眼”、“直眼”和“横眼”来划分人类进化、发展的阶段：

> 人类最早那一代，他们的名字叫“拉爹”⑤；他们只有一只眼，独眼生在脑门心。
>
> “拉爹”下一代，名字叫“拉拖”⑥；他们有两只直眼睛，两只直眼朝上生。
>
> “拉拖”的后一代，名字叫“拉文”⑦，他们有两只横眼睛，两眼平平朝前生。

---

① 《宇宙人文论》。

② 《宇宙人文论》，第106页、第96页。

③ 《宇宙人文论》，第106页、第96页。

④ 参见李延良《彝族哲学著作〈宇宙人文论〉初探》，收入《毕摩文化论》，1版，昆明，云南人民出版社，1993年。

⑤ 拉爹：独眼睛那代人的名字。

⑥ 拉拖：直眼睛那代人的名字。

⑦ 拉文：横眼睛那代人的名字。彝族先民把人类分为独眼睛、直眼睛、横眼睛三个时代。

“拉文”是我们的祖先，最早的“拉文”是两兄弟，他俩名叫阿朴独姆，阿朴独姆西①是他们的子孙。

“独眼睛”时代的“拉爹”人，即“猴子变成”的人；“直眼睛”时代的“拉拖”人，即“拉爹”遗民的后代；“横眼睛”时代的“拉文”人，即现今人类的祖先。

在创世史诗《阿细的先基》原始材料中，也用“眼睛”来象征“史前各文化阶段”：

第一代“蚂蚁瞎子”朝；第二代“蚂蚱直眼睛”朝；第三代“蟋蟀横眼睛”朝；第四代“筷子横眼睛”朝。②

在创世史诗《阿黑西尼摩》中，人类演化进程为：

“独眼睛人”→“直眼睛人”→“横眼睛人”→彝族祖先。

在彝文典籍《六祖魂光辉》中，人类演化进程为：

“水生儿’→“凡间人’→“雁人”→“人虎”→彝族祖先。

综上所述，将《查姆》与其他所征引史诗对比，即可看出，《查姆》中的“眼睛的象征”是独具特色的。它对“眼睛”所象征的“史前各文化阶段”，叙述最为完整，人类社会“文化”发展的连续性、继承性与阶段性结合得很紧密。古代彝族先民认识到人类是处于演变、进化的。这种认识，包含着关于人类发展的最原始观念。

---

① 阿朴独姆：阿朴独姆是两兄弟的共同名字。阿朴独姆西，意为阿朴独姆的子孙。

② 《云南民族文学资料》，第18集，第11~28页，1963年铅印本。

六、人类社会形成和发展观

在彝文典籍《西南彝志选·天地进化论》中有这样记述：

> 人们在当初，不曾住地面。……人居于树上，兽与人同处，人与兽相随。①

这里所描述的，当是人类的幼稚时期。这时期的人们吃的是树果、兽肉，穿的是树皮、兽皮，过着原始的群居生活。

在创世史诗《天地祖先歌》里记述：

> 古时天底下，男女聚成群，分也无法分，无法分夫妻。在这个时候，孩子不知父，孩子只知母，一切是母大，母是一切根，一切的事情，全由女子管。……一切听从她，她说了就行。

上述史诗描述的是当时人类处在采集、狩猎阶段的母系氏族社会时期，过着“知母不知父”的原始群居生活。

在创世史诗《勒俄特依》中记述：

远古的时候，
雪子施纳一代生子不见父，
施纳子哈两代生子不见父，
子哈第宜三代生子不见父，
第宜苏涅四代生子不见父，
苏涅阿署五代生子不见父，
阿署阿俄六代生子不见父，
阿俄石尔七代生子不见父，
石尔俄特八代生子不见父。

① 《西南彝志选》，1版，第12页，贵阳：贵州人民出版社，1982年。

石尔俄特啊，

不知人类有父亲，

要去买个父亲，

要去找个父亲。①

于是，石尔俄特“带了九个随从者，带了九把银匙子，带了九把金匙子，驮了九驮银粉末，驮了九驮金粉末”，远行买父亲去了。几经周折，石尔俄特相识了施色姑娘。施色姑娘出了几道谜语，要石尔俄特回答，若回答对了，她可以告诉他到哪儿去买父找父。石尔俄特在妹妹俄洛的指点下，回答对了施色姑娘出的谜语。石尔俄特就此娶了施色姑娘。“石尔俄特啊，婚后生三子。石尔俄特是一代，俄特俄勒是二代，俄勒却布是三代。”

以上史诗描述的是母系氏族社会向父系氏族社会过渡时期的情况，是符合人类社会发展实际的。

七、万物公母、雌雄观

彝族古代哲学贯穿着宇宙万物分公母、雌雄的原始观。彝族先民认为，不仅人类分为男人、女人，而且认为宇宙万物，包括天、地、日、月、山、石、水、树、草、鸟、兽等等，亦同人类一样都分为公母、雌雄。这种宇宙万物分公母、雌雄的原始阴阳观，在创世古歌和古典史诗中有大量记载。比如，创世古歌《开天辟地》和创世史诗《阿细的先基》等中唱述：“山要分雌雄，树要分雌雄，石头要分雌雄，草要分雌雄。”“尖山是雄山，团山是雌山”，“半坡的麻栗树，麻栗树是雄树，山脚蓝色树，蓝色树是雌树”，“路边的红石头，红石头是雄石，下面扁石头，扁石头是雌石”，“山顶上的红草，红草是雄草，山腰上的黄草，

① 《勒俄特依》，1版，第69页，成都：四川民族出版社，1986年。

黄草是雌草”。在古典创世史诗《天地祖先歌》中，将天比作“男”，地比作“女”；在古神话《太阳和月亮》中，把月亮比作“哥”，太阳比作“妹”；在民间叙事长诗《太阳金姑娘与月亮银儿子》里，把月亮比作“儿子”，太阳比作“姑娘”；在古典英雄史《铜鼓王》中，将铜鼓划分为“公鼓”和“母鼓”；在创世史诗《赤梅葛·配偶》和《万物的起源·大雁出嫁篇》中，也都唱述宇宙万物分公母、雌雄，公母、雌雄都“成双”、“成对”地相互“配偶”，无一例外。这种宇宙万物“一分为二”为“公”、“母”、“雌”、“雄”，相互依存、相互联系、相互作用，是彝族先民最早的、原始的事物对立统一的基本观点，是先民对自然界事物观察中所获得的认识。这种宇宙万物分公母、雌雄、阴阳的原始观，表现出远古时期彝族先民思维直观性的特征。

八、“五行”“八卦”观念

所谓“五行”，彝文典籍中的记载即：“火、水、木、金、土”（也说“木、火、土、铜、水”、“水、火、木、铁、土”、“土、铜、水、木、火”，又说“水、土、木、火、金”）（排列顺序有不同）五种元素。著名彝文典籍《宇宙人文论》、《西南彝志》等“五行”具体内容和排列顺序则为“金、木、水、火、土”。为了规划统一，这里“五行”具体内容及排列顺序沿用“金、木、水、火、土”。

在《宇宙人文论》、《西南彝志》、《物始纪略》等彝文典籍和创世古歌中，大量记述“五行”内容。彝族现实生活中若干领域中亦保存有“五行”。“五行”说，主要包含如下主要内容和基本观点：

一是清、浊二气变化而生“五行”观。《宇宙人文论》、《西南彝志》、《物始纪略》等彝文典籍和创世古歌都记述，由“元气”而产生清、浊二气起变动（运动变化）而产生“五行”。《宇宙人文论》认为，由清、浊二气的变化而生“五行”。《西南彝志·论五行》说：原始本源“元气”演化而产生“五行”，即“金、木、水、火、土”。《物始纪略》云：“万物属阴阳，阴阳生五行”。

二是“五行”化生天、地、人和万物观。《宇宙人文论》认为：“五行”是“福禄之源”，是天、地、人和万物的根源。在“五行”还没有产生之前，即天、地尚未产生的时候，整个太空是一片“哪赫赫、哪贾贾”的；《西南彝志·天地进化论》云：“天未产生时，地也不曾生”，“无极”空间是片“大空空”、“大虚虚”的混沌景象。《宇宙人文论》中说，“五行”产生之后，由于“五行”演变，“清气上升而成天，浊气下降而成地”。同样，在“五行”尚未产生之前，大地上“没有生命”，“更没有威荣”。“五行”由于演变“形成人体的根本。五行中的水，就是人的血；金就是人的骨；火是人的心；木是人的筋；土是人的肉”。又说：“在五行成为人体雏形之后，就开始有生命会动，仿着天体去发展变化，成为完整的人。”《西南彝志》中云：“五行人之本，人初生于地，五行生变化，充满了中央，五行中的金，就是人的骨，五行中的火，就是人的心，五行中的木，就是人的肝，五行中的水，就是人的肾，五行中的土，就是人的脾。”创世古歌《彝族古歌》中说，大神米恒哲用“金、木、水、土、火”这“五种东西”造出人。

同时还认为，宇宙间万物也同天、地、人一样，由于“五行”的发展变化而生成。《西南彝志·天地进论论》中记载：“生命的来源，都出自五行”，“五行变化”，产生“亿万的生物”。《物始纪略》说：“‘五行’生变化，世间也变化。”

上述征引的这些认识和表述，概括起来，所包含的内涵，即是“五行”化生命和人以及宇宙间万物。

“五行”说，对整个彝学产生了深远的影响。比如，由“五行”说，产生了以元气、清浊六路五行毒邪病因为主线为核心的彝族医学基础理论。由此可见，彝族“五行”观念影响之深远。

彝族“八卦”，即哎、哺、且、舍、哼、哈、鲁、朵。它以哎哺为父母，其余为子女，分别主管宇宙四方八面。《宇宙人文论》说：

> 哎为父，主管南方；哺为母，主管北方；且为子，主管东方；舍为女，主管西方。宇宙四角起变化，变到东北方，由鲁子来管；变到西南方，由朵女来管；变到东南方，由哼子来管；变到西北方，由哈女来管。

彝文典籍《天文志·论四象变八卦》说：

> 在那个时候，宇宙的四方，变成了八面，就是八卦呢。
>
> 哎父与哺母，乃乾父坤母。到了实勺[①]世，又产生了六门，且舍与哼哈，即离坎兑艮，鲁朵与震巽，八卦产生了，天神始有根。
>
> 宇宙的南方，哎父来主管；宇宙的北方，哺母来主管；宇宙的东方，且子来主管；宇宙的西方，舍子来主管；东与北之间，即是东北角，鲁子来主管；西与南之间，即是西南角，朵子来主管；东与南之间，即是东南角，哼子来主管；西与北之间，即是西北角，哈子来主管。宇宙的四方，变成了八面。

以上说法用人类自身来比附自然界，将整个宇宙看成了统一的整体，就像有血缘关系的大家庭。它蕴涵有朴素辩证法因素。

---

① 实、勺：远古时期两个原始部落的名称。

主要参考书目

[1] 马学良等编:《彝族文化史》，上海：上海人民出版社，1989 年版。

[2] 王天玺、李国文著：《先民的智慧：彝族古代哲学》，昆明，云南教育出版社，1999 年版。

[3] 伍雄武、普同金著：《彝族哲学思想史》，北京：民族出版社，1998 年版。

[4] 左玉堂主编:《彝族文学史》，昆明：云南民族出版社，2006 年版。

[5] 李延良著:《彝族哲学著作〈宇宙人文论〉初探》，收入《毕摩文化论》，昆明：云南人民出版社，1993 年版。

[6] 傅光宇著：《试论彝族创世史诗中的人类起源神话》，刊《山茶》，1984 年第 2 期。

[7] 阿南著:《物质演化说：彝族先民主导宇宙观》，收入《云南彝学研究》第 6 辑，昆明：云南民族出版社，2009 年版。

彝族历史文化研究

文化的洗礼：彝族洪水神话的比较研究

杨甫旺　罗　曲*

摘　要：洪水神话在世界很多民族中都有流传，共同的主题“毁灭与再生”。彝族洪水灾难以及人类再繁衍的过程，可以看成是一种“文化的洗礼”，即对旧世界的否定。在这种洗礼中，凶猛的洪水是最好的媒介，而人们敬仰的神是最公正的“评判”。

关键词：彝族　洪水神话　文化神话　再生母题。

洪水神话与其他远古神话文本相比，更加引人注目，如流传于贵州彝区的《洪水纪》，云南彝区的《洪水泛滥》、《洪水连天》、《洪水滔天史》、《洪水泛滥史》，四川彝区的《洪水漫天地》等，所蕴涵的文化内容极为丰富，不仅反映了彝族先民的物质生产生活，而且反映了彝族先民社会意识的发展变化，对自然与人自身发展关系的认识等。这里的“洪水”，可谓是“文化

* 作者简介：杨甫旺（1962—），彝族，楚雄师范学院地方民族研究所研究员、副所长，云南省中青年学术技术带头人，云南彝族历史文化与社会发展研究基地首席专家召集人，主要从事彝族历史文化研究。

罗曲，彝族，西南民族大学彝学学院教授，云南彝族历史文化与社会发展研究基地兼职研究员。

洗礼之水从天降”。

（一）灾难的原因

水和太阳一样，在生产力极端落后的社会里，既是人生存的基本要素，又时常严重威胁人的生存，给人带来灾难。与其他民族一样，彝族在早先的社会里，由于认识水平的低下，对洪水灾害一方面惊奇不解，另一方面又以自己所处的生产力水平之下的认知能力，以文学艺术的方式将这些现象运用当时所盛行的相似性联想、接近联想、对比联想、因果联想等思维方式加以解释，并在流传中不断融进新的认识观念，使发生洪水灾难的“起因”越来越充足，越来越人文化。

洪水神话在世界很多民族中都有流传，共同的主题都是“毁灭与再生”。但在反映具体的毁灭与再生时，各民族都有自己的具体说法，表现了鲜明的民族性和地域性。比如彝文文献长诗作品中反映洪水灾难的作品，讲到洪水的发生时都有一个起因，这个“起因”视各地域或各支系而各不相同，有的是因为得罪了天神，有的则是因为世上的人没有人性，上天加以惩罚甚至干脆毁灭。从目前所掌握的材料来看，彝文文献作品中有关洪水灾难的原因有如下几类：

1. 杀天上收租者

流传于四川彝区的《洪水漫天地》说，古时候天上住着恩体古子家，统治着天上和地上的一切。天地相连的中间，住着德布阿尔家，地上住着曲布居木家。当时有一个规矩，地上的人年年都要向恩体古子交税。有一年，恩体古子的收税差人到人间来收税，他无论到哪一家，都要坐金子做的板凳，喝水要用金子做的碗，吃饭要用金子做的匙。这个差人来到很穷的曲布居木家，居木老大要求适量减税，但差人说：“这是恩体古子的意旨，我不能随意改变，你的话我可以告诉恩体古子。”说完气冲冲地走了。后来，居木老大的牛将来收税的那位差人顶死了。为此，天神恩体古子决定以洪水淹没地上的人以报收租差人被杀的仇。

2. 婚姻纠纷

流传于乐山峨边县的洪水神话《汉、彝、藏的起源》说：天王的一个女儿下凡嫁到人间，但天王的女儿到了人间后，发现自己的丈夫原来是只蛤蟆，于是气愤不过，用披毡的领绳吊死了。天王为此而发怒，放下天上的水来淹掉世上的一切。

3. 开垦过度

流传于贵州赫章县的长诗《洪水泛滥与笃米》说，天君和地臣之所以要发洪水淹没世间人，是因为“现在人世间，所有的高山，所有的平地，所有的箐林，所有的山谷，全被人耕完，全被人耕尽。人类太多了，人类没有土地，人类难生存，天君愁举祖，要降下洪水，来把世界淹。人类要毁灭”。

4. 侵犯天王利益

流传于雅安石棉的《居木武吾》说，居木家开垦土地时，把天上恩体古子家母亲的火葬墓抄了，使恩体古子极为愤怒，准备放九个海子的水淹没地上。

流传于贵州彝区的另一部彝文文献《洪水纪》描述了笃慕三兄弟不停地开垦，甚至把居于天庭里的众神之主策耿苴的天囿也开垦了，并不听劝阻偷了策耿苴的坐骑，策耿苴决定以洪水淹没大地。对此作品是这样描述的：笃慕三兄弟很勤奋，也骁勇，上山会牧羊，下地勤耕种。他们把所有能耕的地都开垦了，只剩下一些还不及羊皮宽、窄得没法种的岩缝石堆。但笃慕三兄弟还是没有停止，继续开垦土地，连乱石堆和石旮旯都开垦了，危及了小青蛇的生存。小青蛇告到天庭策耿苴那里，策耿苴说：

蛇要啥土地，住地边角落。
随处可安身，要地有何益？
不比那人们，无地可不行。

世人不耕地，无物供祖宗。

人若不种棉，何以御寒冬？

不把粮食种，受饥肚皮空。

笃慕三兄弟把有林之地开垦完了，山上只剩稀稀拉拉几棵树，开垦了乱石堆，砍去山上森林全开垦为土地，三兄弟还不住手，把岩上岩下所有地方都开垦了。陆地开垦完后，又把水下的地开垦耕种了。林中的老妖、岩中的神仙以及水中神怪，都向天神策耿苴告状诉苦，说自己没有了安身之地，求天神做主。但天神策耿苴祖护笃慕三兄弟，没理睬告状者。后来有一天，笃慕三兄弟把策耿苴的猎囿娄姆密拟也耕垦了。天神策耿苴接连三次派一披金甲、穿大红袍的天神来劝阻他们，并把他们开垦的娄姆密拟地还原，避免了天神策耿苴的惩罚，但是，他们并没有服气，上天去把策耿苴的天马宏础沙偷了。这下就彻底惹怒了天神策耿苴，对他们的行为进行惩罚；当下就差出六臂大力士，从天上下来，“收那些顽劣的如兽者生命！”六臂大力士奉命执行，不过一会儿，天昏地又黑，猛雨如倾盆；滂沱如注雨，漫进笃慕门。

5. 世上人伦败坏

关于洪水灾难的原因追述上，流传于云南的洪水母题长诗文本与贵州和四川的洪水母题长诗文本有所不同。在《查姆》中说，人类从独眼睛时代发展到直眼睛时代时，仍然不懂道理，经常吵架打架，一不管亲友，二不管爹妈。爹死了拴着脖子丢在山里，妈死了栓着脚杆抛进沟凹。于是，众神之王涅侬倮佐颇，找来龙王罗阿玛和水王罗塔纪，以及参与过开天辟地的天神古木折意巴，商议要换掉（毁灭）这代直眼人，方法是用洪水淹没大地。在流传于云南的另一部有名的作品《梅葛》，说到洪水的起因时与《查姆》相似。文本说格滋天神撒的第三把雪变成了能生存的人，为了他们能生存下去，赐给了他们各种粮食作物。但是这代直眼睛人心不好，糟蹋五谷粮食，用谷子打田埂，拿麦粑来堵水口，用苦荞面和甜荞面来糊墙壁。鉴于这种情况，格滋天神决定以洪水淹大地，换掉（毁灭）这代人。

在流传于云南红河州的《尼苏夺节》里，人类曾经历过两次洪水之灾。第一次，诺谷小龙儿以红土塑人，使世上有了人类烟火。但他不在世后，社会混乱，人们求偶丧失了人性，有悖人伦的现象十分普遍而突出：

不孝敬兄长，过年不祭天，过节不祭地。
生儿不成亲，有女不招婿，父死不送葬。
母亡不吊丧，祖死林中放，奶亡丢深潭。
人世之道义，全部被遗忘。

天神陈古子①说地上的人连牛马都不如，“应让他们沉，让良人出生。”于是，决定用洪水毁灭人类。通过天神巡访，这次洪水只留下了善良的兄妹俩俄玛和俄龟。俄玛和俄龟重新繁衍了人类。但是，在俄玛和俄龟之后过了三十六代，整个社会又乱了，人们又失去了人性：

年满十五岁，胸中长贼心。
二十岁伙子，专做抢打事。
三十岁成人，一心偷杀抢。

这样的境况不仅使整个社会处于无序与混乱之中，人们没有安全感，而且人伦与俄玛和俄龟之前一样乱，连祭司毕摩都不务正业了，正如作品所描述的那样：

贝玛不祈祷，男女胡乱搞。
男大不成亲，女人不招婿。

---

① 天神陈古子，就是四川彝语中的恩体古子，贵州彝语中的策耿苴。

父死不送葬，母亡不吊丧。

祖死林中放，奶死丢深潭。

更令人痛心的是，连国君都不理事，吃肉不献天，喝酒不敬地，日月记不清，专欺贫穷人。天神陈古子和天上管地的神黑夺方看到人间这种现象，怒火万丈，决定用洪水灭掉地上的人。

流传于云南楚雄的《洪水泛滥》、江城的《洪水连天》、峨山的《洪水滔天史》、路南的《洪水滔天史》、新平的《洪水泛滥史》，在说到洪水的起因时，与上述的《尼苏夺节》、《查姆》、《梅葛》一样，都是因为世间的人已无人性到了牛马不如的地步，天神才决定毁灭掉这些人，另换一代新人。

从上面讲到的云南、贵州、四川三省彝族所流传的关于洪水起因的神话看，流传于四川的洪水神话的洪水起因是居木耕了天神恩体古子的地，或不满恩体古子的剥削，导致了恩体古子要以洪水惩罚人类；流传于贵州的洪水神话中的洪水起因，则是笃慕（居木）家过分开垦土地，甚至报复劝阻他们过分开垦的天神，偷天神的马，导致了天上的神们决定以洪水毁灭人类；流传于云南各地的洪水神话在说到洪水的起因时，都归于人间社会风气败坏，人已无人性，天神决定以洪水毁灭人类。

这里所展示的之所以发洪水的理由，现在看来不管成立与否，在过去确实是对洪水灾难出现的相当有力的解释，当然也表现了当时人们主张人与自然和谐及人类社会和谐相处有序发展的主张。其中，将洪水灾难归于人们开垦过度的认识，至今仍有现实的意义。当我们完整地审视彝族洪水灾难以及人类再繁衍的过程，还会发现彝族过去有关做人的准则和一些伦理善恶观。所以，这里的洪水灾难，完全可以看成是一种“文化的洗礼”，对旧世界的否定。

（二）选留的理由

彝文文献长诗中有关洪水灾难的文本，在反映彝族历史上的社会生活和人们的思想观念时相当完整，表现出特殊的意义。作品说，由于人类得罪了天神，或者是天神发现人类伦理纲常破坏，社会风气败坏，决定用洪水毁灭人类。所以，这种毁灭不仅有一个重要的前提，而且充分考虑到毁灭后的“重建”。在云、贵、川的洪水灾难长诗文本中，都几乎有众神之主恩体古子及天神们担心人类真的一个不剩，就会导致无贡赋而必须选择一个合适的人繁衍人种的内容。所以，在当时的价值观看来是善良的人或者是符合天神意志的人则作为新人类和人种而选留下来，不予以毁灭，而在当时看来属于“性恶”之人则被毁灭之。可见作品所谓的毁灭，不是通常的肉体和生命的毁灭，而是一种文化、制度、价值观念的毁灭。选人种，实际上是对文化的选择，也反映了彝族先民对社会的一种发展需要。正因为如此，我们现在见到的有关彝族毁灭与再生母题的神话作品，讲到天神要毁掉人类时，并不是好坏一个不留地全部毁灭，而是要选留天神认为是善良的人作为新一代人的人种。所以，当天神在发洪水之前，都要派使者到人间查访“好人”。如果不是天神之主所派使者查访好人，以特定的道德标准考验所查访的人，那么，作品中总会出现一位天神，凭被考验者对他的态度来确定“好人”，并将这种“好人”选留为人种重新繁衍新一代人。

流传于四川的《洪水漫天地》说：恩体古子决定以洪水惩罚人类后，一个名叫阿格耶苦的白发老人（天神），对居木三兄弟进行了考察后认定居木老三是善良的人后说道：

居木老三啊，你是善良人，做一口木柜。

把锁安在里面，把口粮放在里面，把羊子也放在里面。

另外带上一只母鸡，母鸡开始孵蛋时，把柜子锁上。

过了二十一天时，小鸡吱吱吱叫，你打开柜子门。

居木老三按天神使者的旨意行事，躲过了洪水灾难，而不善良的居木老大和居木老二则被天神使者故意设计而死于洪水之中。与四川流传的洪水神话相比，流传于贵州和云南有关洪水灾难的长诗文本，在选留“好人”繁衍新人类上，表现出特别的价值观。流传于云南的《查姆》说：这一代人心性太差，众神之王涅侬课佐颇与其属下商议要发洪水重新换一代人后，神王和仙王，水王和龙王，派了涅侬撒萨歇到人间巡访还有没有好人，要让“好心人传宗接代，一代比一代聪明能干，一代比一代兴旺发达”。

涅侬撒萨歇为了到人间查访好心人，骑着马到半路时，装着跌折了龙马腰和龙马腿，到处找药医治龙马，以此来试人的心好坏。结果走遍了东南西北，遍访了四方大户和每户百姓，对每个大户都作了 120 个揖，对每一户百姓都磕了 120 个头，都哀求道：

大爹大妈呀，我的龙马腰折啦，
我的龙马腿断啦，要人血才能医好。
请阿爹阿妈帮帮忙，我多多谢你家。

四方大户良心又黑又毒辣：“莫说人血不给你，人尿也休想给你医龙马。”当巡访到正在劳动的阿朴独姆[①]时，阿朴独姆说：

你把金刀拿给我，你把银碗拿给我，
划开指头给你血，若要人肉我也能割下。

说着就用金针刺出手上的血交给了涅侬撒萨歇。于是，涅依

---

① 这里的阿朴独姆，有时异写为阿朴独慕、独亩，在贵州彝语里则又称为笃米、阿普笃米或笃米俄等，四川彝语中则称为居木或居木吾吾。

撒萨歇告诉独姆，120 天内要发大水，天神之主涅侬课佐颇要用洪水洗大地，要用洪水洗万物。洗干净大地，万物再生，洗干净大地，再种庄稼，洗干净大地，再传后代。并给了独姆一粒葫芦种，叫独姆按时种下，洪水来之前就会收获又硬又大的葫芦，洪水来时就与妹妹躲在里面，他们就会安然无事。

在选人种于洪水后再繁衍人类的情节上，流传于红河的《尼苏夺节》、流传于楚雄的《洪水泛滥》、流传于江城的《洪水连天》、流传于峨山的《洪水滔天史》、流传于新平的《洪水泛滥史》都与上述的《查姆》相似，在此不再赘述。

流传于贵州的《洪水泛滥与笃米》，在说到选好人于洪水过后再繁衍人类时，情节更为丰富。天神用了若干种方法来试笃米的心，最后确实认为他是一位好心人，才告诉笃米天上要用洪水毁灭人间的事，并教了他躲避洪水的方法。

流传于撒尼支系中的《阿霹刹·洪水和人类的祖先》，在说到选留好人做人种，于洪水过后再繁衍人类时，与上述各例相比，很有特点。

作品说古时候有一家人，三个兄弟带着一个妹妹过日子。有一年春天他们去开荒，头天犁过的地第二天总是会复原。三个兄弟决定去守地，看是什么坏蛋干的坏事。到了夜里，只见一位模样十分威严的老头子，用手中的拐杖指一指犁过的地，犁过的地就复原了。大哥和二哥见后跳起来就要打这个老头，三弟赶上去拦住两位哥哥说："不应该打老人家，还是先问问他为什么要这样做吧。"老头子听了三弟的话后说："你是个又聪明又善心的人，你一辈子都会有福。"接着，他告诉三个兄弟他是天上的雷神阿霹刹，之所以把他们的耕地复原，是因为天上要涨大水了。三个兄弟听后都要求雷神救他们，雷神说："我当然要救你们，但真正能救你们的还是你们自己。现在我这里有三只箱子，一只是金的，一只是银的，一只是木的，你们有四个人，你们谁愿意带着小妹妹?”大哥二哥都怕小妹连累自己，不愿带她。三弟想也没多想就说：“我愿带小妹。”阿霹刹用拐杖在地上顿了三下，出现了三只大箱子。贪心的大哥二哥要了金箱和银箱，三弟和小妹什么话也没说，要了那只木箱。结果金箱银箱在洪水来时沉入洪水之中。三弟和小妹的木箱没有沉。三弟和妹妹活了下来，繁衍了人类。

洪水灾难，是世界性的母题，而且各种文本所反映的主题也多有相似之处，诸如古希腊神话说：一天，宙斯化做行人模样，到人间查看并显示征象，见世人对之顶礼膜拜。他又来到阿卡迪亚王吕卡翁的宫殿，吕卡翁及其众人生性残暴，竟然烹人肉给他吃。于是宙斯大怒，当即将吕卡翁变为狼，并降下灭世洪水使阿卡迪亚成为泽国。其他人都死于洪水，只有心善的普罗米修斯之子杜卡利翁先得到了消息，造了一条大船，和妻子皮拉驾船驶向唯一露出水面的帕耳那索斯山，于是，这两个人类中唯一的好人得以幸存，并再次繁衍了人类。

类似的例子还见于《圣经》以及其他一些民族的神话，比如印第安人的神话说：很久很久以前，地球还年轻的时候，居住在塔克荷玛雪山顶上的大神，对世人及动物们的罪恶以及互相算计很气愤，他决定毁灭掉坏人和坏动物，只留下好人和好动物，并教导了好人躲过洪水灾难的方法。大神见好人及其一家和好动物都平安上天到达了他那里后就开始下雨，当洪水把地上所有的坏人和坏动物全淹死了后，就叫那位好人领着家人及好动物回到了地面上。

以洪水“洗涤”旧世界，选留人种发展合乎某种标准的新人类的文学作品，在世界很多民族中都有流传，表明这是一种具有普遍性的社会文化现象的反映。在更为早期的历史里，人对自然界、社会及人类本身的认识，都受万物有灵论的支配，所以神灵在人们的认识里是世界的主宰，甚至是万物之源。随着社会的发展，知识的积累，那种还没有天地万物的混沌世界和由天神造人或自然化生成人的观念早已成为了过去的认识，因此在洪水时代的人的认识观念里，人类的更新换代要由人类本身才能实现。但是，社会的发展程度并不是很高，人们的认识也还没有完全摆脱神灵的束缚，没有彻底的超越神灵的境界，因而人们在描述自然和社会尤其是表述某种思想，观念时，神灵仍是重要的媒介和角色，甚至是正义的代表和真理的化身。由于上述原因，洪水神话在讲到天神要毁灭人类时，并不是好坏一个不留地全部毁灭，而是要选留好人作为新一代人的人种，但是选留人种的主宰是神而不是人类本身。不过选留人种的标准从表面上看是神的意志的体现，但无论是从思想进化而论，还是从人的生物性的进化来看，实际上都是反映了人类自身发展的一种需要。因此可以这样说，有关毁灭及其再生神话中选留人种的主题，说明很多民族的历史上，为了能够更好地生存和发展，出现过对旧文化的“洗礼”。在这种洗礼中，凶猛无情的洪水是最好的媒介，人们最敬仰的神是最公正的主持。在洗礼中留下的人，是新一代人，他们善良、虔诚，遵从进步的伦理道德，是符合时代要求的人。在文化的洗礼中，神的要求实际上就是整个社会发展的要求。

（三）再生的文化内涵

在世界范围内有关灾难—救世—再生的文学文本中，洪水灾难后的再生，可视为是人们对新生活秩序的期望和新文化的肯定。

由于彝族先民过去生产力的不发达、认识水平有限，人们将自然界的一些物质特性与人类社会的社会性需要进行“互渗”，当发现水火是世间最无情的东西时，便认为水火代表了上天的意志，是最“公正”的。于是在彝族神话中水成了净化世界的物质，成了天神惩恶助善的媒介，同时也成为了反映人类发展需求，表现某种道德价值观的媒介。这在彝族有关洪水灾难的长诗文本中表现得最为突出。

在彝文文献里有关洪水灾难母题的长诗文本中，“毁灭”主题的各种文本，实际上反映的是自然与人的关系及其人类社会的矛盾；有关“选留”好人再繁衍新人类，反映了当时人们的一种社会伦理善恶观；有关彝族“再生”的主题的各种文本，是人类对自然的需要和人类对自己生存与发展条件加以肯定的一种反映，说到底，是对自然资源的需要和对自身继续发展的社会性需要，是在新的历史发展阶段对人和自然以及人类社会关系的重新定位。

比如，在彝族的日月神话中，在开天辟地创造万物之时，似乎天神是日月的需求主体，因而在那时是神造日月或神祭喊日月、神安日月、所崇拜之物的双眼化为日月。但在“再生型”母题中，因为已远离开天辟地的时代，日月不可能再由神来安造、祭喊，再由所崇拜之物的双眼化成。所以在射日月后日月不愿出来，世上没有了正常的生活秩序时，人类是需求日月的主体，因而这时要使日月再出现于天上，重新给人间带来光和热，就只有由人亲自祭请或以各种方式将之“哄”（即骗）出来，或以百鸟的歌舞娱请日月再次光照人间。由此可见，这时的日月对人来说已如真正的神一般，人如需要它们，要虔诚祭请。从这个角度说，彝族有关企盼日月重新出现的再生神话母题中反映的主题，一方面反映了人们对光和热能的需要，另一方面也折射了一种自然秩序的恢复和新生活秩序的建立。在彝族射日月等长诗作品中还透露了这样的信息：新的秩序和新文化是在旧秩序、旧文化的基础上建立起来的，要完全丢掉原有的秩序和原有的文化，凭空建立所谓的“全新”文化和秩序是不行的。与此相应，洪水灾难后的母题，在世界很多民族中都有流传，共同的主题都是“毁灭—选留—再生”。但在反映具体的毁灭与再生时，各民族都有自己的具体说法，在“母题”要件的组合上各有不同，表现了鲜明的民族性和地域性。彝族反映洪水灾难的文本，因为彝族支系繁多，各支系的社会发展不平衡以及他们所处的自然地理多少存在着一些差别，所以所表现的文化内涵十分丰富。比如彝族反映的洪水灾难作品，都有一个发水的起因，而这个“起因”，则视各地或各支系而各不相同，有的是因为得罪了天神，有的则是因为世上的人没有人性，上天加以惩罚甚至干脆毁灭。在彝族洪水灾难后的人类再生上，也由于支系的不同而反映了人们所奉行不同社会伦理道德和不同婚姻习俗，同时还反映了不同的图腾崇拜观念。

彝族关于人类于洪水后的再繁衍，所反映的彝族历史上的婚姻习俗和与此相关的图腾观念极为丰富，主要有以下几种。

1. 天神办歌会赐天女

流传于贵州赫章县的《洪水泛滥与笃米》说，笃米按天神的指示，做了一个木桶，在木桶里逃过了洪水之灾，其他的人都死于洪水。天君愁举祖差工匠打铜截水，退去了洪水，又差怒娄仄下凡查世上还有没有人。在白尾巴鸽子的指点下，在倮恒山见到了笃米俄。怒娄仄把见到笃米俄的情形向天君愁举祖作了汇报：

在那倮恒山，坐着一个人，名叫笃米俄。
天下凡世间，唯独一个人。
丁零既孤单，悲伤又难过。
他无依无靠，哪里去说亲？
请谁人作媒？找谁人婚配？

听了怒娄仄的汇报，愁举祖又派怒娄仄到倮恒山上，把笃米俄带到了天庭。然后愁举祖又命十二条龙推平了呗谷山，准备设歌场。天君愁举祖对笃米俄说：我叫怒娄仄，把你带到天庭来，是要亲自告诉你：

十六日晚上，正足月圆时，

在呗谷凯戛，设立歌舞场。

歌场兴婚礼，还设有酒宴，要你去参加。

笃米俄忙说："我连衣服都没有，怎么能去歌场哟！"在天神怒娄仄的关照下，笃米俄得到了天庭最好的衣饰，十六日的晚上兴高采烈地去呗谷凯戛歌场。天君愁举祖已提前来到了歌场，坐于首位上，见了笃米俄来后就问道：

天下人世间，只剩你一个人了，丁零又孤单。你在人世间，想不想开亲，想不想找老婆？

笃米俄回答说：

整个人世间，只剩我一人，哪里去开亲，找哪个做妻？现在天君前，只有请您作主张了！

愁举祖听后满脸笑盈盈，成竹在胸。不一会儿，天上的仙女成群结队的来到歌场，整个歌场热闹非凡：野人拿舞具，老虎打灯笼，老熊吹芦笙。正在这时，天神姑色尼的女儿尼友咪比，骑着一匹白马从天宫降临到呗谷凯戛歌场。紧接着，天神诺色娄之女娄友咪多骑着一青鸿从天宫降临到呗谷凯戛，进入歌场中。紧随娄友咪多之后，天神布色吞之女吞友武吐骑着白鹤，从天宫降临于呗谷凯戛，进入了歌场中。这三位天仙女来到歌场上行了三次礼后开喉歌唱，翩翩起舞。就在这歌场上，由天君愁举祖传旨，三郎神经办，要三位天仙女嫁给笃米俄。结果，三位天仙女十分乐意地与笃米俄举行了婚礼。这三位天仙女不久就为笃米俄生下了六个儿子，他们就是彝族历史上的六祖。

流传于贵州的另一部作品《洪水纪》，情节比这里所说到的《洪水泛滥与笃米》要具体得多，丰满得多，而且有个别地方为《洪水泛滥与笃米》所没有。比如，虽然这两部作品都有这三位仙女本有未婚夫，她们与笃米俄结婚后，未婚夫家兴兵伐笃米俄的情节。但是，在《洪水泛滥与笃米》中，没有三位天仙女的前未婚夫家带兵杀到笃米俄家时，她们愿意离开笃米俄的情节。而在《洪水纪》中则说，三位天仙女的前未婚夫家带着天兵来到笃米俄家时，“这三位天女见事情不妙都摇着手儿对笃米俄说道：‘我们还是呀，不从你算了’。”后来是在天神三郎的帮助下，才算保住了笃米俄的家，有了彝族六祖。笃米俄因心善而得天神指示躲过洪水之灾，担负再繁衍人类的历史任务，以歌场与天女或美女配偶成亲的情节模式还见于《赊豆榷濮》等文本，在此不再赘述。

2. 天神指令天女嫁人间

在彝族洪水灾难的长诗文本中，有关人类再繁衍的情节模式里的“天神指令天女嫁人间”型，相比之下就没有“天神办歌会赐天女”那么浪漫。在这类作品中，一方面反映了天神关心地上人类的再繁衍，一方面反映了天神的威严，在天上这样的“上层社会”存在着包办婚，还折射出了天女对这种“指配婚”的反抗。

流传于云南的《尼苏夺节》说：善良的独亩，被天神选为洪水后再繁衍人的人选，在天神的指示下他躲过了洪灾，因世上只剩他一人了而很是忧愁。这时，曾教他躲过洪水的天神三生若向天神之主陈古子诉说了独亩的情况。陈古子听了汇报后立即下旨意：

> 你的三个妹，嫁到地层去，去做独亩妻，
> 去生儿育女，去传宗接代。

三生若骑着长翅龙来到地层上，安慰了独亩，告诉他要把三个天女妹嫁给他的消息，并把独亩带到天上去见三位天女。到了天上三生若的家门口，只见仙女三姐妹在做针线活。三生若告诉

她们说：

妹妹你三个，
嫁到地层去，
去做独亩妻。

天女三姐妹一看独亩，只见他“耳枯如木耳，发白似棉花，皱纹像田埂，眉毛似长发”。姐妹三个都不愿意嫁给独亩。三生若到谷则山去拿了一片绿叶，搓揉后擦在独亩的头上，又给了他一些好的衣饰，使独亩变了样。但三生若并没立即叫他的三个妹妹来见变了样的独亩，而是领着她们赶了四个街的集市才回到家中，再一次叫三个妹妹嫁给独亩。这一次，姐妹三个见独亩已是新的模样，于是都乐意地答应了。三生若为三个妹妹和独亩办了隆重的喜宴，把三个妹妹送上路后，进行了教诲：要他的三个妹妹团结和睦，勤奋治家，还要记住敬天敬地。三姐妹嫁给独亩后，大姐生了三男四女，二姐生了三男三女，三妹生了三男三女，繁衍了横眼睛的人类。类似的情节模式还见于楚雄的《洪水泛滥》、江城的《洪水连天》、新平的《洪水泛滥史》。但流传于新平的《洪水泛滥史》中的天女，一个是太阳的女儿，一个是月亮的女儿，一个是星星的女儿。而且说开始她们三个都不生育，后来笃慕行善烧香敬神后，三个妻子才各生二儿二女，成为横眼睛人。三个天女所生的六子，发展成为包括后来部分彝族支系在内的六大支：

一支是山苏，一支是聂苏，
一支是特尼，一支是木它，
一支是渴打，一支是摆夷。

可见，新平的这则神话中的“六祖”，与其他神话的“六祖”说法不一样。因为这里所指的“六支”，包括了后来的彝族以外的部分民族，有的支系在后来已经不见于彝族之中，如“木它”即如是。

3. 天女做媒配妻

天女做媒配妻属于天女做媒配妻模式。从所掌握的材料来看，这种主题只见流传于云南峨山的《洪水滔天史》。在这部作品里说洪水过后玉朴笃慕的形象极为狼狈，一个叫三晒的天神手拿一支药下凡来拍打笃慕后，使他成了年轻人，然后又给了他衣饰。这时，天上又下凡一位仙女给笃慕做媒，分别给他介绍了三位仙家女，开始仙女们都不同意，后来有两位同意嫁给了笃慕，各生了一个葫芦。切开第一个葫芦，里面有人间需要的一切；切开第二个，里面有粮种和人。

4. 兄妹繁衍人类

流传于云南彝族撒尼支系的《阿霹剁·洪水和人的祖先》说：好心的三弟带着小妹躲过了洪水灾难，其他的人全被洪水淹死了。两兄妹什么也没有了，这时天神阿霹剁给他们送来了谷种和菜子，黄豆、青豆。按阿霹剁的吩咐，三弟把黄豆一撒变成了一群黄牛，把青豆一撒变成了一群水牛。有了庄稼和牛，三弟就对小妹说：“让我们成个家吧。”小妹不答应说：“问问老天爷的意思吧。”于是小妹妹与三弟通过丢针穿线、山坡上滚磨等占卜，证明是天意要让他们兄妹结婚繁衍新人类后，结婚安了家。婚后生下一大团血肉，他们很难过，把血肉剁成块挂在树上。过了几天再去一看，那些血肉都变成了青年男子和女子，成双成对有说有笑，在树上吃果子。

洪水后以兄妹成家或兄妹繁衍人类的情节模式，还见之于《阿细的先基》、石林的《洪水滔天》，以及流传于云南其他彝区的《查姆》、《梅葛》等作品之中。只是在有的作品中，把兄妹婚繁衍人类的事表述得很艺术而已。比如，《阿细的先基》说：在天神的强力撮合下兄妹成婚安家后，空中有两只小燕子，飞到人旁边挨着身子落下来，妹妹打绿苍蝇给小燕子吃。小燕子第二次飞来时，口里衔着瓜子，飞到人旁边，挨着身子落下来，兄妹俩把瓜子种在地里，结的瓜成熟后摘回家中，用刀剖开，瓜中有世间万物，其中的人是横眼人。在《梅葛》中，兄妹很不情愿成婚延续后代，而是在“属狗那一天，哥哥河头洗身子，属猪那一天，妹妹河尾捧水吃，吃水来怀孕。”后来妹妹生下一个怪葫芦，妹妹害怕而弃之于河中。天神知道后设法找到了葫芦，分别用金锥、银锥撬开葫芦，从葫芦中先后走出了汉、傣、彝、苗、藏、白、回等民族。

5. 强娶天女繁衍人类

强娶天女为妻繁衍人类的情节内容，从目前笔者所搜集到的材料看，主要流传于以凉山为中心的彝语北部方言的彝族民众之中。其大意是心善的居木得天神的旨意躲过洪水灾难后，在各种动物朋友的帮助下，强娶天神之主恩体古子的三个女儿为妻，重新繁衍了人类。

相比较而言，流传于四川彝区的各种再生主题文本，在关于过去曾有过的婚姻习俗时，其价值观念完全是父系社会婚俗制度的反映。作品所反映的价值观与洪水神话通常所反映的社会生活的“距离”相当大。所以，在伦理价值观念上，基本上是反映的后世民间作者或流传者所处时代的价值观念，与众多洪水神话所反映的婚俗差别较大。四川彝族在反映洪水过后人类的再繁衍时，不是两兄妹在外力的撮合下成婚而担当再繁衍人类的重任，而是洪水过后的幸存者居木吾吾在众朋友（即他救起的各种动物）的帮助下，经过一番周折和努力，强娶天上众神之主恩体古子的女儿为妻，重新繁衍了人类。因此，四川彝族再生主题的洪水神话，作为对一种婚姻习俗的记载和评判，已经没有血缘婚的痕迹，而是父系社会抢婚习俗的折光反映。这种对血缘婚的否定方式，与四川彝族特有的“羞怯意识”有关。在四川彝族中，不怕死而怕羞，有关人际交往的禁忌颇多，因而在文学作品中是不会有兄妹婚之类的内容出现的。从前述的例子可知，云南再生主题的洪水神话所反映的婚俗大致而论有三类：一是兄妹婚繁衍人类；二是天神做媒或指定天女下嫁给洪水灾难的幸存者为妻繁衍人类；三是天神之主主持的“歌舞自由恋爱”，没有流传于四川彝区中的作品所反映的“抢婚”痕迹。

血缘婚是人类社会曾经经历过的婚俗，而且延续的时间相当长，所以人们不可能从无意识中轻易地抹掉这一历史，必然会在口头创作的早期作品中有所反映，并在有文字后被早期的文献所录写收集，以文字文本的形式传播。人类社会是不断进步的，处于比过去进步文明了的人类对自己过去的历史虽然不好一笔抹杀，但往往是以现时的价值尺度去评判过去曾有过的风俗习惯。彝族洪水神话的再生母题中的各种主题，可以说是彝族人对自己曾经历过的婚姻习俗的一种“评判”。因此，在流传于云南的洪水神话再生主题的一些文本中，彝族先民在对过去曾实行过的婚俗进行评判时，参与了作品创作时代或流传过程之中的人们的价值观念，使作品的内容与实际经历过的生活内容出现了“距离”。正因为如此，作品在折光的反映彝族历史上曾有过的兄妹血缘婚俗时，第一，是认为彝族历史上兄妹之所以结婚成一家人，是因为洪水过后世上只剩下兄妹二人，兄妹如果不发生婚姻关系，人类就要灭绝。第二，就是在世上只有兄妹二人，兄妹不发生婚姻关系就要绝种的情况下，兄妹仍然不愿发生婚姻关系。往往是天神的强力撮合，以滚石磨、筛子、簸箕、丢针穿线、隔山烧火等方式进行反复多次的占卜，一再证明他们结婚重新繁衍人类是“天意”时，他们才不得已而成婚安家，担负重新繁衍人类的重任。第三，兄妹婚后以“贞洁孕”的方式受孕繁衍人类。比如《阿细的先基》说：兄妹成婚后的一天，“一只小燕子飞到人旁边，挨着人落下来，妹妹打绿苍蝇。拿给燕子吃了。后来又有一天，小燕子又飞来时口里衔着瓜子，又挨着人落下来。兄妹两个人把瓜子拿去种在土里，收获瓜后只听瓜里有嗡嗡的叫声。兄妹两人用刀把瓜切成四瓣，结果第一瓣里有很多人，第二瓣里有很多动物，第三瓣里有很多植物，第四瓣里有很多牲畜，这样世上就又有了一切。”第四，兄妹婚后所生孩子多为血肉等异物。这种对过去血缘婚的评判，是对血缘婚的一种否定。这种否定表明：产生洪水神话的时代或流传洪水神话的时代与血缘婚年代已有相当的距离，作品是在运用人类印象最深刻的洪水灾害为线索，革除旧的婚俗，确立新的婚俗。所以，彝族有关洪水灾难后人类再繁衍的神话，所突出的重要主题是对旧婚姻制度的否定，对新婚姻制度的肯定，表现了一种为了自身发展而作出的文化抉择。至于天神做媒给洪水后的幸存者配婚，和天神出面举办盛大歌舞晚会给洪水后的幸存者办婚事，所包含的文化信息更为丰富。

参考文献：

[1] 罗曲，曾明，杨甫旺．彝族文献长诗研究［M］．北京：中国社会科学出版社，2009.

[2] 云南省古籍整理办公室．洪水泛滥［Z］．昆明：云南民族出版社，1987.

[3] 李子贤．多元文化与民族文学［M］．昆明：云南教育出版社，2001.

[4] 楚雄州文联．彝族史诗选梅葛卷查姆卷［Z］．昆明：云南人民出版社，2001.

[5] 云南省民族民间文学红河调查队．阿细的先基［Z］．昆明：云南人民出版社，1959.

[6] 朱桂元，吴肃民，陶立璠，等．中国少数民族神话汇编：创世篇［Z］．内部资料，1984.

［7］陶立璠，赵桂芳，等．中国少数民族神话汇编：洪水篇［Z］．内部资料，1984.

［8］红河州民族事务委员会，彝族叙事长诗选［Z］．昆明：云南民族出版社，1984.

［9］王子尧，洪水纪［Z］．贵阳：贵州民族出版社，1992.

［10］曲比石英，卢学良，等编译．勒俄特依［Z］．铅印本，西南民族学院，1978.

试析彝族原始宗教绘画艺术文化*

龙倮贵

彝族原始宗教绘画艺术，也就是彝族毕摩绘画艺术，即彝族历代先民因原始宗教信仰活动的需要，以彝族历史文化为背景，以预测占卦人生命运福禄，以择吉凶决难释疑等彝文经籍内容为题材，以彝族历史文献为主要载体，用民间绘画艺术表现手法进行系统、形象、生动的图解、释意而再创作的绘画艺术文化。但有的也不完全是图解、释意，它既有彝族历史文献系列连环画式的插图，也有散见于历史文献的零星插图，自然而然地形成图文并茂的局面，绘画艺术作品各图之间既有内在联系，又可独立成幅，不受任何形式的约束，形成鲜明的民族特色。它表现手法朴实生动、构思奇妙、简洁夸张，概括出一幅幅耐人寻味的画面。它是彝族原始传统艺术文化作品的组成部分，也是中国美术绘画

* 本文为国家“985 工程”四川大学宗教与社会创新研究基地项目、教育部人文社科重点研究基地四川大学道教与宗教文化研究所项目、四川“211 工程”重点建设学科项目《彝族原始宗教艺术文化研究》的子课题。

作者简介：龙倮贵（1963— ），男，彝族，云南红河县人，云南社会科学院红河民族研究所副研究员、红河学院客座教授（研究员），云南彝族历史文化与社会发展研究基地兼职研究员。研究方向：彝族哈尼族传统文化研究及彝族历史文献翻译整理研究。

艺术文化百花园中的一朵奇葩。

一、宗教绘画工具和颜料

纵观彝族原始宗教绘画艺术作品，绘画工具极为原始简单，即就地取材，最初用墨石、红土当墨，用松毛尖做笔绘制在羊皮、丝绸、布帛及土绵纸上，后来发明用燕毛做笔，用木叶当纸。画笔有自制的竹签、棕榈叶柄、细树枝和草茎，或用鸡翅、羽毛、绵羊毛和山羊毛制作而成。颜料也是俯拾即得的一些矿石、锅烟灰、动物血、猪胆汁、赤土等，近代才使用毛笔、墨汁。他们就是用这些简单的工具和颜料在兽皮、树叶、地面、岩壁上绘制出一幅幅规格不一的日月星辰、山川河流、树木花草、飞禽走兽等图画，具有民间传统绘画艺术之特点。在四川凉山州彝族毕摩绘画中，多用黑木炭蘸鸡血或以竹签蘸烟墨作画，画在木板、经书上，内容有神鬼、动物、自然画像及神枝图。

彝族原始宗教绘画艺术作品中常用的颜色为红、绿、黄、黑、白等五色，每种颜色都有其丰富的含义，强烈反映和表现彝族先民的五色观：红色，表方位为南方，表天干为丙丁，表五行为火，表支系为红彝，表季节为夏，表龙为赤龙或红龙，表天君神为呐木兹（赤帝）；绿色，表方位为东方，表天干为甲乙，表五行为木，表支系为青彝，表季节为春，表龙为青龙，表天君神为妞木兹（青帝）；黄色，表方位为中央，表天干为戊己，表五行为土，表支系为黄彝，表季节为夏秋之交，表龙为黄龙或金龙，表天君神为策格兹（黄帝）；黑色，表方位为北方，表天干为壬癸，表五行为水，表支系为黑彝，表季节为冬，表龙为黑龙或乌龙，表天君神为乃木兹（黑帝）；白色，表方位为西方，表天干为庚辛，表五行为金，表支系为白彝，表季节为秋，表龙为白龙，表天君神为鲁木兹（白帝）[①]。并在彝族传统观念中，黑、白、红、黄、绿不仅代表金、木、水、火、土五行，也代表东、西、南、北、中五方，是组成世上万物的元素，而且黑白二色还有阴阳含义，在传统观念里，阴阳概括了万事万物生长、对立统一的规律。这是古代羌戎族群崇拜黑白二色的遗俗，在滇东北彝族祭祖仪式活动中，每个家支都要抬红、黄、绿（蓝）、白、黑五色星旗，分别象征火、土、金、水、木五行，认为这五行是构成世界万事万物的基本元素。云南红河县虎山一带彝族连村杀花黄牛祭祀虎山神时，使用的是黑漆漆的旗子。据说，他们祭祀的虎神，原本为黑虎所变。不仅如此，彝族原始宗教文献经籍用颜色命名的，用颜色来区别不同的等级观念和丧礼规模大小。如滇南彝族原始宗教丧葬经籍《们查》有不同内容的五种彝文版本，它们是：《们乃嫫查》（《大黑衣科书》）、《们呐若查》（《小红衣科书》）、《们申若查》（《小黄衣科书》）、《们纽若查》（《小绿衣科书》）、《们鲁若查》（《小白衣科书》）。彝语“们”有女性、名字、布衣、功名等多种不同的含义。根据书名并经书使用的场合分析，这里的“们”为功名、布衣等，也就是不同服饰、不同等级或不同功名的丧礼中使用不同的祭经。具体地讲，《们乃嫫查》只能在极大的官（君王、帝王）死去时，才拿来念诵，并且一般要由十位左右的毕摩同时念诵此经书。毕摩在解释其原因时认为，《们乃嫫查》的威力太大，一般平民百姓死后念诵此经书，就承受不了这样大的压力，只有帝王、君王那样的官死了才与之相称。同时，《们乃嫫查》也影响到毕摩，一般名望较小的毕摩不敢念诵，名望大的毕摩在人少时也不敢念诵，怕“撑”（把握）不住，反而害了自己。《们呐若查》一般用在臣僚、毕摩、土司、土目等死亡时的丧礼中。《们申若查》一般用在社会

---

① 张纯德．彝族古代毕摩绘画［G］．昆明：云南大学出版社．2003：8.

上稍有一点地位的如寨长、族长、工匠、艺人等死亡时的丧礼中。《们纽若查》用在一般平民百姓死亡时的丧礼中。《们鲁若查》用在未成年人特别是虽已成年但未成婚而死、非正常死亡的丧礼中。这里用黑、红、黄、绿、白来命名经书，不言而喻，黑色象征着尊严和高贵，红色象征着激昂和神圣，黄色象征着和平和吉祥，绿色象征着整体生命的美好和富有，白色象征着低贱和丑恶现象。不论何种丧葬的经书，都反映了祖先崇拜。

彝族五色观中以红、黄、黑三色为主，它是彝族文化长期的历史积淀，表达喜、怒、哀、乐、生死、祸患、吉凶、善恶、美丑等。具体地说，红色是神圣的象征，红色是火文化的象征，红色象征激昂和神圣，是生命延续的基本元素，是生死轮换的必备物质。彝族崇拜火，火葬是火神把死者的灵魂送上蓝天，进入另一个世界。

黄色象征善良和友谊，意为金子般的美德，是美丽、永恒不变的伦理，是日月之光的代表；黄色是处理人际纠纷、争端的方法；黄色意味着“和解”，“和解”是彝族古代冤家林立，血亲复杂的历史悲剧中诞生的。而彝族毕摩认为，黄色是“土地”，是大地的原色，引意为地生万物，葱荣茂密，繁荣吉庆。彝族崇拜太阳和月亮，彝族古代史诗《勒俄特依》记载，天神恩梯古滋开天辟地，天地形成后，地上无生灵，天空无日月，于是就派遣天将去呼日唤月，创造了“六日七月”。

黑色象征刚强、坚韧、成熟、庄重、威严，黑色是铁文化。毕摩文献经籍认为，黑色是“水”的象征（“圣水”，水是雪融化的，人类是由水演化而来的，彝族的灵魂属于“雪族”）。彝族古代史诗《勒俄特依》中就有“雪子二十四支”之说，彝族经书认为，黑色是最高贵的。彝族崇拜铁，黑色的火镰是铁石——火的母亲，铁有数不清的功勋，铁建造天地，铁开辟山河，铁驯服野兽，铁兴办农牧，铁创造奇迹，通天的铜柱铁梯，迎接天女落地，繁衍人类①。

红、黄、黑三色运用比较广泛和普遍，可称为三色文化。贵州彝族史诗《西南彝志》中所指的清浊二气的变化，“天地人”的形成，也以“青（黑）、红（火）、金（黄）”三色为象征。彝族红、黄、黑三色文化来源于远古时期的自然崇拜，即对火、日月、雪、铁的崇拜，后发展为祖先崇拜，并且红、黄、黑三色是彝族绘画艺术和工艺美术的基调。

根据贵州彝文文献《颜色的由来》记载：

> 男的作战，女的管事，作战凯旋日，打牛打马，杀猪宰羊，如此之后，大岩上作画，黑石画骨架，牛血和马血，猪血和羊血，用血染肌肉。

说明彝族先民在“男的作战，女的管事”时代，即有用畜血在岩壁上作画的习俗。血为红色，除信仰崇拜之外，还有神圣的、不可侵犯的以及激情生命的深层含义。

总之，红、黄、黑三色构成了彝族特有的传统的“三色文化”，并在漫长的历史长河中赋予了神秘的色彩。彝族从生到死，从服饰到居住，从语言到行为，从节日到葬礼，都与三色（红、黄、黑）有着不解之缘。彝族对红（火）、黄（日月）、黑（铁）三色崇拜，不仅是对“赤胆忠心”、“坚强意志”、“百折不摧”的歌颂，而且是彝族文化的精髓。红、黄、黑三色作为彝族传统的文化习俗，表现了彝族社会生活的方方面面，渗透了彝族的内心世界，形成了极为固定的文化习俗。彝族三色文化中包含着一种浓重而神秘的框架，制约着光怪陆离的毕摩的精神，透射出彝族特定时期特殊环境下艰难的生存形态，透射出彝

① 格尔大海．浅谈彝族三色文化习俗（初稿）［J］．彝族文化：内部刊物．1992（3）：272～277.

族奇特的民族性格，夹杂着唯心和唯物两种世界观，信奉“万物有灵”、“祖先崇拜”，严格遵守习惯法，开天辟地，征服自然，创造世界的认识，充分体现了彝族三色文化习俗中的朴素的唯物主义思想。但彝族三色文化是自然崇拜的产物，有着一种神秘的宗教文化色彩。彝族对红、黄、黑三色的积极追求和向往，是对抽象意义上的形象的追求，“尊左，尚黑”，视黑色为高贵、庄重，视红色为兴旺、吉祥，视黄色为光明、希望①。

二、宗教文献经籍绘画艺术

纵观云南、贵州彝族历史文献古籍中的插图绘画，多为彝族毕摩根据彝族历史文献典籍内容，“仁者见仁，智者见智”，联系彝族社会生产生活习俗、祭祀礼俗，借题发挥，凭自己的想象绘制成相应的插图，其内容涉及彝族社会生活中的哲学思想、社会历史、伦理道德、天文历法、文学艺术、风俗礼仪等，或反映彝族传统人物、神灵人物、鬼神信仰、祖先神像、创世英雄、自然神像；或表现彝族的劳动生产生活、祭祀习俗；或描绘日月星辰、风雨雷电、云雾山水、花草树木、家畜家禽、飞禽走兽等；或反映彝族阶级社会方面的插图绘画，如君端坐于上堂，或骑马或坐轿巡视、狩猎，前呼后拥，臣端坐于案堂料理诉讼，案前有跪着的、受刑杖的案犯；或彝族毕摩立于祭场，一手持神铃，一手持彝文经书或神枝，面前插有神枝，或摆有祭品、祭牲，一派庄严肃穆景象，即仿佛听到阵阵法铃声伴着朗朗的诵经声；或工匠打制农具或造刀器、做木活，百姓放牧、农耕或饮宴；或奴隶侍候奴隶主于左右，展现出一片活脱脱的阶级社会生活画图；或反映畜牧农耕经济方面的插图绘画，以耕作、犁田、插秧、收割

① 格尔大海．浅谈彝族三色文化习俗·（初稿）［J］．彝族文化：内部刊物．1992（3）：272～277.

五谷、五谷归仓，或放牧饲养家畜家禽，呈现出五谷丰登、六畜兴旺、丰衣足食的景象；或反映死尸装殓入棺，孝男孝女哭泣于旁，并配有打牛杀羊宰猪作祭牲的场面；或反映夫妻恩爱、家庭和睦、添人进口、男女合欢的婚姻嫁娶生育观；或反映并表现出征、打仗、冤家械斗、起屋盖房、信仰神灵的重大事件场面等。

彝族毕摩在各种经书中插图绘画和在原始巫术活动中鬼目咒符绘图及鬼牌绘图。以云南红河彝族毕摩绘画而言，毕摩根据宗教经文内容，以素描和淡描的方法绘画，素描以勾勒线条为主，表现手法在于取精达神似；淡描画全体，并多着色。驱鬼淡描的鬼形，无手足，只有头身。画幅有单面和配以文字两种。彝族原始宗教文献经籍绘画大都用来集中反映经书的思想内容，即图文并茂，见图知内容，释文知图意。彝族原始宗教文献经籍绘画中，常见的有天师六毕摩下凡、地师六毕摩聚会、蝙蝠展翅、毕摩聚会赛诗、狩猎、骑虎、骑鹰、龙虎八卦、祭祀五谷神灵、祭日月神、鲤鱼戏珠、除邪驱鬼、招魂驱魔、中举、骑白羊、牧羊、古屋静幽、鹰蛇大战、虎头、龙头、万马奔腾、牵虎降妖、笃慕葫芦、笛招太阳、唢呐送祖、洪水滔天、伐木、解板、锛木、赶山、驾云巡游、诅咒、解咒、做寿木、抬灵柩等上百种不同内容的绘画题材，其中以日、月、鸡、虫、龙、虎、鹤、鹰、鹃、獐、麂、鱼、蛇、猪、牛、马、羊及神话人物绘画为多见，并以人的活动为中心，同时反映人与自然和谐相处。以《彝族签卦书》、《命理书》、《花树书》、《宇宙人文论》等为典型代表。特别是占卦（卦签）书，虽绘画技法因人而异，或画风抽象，笔触简洁，构形不求精细，比例不显均衡，一个人体或一只动物、一种植物，有时竟短手少足，大头微身，但拙中含雅，趣意弥漫；或学画国画笔墨，或工整细腻，一丝不苟；或简约繁多，随心所欲。绘画中人物造型从衣着到场景，时代特征一目了然。可以这么说，凡占卦书类，都是图文并茂的彝文文献经籍。

插图是彝族原始宗教文献经典绘画艺术的重要组成部分，它既有对文献经籍内容的从属性，又具有艺术的相对独立性。如果说彝族的岩画、壁画、木牌画、水彩画、器皿漆画等多种形式的图画为艺术作品。那么，彝族原始宗教文献经籍中的插图就可作为高层次的美术绘画艺术作品。因为彝族原始宗教文献经籍中的插图，综合了各种美术绘画艺术的优点，吸取了各种绘画艺术精华而又自成一体。它既有真实性和写实性，又有抽象性的绘画艺术，体现了彝族画图古朴、优美的特点。

彝文文献中的插图，不论原始宗教文献经籍或其他文献，均以单色形式为主，以墨勾画绘出物体轮廓的线条，在抄写彝文字时用墨一道手画出插图，除以黑色线条勾画物体轮廓方式外，也有采用投影式涂抹法的，且有两种风格。

一是直线式勾勒绘画法。这种绘画法用若干条直线勾勒富有象征的部分，没有其他特点，线条均匀，不采用粗细线，整个画用同样粗细的直线组成，一般不采用曲线。这种绘画法运笔显得格外笨拙、粗放、古朴，既抽象又保持着原始特色，直线式勾勒绘画法估计为早期彝族原始宗教文献经籍的插图形式。

二是曲线式勾勒绘画法。这种绘画法根据物体形状，该直的直，该曲的曲，线条该粗的粗，该细的细，另外还多着笔墨作艺术点缀，使所画之物形象精良逼真。这种绘画法运笔熟练，出自有一定抄写、绘画能力的人之手，有点接近水墨画①。

彝学先驱者杨成志先生在20世纪30年代从昆明西郊彝族地区收集的彝文文献《云南昆明西郊彝族生活图谱》，书长21厘米，宽26厘米，以绵纸为书页。全书尚存61页，其中除有3页受损以外，其余58页，每页的插图都保存得比较完整。这58幅插图配有7 300多字彝文，200多个汉字。书页上的插图和行文

① 黄建明．彝族古籍文献概要［M］．云南民族出版社．1993：103～104.

款式为上图下文，即每页的上方画插图，且插图上加汉文题字，下方为彝文经籍，彝文书写从上到下，汉文题词为横书。每页上的插图占1/3左右，文字部分占2/3左右。这部图文并茂的原始宗教文献经典，以娴熟的绘画技艺，生动地反映了彝族生产生活风貌和精神风貌。这58幅插图按其所描画的内容即各种场景和人物形象，草拟图题与汉文题字对照，它们的名称分别是（括号内为汉文题字）：（1）祭祖献牲（家堂香火），（2）祭神除祟（怪物之神），（3）求神保佑（天地三界），（4）迎神祈福（大罗三宝），（5）田间耕作（田公地母），（6）天神司辖（天神天将），（7）太平吉利（五显天子，直年太岁），（8）邪怪作祟（怪物之神），（9）雷公霹雳（怪物之神），（10）升堂判案（口舌官司），（11）阴魂迷魂（迷魂五郎），（12）逢凶患难（刀兵、死气），（13）家宅不宁（天狗、白虎），（14）遭受灾祸（五鬼），（15）吉利平安（太阳、太阴破财），（16）阎王迷魂（抓魂兵将），（17）凶死杀气（死气亡魂），（18）灾星破财（主人破财），（19）病魔作祟（牛头马面），（20）六畜兴旺，（21）祭奠屋神（家祭香火），（22）天灾人祸（天神天将），（23）飞龙怪神（飞龙怪蛇），（24）撞遇猎神，（25）饲养放牧（山神、地神），（26）耕耘稼穑（田公地母），（27）诅咒解冤（勾绞咒骂神），（28）所事不利（跌蹼神），（29）土主保护（本境土主），（30）屋神不宁（屋神不安），（31）神灵庇护（禄马平安），（32）聚义合心（满堂合和），（33）祭奠吊丧（感应孝服），（34）破财失物（破财失物），（35）遭遇火灾（火星龙神），（36）阎王迷魂（抓魂兵将），（37）恶运降临（凶恶天神），（38）怪神作祟（怪物之神），（39）邪树凶神（冷兵、冷马、树神），（40）合心求子（合和二神），（41）求神拜佛（感应庙神），（42）请师祭天（祭天），（43）生子寄拜（九天卫房），（44）消灾解冤（烧帛解结），（45）出行巡视

(天愿未明), (46) 诅咒降祸, (47) 龙神庇护 (龙神、树神), (48) 祭奠考妣 (感应孝服), (49) 祭神还愿 (土主、口愿未了), (50) 祖神保佑 (驷马贵人), (51) 喜气盈门 (六甲喜神), (52) 吉庆佳音 (喜神入宅), (53) 敬天报恩 (受又百禄), (54) 威震荣耀, (55) 天地离间 (五郎迷魂), (56) 法术消灾 (请师禳送), (57) 祭祀土主 (土主保护), (58) 祭祀祖神 (家堂祖先)。图谱虽有 (16) 与 (36) 重复, 但它不仅再现了昔时昆明地区彝族的物质文化生活画面, 而且也展示了祖先崇拜为核心的彝族原始宗教形式。下面描述数幅以飨读者:

第一图, 即第 1 页, 为屋内祭祀图。图中描述了堂屋里举行祭祖献牲活动。堂中敬奉着祖神, 右边为家人虔诚烧香跪拜; 左边为毕摩身着法衣, 手持法铃, 专注作祭。图中的汉文题字为“家堂香火”。

第十一图, 即第 11 页, 为迷魂五郎图。中间有一个幼儿人头, 全身鱼鳞似的怪物。怪童右边有一只狗似疾风般地奔跑, 一位天君乘着龙, 腾云驾雾似地追赶那只狗。怪童左边有一只奇形怪状的鸡在逃窜, 一位夫人紧追不舍, 旁边有人头、蟒身、禽爪的怪物在观光; 图中的汉文题字是“迷魂五郎”。

第十七图, 即第 17 页, 为死气亡魂图。中间有一兵卒欲杀被俘敌兵。右边有数具尸体横暴山谷, 象征幽灵的阴鸟在山顶盘旋。左边是一位妇女悬梁自尽图。图中的汉文题字是“死气亡魂”。

第二十五图, 即第 25 页, 为山神土地图。左半是成群的牛、马、山羊、绵羊、猪、鸡正悠闲地吃草寻食, 右边是牧人扬鞭放牧, 充满了族人六畜兴旺, 安居乐业的气氛。图中的汉文题字是“山神土地”。

第三十二图，即第32页，为满堂合和图。左半有三人开怀饮酒，旁边有侍从站立恭候斟酒，另有一侍从忙碌端上菜；右边为香烟缭绕。图中的汉文题字是“满堂合和”。

第五十六图，即第56页，为请师禳送图。左半为毕摩祭祀图，以羊作供牲，毕摩一手持神杖，一手摇神铃，振振有词地在念诵着经文；右半图有一条龙在腾飞，有几位官员正骑马出巡。汉文题字是“请师禳送”。

在这里值得一提的是，众多的彝文文献插图多跳跃式地夹在扉页中，且多为单色，而这部彝族原始宗教文献经典与众不同的一点是为每页上都有插图，图文并茂，内容与插图相配，其插图用的色彩之多也是非常罕见的，全书分别用黑、红、绿、蓝、紫等多种色彩来绘画。这部书是研究彝族美术绘画艺术与彝文文献插图不可多得的宝贵资料①。

后来，云南民族大学张纯德教授整理编辑出版了一本《彝族古代毕摩绘画》，云南省民族古籍办也整理出版了一本《彝族原始宗教绘画》。从这两本书收入的题材和内容看，彝族毕摩绘画艺术非常丰富，包罗万象，内容涉及彝族社会历史文化生活的方方面面。《彝族古代毕摩绘画》一书整理编辑并收入了云南江城、滇南（英国大不列颠图书馆珍藏、法国亚洲图书馆珍藏）、云南新平、贵州水城、云南峨山、云南武定、昆明西郊、云南禄劝、四川凉山、云南宣威、云南昭通、云南石屏等彝族毕摩、彝族原始宗教文献经籍插图上千幅作品。如收入该书的“云南江城毕摩绘画”有：“毕摩与圣人”、“一路顺风”、“神物守顺”、

① 黄建明．彝族古籍文献概要［M］．云南民族出版社．1993：103～104.

"毕摩作法"、"勾魂缺慢"、"咂酒"、"六畜兴旺"、"人世康乐"、"拒魔守福"、"大象开路"、"多子多福"、"惊马寻主"、"虎鸟同行"、"平平安安"、"武士狩猎"、"圣人教诲"、"春风留人"、"官员出行"、"躲避雷神"、"人丁兴旺"、"家道亲和"、"彝女放牧"、"双马候主"等二十三幅，收入该书的"云南峨山毕摩绘画"有："白虎灾星"、"悼丧"、"毕摩驱白虎"、"其乐融融"、"招魂"、"六畜兴旺"、"酒宴侵扰"、"求神护佑"、"种田得食"、"武士守门"、"悼念亡灵"、"毕摩作法"、"有福有禄"、"百解消灾"、"君显威荣"、"祭龙神佑"、"粮丰畜旺"、"龙虎护佑"、"牛羊兴旺"、"山下放牧"、"仙鹤招贤"。

总之，大多彝文文献插图与内文有关，但也有一些与内文毫无关系，与内文无关的插图多为章、段首尾装饰性的。这类插图没有规定哪一类文章配何种图案，是由书写者依据自身审美、爱好来选择，纯粹属于装饰。浩繁的彝文文献中也不乏插图与内文紧密配合的，有一些内容并非用文字就能直观地表达作者的意图，所以通过插图使文字内容更生动、更鲜明、更突出，通过插图让读者形象地了解文献的关键情节，进而潜移默化地接受文献的主题。如：《物始纪略·鸡冠黄人根》文载①：

> 天地的西方，鸡冠黄人管。食九担食物，吞九层树叶。九百斤畜毛，做领毡子披，九百驮红铜，做条手镯戴。寿命九百九，寿命长，富贵不多。鸡冠黄人，说的就是他。

记述毕，画有鸡冠黄人像。又《物始纪略》中《尼能九只脚》、《实勺六只手》、《独脚野人纪》、《猪毛黑人根》、《九掐脸

① 陈长友．物始纪略（第1集）［O］．成都：四川民族出版社．1990：129～130.

白人》、《释鹤》、《释杜鹃》、《释牛》、《说火》等等，都是用文字详细记述外，还配画插图，始终图文并茂，不胜枚举。滇南彝文文献《裴妥梅妮——苏颇（神祖源流）》记载[①]：

默陆那地方，一人叫于德，羊皮来做纸，牛骨当画笔，一天钻一孔，十天画一圈。

据有关资料记载，从四川凉山彝族毕摩绘画艺术存在的方式来看，毕摩绘画艺术以两种方式存在，一种是绘制在凝固的、静态的毕摩文献经籍插画之中，另一种是通常以动态的方式运用于各种咒术仪式之中。从类别来看，彝族毕摩绘画艺术大致又可分为毕摩文献经籍上的绘画艺术、毕摩仪式给主人作的绘画艺术、鬼板上绘画艺术三大类别。其中，毕摩文献经籍上的绘画艺术又可以分为“防癞”绘画艺术、“防卫”绘画艺术、“隔离”绘画艺术、经文插图艺术、神座图艺术、尾花艺术等。其中“防癞”绘画艺术是毕摩文献经籍上最多的一种绘画艺术，既有“左眼日形辉灿灿，右眼月象亮堂堂，头上顶着大头盔，脚下跨着独翅马，左手提着铜网和弓箭，右手执着铜铁叉”的掌类神子支格阿龙，也有“居于孜孜俄乍山峰上，立于成都城内广厦间，饮用大海水，食用索诺山上之乌豆”的翅类神子凤凰，更有“居于大地之背面，食用索诺之乌豆，饮用背面大海水”的叭哈阿支，既有“居于拉木阿觉，眼望拉莫尔哈，跳过拉千则果，达到拉哈液乌”的深山猛虎，也有“居于深山密林间，衍于蕨基草丛中，伸鼻向四方，铁蹄所向处，践泥留印痕”的德洛山下之野猪等等。从田野调查来看，毕摩绘画艺术作品使用的仪式场

① 师有福、阿者倮濮、罗希吾戈．裴妥梅妮——苏颇（神祖源流）［O］．昆明：云南民族出版社．1991：16.

所主要有以下五种[①]：

一是用于有驱除麻风病鬼的仪式。川滇大小凉山彝族民间最为惧怕和惊恐的疾病是麻风，俗称“癞病”，连姻说亲或谈婚论嫁、结拜兄弟首先必须询查的就是对方几代宗亲姻戚是否有麻风病史。彝族民间还认为麻风病或癞病的起源就是“初”鬼，并且“初”鬼往往在云雨雷电之中以蛙、蛇、鱼、水獭、猴和蜂的形象出现，侵入人体后便引发或传播麻风病。出现麻风病时必先以皮肤病的形式出现，所以有顽固皮肤病的人也往往被人视如麻风病一样躲避。如果发现有皮肤顽疾，村寨遭受雷击或以征兆为据，认为有麻风“初”鬼侵害时，就要进行驱逐或预防“初”鬼的仪式。一般法术不高、技艺不精的毕摩往往不敢妄为这类仪式。由于毕摩绘画在仪式上的主要功能是借助神话或传说中的英雄支格阿龙和凶猛动物的神力来降服“初”鬼，民间又常常把用于有关麻风仪式上的毕摩绘画艺术称为“防癞图”或“降癞图”。

二是也用于一年一度的赎魂仪式。彝族相信人在生活之中，由于出行、放牧、耕作、狩猎、送灵等在外活动较多，自己的灵魂可能会在一时段已离体而游荡在山野谷地之间，甚至被阻挠或被困，所以在新年既将来临的秋后结合反咒仪式“晓补”进行赎魂仪式，让所招之魂扫除一切障碍，欣然平安归来。由于该仪式上毕摩反咒的鬼怪邪魔中也包括了“初”鬼，需要念诵《防癞经》，挂《防癞图》赐予仪式主人家。

三是用于防卫类仪式。如果某一宗族和戚族中先世有人患过麻风病，或当前有得麻风病患者，就要置木挡“斯叶挡”以拒“初”鬼作祟。置木卫“斯叶挡”防卫仪式结合在小反咒“晓

---

① 阿牛史日、吉郎伍野．神图与鬼板：毕摩文化的绘画艺术［J］．毕摩文化网．2006. 2. 27.

补”仪式中进行，劈好一杉木板，并在其上绘画上头戴铜盔、肩挎网兜、手执铜叉弓箭、驾着神马重翅驹的英雄支格阿龙和神孔雀（凤凰）、神龙等神像并写上咒语，视为“神位木”，即神牌，再用黑杨木做成三块边缘上刻有图纹的木板，与神牌捆在一起。等小反咒仪式吃完烧肉后让毕摩念诵咒语，最后拿“神牌”在主人家成员周围转圈，再在每人头上触碰一下后挂于门楣上，以示镇宅防卫，阻挡“初”鬼。行过此类防卫类仪式的人家此后凡遇家中举行“晓补”反咒仪式时，都要将神牌取下来让毕摩重新施法念咒，以便继续保持灵验的力量。

四是用于驱遣邪神怪灵的“斯尔寄”仪式。在此仪式上毕摩要书画称之为“斯吐色吐特依”的防卫邪神怪灵咒符，其画法是先在白纸中央画一人偶之像代表患病者，再围着人偶书写许多圈咒语，内容大意为诅咒作祟于人的邪神怪灵，并请诸路神祇保护患病者。然后在文字圈外画上支格阿龙神图。画毕，毕摩将纸按一定方法折叠起来，折时人偶之像向外露在中间，其余部分均不能被折着，否则患者日后会手足疼痛。仪式后，患者则将此咒符绘画缝入一小布袋内挂在身上，便能防止邪神怪灵缠身作祟。由此神图即被作为佩符，又有护身之功用。

五是用于年节。彝族民间通常延请毕摩将神图绘于纸卷或木牌上，每逢彝族年时，将之挂于屋内主人位上方的里屋间外壁上，认为过彝历年时家家户户杀猪打羊，妖魔鬼怪也会前来找好吃的，挂上这种神图就可以防止鬼怪侵害，并笃信只要挂上此图，妖魔鬼怪就不敢前来。

川滇大小凉山彝族毕摩绘画艺术中最为典型的神图是支格阿龙神图，最为典型的鬼板画是“初布”鬼画化。对于谙熟彝族创世史诗和彝族神话的人来说，神图和鬼板画上每一拙朴的图纹都有其神话的原型，特别是支格阿龙神图，每一个彝文字都讲述着远古射日英雄支格阿龙的种种史迹，每一笔每一画都透发着神人祖先的强大神力。

此外，川滇大小凉山彝族毕摩绘画艺术作品之一的“日月二象”取自于居日阿约创造“六日七月”，支格阿龙射死“五日六月”以及始祖瓦木唤请独日独月的神话原型。神图中还有这样的文字①：

支格阿龙氏，左眼如日明，日形辉灿灿；右眼似月亮，月形亮堂堂。头顶白云天，脚踏黑土地，头戴千层赤铜盔，胯下九层翅神驹。左手执铜叉，右手提铜网。左手执铜弓，右手拿铁剑，铜叉铁剑如林立，见到敌人势汹汹，见到癞神手痒痒，见到斯色则言打，飞舞而前来，见到小孩现慈相，阿龙最能打癞神，阿龙最能击斯色，来将癞神防，来将疾病防。

日月沉浮，沧海桑田，维艰生活，支格阿龙敢于征服日月的精神和勇气，也正是彝族先民在无比残酷的自然劣势中得以再生和繁衍的亘古之歌。四川凉山彝族毕摩文献经籍里的神图及动物画，如防麻风鬼的画，从上到下，依次画日月、英雄支格阿龙、左方铜弓、右方铁叉、肩挎铜网、头戴铜盔、左眼如日、右眼如月，骑独翅神马，然后是吞食麻风蛇的凤凰（或孔雀）和食人食蛇的“八哈”（一般指龙）②，是典型的彝族毕摩祭祀司绘画艺术作品。

概言之，四川凉山彝族宗教绘画艺术有两种：一种画在木板上的画，用炭末加水、加牲血做“墨汁”，以木笔蘸之画各种鬼像和自然物的画；另一种是画在经书上的画，有神鬼画像、动物

---

① 曾明、罗曲、阿牛史日、吉郎伍野．大凉山美姑彝族民间艺术研究［M］．成都：四川民族出版社．2004：45～46.

② 摩瑟磁火．毕摩艺术形态的特征概述［J］．凉山彝族文化艺术研究．成都：四川民族出版社．2004：79.

画像、自然画像以及神枝图等。其中神枝图最多，据有关资料透露就有100多种。画在木板的画诸如鬼板，上画鬼像、虎像、狗像以及鸡像，另一面则写咒语。如：麻风鬼板画，自上而下，先是日月，接着是雾、云、雨、雷电，然后是九头麻风祖、八辫麻风妣、独腿麻风子、独手麻风子、独耳麻风子、独牙麻风子、秃头麻风子、独角果布鸟（神鸟名）、带盔甘安鸟（神鸟名），下面是树和水塘。在鬼板的后面还要写咒语①。他们用于原始宗教信仰活动中的鬼板画，图文并茂，常见的有：神怪污祟画板、鸡祟狗祟画板、鬼板画、恶缘鬼板画、猴瘟鬼板画、除怪祟板画、凶鬼板画、麻风祖板画、麻风妣板画、麻风鬼板画、除神怪祟板画、诅咒板画及木只护卫牌等约20种②。

三、纸和布绘画艺术

彝族历代先民相信他们的祖先与某种动物或者某种植物有血缘关系，且以图腾物做徽帜相互区别。相传，四川凉山彝族古代氏族战旗，多以动物、植物或自然现象为徽章。现在四川凉山州奴隶社会历史博物馆，还尚存两面古代彝族氏族战旗。其中有一面是该州美姑县境内阿卓氏族的战旗。其旗为“黄色土布”面，旗中心上绘色布制大圆形，边有12个棱角，属于太阳图案，即红色布制图形，代表太阳，其边沿12个棱角，以示太阳光。太阳右侧有两颗五角星，顶、尾端各一颗五角星，其表示为星星，全图为日、星图像，即可称为“日星旗”，整张旗面呈“△”即三角形，宽大而壮观。据说此旗已传五代以上。从宗教学的意义

① 摩瑟磁火．毕摩艺术形态的特征概述［J］．凉山彝族文化艺术研究．成都：四川民族出版社．2004：79.

② 摩瑟磁火、曲比尔日．美姑彝族毕摩木板画、木刻、竹编等艺术图解［J］．美姑彝族毕摩文化调查研究艺术专辑：内部资料．2002：234～246.

上说，其“太阳图案”是阿卓氏族的战旗徽章，也是阿卓氏族的标志和符号，即“太阳图腾”崇拜的文化遗迹，其四颗五角星，是否代表其氏族所属四个亚氏族，尚不知。

另一面战旗，据说是在民主改革初期从甘洛县征集来的。尚不知属于哪一个氏族之战旗。其旗为“白色土布”所制，成条方形，旗面用白、蓝布呈小方块交错成方形，方块正中心上有一“蛇图案”。四川凉山彝族蛇、龙不分，视两者为同类，多以蛇为龙的象征。其旗徽的“蛇”图像，也可称为“龙”图腾。显然，此战旗的主人之氏族，当是以“蛇”或“龙”为图腾的氏族了。

四川凉山彝族历史文献典籍《什列虎氏族源流》中，有关于其氏族与“利利”氏族战争方面的记载：

> ……眼望龙头山，站在龙头山，心里想天下。属虎的那年，属虎的那日，迪地五子嘛，率兵分五路，挥戈破利利。利利氏族部，著名子碧沙，看到什列氏，野心霸天下，日夜不安宁，召来四方神，共谋伐起兵。……树起鹰战旗，令四神起兵，独野猪神嘛，率三千雄猪，从北直压南；阿卓木格嘛，手举日星象，召三千天兵，从东向西攻；阿都拉格嘛，率三千牛神，从南往北追；沙马宁惹氏，率熊三千来，直捣什列巢。……打到龙年时，什列兵已困。龙头山上望，三面虎旗飘；看龙头山下，战旗到处扬。战到蛇年时，什列兵崩溃。

据此记载，其“四方神”实指以四种动物为图腾的四支氏族，即：利利氏族以“鹰”为战旗徽志，木乌省者氏族以“野猪”为图腾，阿卓氏族以“日”为图腾，阿都氏族以“牦牛”为图腾，利木沙马氏族以“熊”为图腾。而什列氏族则以“虎”为图腾，并以虎为旗徽。当然，这些记载也仅仅为传说，是否曾有过这样的氏族战争，今已不得而知。但是，什列氏族至今尚保留着崇虎的虎图腾。“文革”前，其氏族成员什列·拉伙比古家里还保存一虎头骨颅，但在“文革”中被毁，今在什列·拉伙比古家里尚保存一虎皮供祭，因此，据说他们的先民曾以“虎”为氏族战旗的徽志，这是可信的[①]。严复于清光绪年间翻译英国甄克思著的《社会通诠》一书曰：

> 蛮夷之所以自别也，不以族姓，不以国种，亦不以部落，而以图腾。

严氏翻译后加按语曰：

> 图腾者，蛮夷之徽帜，用以自别其众于余众者也。

摩尔根在《美洲土著的房屋和家庭生活》中说，美洲土著印第安部落阿兹特克人所占据的墨西哥普韦布洛地区，其居住氏族或胞族分别各有不同的“徽帜”，参加战斗也以氏族或胞族各成一队，其“徽帜”也当是用动植物图像所作的旗徽，也就是图腾的标志。岑家梧《图腾艺术史》[②] 云：

罗马曾经有图腾制的存在，神话传说所表现至为明显。……罗马军旗上描绘的狼、马、野猪、鹰、牛头人身之怪物等，也系原来图腾的记号。

《周礼·春宫·司常》有记载：“熊虎为旗”，其指正是以熊、虎等图腾物为旗徽之意。《北史·突厥传》记载，北魏时，突厥人曾“建狼旗”，其意是指以“狼”为旗徽标志。清末，云南哀牢山彝、汉农民革命领袖李文学的帅旗中央大书一汉字“李”字，左角则绘一以红色为底版的黑色虎头，即以虎为帅旗

① 什列·伍合尔基．凉山彝族氏族战争（一）——氏族战争与氏族图腾［J］．彝族文化：内部刊物．1988：54～56.

② 岑家梧．图腾艺术史［M］．北京：学林出版社．1986：7.

之旗徽，也是原始图腾的符号，它与哀牢山彝族崇虎，以虎为始祖，以虎为族称等传统图腾文化密切相联。据此资料可证，四川凉山彝族各氏族战旗，除了今尚遗存的两面战旗，明显可见其氏族图腾遗迹之外，其余曾以虎、熊、野猪、牦牛等为氏族战旗徽帜的传说，并非虚传无据。也就是说，在四川凉山彝族氏族战旗徽章符号中，最为有趣的还当是“太阳战旗”符号，它是古代彝族崇拜太阳神即“日图腾”文化的残余，也是敬奉太阳神的一种原始宗教遗迹①。

云南双柏县小麦地冲彝族“老虎节”和“跳老虎”活动中，扮虎者除以灰黑羊毛毡毯做虎衣外，还要绘涂身，用红、黑、黄、白诸色在脸上描绘虎纹。黑色用锅烟灰，黄色用黄连根（黄连根切开用酒泡，即出黄色），红色用一种叫红秋的染料，白色用石灰膏。

云南楚雄州彝族聚居地区盛行的布画和纸画，多用牛皮胶拌白胶泥土做涂料，以水彩粉颜料绘制，有“保家护佑神”、“地脉龙神”、“灵宫”、“圣母”、“童灵”等，供奉于家中神坛。彝族家堂神像也多用土布、土纸绘画，上绘历代祖先像，下画有六畜和五谷等。这个地区还盛行用雕版印刷的送葬马、月宫马、叫魂马、门神马、财神马、喜马神等的祀鬼神咒符画。

云南双柏县自称尼苏颇的彝族，在举行“铁摆贝”的原始宗教巫术活动中，毕摩先找一张白纸，取彩笔画一个太阳和一个正月初七、初八的月亮，月左日右，日月下画蜻蜓、大蟒蛇、大黑蛇、蜈蚣、老鹰、小鱼、豺、虎、狼、彩虹等，画好后，第一天晚上贴在床头边，第二天晚上贴在床中间，第三天晚上贴在床尾，第四天一早设祭坛，寻砍一枝刺条和砍来马桑树杆及尖刀草

---

① 什列·伍合尔基．凉山彝族氏族战争（一）——氏族战争与氏族图腾［J］．彝族文化：内部刊物．1988：56～57．

等，将马桑树杆削成两把尖刀，刀把上拴尖刀草，刀面用黑炭画花纹，再砍桃树枝做成两把弓箭。以上这些全部悬挂于大门楣上。摆备毕，毕摩在此为主人家一边念诵彝族原始宗教经籍《驱除白虎邪经》，一边用弓箭驱射白虎邪精，使主人家生儿育女，并使儿女茁壮成长。据说，白虎邪精专门作祟于新婚夫妻，不让他们生儿育女，夫妻不育是因白虎邪精作祟所致①。

四、壁画艺术

彝族原始宗教艺术文化之一的壁画艺术文化也非常丰富多彩，并分布较广。从目前发现和有关资料透露来看，具有代表性、典型性的有以下几例绘画艺术个案，不妨述之：

（一）松下踏歌壁画

松下踏歌壁画，位于云南巍山县巍宝山文昌宫（龙潭殿）文龙亭亭壁上。这幅壁画画于清乾隆年间。画面中远处山峦起伏，近处一株苍松，30多个彝族男女，有民有官，在草坪上围成圆圈，欢歌起舞。圆圈内一人吹笛，二人吹芦笙，边吹边舞，大步跳跃，圆圈外一人弹琵琶，一人吹芦笙，一人扬扇，像在伴舞助兴。环圈而舞30多人，男女相杂，老少皆有，随着笛子、芦笙的节拍跳唱，或扬手，或转身，或牵手，各具神态。这幅画面是彝族先民踏歌的真实写照和生动画面。据考，这一带彝族打歌或踏歌源于古代民族战争，后融于丧葬婚姻习俗②。

（二）罗色庙壁画

罗色庙壁画，位于云南石屏县异龙湖南岸青龙山上的罗色庙内，属明洪武年间彝人首领马黑奴率领民众抗争的勇武事迹纪实性美术。罗色为彝语，为虎神之意，也是对英雄的敬称，马黑奴

---

① 施选．双柏彝族驱邪除魔仪式［J］．彝族文化：内部刊物．1994：163.

② 杨平侠．巍山彝族简史［M］．昆明：云南民族出版社．2006：316～317.

被誉为虎神。当地民间有一个传说，马黑奴死后，其鬼魂常在异龙湖中作祟，兴风作浪，掀翻渡船，危害乡人，后来人们就在青龙山建罗色庙祀之，祸祟顿绝。壁画绘制于清道光二十六年(1846年)。壁画长2 380厘米，宽近200厘米，面积共476 000平方厘米 。壁画分左、中、右三壁，中间三壁依次绘马黑奴世袭土官世系图，正中塑“罗色”泥像。左右两壁所绘图像分“出师”、“抗敌”、“凯旋”三部分。先以简练之黑线勾勒人物、舟楫、战马等动态形象，再填以青绿、朱砂、赫石等矿物作原料，属工笔重彩画。故事情节以连环画的形式从左到右依次描绘身着战袍乌蛮将领身先士卒，挥刀纵马驰骋，手持刀剑的兵勇紧随其后。接着是描绘双方在异龙湖和山林中拼搏的情状，天上黑云翻滚，电闪雷鸣，狂风怒卷，舟船在烟雾迷蒙的波浪上摇晃，箭矢在空中飞鸣，刀枪剑戟的撞击声混合着将士兵勇的舍生忘死的怒吼声惊天动地。特别是在战鼓声中，勇士们挥舞刀剑、奋勇厮杀，敌兵死伤及溃逃之场面。最后马黑奴身着知州服，右手持绸扇，左手耽腿，乘八人大轿，表现出一副傲慢得意的神态，并由人群簇拥着，前有数十人组成的乐队，或吹号，或吹笛，或击鼓，或呐喊，显然是高奏凯歌，浩浩荡荡地向前开路。最前头一兵士手持火把奔跑，似欲点炮，庆贺统帅凯旋。画中重要人物显然就是马黑奴，他在云南石屏县异龙湖畔的彝族群众心目中就是“罗色”虎神的化身。虽它是追忆和复述古代彝族战争械斗场面及纪念英雄的画幅，是研究当地古代彝族社会历史的重要史料，但也是反映古代彝族土主崇拜、英雄崇拜、祖先崇拜信仰文化的一组画幅①。

---

① 龙倮贵．彝族文艺［M］．红河民族文艺概览．昆明：云南人民出版社．2006：140～141.

（三）三街土主庙壁画

三街土主庙壁画，位于云南楚雄市三街镇境内。壁画分左、中、右三组，共绘各种人神七十三个，动物三十七个。中组画在正堂中壁上，绘有神像十三个。土主居中，青面獠牙，三只眼，四只手，下左手执铃，右手执戟，上右手拿令牌，左手拿刀，头戴五佛冠，骑白牛；左右各绘六人，分上下两排，均骑虎。香案下左右各画虎豹一只。左壁画分十三组：中为判官，其余为武队、乐队、出巡、跑骑、渔业、交媾等；右壁画也分十三组：阴差、狩猎、骑队、放牧、农耕等。整个壁画为单线平图，着红、黄、蓝、黑四色，古朴无华。

（四）左门土主庙壁画

左门土主庙壁画，位于云南姚安县左门乡左门彝村头的一个小山包上。起先他们村没有土主庙，后来由于受到坝区彝族的影响，在村后小山包上建盖了土主庙，并延请当地画师在庙内墙壁上画了自己崇拜的土主等神。画于何年无稽考。画面长 75.5 厘米见方，共二十七个图像，以三条彩色横线相隔，分成四排（行），下排又分为两排。下面分别述之，以飨读者：

第一排第一幅：杨泗将军，手执两把大刀；第三幅梁山佛，两手结内缚印；第三幅雪山佛，两手执红色三角状物；第四幅，观音老母，背靠佛光；第五幅，火龙神，右手执火，左手放于前胸；第六幅，保姆娘娘，双手执柄，首部为一人头，尾部似一个古代兵器的镦。

第二排第一幅和第五幅均称护卫，无具体名字，各持一扇，分立两旁；第二幅，山神老爷，背后有八角佛光；第三幅，是该画之主，其侧坐在一条牛背上，有三头六臂，其上两手执日月，中左执大刀，右执铃铛，其下两手插腰；牛之前后各有一迴卷纹；第四幅，为龙王老爷，头部左角向前伸展，右角向后，两手置于胸前。

第三排第一幅为张天师左手执笔，右手放于胸前，坐在椅子上，前面置方桌一张，上放经卷笔筒，看来似乎他正在写什么；第二幅谓猴子烧香，或称两猴敬香，中心置一炉，三足三耳，两猴立于炉之两旁，分别以左右手指向炉中香火，坐为黄脸，又为红粱；第三幅为李天师，与第一幅张天师完全相同，所不同的是张天师左手拿笔，李天师右手拿笔。

其下一排又分为两小排，上排为一张战争画的兵马。第一幅手执长弓，头饰鸡冠状；第二幅手执长刀，头饰傲马头；第三幅，手执火把，头饰牛头；第四幅，双手合掌于胸前，头饰同第一幅；第五幅，手执叉，头饰牛头；第六幅，右手上举，左手放于胸前，头饰马头；第七幅，右手放于胸前，头饰与第一、四幅同，但第一、四幅的鸡冠状为红色，第七幅为黄色。

排下又分为两组，第一组为张网猎麂子，两端有拉网的人，网中有网到的麂子，网下有一只猎狗。第二组有马王祖师牛王祖师及马、牛、猪、鸡。

从该壁画看，居于该壁画的主要部位的是“观音菩萨”和“土主老爷”，居于该壁画下部的是与彝族生产生活息息相关的狩猎和饲养内容。此壁画纯属彝族原始宗教性质，可既没有系统的宗教教义，也没有固定的信仰对象，多系与彝族社会生产生活等息息相关的祖先和神灵，但可以说是祖先崇拜和神灵崇拜的融合体，尚属于多神崇拜的原始宗教范畴，并由于长期与汉族的交往受到汉族意识形态的影响，彝族信仰也随之渗透到彝族原始宗教意识中，所以其壁画中反映出佛教、道教的画像就是例证①。

五、岩画艺术

有学者说，彝族原始宗教绘画艺术，起源于何时，今无法稽

① 郭开禄. 关于左门彝族土主庙壁画的调查［J］. 彝族文化. 2002（2）：87～90.

考。不过从一些原始岩画来看，彝族原始宗教信仰与岩画艺术的历史关系相当悠久。

（一）云南沧源崖画群

云南沧源崖画群包括十个点，分布在曼帕、丁来、洋德海、贺腊等附近的高山崖壁上，用赤铁矿颜料绘制。从画面上分析，这一幅崖画群的主题多与宗教祭祀有关，内容大致包括战事祭、狩猎祭等。如曼帕寨旁的崖壁上的战事祭画面，分两个部分，第一部分画有正在跳舞作法的巫师三人，其中一人形体特大，双手叉腰，双腿弯曲，当为主祭者，其他两人头戴羽毛状法帽，双手上举，双腿呈跳跃状。另有助祭者两人，未戴法帽，作跳跃状，其中一人在最上部，双手翻至头部，另一人双手高举，双腿跳起伸向左右。三个巫师前面有可供作祭的牺牲一只，呈叉形的人十四个。第二部分画有正在向东进行战斗的普通氏族成员二十六人，其中有一人手持盾牌，一人持短棒一样的投枪一枚，一人持弩正向敌人氏族射击，一人手持牛角，右手持投枪（短棒）。另外有两人肩上各站立着人，似有表示本部落武力强大、作战勇敢之意。有人无头，似因颜色脱落所致。在上述画面之东端，有两人扮演敌人氏族的人，其中之一为巫师，头顶的法帽上竖木杆一根，杆顶为叉形法器，所戴法帽为牛角形。这样的装扮与上面的巫师完全相同，当是因氏族部落不同所致。另外一人在此巫师下方，作向东逃跑状，其后有持弩、盾者向他追来①。整个画面是一个祭战神的模拟巫术，意在祈求战神的帮助，夺取血族复仇一类氏族战争的胜利。这与四川凉山彝族冤家械斗之前，毕摩作法祭战神时的装扮、作法、祭牲等有惊人相似之处，这不能不使人们作出如此结论，彝族的战争祭祀与沧源岩画的战事祭有相承关系。

狩猎祭的画面距上述画点160厘米处，画面有五兽向西方奔跑

---

① 林声．云南沧源岩画［J］．文物．1966（2）．

状，兽的上方两人，下方一人，分别作持弩射兽状，此乃主题为巫师作狩猎模拟巫术。另一人狩猎巫术画在曼坎大寨西南不远的崖壁上，下方有一个头戴羽状法帽的巫师，双手持火把平伸，呈正在作法之模样。其左肩有双手平伸，作表演的助祭者；右面有一供祭祀使用的牲畜，系拴在一木桩上。巫师之后有一人，其手持猎具，对准迎面奔来的一只野兽。画面中部有三人叠立，上方两人两手举平，似在作一种巫术竞技；再上方一人两手平举，另有两人叠立，又两人各出一手拉着一个长方形物体，前面有六只野兽奔来。从画面的立意看，实为原始氏族部落先民狩猎巫术岩画①。

（二）广西左江流域岩画

广西左江流域岩画，有正身或侧身的舞蹈形象，还有龙、狗、铜鼓、铜羊角纽钟、环球刀、剑、太阳、船等内容。从民族学资料分析，这些画是古代祭祀神的产物。岩画上的人物、狗比真人、真狗还大，这正是原始宗教岩画的突出特点。其次是突出人头、发辫、妇人腹部、男子生殖器，通过夸张这些细节祈求达到一定的原始宗教目的。如突出的男子生殖器、妇人腹部与祈求生育、繁衍人口巫术有关。总之，岩画上的祭祀、神像、巫术方式等，都是原始宗教的产物，因而，从宗教学的角度分析，是一幅古代原始祭祀绘画②。

（三）云南丘北县狮子山岩画

云南丘北县南盘江流域的狮子山已发现反映彝族图腾崇拜的崖画。丘北狮子山的岩画为一只人形鸟，用赤红色线条勾画而成，头部为鸟头形，有尖嘴，躯干由两条弯曲的线条组成，似像人体。其“手臂上各有两组羽毛纹样，头部画有冠状羽毛，纹

---

① 林声．云南沧源岩画［J］．文物．1966（2）．

② 朱文旭．凉山彝族毕摩与文化艺术［J］．美姑彝族毕摩文化调查研究艺术专辑：内部资料．2002：5~6．

样不对称，上下翻飞，给人以鸟在空中回旋飞翔的动态感”①。此画就是将鸟作为氏族群体的象征、标志和保护者，相信本氏族是它的后裔，因此加以崇拜。这是一种鸟图腾崇拜的遗迹，与云南新平县鲁奎山彝族以杰吾鸟、绿斑鸠鸟、黑头翁鸟、白鹇鸟为图腾崇拜，如出一辙，一脉相承。

（四）云南元江县它克岩画

云南元江县它克地区的岩画，也同样发现反映彝族图腾崇拜。岩画为两条四脚蛇，其中一条头呈三角形，有短鬓，两爪前伸，身躯略弯，后腿作蹬爬状，躯体左侧有一个用线条绘制的棱形符号；另一条头呈圆形，有鬓和触角，躯体绘有椎体和方形纹，也作蹬爬状。据有关专家考证认为，此画所表现的是新石器时代彝族先民的一种氏族图腾标志。因为部分彝族视四脚蛇为龙，龙是彝族图腾崇拜之一。也就是在这个地区，岩画有可辨图像120幅，其中有表现原始祭祀活动的舞蹈形象，有表现狩猎的组画，尚有众多表现母体崇拜的图像及符号。经专家初步鉴定元江它克地区岩画为原始社会时期的文化遗存。现云南红河流域的彝族一些祭祀舞蹈的动作姿态，与其原始岩画中的舞蹈图像很相似。

（五）云南弥勒县独家村金子洞坡崖画

云南弥勒县独家村以东2公里处金子洞坡崖画，有人、太阳、箭头、文字、杂形等。崖画有四组：第一组，位于崖画的右边，画面较清晰，三人表演杂耍或舞蹈，其中一人左手脚各旋转一圆环作弓腰状，一人作行走状，一人头套圆器，双脚分开；在其左边有两人表演杂耍或舞蹈。这组画面表现手法较简单，用简单的符号相叠成画。第二组，位于崖画的中间，为两人表演杂耍

---

① 杨天佑．云南原始崖画［G］．云南省博物馆建馆三十五周年论文集．昆明：云南人民出版社．1994：67～70．

或舞蹈。第三组，位于第三组的左上方，画有九个圆圈，其中一个圆圈光芒四射，好似太阳当空，其余八个为虚的，下面有许多人欢跳、舞蹈、杂耍。这与古代彝族“天上有九个太阳”之传说相符，如出一辙。第四组，位于第三组的左下方，有数人进行表演杂耍或舞蹈。除此，如前述，崖画边有五个彝文直书，色泽淡紫，岩浆积层或脱落严重，许多字迹难以辨认。这五个彝文字与崖画艺术色泽不一，不是同一时代崖画艺术作品，但它是一幅典型的具有代表性的彝族先民祭天悦神场面。总之，整个画面的意思是，远古的时候天上有九个太阳，烈日炎炎，大地一片酷热，人类苦难难忍，庄稼无法生长。后来天神将八个太阳埋到土里去了，只留下一个太阳，人间始得太平安康，六畜兴旺，五谷丰登，人们过上了幸福的生活。因此，人们载歌载舞，表示对天神、日神的敬仰。“舞天”即以舞蹈来祭天的意思。这幅崖画据初步考证认为，系彝族原始先民的原始宗教信仰文化的产物，距今有 3 000 多年历史。

（六）云南弥勒县高甸村红石岩崖画

云南弥勒县高甸村西南的红石岩崖画，画面约 240 000 平方厘米，画面人物不画五官，其表现手法、画风粗犷古朴，崖画画面有尚可辨认的用红色粗线条勾画的人体轮廓形状 30 多人，每人大约高 15 厘米，人群走势背西向东，其前有一个四足兽类或牲口向同一方向走动之状。整个画面直线人形箭头多，分左、中、右三版，左版能见葫芦型铜鼓两个，中版见几个人型，右版以箭头、人型粗描为主。根据此崖画艺术作品的主要内容和表现手法，实属一幅典型的彝族先民祭岩神图。云南弥勒县南盘江东岸老虎山崖画，画幅有人、羊、鸟、猴、箭、文字等符号，用棕红色矿物配制颜料画成。文字风格与古彝文同，也是一幅古朴的典型彝族先民的祭祀猎神图[1]。

六、其他绘画艺术

彝族原始宗教绘画艺术，除了以上几类外，还有无法归类的原始宗教的其他绘画艺术。如：

（一）吞口绘画

云南楚雄彝族在葫芦瓢或木瓢凸面上，用红、黄、黑、绿、蓝等色土漆随意绘制虎头、狮头、龙头等纹样的吞口，瓢柄多绘制北斗星或日、月、山、水等。虎头、龙头吞口刻绘有八卦图或宝剑，狮头吞口多刻绘乾坤图。吞口绘画作品一般悬挂于住户门楣，用此驱邪逐鬼且避邪。

（二）祖妣画像

彝族族称和对虎的称呼相同，即以虎族自命。“罗罗”彝每家各供有一幅由巫师绘制的男女祖先画像称为“涅罗摩”（“涅”义神灵或祖先），把男女祖先合称为母虎祖先，即以女性包括男性，而且山神的彝名就是“涅罗摩”即母虎神[2]。自称罗罗颇的彝族大多在供奉祖先灵台的屋内正龛壁上，供一幅彝族毕摩绘制的男女祖先像，为祖先崇拜的典型，彝族认为祖先不但繁衍后代，而且还为后代创造财富，建造田地房产，即使去世了，也会保佑子孙后代，所以绘画中常有毕摩为亡灵作祭、作斋、祭奠，以祈求祖宗保佑和庇护。

云南永仁县自称俚颇的彝族，深信祖灵永存，既能给家人带来平安幸福，也能给家人带来不幸，为了祈求祖神对家人的庇护，常请毕摩到家，将三代祖先的形象用各种不同颜色绘出后祭

---

① 龙倮贵．彝族文艺［M］．红河民族文艺概览．昆明：云南人民出版社．2006：139～140.

② 刘尧汉．彝族社会历史调查研究文集［M］．北京：民族出版社．1980：88.

供在正楼阴暗处，到逢年过节或家有不幸时祭献。这一带彝族谷仓旁有“苍龙”神画像、灶上有“灶君”神画像，行医者家有“药王三圣”画像，木匠家有“鲁班”师傅画像，猎手家有“猎神”画像，且家家堂屋供桌上方都有“家堂神”画像。

（三）巫 画

哀牢山上段任何一个彝族巫师都有一幅巫画，绘有各种神像。各巫画上的诸神虽不完全相同，但有一个共同点，就是均有以土主神为主的众神之主，位于画面的左上角（彝族以左方为大）。不仅巫画上有土主神，而且在哀牢山区及其邻近地区，乃至云南全省、川西南、黔西北的彝区及彝汉杂居区，在南诏统治势力所达的地区，都有土主庙。在哀牢山区，则是大大小小的土主庙宇林立，其中的主神就是土主神画像。三年一大祭，群众齐往土主庙，歌舞达旦，至为热烈①。

（四）盾牌绘画

四川凉山彝族古代彝族兵器——盾牌可分两种：一是皮革制作的盾牌，尚其微轻便；二是木胎皮壳漆器，其尚重，使用不方便，多呈圆月形或太阳形，外以黄、红、黑漆纹，面向外凸，即呈里凹外凸，里面中心有两小孔，以贯穿索系左手，便于抵挡进攻。据传，古代其盾牌外面，多绘以兽头图案，如虎、野猪等，还有鹰等图案花纹。今多绘以日、月形状图纹，正如岑家梧先生所言②。

武器、用具等图腾描写，多象征而简缩为纹样。……印第安人惯以几何纹样刻其图腾于陶器上。德林克特人的盾，胄（头盔），都作图腾记号，以示武器属于何人所有。出猎或战争，海达人也绘图腾于武器之上，企求图腾祖先的佑助，太阳、月亮、

① 刘尧汉．彝族社会历史调查研究文集［M］．北京：民族出版社．1980：22.
② 岑家梧．图腾艺术史［M］．北京：学林出版社．1989：6.

鸟兽等纹样，发现尤多。

此外，四川凉山彝族所使用的古代兵器（进攻性兵器和防御性武器）均绘有“太阳”、“星星”、“月亮”、“蛇纹”、“鸽”、“牛”、“鱼”等眼形，还有“牛角”、“羊角”、“八方角形”、“鱼刺纹”，以及在器械上附上“鹰爪”、“牦牛尾”、“虎皮”或“虎尾”，这些都是彝族图腾崇拜的具体反映，是原始氏族图腾崇拜传统文化的遗迹。

（五）庙宇绘画

彝族庙宇绘画艺术，虽属民众传统绘画艺术文化，但从绘画艺术形式和内容来看，它还是属于彝族原始宗教绘画艺术文化的范畴之内，其功还是首推彝族毕摩的心血和结晶，所以我们认为，彝族庙宇绘画艺术文化或毕摩亲自动手完成，或在毕摩的指点下，由他人完成。彝族地区庙宇绘画始于何年，汉文史料也没有确切的记载，但从现存的大多庙宇绘画题材内容和绘画的色泽来看，多为清朝中叶，最早也是明朝末年。如云南弥勒县自称阿哲颇的彝族地区山神庙里，大都有山神木刻画，它们多以龙虎为题材刻画于山神庙中间两大柱上，右壁面刻画“仙女乘凤凰吹箫图”，左壁面刻画“男仙持安板虎图”，正中壁面刻画彝族共祖笃慕及六祖神像，左右配日月。正如《广异记》所云：

> 天宝中，巴人伐太白庙前大松，有老人止之不听，老者乃登山呼班子。俄顷，群虎出食巴人。后人遂尊一虎为山神，每年大年初一作家祭，六月二十五日作村祭。尊虎龙为山神护将军，六神为山神。

现在彝族地区的山神庙、土地庙和土主庙的绘画艺术，大多都是根据彝族传统美术绘画题材的思想内容画出来的，只是表现手法较之过去丰富，色泽方面也较之昔日鲜艳夺目，题材内容也较之丰富多彩。如有的彝族村寨山神庙、土地庙、土主庙里已增加了一些佛教、道教及儒学的思想内容，不是纯粹的彝族原始宗教思想内容了，但是彝族原始宗教的主题思想没有变，还是占主导地位。

云南哀牢山区的彝家大都有一幅原始宗教画，绘有各种神像。其中土主神为众神之主。在唐南诏统治势力所及的范围内都有土主庙，绘有土主神像。

此外，云南弥勒县红万村自称阿细颇的彝族，逢农历二月初三祭火节中，参加祭火神的男子，均要文身。他们文身绘画主要在背上、腿上、脸上和手上画五色圈和各式各样的花纹图案。颜料用红、黄、黑、褐、白等五色，象征人们离不开大自然，反映了人们自然崇拜和回归大自然的强烈愿望。

综上所述，彝族原始宗教绘画艺术是彝族毕摩，或毕摩指点下泥塑艺人、绘画艺人的杰作。他们善于把古代彝族原始宗教信仰神化并附绘于各种庙宇，如神灵、土地老爷，神化了的历史英雄人物既超凡人又超自然，加上配画日月星辰、风雨云雾、龙虎麒麟来作陪衬，使其更加威武雄伟。

据考证，彝族原始宗教绘画艺术的历史可以追溯到远古创制彝文时期，因为最初的彝文也是象形绘图文字。所以，我们说既然毕摩创制了彝文，那毕摩的绘画艺术也应相当久远了。至于后来在彝文经书中出现的插图绘画只能算作纯绘画图解而已。从目前四川凉山州境内能见到的彝族历史文献典籍中的插图来看，彝族毕摩所画插图主要根据经书的内容，多见日、月、鸡、虫、树、神话传说中的人物等。一般说来，表现自然现象的有太阳（画成多重圆形加一些点）、月亮（画成封口半圆形加一些点）、星座图、房屋、插神枝图、北斗星图、落地金钱图等；表现动物的有先祖英雄支格阿龙的坐骑、蛙、蛇、牛、孔雀、昆虫、雄鹰、公龙、蟒、野猪、金鸡、神鸟、斑鸠、蜘蛛等，表现人物的有先祖英雄支格阿龙、支格阿龙正妻、支格阿龙后妻以及祭祀图中的人。彝族毕摩在巫术活动诸如咒术一项中就要制作鬼牌，即用一块长70厘米、宽20厘米的木板上画上各种鬼神形象，进行咒术活动结束后将鬼牌送到外，以示已经将鬼咒跑[①]。

七、绘画艺术特点

综观彝族原始宗教绘画艺术文化内容和形式及其特点，既具有鲜明的个性与共性，也具有现实性和广泛性；既具有艺术性，也具有多学科文化价值取向。就鲜明的绘画艺术作品的个性和共性而言，彝族原始宗教绘画虽绘画内容涉及彝族社会生活中的哲学思想、社会历史、伦理道德、天文历法、文学艺术、风俗礼仪，并反映传统人物、神灵人物、鬼神信仰、祖先崇拜、土主崇拜、自然崇拜，表现彝族劳动生产、生活祭祀习俗，或日月星辰、植物、家畜、飞禽走兽（如龙、虎、鹤、鹰、麂、鱼、蛇、鸡、猪、牛、马、羊）等方方面面，但都是借题发挥，凭自己的想象、画技、手法绘画成艺术作品。尽管如此，绘画艺术作品不论绘画在何物上、画技手法如何，其或取题或借题发挥，可万变不离其宗，都是以人活动为中心，同时反映人与自然的和谐相处，并在一定程度上说，既真正体现了个体乃至地域个性特色，又体现了整个彝族传统审美共性特色，反映彝族原始宗教思想观念。

就从绘画艺术作品的实现性和广泛性来看，一是反映了阶级社会，如以人为主。展现一幅幅活脱脱的阶级社会生活图画。二是关注人自身的健康主题，如人会不会生病，病是否会康复，是何因侵扰身体或作祟的结果，需要吃药或是祭祀、驱送、禳解等。三是反映重大事件，如关乎个体、家庭、家族、村寨等事

---

① 朱文旭．凉山彝族毕摩与文化艺术［J］．美姑彝族毕摩文化调查研究艺术专辑：内部资料．2002：5～6.

件，如何解围、如何化险为夷、如何趋利避害、如何逢凶化吉等。四是受宿命论的影响，卦卜内容中有许多“生死由命，富贵在天”的思想，如命中有多少食粮、多少酒肉、能活几岁、何时寿终？一生中会有何灾难、怎样消灾？或反映轮回转世的观念，死后先变何物，然后再变什么等。概言之，直观地展现了彝族社会不同时期、不同地域、不同人群、不同习俗、不同服饰、不同方言方音的生活场面，可谓彝族先民古代社会生活的缩影。

就从绘画艺术作品所反映的内容和形式，特别是毕摩经书绘画来看，内容与形式相对统一，并展现了彝族原始宗教万物有灵、图腾崇拜、自然崇拜、祖先崇拜、灵物崇拜等全过程，也展示了彝族原始宗教向人为宗教过渡的倾向。如预测人生系列的绘画插图，其内容一般以一个人的出生年月日时占卦推算一个人的福禄命运，包括子女、房屋财产、身份地位、灾祸、寿岁变化等若干类型。又如《历算书》和《通书》为母题作系列绘画插图。彝族事无巨细、大小，都要延请毕摩占验吉凶祸福、择日。一般是按年月日时、春夏秋冬、五行八卦、天干地支、二十八星宿等来占卦迁居、奠基、竖柱、出征、狩猎、远行、除魔、降妖、盟誓、疾病、播种、修建、行船、骑马、会亲、贸易、婚配、丧葬、还赋税、入宅、沐浴、更衣、穿甲、打矛、装弓、置仓、破土等等生产生活活动中的吉凶祸福，都是左图右文或上图下文，图文并茂，相辅相成，生动直观，耐人寻味。又如崇祖信神的土主神像、祖先画像、祭祀画像等等，为祖先崇拜、土主崇拜的典型代表。彝族认为祖先不但繁衍后代，而且还为后代创造了财富，建造田地房产，即使已去世，也会保佑子孙后代，所以绘画中常有毕摩为亡灵作祭、作斋，以祈求祖先保佑和庇护。

就从绘画艺术作品的艺术性和多学科价值取向来看，在艺术表现手法上具有独特的个性，再现了传统的文化内涵。众所周知，所有毕摩都未曾受过专业培训，但其绘画艺术作品朴实生动，即使题材相同，也绝无一幅雷同，有“手法自然”式的“写实”，也有抽象的“写意”，笔法娴熟，构思奇妙，立意鲜明，色彩绚丽，历经几百年而不变色不褪色。从图腾到图画，图文并茂，雅俗共赏，是不可多得的民族艺术珍品，极具观赏价值和收藏价值。值得一提的是，彝文文献插图大多是彝文经典的意译和补充，起注释作用，使经文内容形象化、具体化，便于理解，但有的也不完全是释意，而是借题发挥，或与传说故事有关。它用当地彝文书写，上图下文，或右图左文，或左图右文，一页文字一页绘画，以这样的表达形式不但保留了语言文字，还保留了彝族历史、彝文书法特征，所以它对历史学、语言学、文字学、民族学、宗教学以及书法、绘画艺术等多种学科都具有研究价值。

彝族原始宗教绘画艺术既有传承性，并起到承上启下的作用。也就是说，它上承岩画风格，具有晋代云南昭通霍承嗣墓壁画和唐宋时《南诏图传》、《大理国画卷》遗风，其历史背景有类似之处。如《大理国画卷》中有一鸡冠人身图，滇南红河、元阳、绿春、石屏、建水、元江、峨山、新平自称尼苏颇的彝族毕摩绘画艺术作品中也有鸡冠人身和鸟头人身图。据汉文文献记载，公元225年，蜀国丞相诸葛亮南征时，曾为“昆明人”作画，画中描绘了天、地、日、月、君长、城府及出行纳贡的活动，又因“昆明人”崇拜“九隆神话”和吉祥之物，就画“龙生夷”的神话传说和刺绣着瑞草琪花的蜀锦相赠，颇受“昆明人”的欢迎。(晋)《华阳国志·南中志》记载诸葛亮根据“九隆”神话而作的“龙生夷图”：

夷人大种曰昆，小种曰叟。其俗征巫鬼，好诅盟，投石结草，官常以盟诅要之。诸葛亮乃为夷作图谱，先画天地、日月、君长、城府；次画神龙，龙生夷，及牛、马、羊；后画部主吏乘马幡盖，巡行安恤；又画夷牵牛负酒，贲券宝诣之像，以赐夷。夷甚重之，许致生口（赎买俘虏的价钱），又与瑞锦、铁券（铁铸的盟书，以示永久），今皆存……

诸葛亮的画早已失传，但类似诸葛亮“龙生夷图”及夷人画龙之风犹存，或许诸葛亮“乃为夷作图谱”而“夷甚重之”，所以此风沿袭流传下来，也或许诸葛亮的“龙生夷图”就是根据“夷俗”画龙之风而总结和概括的[①]。

---

① 参见张纯德．彝族古代毕摩绘画［G］．昆明：云南大学出版社．2003：4～7.

彝族史诗《梅葛》《查姆》神话研究*

陈永香 曹晓宏**

摘 要： 彝族史诗《梅葛》、《查姆》是流传于云南省楚雄州的两部重要史诗，本文以文本内容为依据，对《梅葛》、《查姆》创世神话的神灵系统、创世神话的文化符号体系、创世神话的历史文化意蕴、创世神话的展演语境等进行比较研究，通过对这些神话要素的分析比较来探寻两部史诗创世神话的异同。

关键词： 彝族史诗 创世神话 文化内涵 展演语境

彝族史诗《梅葛》、《查姆》是流传于云南省楚雄州彝族中的两部重要史诗，《梅葛》主要流传于楚雄州姚安县、大姚县、永仁县的彝族中，《查姆》主要流传于楚雄州双柏县彝族及红河州部分彝族中。

目前学术界对《梅葛》的研究成果较多，对《查姆》的研究较少，而对两部史诗进行深度比较研究的成果目前笔者还没见

* 基金项目：国家社科基金项目，项目编号：10XZW045。

** 作者简介：陈永香，（1965—），女，云南宁蒗县人，楚雄师范学院中文系教授，研究方向民俗学。

曹晓宏，（1964—），男，云南石林县人，楚雄师范学院中文系教授，研究方向文化语言学。

到，因此，笔者想对此做一些尝试性的探讨，本文是研究成果之一，是从文本的创世神话内容为切入视角进行比较研究。依据的文本是由楚雄州文联编的彝族史诗选《梅葛卷》和《查姆卷》，云南人民出版社 2001 年 11 月第一版。文章中引用的诗句未注明出处的也出于此版本。

《梅葛》、《查姆》是彝族纪实性的史诗，由创世神话、人类起源神话和事物来源及习俗起源等构成史诗的主体内容。

《梅葛》的第一部是创世神话，包括开天辟地和人类的起源的神话。

《梅葛》的第二部是造物，包括：盖房子，狩猎和畜牧，农事，造工具、盐、蚕丝。

《梅葛》的第三部是婚事和恋歌，包括：相配、说亲、请客、抢棚、撒种、芦笙、安家。

《梅葛》的第四部是丧葬，包括死亡、怀亲。

《查姆》的上部是神话，包括：序诗、第一章天地的起源、第二章独眼睛时代、第三章直眼睛时代（干旱的来临、直眼睛人）、第四章横眼睛时代（洪水滔天、找葫芦、配亲、民族的来源）。

《查姆》的下部是事物的来源，包括：第一章麻和棉（种麻、种棉）、第二章绸和缎、第三章金银铜铁锡、第四章纸和笔、第五章书、第六章长生不老药。

从以上两部史诗的章节内容，既可以看到它们有相似之处，也有不同之处。可以说异大于同。特别是在神话部分，两部史诗在叙事符号的使用方面是有较大的差异的，而神话是两部史诗的核心内容，下面从《梅葛》、《查姆》的创世神话来探寻两部史诗的异同。

一、《梅葛》、《查姆》创世神话的主要内容

《梅葛》、《查姆》中创世神话，其主要内容如下：

1.《梅葛》中天地万物的起源神话

《梅葛》的第一部分就是创世神话，关于开天辟地和万物起源的神话，大概占史诗五分之一的篇幅。

《梅葛》对天地万物的起源是这样说的：格滋天神要造天，他放下九个银果，变成九个儿子，九个儿子中，五个来造天，一个叫阿赌，一个叫庶顽，一个叫贪闹，一个叫顽连，一个叫朵闹，这就是造天的儿子。格滋天神要造地，他放下七个金果，变成七个姑娘，七个姑娘中，四个来造地，一个叫扎则，一个叫晋则，一个叫慈则，一个叫勤则，这就是造地的姑娘。造天的儿子拿云彩做衣裳，拿露水当口粮。造地的姑娘拿青苔做衣裳，拿泥巴当口粮。他们开始造天地，天地用什么做模子呢？人们从日常生活出发，用直观思维方式，想象天地的模子是：

> 拿篾帽做造天的模子，拿簸箕做造地的模子，蜘蛛网做天的底子，蕨菜根做地的底子。

在造天地过程中，造天的五个儿子喜欢赌钱玩闹，他们吃喝玩乐，懒惰混日子。四个姑娘则忘我地劳动，不分日夜，不管风雨，辛勤造地。过了很久，天地造好了，但是，天小地大，合不拢，兄弟几个醉心玩耍不当回事，却急坏了造地的四个姑娘，她们恐怕天神责骂。天神知道了，告诉四个姑娘，地做大了，有人会缩，天做小了，有人会拉。缩地拉天，使天地大小相等：

> 阿夫会缩地，阿夫会拉天。请阿夫的三个儿子，拉住天边往下拉，把天拉得大又凹。放三对麻蛇来缩地，麻蛇围着地边箍拢来，地面分出了高低，地边还箍得不齐，放三对蚂蚁咬地边，把地边咬得整整齐齐。放三对

野猪来拱地。放三对大象来拱地，拱了七十七昼夜，有了山来有了箐，有了平坝有了河，天拉大了，地缩小了，这样合适啦。天地相合啦。天地造好了，也合上了，但牢不牢呢？用打雷来试天，天裂；用地震来试地，地通洞。五个儿子用松毛做针，蜘蛛网做线，云彩做补丁，把天补起来，四个姑娘用老虎草做针，酸角藤做线，地公叶子做补丁，把地补起来。天地补好了，但还在摇晃，于是格滋天神说：水里有三千斤的公鱼，捉来撑地角；有七百斤的母鱼，捉来撑地边，公鱼不眨眼，大地不会动，母鱼不翻身，大地不会摇，大地稳实了。但天还在摇摆，天神叫五兄弟去引老虎，用虎的脊梁骨撑天心，用虎的脚杆骨撑四边，天撑稳实了。虎尸化为世间万物，虎四根大骨作撑天的柱子，虎的肩膀作东南西北方向，虎头作天头，虎尾作地尾，虎鼻作天鼻，虎耳作天耳，虎的左眼作太阳，右眼作月亮，虎须作阳光，虎牙作星星，虎油作云彩，虎气成雾气，虎心作天心地胆，虎肚作大海，虎血作海水，虎大肠变大江，虎的小肠变成河，肋骨作道路，虎皮作地皮，虎的硬毛变树林，虎的软毛变成草，细毛作秧苗，骨髓变金子，小骨头变银子，虎肺变成铜，虎肝变成铁，连贴变成锡，腰子作磨石，大虱子变成老水牛，虮子蛋变成绵羊，头皮变成雀鸟。虎肉分十二份，给老鸦、喜鹊、竹鸡、野鸡、老豺狗、画眉鸟、黄蚊子、大蚊子、黄蜂、葫芦峰、老土峰、绿头苍蝇各一份。只有饿老鹰没有分到，它飞到天上，用翅膀遮住了太阳，遍地一片黑暗。由绿头苍蝇飞上天，在鹰翅膀上下了子，使之生蛆而落下，有了白天，蚂蚁把掉到地上的老鹰抬走，于是分出了昼夜。

2.《查姆》天地万物的起源神话

《查姆》的上部是神话，神话占了史诗的近三分之二的篇幅。

《查姆》对天地万物的起源是这样说的：

> 远古的时候，天地连成一片，只有一团团的雾露混沌不清，于是众神仙之王涅侬倮佐颇召集众神仙：仙王儒黄炸当地、水王罗塔纪、众龙之王罗阿玛及他们的儿女来商议，安排日月星辰，造宇宙天地山川。

涅侬倮佐颇派众龙之王罗阿玛去到太空中种活了一棵梭罗树，树分四杈，杈生四叶，叶夜晚开四朵白花。涅侬倮佐颇派长子撒赛萨若埃到一千重天种梭罗树，树分四杈，杈生四叶，叶白天开四朵红花。红花白花轮流在太空，红花是太阳，白花是月亮。涅侬倮佐颇派次子涅侬撒萨歇在太空撒上星辰，星王曾色锡在太空中笑着打开了风水门，太空的雾露有了天地，雾露变气孕育万物在天地间生长。涅侬倮佐颇开口指点地要造成簸箕样，天要造成篾帽圆。造人之神儿依得罗娃的女儿涅滨矮造了大海河川。水王罗塔纪管水里的万物，罗阿玛到月中的梭罗树上找来了各种植物的种子。涅侬倮佐颇又开口指点地面要有高山、雨露、阳光，才能种粮食。罗阿玛按照涅侬倮佐颇的吩咐来到平原，洒下大雨冲出山川沟壑。过了许多年月，月亮、太阳都不干净，不够亮，于是涅侬倮佐颇派水王罗塔纪的姑娘去到撑天的三座山上挑来蓝、金、绿的海水，洗去日月星辰身上的灰尘，从此天地不混沌，日月星辰放光明，分出了昼夜和四季，植物庄稼就繁盛生长。天一睁眼，太阳就露笑脸，天一闭眼，月亮、星星笑作一团。万物在动中生，万物在动中演变。这就是天地万物的来源。

二、《梅葛》、《查姆》创世神话的文化内涵分析

创世神话是远古先民对天地万物来源的解释，世界各民族中，创世神话的类型和母体各具形态，神话的多样性也是人类文化多样性的体现，中国是一个多民族的国家，神话一方面具有丰富多彩的特征，另一方面，由于民族的迁徙、融合等原因，神话要素也有交融互渗的现象，不同的民族神话中，相似的母题也是经常可见的。《梅葛》、《查姆》创世神话中的基本母题，在中国乃至世界各民族的神话中也可找到相似的。但作为彝族这个特有民族的神话，它又体现出彝族文化的特殊性。

1. 《梅葛》、《查姆》创世神话的神灵体系

各创世神话中对于天地万物的来源的解释，对最初的发动者各有不同，但大多都有神灵在起作用。对《梅葛》、《查姆》的创世神话进行比较，就会发现两部史诗的神灵体系不同，神灵在创世过程中的作用也是不同的。《梅葛》的创造天地过程比较复杂，其他天体都是虎尸化生而成。神灵的关系较简单，就是格滋天神和他的子女，没有分管的神灵。《查姆》的创造天地过程较简单，没有具体的过程，而其他天体的和植物来历却有过程交代，是众多神灵来完成的。神灵的关系也复杂，有主神涅侬倮佐颇和他的两个儿子，还有分管的神灵和他们的子女。列表来看二者的区别。

史诗	天地之初	主神	具体造天地的神	造天地的过程	天地的形状	造其他天体	造其他物体
梅葛	无具体交代	格滋天神	造天的五个儿子：阿赌、庶顽、贪闹、顽连、朵闹；造地的四个姑娘：扎则、晋则、慈则、勤则。	五个儿子造天，儿子懒惰，天造小了，四个姑娘造地，姑娘勤快，地造大了。经过复杂的过程天地才造成。	篾帽簸箕	虎尸化生	虎尸化生
查姆	雾露翻腾	涅依倮佐颇	罗阿玛、撒赛萨若埃、涅依撒萨歇、曾色锡、涅滨矮、罗塔纪	雾露中有了天地	篾帽簸箕	太阳、月亮是梭罗树开的花，涅依撒萨歇在太空撒上星辰。罗塔纪的姑娘去到撑天的三座山上挑来蓝、金、绿的海水，洗净了日月星辰身上的灰尘而使之发光亮。分出昼夜和四季。	涅滨矮造了大海河川，罗阿玛到月中的梭罗树上找来了各种植物的种子，下大雨冲出山川沟壑。

《梅葛》中的天地是创造者辛苦努力的结果。经过了辛苦的创造后，由于天造小了，于是拉天缩地，咬边拱地，使天地相和。接着测试天地的牢固程度，建的天地不牢固，又进行补缀天地，又捉来公鱼撑地角，母鱼撑地边，用虎的脊梁骨撑天心，用虎的脚杆骨撑四边，才完成了天地的创造过程。这是一个多么辛苦复杂的过程！《梅葛》中的天地产生属于神人（英雄）劳动创造型。

《梅葛》的其他天体和物体的来源是典型的死尸化生型。

而在《查姆》的创世神话中，天地是在天神的意念里雾露混沌中自行而生成的，开始交代天地不分，翻滚的雾露中有天地，天地互翻，混沌不清。之后星王曾色锡在太空中笑着打开了风水门，“雾露飘缈太空中，雾露里有地，雾露里有天；雾露变气育万物，万物生长天地间”，属于自生型。接着又说天神“开口来指点：地要造成簸箕样，天要造得篾帽圆。”其生成过程并没清楚交代。（从雾露中产生，如果把雾露的成分看作水的话，似乎也可以归为水生型。天神“开口来指点”，似乎又是神造型。天地的产生过程《查姆》交代模糊，没有《梅葛》的清楚。）《查姆》的创世神话中其他天体和物体来源是较特殊的，是由梭罗树上长出的，交代了生成的具体过程，明确地属于自生型。总的来看，《查姆》的创世神话中天地万物的来源都可以归为自生型。

2.《梅葛》、《查姆》创世神话的文化符号体系

原始初民是按照自己能够感知到的具体形象去理解自然界的，具体地说，就是原始初民以为自然界的一切都和人一样有意志、思想，还有人的形象，原始初民就用人格化的方式去同化自然力。所以神话中的神的形象，其实就是人类按照自然界和人类自身的模子塑造出来的。《梅葛》、《查姆》创世神话中都认为天的形状像篾帽、地的形状像簸箕，天的形状是圆的，地的形状是

方的，《梅葛》中才要放三对麻蛇来缩地，麻蛇围着地边箍拢来，地面分出了高低，地边还箍得不齐，放三对蚂蚁咬地边，把地边咬得整整齐齐；放三对野猪来拱地；放三对大象来拱地，目的是使天地的形状相一致。这是天圆地方的古老宇宙观念的体现，天圆地方的天地结构观念在不少民族的神话中都有反映。地是方而平的，且比天大，需要缩小，所以地面分出了高低，此神话的观念反映在彝族的十八太阳历中：

> 彝族十八月太阳历，即一个月二十天，一年十八个月，另加五天“祭祀日”，全年三百六十五天的太阳历，一个月的各日，一年的各月各有其名。十八月的名称为：风吹月、鸣月、萌芽月、开花月、结果月、天乾月、虫出月、雨水月、生草月、鸟窝月、河涨月、虫鸣月、天晴月、无虫月、草枯月、霜临月、过节月。一个月二十天的名称是：开天日、辟地日、男子开天日、女子辟地日、天黑日、天红日、火烧天日、水冷日、洪水日、葫芦日、伏羲皇帝日、伏羲姐妹日、寻觅人日、野蜂日、蜜蜂日、出人日、天窄日、地宽日、地缩日。①

每日的名称直接就是从神话中来的。天圆地方的观念在彝族的向天坟的形状中也有体现，与彝族十月太阳历的观测相关的是彝族向天坟。坟的形状主要是圆形的，向天坟及其所在南北走向或北南走向的山岗，可作为彝族观测太阳运动和斗柄指向的观象台或观象场。向天坟择墓顶朝天之向，故又名“天向坟”（以平面八方而言）或“朝天坟”、“望天坟”，向天坟形制有三圆台金字塔型、单圆台型、井栏型、圆锥型、圆丘型、简陋圆圈型等。在楚雄州境内已发现的有三圆台金字塔型、单圆台型、简陋圆圈

---

① 陈永香．田野中的彝族文化［M］．北京：线装书局．2008：194～195。

型等种类。三圆台金字塔型向天坟有土垒石砌三圆台与小型石质三圆台两种类型。禄丰县高峰乡罗古甸子坝北面苏官坟梁子(因此山南有明、清苏氏土巡检祖坟而得名）的向天坟，是云南境内现存规模较为完整的一座土垒石砌三圆台金字塔型向天坟。

《梅葛》虎尸化生万物，此类型巨人或动物尸体化生万物的神话，在中国神话和世界神话中都有，如盘古开天地后死而化生万物的神话，印度和北欧中也有巨人化生万物的神话。白族的《创世歌》中也讲到巨神人化生万物。藏族和哈尼族有牛化生万物的神话。此类型的神话，无论国内国外，虽然是不同民族的神话，但在体现人类的原始思维规律方面，大体是相似的。只是由于民族历史文化的不同，其化生的对象各有不同。《梅葛》中为什么是虎呢？虎在彝族的传统文化中，是一个重要的文化符号，被看做是图腾，是祖先，是百兽之王，是英雄的象征等，彝族的十月太阳历中的十二生肖，纪日的第一位就是虎。十月太阳历的纪日方法，并不是1到36的顺序纪日，而是用十二属相作为纪日的循环周期。十二属相在“八方之年”的每一年中的顺序各有不同（可参见彝族十月历历谱详表）。纪日的十二兽是：虎、兔、龙、蛇、马、羊、猴、鸡、狗、猪、鼠、牛。彝族巫师也借助于十二属相建立起一整套的命星、八字、吉日、凶日的思想体系。

十二属相与彝族的日常生活有密切的关系，故安排历日时，尽可能考虑到它们使用的方便。对彝族虎崇拜的问题学术界已有诸多讨论，此不赘述。

史诗中用虎的脊梁骨撑天心，用虎的脚杆骨撑四边，最后把天撑稳了，虎骨成为撑天柱，撑（顶）天柱的母题在女娲神话和苗族、拉祜族等的神话中都有，也是创世神话中较为普遍的母题，常见的顶天柱有神山、龟足、大树、虎骨、牛骨、金银、玉石等。《梅葛》中在造好天后，主动测试天的质量（稳不稳），由于天造得不结实，所以出现撑天柱的母题，与其他神话相比独具特色；虎为万物的来源，正是史诗流传区域对虎崇拜的具体体现。虎的文化符号，在《山海经·西次三经》有："玉山，是西王母所居也，西王母如人，豹尾虎齿而善啸。"《山海经·大荒西经》有："有神，人面虎身，文身"，昆仑神话中西王母的"虎齿"或者"有神，人面虎身"等与彝族的虎崇拜，应该有遥远的渊源关系，因为源于氐羌的彝族，其祖先的活动区域包括甘青高原、西域和西藏高原，昆仑神话产生于西部区域。

《梅葛》中说水里有三千斤的公鱼，捉来撑地角；有七百斤的母鱼捉来撑地边，公鱼不眨眼，大地不会动，母鱼不翻身，大地不会摇，大地稳实了。用鱼托地的母题，满族、拉祜族等的神话中都有叙述，满族的《天神创世》里说，天神阿布卡恩都里用土做了大地后放在水面上，命令三条大鱼驮着它。[①] 这些构想与汉族"女娲补天"构想大致是相同的，"可见处在经济文化发展相似阶段的人们的心理状态，也是大体相似的。"[②]

《查姆》创世神话说涅侬倮佐颇派众龙之王罗阿玛去到太空中种活了一棵梭罗树，树分四杈，杈生四叶，叶夜晚开四朵白花。涅侬倮佐颇派长子撒赛萨若埃到一千重天种梭罗树，树分四杈，杈生四叶，叶白天开四朵红花。红花白花轮流在太空，红花是太阳，白花是月亮。梭罗树成为日月的来源，也是各种植物的种子的来源。"这种栽树开花成日月的说法很是独特，目前还未见第二例。"[③] 梭罗树成为宇宙神树，梭罗树成为神树在西南其他一些民族的神话中也有提到的。树分四杈，杈生四叶，树杆是

① 刘亚虎．神话与诗的"演述"——南方民族叙事艺术［M］．北京：北京大学出版社，2006：124。

② 袁珂．中国神话史［M］．重庆：重庆出版集团．重庆出版社，2007：350。

③ 陶阳，牟钟秀．中国创世神话［M］．上海：上海人民出版社，2006：134。

中心，“四”应就是指东西南北四个方向，权的四和叶的四加起来成为八，八方是彝族的哲学概念，即东、东南、南、西南、西、西北、北、东北八方。在彝族十月太阳历以八方纪年（民间亦多八方，八角图案）。十月太阳历的纪年，其年即：东年——布多年。东南年——绿呼底年，南年——依姆年、西南年——欲舌姑年、西年——布切年、西北年——起底呼年、北年——依巫年，东北年——尼舌姑年。按“八方之年”推算，十月太阳历每4年一闰。在一个“八方之年”内，十二兽纪日为243周半，经历两个“八字之年”。十二兽纪日为487周，纪日兽又回到最初一兽，从而得出回归年的时间长度为365.2422日，已接近密值。彝族民间推算忌日使用的也是以八年为一个循环周期。这可能是“八方之年”纪年法在彝族民间的遗存。这里的四与“黄帝四面”的“四”含义应该也是一样的，都有指示方位的意思，从中也可推测彝族神话与汉族神话的遥远的关联。星星则是涅依撒萨歇在太空撒上星辰，满天星辰是神撒的，至于涅依撒萨歇撒的星辰源于何物，没说明，当是源于派涅依撒萨歇去撒的天神，也就是他的父亲。《查姆》创世神话中天地万物的创造，是在主神涅依倮佐颇的授意下，众神合作的结果。

3.《梅葛》、《查姆》创世神话历史文化意蕴

马克思在谈到神话时说：任何神话都在想象里并借助想象以征服自然力，支取自然力，把自然力加以形象化，是在民众幻想中经过不自觉的艺术方式所加工过的自然和社会形式本身。马克思清楚地指明了，神话起源于人类企图认识自然，征服自然力的强烈愿望和要求，这便是神话产生的原动力。人类生活在大自然的怀抱里，以自己的血肉之躯，与大自然搏斗。原始人类是借助想象，通过把自然力加以形象化的方式创造神话的。这是神话艺术构思的核心。神话对于自然和社会形式本身的加工，是一种不自觉的艺术加工。当原始的初民把自然力和社会现象人格化时，

他们并不以为这是幻想或加工，他们十分真诚地相信，世界本来就是神话中的样子。在原始人的观念中，神并不是幻想的东西，而是现实中真实存在的，人们凭借着这些神的威权，在幻想中去实现认识自然、征服自然的愿望。在原始民族中，神话包含的不仅是古老的故事（且多看成历史故事），而且是有关事物起源的道理，不可动摇的信念及言行的规矩等等。

《梅葛》、《查姆》神话中，我们也可探寻其遥远的历史影踪，《梅葛》中创世大神格滋天神和《查姆》创世大神涅侬倮佐颇天地万物的创造是他们发动的，他们是组织者。格滋天神是让自己的儿女去创造天地，派儿子引来老虎变万物，他是家长、父亲的角色。涅侬倮佐颇则是召集部下商量，然后安排部下及自己的儿子和部下的女儿共同完成了天地万物的创造，他既是家长、父亲的角色，同时还是领导者，角色比格滋天神要复杂，操的心也比他多，从中可以看到彝族神话的远古时代已经有了男女分工，有了社会分工，有了领导人（天神）等等。

“那些被当成神话进行研究的所谓野蛮民族的神话，在野蛮民族那里，从来就没有被当成神话，野蛮人根本就没有神话这个概念，对于他们而言，那些世代相传的故事是真实的，那是他们祖辈的经历，是他们赖以生存和维系团结的真实知识，那就是他们的历史……那些被神话学和人类学视为野蛮人的神话的东西，说穿了，就是无文字族群的口头历史。或者说，所谓神话，无非就是与书面历史不同的口头历史、口头传统。”① 《梅葛》、《查姆》神话是彝族先民在神话思维中对远古社会历史文化的口头记忆，在口头传统中世代相传，成为神圣的宗教仪式语境中对有关事物起源的解释，不可动摇的信念及言行的规矩。

---

① 刘宗迪．作为学术神话的神话概念［EB/OL］：http：/www. Chinese folklore. org．cn. 2009－09－15.

神话是神话思维的产物，彝族先民的神话创作者在“创作”时，他们的“思维活动主要是在两个方面展开：思维活动程序的确立和思维形式的选择，即如何创作和创作何种内容。这两方面具有一致性，神话创作者要构建特定的神话故事，描述万物的神奇起源，所选择的是一种非说理论证的思维程序，即运用想象、投射和幻化等方式记叙神话世界所欲描述的各种深层秩序，同样，神话创作者的思维活动内容并不是高度抽象或无象的概念，而是一些具体的物象和心象”。①《梅葛》、《查姆》神话的创作者在描述天地万物的来源时，面对宇宙、星体、大地万物，运用想象、投射和幻化、类比等方式，即心物渗透的方式把所见物象和所经历心象用做解释客观世界的材料。超现实、超自然的神话世界是彝族先民对于“自然和社会形式本身”的一种“不自觉的艺术加工”，从中依稀闪烁的是彝族先民的天真想象和远古时代的“自然和社会形式本身”。从《梅葛》、《查姆》的创世神话所反映的社会生活来看，《查姆》创世神话所反映的社会生活应是稍晚于《梅葛》创世神话反映的社会生活。《梅葛》中的女性意识也比《查姆》要强，造地的女性得到比造天的男性更多的肯定与赞扬。《查姆》中男性的作用得到更多的体现。

《梅葛》神话中所讲述的远古时代生活，应是狩猎时代的社会生产方式和社会生活，其中对狩猎生产的过程有生动描述：

> 造天五弟兄，胆子有斗大，他们会撵山，他们去引虎。手中紧握大铁伞，伞把装上铁弯钩。十二架山梁上引一引，老虎张着大嘴走出来，老虎抖着身子走出来，老虎被引出来了。老虎张着血盆大口奔来，老虎抖着斑斓的身子扑来，造天五弟兄，忙把伞撑开，挡住了老

① 黄泽，黄静华．神话学引论［M］．海口：海南出版社，2008：115。

虎，钩住了老虎，老虎被哄住了，老虎被钩住了。山草掺上棕，棕毛掺山草，索子搓出来……牵着老虎走回来。

“虎的威猛，打猎者的智慧与勇敢，被栩栩如生地描摹出来。在虎尸体化生物中，虎肉分十二份，给老鸦、喜鹊、竹鸡、野鸡、老豺狗、画眉鸟、黄蚊子、大蚊子、黄蜂、葫芦蜂、老土蜂、绿头苍蝇各一份。虎肉是平均分配的，是狩猎时代平均分配猎物的生活习俗的生动记录。《梅葛》作为纪实性的史诗，其创世神话中出现了较晚时期的金银等东西，但“这些神话，仍应属于人类童年时期产生的神话，因为它们反映了人类童年时期的天真烂漫的幼稚心理，只要我们不把人类童年时期制约在原始社会范围内就行了。”①

《查姆》神话中所讲述的远古时代生活，应是农耕时代的社会生产方式和社会生活，其中万物的起源是农耕生产的生动体现，万物之源梭罗树是种植的，日月是它开的花，植物的种子是月中来，讲到了各种农作物：谷子、包谷、麻、棉、荞子、洋芋、甘蔗等。讲到要有雨露、阳光，粮食才能生长。水（雾露）非常重要，是天地之源，日月不亮是用水洗干净的，由此又分出了昼夜和四季，日月循环，万物在运动中生长等等。

三、《梅葛》、《查姆》创世神话的讲述语境

《梅葛》、《查姆》创世神话的进述语境保存在史诗中。创世神话的讲述语境就是史诗的展演语境，史诗的展演语境是与原始宗教信仰有关的各种宗教祭祀仪式和相关的习俗活动。梁启超曾讲到“语言文字之后，发表思想的工具，最重要的是神话……

---

① 袁珂．中国神话史［M］．重庆：重庆出版集团．重庆出版社，2007：352。

和神话相连的是礼俗，神话和礼俗合起来讲，系统的思想可以看得出来。"① 史诗中的创世神话是彝族的巫师毕摩在祭祀仪式活动中的语言表达形式和神圣宗教思想的载体。

《梅葛》、《查姆》是彝族原始宗教中的毕摩使用的经文，现在翻译出版的几部彝族史诗，都与毕摩有关。以典籍毕摩经的形式流传于世的有《查姆》、《勒俄特依》等；以毕摩口传的形式流传于世的有《梅葛》、《阿细的先基》等。毕摩经中最早的经典应当是口头的各种祭辞，经过代代口传，不断规范，最后成为公认的"经典"而在毕摩中传播。毕摩在规范祭辞的过程中，大量搜集整理民间流传的神话故事、民间歌谣等，使民间文学和宗教合而为一，文坛也就成为了祭坛。在毕摩把民间文学纳入祭辞中时，为了便于记诵，均以五言诗的形式来表达，毕摩经都是可唱可诵的五言诗。

《梅葛》、《查姆》中的祭辞是经过多少代毕摩的搜集、筛选、整理，凝聚了多少代人的智慧而成的。从民间神话故事、歌谣到规范的五言诗的祭辞，它肯定走过漫长的道路，它从简单到复杂，从散乱到规范，这个过程汇聚了历代毕摩的智慧，记录着彝族漫长的社会历史发展进程，投射了彝族人民的宗教信仰情感与道德理想。当毕摩们给这些民间文学穿上神圣的外衣，让它走进神圣的祭坛，它就具有了神秘的力量，成为人神沟通的工具了。正如袁珂先生所说："巫师为要在群众中推行其巫术，也要在祀神时公开演唱一些神话故事，以为其巫师取得崇信打下基础。这种情况在解放前不久的旧中国到处都可以看见。尤其在少数民族地区，巫师多于神祀时唱有开天辟地、万物形成及人类起

① 梁启超．神话史、宗教史及其他［J］．引自马昌仪编．中国神话学文论选粹［M］．北京：中国广播电视出版社，1995：93。

源的神话古歌，以娱人乐神崇德报远”,[①] 毕摩对神话的搜集、整理、规范和传承，目的是运用，让它为毕摩所从事的原始宗教信仰服务，是一种工具和手段。他们的目的是为了教化和娱神。如果说毕摩是人神沟通的中介的话，《梅葛》、《查姆》则是沟通的工具，毕摩用它传达人意，祈求神佑。

《梅葛》的基本内容都在口承的毕摩经中，它的不同部分，也就是毕摩在节日、婚姻喜庆和丧葬等不同仪式上的祝祭批解之词，是各种仪式不可或缺的组成部分。由于毕摩活动中宗教的神圣性，作为祭辞的《梅葛》，自然也具有神秘性，对它的传承和运用就必须遵循一定的规矩和禁忌，这也就确保了传承过程中，传承者不得擅自增减它的内容，使它在口耳相传的过程中，变异程度不大，从而使得一些古老的神话能够完整地保存了下来。这些神话反过来又保证毕摩祭辞的神圣性，让信众相信毕摩法力，提高他们的地位，增强经典的力量，扩大在彝民中的影响力。

《查姆》是文字传的毕摩经，是毕摩用文字记录下来的口传经典。在记录过程中，经过了记录者的又一次筛选和整理；经过文字整理的经典比口传经典有较强的规范性，宗教思想也更浓郁，由于文字的固定性，它也就避免了口传经典的变异性。

由于在传承方式上的差异，《梅葛》、《查姆》的创世神话叙事的方式也呈现出明显的不同。《梅葛》的创世神话叙事性较强，线索清晰，特别是对天地的形成过程的叙述，较为详细，而《查姆》对天地的形成过程的叙述就较为简略。对万物的来源叙述也没有《梅葛》具体。《查姆》中对一些事物的起源多从功能上解释，如阳光、雨露、季节都是农作物生长的需要。在细节上，《查姆》中三次出现一个非常可爱的表情“笑”：星王笑在太空中，太阳露笑脸，月亮、星星笑作一团。《查姆》则有更多

① 袁珂．神话论文集［M］．上海：上海古籍出版社，1982：2。

的人类生活气息。

《梅葛》、《查姆》是彝族历史文化的百科全书，反映了彝族漫长的社会生活和精神生活。在流传区域的彝族中具有崇高的地位，是他们解释宇宙万物和文化起源的神圣经书。其中的创世神话，既有神话共有的特征与类型，又具有彝族文化的鲜明印记。无论是神灵体系还是其中的文化符号，都凸现出与世界其他民族神话不同的独特性。彝族作为中华大家庭的一员，从《梅葛》、《查姆》中的创世神话也可以看出它与中华文化遥远的渊源关系。

《梅葛》《查姆》的人类起源与灾难神话

曹晓宏　陈永香

摘　要： 人类起源与洪水灾难人类再生的神话故事是一个世界性的母题，许多民族都有此类神话传说，且因大多数都保存在民族的宗教经典中而成为宗教或道德教化的神圣话语。彝族也有人类起源与洪水灾难人类再生的神话故事，其母题与其他民族的大同小异，成为彝族宗教经典的重要组成部分，是宗教或道德权威对人们进行宗教及道德教化或惩罚的神圣权威话语的依据，渗透了浓郁的原始宗教气息和强烈的彝族传统道德意识。

关键词： 彝族毕摩经　人类起源神话　灾难神话

许多民族都有人类起源与洪水灾难人类再生的神话传说。它们大多数都在各民族的宗教经典中有记载，由于各自地理环境、自然条件、生产方式等的差异，作为意识形态的洪水神话也呈现出丰富多彩的情节模式。著名的如希伯来的诺亚方舟洪水神话、希腊的丢卡利翁洪水神话、汉族的鲧禹治洪水神话等等，它们都在流传的民族中产生了深远影响，并且成为其宗教或道德教化的神圣话语。彝族也有人类起源与洪水灾难的神话故事，并成为彝族宗教经典的重要组成部分，洪水灾难神话成为权威对那些没有道德的人进行惩罚的神圣话语依据，渗透了浓郁的原始宗教气息和深厚的彝族传统道德感。

人类起源与洪水灾难人类再生神话的研究，学术界已有众多的研究成果，但对彝族的此类神话的专题研究目前还较少。彝族的此类神话大多保存在彝族的毕摩的经书中，毕摩是彝族原始宗教的主持者，在彝族中出现较早。彝族历史上发展较早的一些部落，至少到公元前2、3世纪已进入奴隶制，彝族先民“开始踏入阶级社会的门槛时，‘兹’、‘莫’、‘毕’三者，作为奴隶社会的统治机构中的代表人物，即已同时产生。‘兹’彝语意为权力，是彝语部落古代最高的统治者，旧译为君。‘莫’彝语意为长老、调解人，旧译为臣，或管事。‘毕’是祭舞司，旧译为师，或巫或军师。彝文古籍记载：“君施令，臣断事，师祭祖。”①

毕摩是彝族原始宗教活动的核心，是彝族祖先崇拜的具体操作者和传承者，彝族的崇祖敬宗活动离不开毕摩。“毕摩的任务和使命不是帮助人们获得自身的解脱、灵魂的得救和死后进入天堂，而是通过与鬼神交流，帮助人们趋吉避凶，去祸纳福，实现五谷丰登、六畜兴旺、人丁繁衍、家族壮大的现实需求，为人们的生存和发展提供一种信仰和精神上的支持和满足”。② 司理祖先与后代关系的中介是毕摩，这就要求毕摩要身体完美，遵守毕摩的各种禁忌；出自毕摩世家；生辰八字与祖灵不冲克等。

毕摩的传承有家传和师传两种主要形式，家传以父传子为主，也有伯传侄的；师传也多限于亲戚中，如舅传甥等。毕摩的传承一般都有完整的系谱，传承的代数越长，祖师神威力越强，法术也就越有效。毕摩的传承原则奉行传男不传女，以世家传承

---

① 余宏模．彝族毕摩简论［A］．凉山彝族奴隶制研究［J］，1981.1。

② 巴莫阿依．论凉山毕摩阶层的特征［A］．转引自二十世纪中国民俗学经典．信仰民俗卷［M］．苑利主编．社科文献出版社，2002年3月第1版，第311页。

为主导，以非毕摩世家的传承为辅。①

毕摩进行宗教活动的根本是在宗教仪式上唱诵经典，以经文的力量来感动神灵，祈求保佑，驱除邪秽灾魔，一句话，就是依靠语言的神秘力量来达到禳灾祈福的目的。毕摩经典的基干主要来自于民间，可分为口头传承的毕摩经典和文字传承的毕摩经典两种。毕摩经都是可唱可诵的五言诗。毕摩经多是叙事性很强的原始纪实性史诗，彝族的几部主要的史诗都是以毕摩经的形式流传的，如《阿细的先基》、《梅葛》、《查姆》等。

我们选取毕摩经中的口传经典《梅葛》和文传经典《查姆》为例来分析其中人类起源与旱洪灾难的神话。目前学术界对《梅葛》、《查姆》进行深度比较研究的成果很少，笔者想对此作一些尝试性的探讨，此是研究成果之二，是从文本的人类起源与旱洪灾难的神话内容为切入视角进行比较研究。

一、《梅葛》、《查姆》人类起源与灾难神话简述

《梅葛》、《查姆》中人类起源与洪水神话十分丰富，既有彝族文化的共同性，在叙事的方式上和内容上又有差异性。

（一）《梅葛》人类起源神话

《梅葛》的创世部分中讲述天地和世间万物的由来。有了天地万物，但还没有人，人是如何来的呢？神话中人类的起源是这样讲述的。

天地万物造好了，格滋天神来造人，天上撒下三把雪，落地变成三代人：

头把撒下独脚人，只有一尺二寸长；独自一人不会

---

① 巴莫阿依．论凉山毕摩阶层的特征［A］．转引自．二十世纪中国民俗学经典．信仰民俗卷［M］．苑利主编．社科文献出版社，2002 年 3 月第 1 版，第 311 页。

走，两人手搂脖子快如飞；吃的饭是泥土，下饭菜是沙子，月亮照着活得下去，太阳晒着活不下去，这代人无法生存，这代人晒死了。

撒下第二把，人有一丈三尺长……这代人穿树叶，吃林果，住山洞。四季不分，天上有九个太阳和月亮，做着活计瞌睡来，一睡几百年，身上长青苔，这代人被晒死了。

格滋天神左手拿錾，右手拿锤，来錾太阳月亮，只各留一个在天上，然后分出四季，让草根树皮长出来。

撒下第三把，人的两只眼睛朝上生。

格滋天神又撒三把苦荞，撒三把谷子撒在石山岭，撒三把麦子，撒在寿延山，麦子出穗了，谷子出穗了，荞子长出来了。没有火，天上老龙想办法，三串小火镰，一打两头着，从此人类有了火，什么都有了，日子好过了。

这代人心不好，懒惰，一天到晚就吃饭睡觉，他们糟蹋粮食，格滋天神看不过，决定换人，他派武姆勒娃下凡来，把第三代人换一换。武姆勒娃变只大老熊，堵水漫山川。直眼人学博若，有五个儿子，一个姑娘。兄弟五人犁田地，犁三天都被老熊翻过来，兄弟几人商议下扣子拴住了老熊。四兄弟都不愿救老熊，都喊打杀，只有小儿子救了老熊。武姆勒娃告诉四兄弟，要水漫山川换人种了，叫四兄弟分别打金、银、铜、铁柜，给小儿子三颗葫芦子，叫他种出葫芦，与妹妹一起躲进葫芦。四兄弟打好了柜，杀了老熊，熊头淌入东洋大海，塞住出水洞，水就涨起来了。水淹了七十七昼夜，天神下凡治好水，人烟没有了，格滋天神四面八方找人种，先后遇到葫芦蜂、松树、罗汉松、小蜜蜂、柳树、乌龟，天神根据他们的心肠好坏，给予了不同的封赠。天神找到大海边，找到了葫芦，吩咐兄妹俩成亲传人种。兄妹俩拒绝。于是天神叫他们在山顶上滚石磨，滚筛子簸箕，皆合一起，兄妹还是拒绝成亲。天神又用鸟、树、鸭、鹅都成对成双来劝说，最后，兄妹俩说：

我们两兄妹，同胞父母生，成亲太害羞，要传人烟有办法，属狗那一天，哥哥河头洗身子，妹妹河尾捧水吃，吃水来怀孕，一月吃一次，吃了九个月，妹妹怀孕了，生下一个怪葫芦。哥哥不在家，妹妹好害怕，把葫芦丢在河里。

天神知道了，顺河水找到大海边，找到葫芦，戳开葫芦，先后走出了汉族、傣族、彝族、傈僳族、苗族、藏族、白族、回族。人烟兴旺了。①

以上是史诗《梅葛》中人类起源与洪水灾难人类再生神话的基本内容。它介绍了人类的起源和干旱与洪水及人类再生的神话，讲述几种民族的来源。从这些神话中，透露出许多远古的信息，它虽是神话思维的产物，但从中我们可以解读出远古人类的某些文化特征、思维特征、生产生活方式及社会特征。

（二）《查姆》人类起源与洪水神话

1. 独眼睛时代的人

《查姆》人类起源与洪水神话讲到人类的起源神话说龙王的女儿叫赛依列，她说“要造独眼睛时代的人”，就叫儿依得罗娃造出了人类的第一代祖先叫“拉爹”，他们是天地日月星的儿女，独只眼睛生在脑门心。这代人不会说话，不会种田跟野兽一样，有时还会人吃人，他们生活在树林里，住在山洞中，使用木棒和石头做工具，渴了喝凉水，饿了吃野果草根树皮，他们分不

① 楚雄州文联编. 梅葛卷［M］. 云南人民出版社，2001 年 11 月第一版，第 19 -46 页。

出食物的味道，在哭笑中生存。他们慢慢认识野兽的习性，从敲击硬果溅起的火花产生的森林野火中学会了使用火和吃熟食。他们不会种植粮食，神仙之王涅侬倮佐颇召集仙王儒黄炸当地、水王罗塔纪、龙王罗阿玛来商议：龙要放出来，雨要落下地；粮食种子要撒下，人才有吃的东西。水王罗塔纪放出四海水，四方行风雨，仙王儒黄炸当地四方去撒种，粮食树木遍地长，龙王罗阿玛四方浇水，四季有风又有雨，山上流出清泉水，五谷种得成。

独眼睛这代人，世上万物样样有，一颗米有鸡蛋大，稻子长得像竹林，一粒包谷鸭蛋大，包谷秆子高过房顶，一颗蚕豆鹅蛋大，蚕豆苗棵高过人。

独眼睛这代人，不分男和女，不分长幼尊卑，不分白天黑夜，不分日月大小，不分春夏秋冬。

仙王儒黄炸当地找来独眼人，吩咐他管理这代人，把四季分明，撒种收割分清，道理讲明白。但独眼睛这代人，辜负了仙王一片心。所以神仙之王涅侬倮佐颇召集仙王儒黄炸当地、水王罗塔纪、龙王罗阿玛来商议："独眼睛这代人心不好，要换掉这代人，要找好心人，重新繁衍子孙。"仙王儒黄炸当地扮作"讨饭人"，寻找好心人。只有一个做活人对乞讨的"讨饭人"表现了善心。"讨饭人"告诉了做活人："独眼睛这代人要不得，要换掉这代人，干旱要来临，万物晒死活不成。"做活人请求指引，"讨饭人"说：

我把葫芦送给你，葫芦里有喝不完的水，葫芦里有吃不尽的粮食，还有长生不老药，你一天喝一口水，你一天吃一把米。灾难来了你进葫芦去，三年不会缺水，三年不会饿肚子。

2. 直眼睛时代的人

（1）干旱来临。

干旱来临了，万物都晒死活不成了。顶天柱被晒断，三座大山被晒塌，星星晒得出汗，月亮晒出泪水，梭罗树晒得枯黄。神仙之王涅侬倮佐颇召集仙王儒黄炸当地、水王罗塔纪、龙王罗阿玛及水王罗塔纪的姑娘来商议：

天旱三年，江河干涸，大地开裂，草木枯萎，玉石俱焚，独眼人晒死，要留“做活人”，做大地的主人。

仙王儒黄炸当地四方寻找做活人，在蜜蜂的指引下，在苏罗赛文的赛措山上找到了唯一留下的独眼人，孤独的独眼人请求仙王儒黄炸当地帮他寻找伴侣，仙王儒黄炸当地答应了，派出姑娘撒赛歇，但撒赛歇看到脏污丑陋的独眼人，不愿与他成家，乘着雾露飞上了天。涅侬倮佐颇又让水王的女儿去帮助独眼人，她舀四瓢水给独眼人，洗干净的独眼人变成了年轻漂亮的直眼人。水王的女儿把此消息告诉了仙姑撒赛歇，仙姑撒赛歇重返苏罗赛文的赛措山，找到了年轻漂亮的直眼人，两人认两棵香樟树做了爹娘，做了夫妻，两人在香樟树下建房生活，他们没有粮食和水，涅侬倮佐颇又让水王的女儿去把水和五谷的种子撒向大地，白狗把种子衔给他们，他们种植五谷，过上了幸福生活。

（2）直眼睛人。

撒赛歇和直眼睛人过上了幸福生活，一天撒赛歇生下了一个皮口袋，口袋里传出了哭声，龙王罗阿玛派撒赛萨若埃用剪刀把口袋剪成三截，袋中跳出 120 个蚂蚱，跳三跳变成 120 个胖娃娃，儿子 60 个，女儿 60 个，他们的名字叫“拉拖”，他们成亲做一家。上截口袋的 40 个配成 20 对住在高山上，种植桑麻；中截口袋的 40 个配成 20 家住坝子种谷、瓜；下截口袋的 40 个配成 20 家住河边打鱼捞虾。过了九千七百年，人口多得世上住不下了。

直眼睛人这代人，他们不懂道理，只管自己，爹死了拴着脖子丢在山里，妈死了拴着脚杆抛进沟里。

神仙之王涅侬倮佐颇召集水王罗塔纪、龙王罗阿玛、古木折意巴（又称盘古，参与造天地，重换一代人，原注。）来商议换人：不讲道理的人不换嘛，看不见善良和淳朴。于是水王罗塔纪、龙王罗阿玛派涅侬撒赛歇到人间查访好心人。经过多方查找，涅侬撒赛歇找到了好心的庄稼人阿朴独姆兄妹。告诉他们即将发洪水换人种，世上只留兄妹俩传后代。

3. 横眼睛时代的人

（1）洪水滔天。

洪水要来了，涅侬撒赛歇给阿朴独姆兄妹一颗大瓜种，兄妹种瓜，瓜藤上结了个大葫芦，涅侬撒赛歇又给他们一碗米和一把种子。他们带着米和种子进了葫芦，蜜蜂用蜡封住葫芦口。涅侬撒赛歇吩咐老龙下大雨，雨下了七十七天，淹没了大地，水天相连，葫芦漂在天上边。涅侬倮佐颇召集众仙商量治水：派水王罗塔纪、古木折意巴共同治水。古木折意巴打开东西南北四方水门，又派白尾巴乌鸦去叫石蚌踢开山体和水眼，洪水开始下降，水王罗塔纪再派白老鹰把太阳和月亮衔出来，晒烤水，九天九夜后洪水落了九千丈，出现了山川树木，葫芦也落在了竹树间的岩石上。

（2）找葫芦。

涅侬撒赛歇来到人间找葫芦传人烟，先后遇到土蜂、野蜂、老鼠、小绿雀、喜鹊、小蜜蜂，向他们打听葫芦的下落，根据七个不同的回答给予其不同的封赠。最后是小蜜蜂告知了葫芦的下落。

（3）配亲。

涅侬撒赛歇打开葫芦口，走出了阿朴独姆兄妹，世上只剩兄妹俩，于是涅侬撒赛歇让他们成亲传人烟，兄妹听了觉得兄妹不能做夫妻。涅侬撒赛歇让他们东北山滚筛子簸箕合在一起，兄妹不愿成婚，又到东西山滚石磨合一起，兄妹还是不愿成婚，再让他们站在河头河尾穿花针穿上了。涅侬撒赛歇说：三件东西试三次，三次相合在一起，水顺沟流道理在，你俩应当做夫妻。兄妹只好答应做夫妻。

（4）民族的来源。

阿朴独姆兄妹成亲后，生下三十六个娃娃，他们都是哑巴。涅侬撒赛歇叫爹妈砍来竹子放在火塘里烧炸，火星溅到哑巴身上，他们发出"阿……""阿喳喳""阿呀呀"……的声音。36个孩子各走一方分了家，"阿……"是彝语，"阿喳喳"是哈尼语，"阿呀呀"是汉语，彝族山头烧火地，傣族挑担住坝子。从此各人为一族，三十六族分天下，三十六族常来往，和睦相处是一家。[①]

二、《梅葛》、《查姆》人类起源与灾难神话比较

以上是《梅葛》、《查姆》人类起源与洪水神话的主要内容，两部史诗中对人类起源和洪水灾难的故事叙事生动，人类都是经历了三代，前两代人都是干旱导致死亡，第三代人是由于洪水灾难。洪水灾难后通过兄妹婚形式而传下的人类，也就是今天的各民族。对远古人类曾经经历的洪旱灾难，用神话思维的方式生动的展现出来，并解释了灾难的原因是人的无道德和神的意志的结果。对其内容的异同用表格来比较如下：

① 楚雄州文联编．查姆卷［M］．云南人民出版社 2001 年 11 月第一版，第 244 –300 页。

作品名	人类的代数	人类来源	人类的形状	遇到的灾难	灾难产生的原因	结果
梅葛	第一代	格滋天神撒下第一把雪	小矮人：独脚人，一尺二寸长、一人不会走、两人手搂脖子快如飞	旱灾：月亮照着活得下去，太阳晒着活不下去。	没交代	全晒死了
	第二代	格滋天神撒下第二把雪	巨人：人有一丈三尺长、穿树叶、吃林果、住山洞、好瞌睡	旱灾：天上有九个太阳和月亮。	没交代	全晒死了
	第三代	格滋天神撒下第三把雪	人的两只眼睛朝上生	天神用洪水换人	心不好，懒惰	只有依靠葫芦幸存下好心的兄妹俩
	第四代	兄妹婚的后代	横眼睛			兄妹婚生下葫芦，从中出来义人的后代：各民族的来源

续 表

作品名	人类的代数	人类来源	人类的形状	遇到的灾难	灾难产生的原因	结果
查姆	第一代	独眼睛时代的人：儿依得罗娃所造	独只眼睛生在脑门心	干旱	辜负了仙王一片心，不分善恶和四季，心不好	万物晒死，独眼人也晒死了，只有依靠葫芦幸存下来的好心的“做活人”
	第二代	直眼睛时代的人：做活人与仙女的后代	直眼睛（蚂蚱变成的）	洪水滔天：天神用洪水换人	不懂道理，自私，无道德	只有依靠葫芦幸存下来的好心的庄稼人阿朴独姆兄妹
	第三代	横眼睛时代的人：阿朴独姆兄妹婚的后代	横眼睛			阿朴独姆兄妹婚生下葫芦，从中出来义人的后代：各民族的来源

从上表可以看到两部史诗的神话的异同：

基本母题：两部史诗的神话都包含了各民族神话普遍具有的母题，即人类起源，被旱灾、洪水毁灭、人类再生的神话内容，基本的情节模式是神造人——干旱毁灭人类——神再造人类（《梅葛》中是神撒下的雪变成人，《查姆》中则是幸存的做活人在神的帮助下通过仙婚的形式传下了直眼睛的第二代人）——洪水毁灭人类——兄妹婚再传人类。人类再生型洪水神话中所叙述的兄妹结婚再生人类是一个非常多见的母题，在中国如瑶族、壮族、布依族、苗族、毛南族、水族等41个民族的神话都有关于洪水后兄妹婚再传人类的说法。

人类的来源：《梅葛》的人类的前三代是格滋天神撒下的雪变成的，即人是神创造的，源于雪（水），第四代是兄妹婚的后代。《查姆》中龙王的女儿叫赛依列，她说“要造独眼睛时代的人”，就叫儿依得罗娃造出了人类的第一代祖先叫“拉爹”，尽管没具体交代是用什么东西造的人，龙王的女儿起意造的人，也可以推测人的起源与水有关。第二代是人神婚的后代，第三代是兄妹婚的后代，从兄妹婚开始，《梅葛》、《查姆》的神话母题合在一起。两部史诗的神话思维中都体现了生命源于水的朴素唯物观。在神话流传地区的彝族的信仰民俗中至今还保存有对水源祭祀的活动，农历正月初一的早晨，每家都会到平时取水的水源地方插上香，放一片肥肉，祈求水源长流；农历二月属龙日有祭祀龙的活动，当日由村中长者主持清理沟渠水塘，杀猪或杀羊祭祀龙后集体野餐。人类起源神话在各民族中都有流传，体现了各族先民们对自身的热切关注与积极探讨，是早期人类自我意识的觉醒，而且常常与原始宗教有着密切联系，应是人类早期多种社会生产生活条件和生存需求共同作用的结果。

人的外部特征：《梅葛》的人可以分四代，第一代独脚人（小矮人）和第二代巨人，他们形体不正常，全被晒死了。《查姆》第一代人独只眼睛生在脑门心，是五官不正常，独眼人也被晒死了。《梅葛》的第三代与《查姆》的第二代在形体上没差别，五官都是直眼睛，他们都不懂道理、自私，无道德感而被神用洪水毁灭了。《梅葛》的第四代和《查姆》横眼睛人，他们都是洪水中依靠葫芦幸存下来的好心兄妹婚生下的后代。他们是彝族的远祖，形体五官与现在的人无异。神话中人类发展过程，遇到的致命灾难都是旱灾和水灾。被毁灭的人类在形体上都有不正常的地方，《梅葛》中第一代人矮、独脚，第二代人高大、嗜好睡觉，第三代后的人与《查姆》中的相一致，都是眼睛不正常。无论形体还是眼睛的怪异，它们都是象征性的，其象征意蕴应是一致的，既蕴涵了人类自然进化和文化进化的历史进程，又是神话传承者和讲述者对其讲述语境中的人们的肯定和警告。肯定此语境中的人们是洪水后神选的有德行的人的后代，是比那些被毁灭的人类更高级更正常的人。同时，也警告人们要遵守相应的道德规范，否则会受到神灵的惩罚。

人类毁灭性灾难产生的原因：《梅葛》中第一代和第二代人是由于身体的缺陷没法生存而被晒死了，第三代人是人的两只眼睛朝上生，灾难产生的原因是这代人心不好，懒惰，一天到晚就吃饭睡觉，他们糟蹋粮食，格滋天神看不过，决定换人。《查姆》中灾难产生的原因是涅侬倮佐颇觉得："独眼睛这代人心不好。"他们不懂道理，只管自己，爹死了拴着脖子丢在山里，妈死了拴着脚杆抛进沟里。导致人类灭顶之灾的是人类自身的无道德。《梅葛》中的第三代人和《查姆》中三代人的致灾原因相同，都是人类的无德行为使天神决定要寻找有道德的人做人种，换掉无德行的一代人，是人类自己的过失造成了大灾难的降临。人类的被救赎和再生情况：《梅葛》中神给善良的小儿子三颗葫芦子，叫他种出葫芦，与妹妹一起躲进葫芦。《查姆》中涅侬撒赛歇给善良的阿朴独姆兄妹一颗大瓜种，兄妹种瓜瓜藤上结了个大葫芦，涅侬撒赛歇又给他们一碗米和一把种子。他们带着米和种子进了葫芦，蜜蜂用蜡封住葫芦口。洪水来临，人类被毁灭。阿朴独姆兄妹依靠葫芦得以幸存，洪水后，兄妹成婚再生有道德的新人类。《查姆》中三代人的灾难来源都是由于人类的无道德行为使神灵生气而造成的，《梅葛》中第三代人才是因为道德不好而遭毁灭，《查姆》中神话道德说教的目的要比《梅葛》强得多，《梅葛》的神话要比《查姆》神话古朴、率真得多。

人类的避水工具是葫芦（瓜）。在中国南方少数民族的洪水人类再生型神话中，葫芦是一个普遍使用的避水工具，至于避水者，有的说是伏羲与女娲，有的说是伏哥与羲妹，有的说是本民族所尊崇的文化英雄，其中以伏羲与女娲最有代表性，对此学术界已有不少研究成果。葫芦应是早期人类母体原型崇拜意识的反映，体现了人类对母性的直觉意识，它投射了早期人类对世界和人的形象的间接经验。人在童年阶段，几乎都依赖与母性的联系，而女性的“基本特征指的是女性作为大圆、大容器的形态，它倾向于包容万物，万物产生于它并围绕着它，就像一笔永恒的财富。产生于它的一切事物都属于它并且继续服从于它；即使个人逐渐独立了，女性原型也会把这种独立性相关地处理为她自身的永恒存在的另一非本质形式。”① 在初民的无意识所支配的自我和意识中，原型女性都是极端重要的，在人们的心理世界里，她是一种决定性的力量。“假如我们把初民未定型的身体＝世界等式同女性基本特征的方式女人＝身体＝容器结合在一起，我们便为人类远古时代得出一个普遍的象征公式：女人＝身体＝容器＝世界。”② 神话中使人类得以躲避洪水灾难的葫芦也就是一种容器，这种容器包孕了人类，是母体崇拜的体现，也是在人类漫长的历史发展中对母体经验在时间的长河中的沉淀。它对应于母权的社会意识，彝族也曾经有很长的以母为尊的历史，即使进入父权制社会后，女性依然有较高的地位。据笔者的调查，在史诗《梅葛》神话流传中心区域的姚安县马游村，直到现在，基本上是男女平等，在分家时，如有女儿未嫁在家的，也可以分得一份

---

① ［德］埃利希·诺伊曼著，李以洪译．大母神——原型分析［M］．东方出版社 1998 年 9 月第一版，第 16 页。

② ［德］埃利希·诺伊曼著，李以洪译．大母神——原型分析［M］．东方出版社．1998 年 9 月第一版，第 42 页。

房产。虽然婚俗中是男娶女嫁，但观念上并不认为女不如男。在《梅葛》的流传区域的彝族中有葫芦制作祖灵的习俗，认为祖先是从葫芦中出来的，死后灵魂也要回到葫芦中。

人类的再生：干旱毁灭人类后，神再造人类情节简单，《梅葛》是神直接撒下雪变成人。《查姆》中要复杂些，干旱毁灭了独眼人后，帮助幸存的直眼人获得仙女的爱情而再传人类。洪水后，兄妹成婚再造新的人类，《梅葛》中兄妹俩拒绝成婚，于是天神叫他们在山顶上滚石磨，滚筛子簸箕，皆合一起，兄妹还是拒绝成亲。最后兄妹俩在属狗那一天，哥哥河头洗身子，妹妹河尾捧水吃，吃水来怀孕。妹妹生下一个怪葫芦，从中先后走出了汉族、傣族、彝族、傈僳族、苗族、藏族、白族、回族。人丁兴旺了。

《查姆》中洪水后涅依撒赛歇让兄妹成亲传人烟，兄妹听了觉得兄妹不能做夫妻。涅依撒赛歇让他们东北山滚筛子簸箕合在一起，兄妹不愿成婚，又到东西山滚石磨合一起，兄妹还是不愿成婚，再让他们站在河头河尾穿花针穿上了，兄妹只好答应做夫妻。他们生下三十六个娃娃，他们都是哑巴。涅依撒赛歇叫爹妈砍来竹子放在火塘里烧炸，火星溅到哑巴身上，他们会说不同的语言，36个孩子各走一方分了家，从此各人为一族，三十六族分天下，三十六族常来往，和睦相处是一家。

《梅葛》中兄妹是哥哥河头洗澡，妹妹河尾喝水的方式传人烟，《查姆》是兄妹答应做夫妻而传人类。神话中都是兄妹不愿成婚而要通过多种的占卜方式来确定是否成婚，对此钟敬文先生曾说“在洪水神话中，还有兄妹利用烧烟、滚磨的方式决定能否结婚的情节，有人解释说：这是在抗拒血缘婚。实际上，原始人做事情，特别是一件非常的事情，都要占卜，占卜是原始信仰表现的习惯方式，我们现在的‘八字合婚’也是一种占验，占卜。原始人对这种事情没把握，而且婚姻事情要得到神意的许可，占卜是得到神意的手段。”① 直到今天，在彝族的民俗生活中，许多重要的事情在做之前都还保存着占卜的习惯。占卜的方式很多，集体的大事和个人的大事，大多要由巫师进行，巫师往往有经书作为依据。一般的事情，个人也可自行占卜。常见的占卜方式有黑白占卜、单双数占卜、鸡卦卜、动物的肩甲骨卜、胆卜、十二生肖卜、铜钱卜等等。这样的占卜行为在各民族的民俗信仰中也是普遍存在的。兄妹婚是人类的再生型神话中较为常见的母题，兄妹（或姐弟）间的血缘婚，是人类再生神话、始祖神话中婚姻的大宗样式。兄妹婚神话其实是禁忌兄妹婚的神话，兄妹婚神话中渗溢着极为沉重的“乱伦”负罪感，而且还负载着令人恐惧的“乱伦”邪恶感，“乱伦”在彝族和一些少数民族都被视为天灾人祸之源而遭到禁止。这类神话里总要制造出一场天灾，结果世上只剩下兄妹俩；然后又安排他们碰上种种奇迹，征得天意特许婚配；最后还要让他俩生育下畸胎或异物，以此表示上天的制裁。而其人们也仿佛耻于做他们的后代，偏偏从他俩种的葫芦或瓜里诞生。社会发展了，对血缘婚否定了，于是民间口头文学就找借口为兄妹婚开脱，一是讲洪水泛滥后，天地间只剩兄妹二人，如不婚配，人类将灭绝。二是他们的行为是按神的意思为传人类不得已而为之的，是情有可原的。而对兄妹婚后果（生出怪胎等）危害性的渲染恰恰又隐藏着人类对血亲婚的深深忧虑。人类婚姻从最初的杂乱婚、血缘群婚、普那路亚群婚、对偶婚到后来的一夫一妻制，经历了一个漫长的发展过程，兄妹婚的出现只能是继血缘群婚、普那路亚群婚之后的一个新阶段。兄妹婚这一情节还蕴涵着两个文化意义，一是兄妹婚的情节标志着人类进入了对偶婚时期；二是兄妹两人因为是兄妹不愿成婚，这

---

① 钟敬文．中国民间文学讲演集［M］．北京师范大学出版社 1999 年 1 月第一版，第 138 页。

就意味着人类已摆脱了乱伦的群婚阶段，而进入族外婚，这是人类婚姻史上一个新时代的进步。

《查姆》中仙姑撒赛歇和独眼人的婚姻过程叙述中，撒赛歇看到脏污丑陋的独眼人，不愿与他成家，乘着雾露飞上了天。涅侬倮佐颇又让水王的女儿去帮助独眼人，她舀四瓢水给独眼人，洗干净的独眼人变成了年轻漂亮的直眼人。水王的女儿把此消息告诉了仙姑撒赛歇，仙姑撒赛歇重返苏罗赛文的赛措山，找到了年轻漂亮的直眼人，两人才做了夫妻，开始建房过家庭生活。这与彝族中曾经普遍存在的不落夫家婚的婚俗是相一致的。不落夫家婚，是指新婚夫妻举行婚礼之后，新娘第二天便离开夫家，回到娘家长住，直到生育之后，才到夫家长住，过稳定的一夫一妻制生活。从母权制社会到父权制社会的过渡，妇女从天堂跌入地狱。不落夫家婚就产生在这个时代变革的过渡时期。在母权制社会时代，男子嫁到女方家，女子地位在男子之上。随着生产力的提高，财富的积累和交换的扩大，父亲要求把遗产给亲生儿子，这样男子就不愿再出嫁从妻居，而要把女子娶进家来。这就必然引起妇女的反抗，她们留恋母权制社会，不愿离开自己氏族出嫁到男子家去，她们对不得不离开自己氏族，嫁到男子家中感到强烈的不满，但母权制社会的时代过去了，无论怎样的反抗也难以改变严酷的现实。不落夫家婚是从妻居到从夫居的中间状态。在云南的一些少数民族中都曾经有过这样的过渡状态的婚俗存在，新娘嫁到男家举行婚礼之后，立即返回娘家居住，一般要等到三年以后，或有了孩子之后，才到丈夫家长住，开始一夫一妻制的家庭生活。

三、《梅葛》、《查姆》人类起源与灾难神话的文化意蕴

《梅葛》、《查姆》中认为人是从水出，这是彝族先民对水是生命之源的最初的观察体验和朴素唯物主义认知。这些神话的产

生时期据研究是在旧石器时代，那时的原始部落或氏族多依水而居。到了旧石器时代晚期，人类已开始制作并使用简单的工具，能够从事集体采集或狩猎活动，原始农业也在此时萌芽，而干旱和水灾对原始农业来说，都是致命的巨大灾难，生产力水平低下的原始先民是难以对抗这样的自然灾害的。于是面对大河的泛滥成灾或天降大雨或大干旱等自然灾害，迫使先民们不得不与之作频繁的抗争，于是洪水或干旱便作为一种典型的自然现象较早地进入神话中，神话中所反映的洪水或干旱毁灭世界是具有客观基础的。当然，在先民的神话思维中，这一切又把人无道德的行为和神的惩罚联系在一起。洪水（干旱）灾难的神话就成为一个人类世界较为普遍的神话母题。“这些洪水故事构成了世界史中原型神话的必要组成部分……洪水英雄成了甚至在经历了最险恶的灾难和罪恶的洪流之后都能够幸存下来的人类原始活力的象征”。[①] 洪水前的人类，是神直接创造的，而洪水之后，人的祖先就是经过神挑选的义人的子孙。因此，也可以说，洪水考验是人类从蒙昧到文明的一个象征的通过仪式。通过了仪式而幸存的人类，已不同于先前的人，他们是有道德的、进入文明阶段的人。这对人类自身在宇宙中位置的确认，对自身文化史的认识，皆是重要的。神话是消除了个人因素的集体的梦，它所显示的问题和解决问题的方法对整个人类皆是直接有效的。在神话中，洪水前，人与神的关系密切；洪水后，人与神的关系就趋于淡化，直至人神真正完全分离，天神不再插手人间的事，人开始真正地靠自已生存。洪水的灾难是人从神的创造物到人自身的结果这个分裂过程所必须通过的考验，是人从直觉思维转向理性思维的表征。洪水考验（或是灾难考验）是通过原型，它对应于广泛存

---

① ［美］约瑟夫·坎贝尔著，张承谟译．千面英雄［M］．上海文艺出版社.2000 年第一版，第 44 页。

在于各民族中的成年通过仪礼。只有通过灾难考验的人类才是脱离了原始状态的真正意义上的文明的人类，同样，只有通过成年仪礼考验的人才是脱离了孩童状态的真正意义上的成年人。通过考验前，人面对的是神，通过考验后，人面对的就是人类自身了，它已脱离了先前人类的种种不正常状态（如形体或眼睛的怪异、没有道德规范等）而进入一种正常状态（形体正常，有道德感等等）。同样，在成年仪式前，处于孩童时代的人面对和依靠的是父辈，他们要依靠父辈生存，也不懂多少人生道理，无须负什么责任。而通过了成年仪式后，就是成人了，必须要负起成人的种种责任，依靠自己的能力去生存。这类考验神话的实质含义是“自己族类的祖先因为自己的能力、德行而得到神的认可，从而在种族灭绝性的灾难中，得到了神的帮助而生存下来，并得到神特殊的喻示而繁衍后代，从而更显示出神圣的地位；同时，也更显示与神的神秘联系，以得到神更多的眷顾。”①

《梅葛》、《查姆》是彝族毕摩的经书，其神话本身是原始宗教信仰的重要组成部分，史诗神话的流传，本身就与彝族的原始宗教（毕摩教）结合在一起，原始神话和原始宗教互为载体，它们体现了彝族先民的世界观。“原始人的思想意识是一种尚未完全分化的意识形态，其中包括着原始唯物主义，也包括唯心主义；既包括科学思想的萌芽，也包括宗教思想的萌芽；既有积极因素，也有消极因素。原始人在大自然面前，总是软弱无力的。一方面幻想能征服自然的各种奇迹；另一方面也有时向大自然屈服，或乞求大自然的帮忙。这是原始的一种客观实际思想，是原始神话产生的原因，也是原始宗教产生的根源，这就表明，宗教与神话是不容易分开的。应该强调的是，神话确是古代神话宝库

① 刘亚虎．南方民族洪水神话的结构及意蕴［A］．载杨甫旺主编．楚雄民族文化论坛第一辑［C］，云南大学出版社．2007年2月第一版，第68页。

中极为宝贵的文化遗产。它不仅具有艺术价值，还有历史科学价值。神话对于研究原始社会可提供科学依据。虽然，神话只能折射地反映历史事实，但若能掌握正确方法和理论，也不难从中看到当时的情况。而且对于尚未创造文字的民族，这些神话是考察他们历史的重要依据。"①

在《梅葛》、《查姆》主要流传区域，原始宗教信仰的氛围浓郁，在当地彝族的年中行事、人生仪礼、民间信仰中，都可寻找史诗中创世神话中内容的痕迹，许多人对神话解释的内容都知道，他们认为古辈子就是那么说的，那么做的，所以也就那么说，那么做了。这在民间信仰和人生仪礼中是明显的。彝族中盛行祖先崇拜，在史诗的丧葬部分对此作了详尽的叙述。在彝族的丧礼中，过去都要请毕摩吟诵经文，演唱史诗神话是民间信仰生活的一个重要内容。

原始宗教信仰是史诗神话形成和存活的土壤，史诗神话是原始宗教信仰观念的载体。原始宗教信仰的核心观念以神话的形式呈现在史诗中，沉淀着历史行进中彝族人民对宇宙万物的起源等的哲学思考和人类自身历史经验的总结，千百年来影响着人们的意识和行为。毕摩使神圣与世俗兼容，使宗教仪式与史诗神话表演综合，毕摩通过对史诗神话的吟诵来沟通天地人神。原始宗教信仰的深层观念形态由毕摩对史诗神话的吟诵来传达给在那个特定表演空间的信众（仪式的参与者）。原始宗教信仰是宗教仪式的核心和内驱力，毕摩是仪式的表演者，史诗神话的吟诵是毕摩表演的主要手段。原始宗教信仰、毕摩、史诗神话的吟诵在仪式的表演中是三位一体的，他们传达共同的文化信息，形成史诗神

---

① 杨堃：《民族与民族学》，四川民族出版社，1983 年 12 月，第 62 页。

话流传地区彝族特有的传统文化系统。①

人类起源及洪水灾难神话对民族文化和民族精神建构有特殊的意义：它以其权威性统摄和强化民族心理，形成统一的道德意识；以其可怕的后果规范民族的行动，形成共同遵循的行为模式；以其同源同祖的意识增强民族的向心力、凝聚力，形成同族的认同感；以其元典性成为民族文化的源头，成为民族叙事的原型。保存在宗教经典中的这些神话故事，在神圣的宗教仪式中反复讲述，不断地诠释、强化着一个民族的宗教道德意识，使其成为一个民族文化观念的来源，化为民族共同的集体意识而影响和制约着民族文化的发展方向。

以上是笔者对《梅葛》、《查姆》神话的简单分析，由于本文依据的《梅葛》、《查姆》两部史诗文本是通过整理和翻译的文本，两部史诗都有不同的异文，翻译和整理当中必然会存在的文化理解、语言差异等问题，可能使本文的分析存在一些难以避免的偏差。敬请方家指教。

① 参见陈永香．彝族史诗《梅葛》所见的原始宗教信仰［A］．宗教学研究［J］．2006. 4.

彝族创世史诗《梅葛》的民俗文化学意义

李长平*

摘 要：《梅葛》作为一部罗罗颇和俚颇支系彝族的“根谱”和“百科全书”，具有很深的彝族民俗文化意蕴，又有很重大的民俗文化学意义，它记述了彝族先人在“造人”时的艰辛与豪气，记述了彝族先人在“创业”时的筚路蓝缕与沧桑悲怆，为我们建构了一座彝族民俗文化的“宫殿”，从这个“宫殿”走出的彝族同胞们身上的勤劳正直、坦诚乐观、热情互助、坚韧进取的彝族性格和“泛神观”、“自然观”以及能歌善舞的民俗文化特征，显示了彝族同胞的性格和形象。这种性格和形象是《梅葛》滋养和浸润的结果。今天我们如何探究《梅葛》的民俗文化学意义，不仅是一个认识问题，更是一个实践问题。本文就《梅葛》的意蕴、表现形式、传承和流变以及现实条件下《梅葛》的意义作了一些初浅的探讨。

关键词：梅葛 民俗文学 文化生态环境建设 历史文化传承与流变 意义

一、《梅葛》概述

（一）《梅葛》的主要内容

《梅葛》是一部流传于云南省楚雄彝族民间的创世史诗，是主唱辅说的吟唱史诗的曲调总称。“梅葛”是彝族的音译，“梅”

---

* 作者简介：李长平，男，中共姚安县委副书记。

为“嘴”、“口”，有“口头”之意；“葛”意为“过去”、“回”，有“回来”之意。“梅葛”就是用口头传唱过去的事情。作为民间曲调的“梅葛”，《彝族辞典》考证其始于汉，兴于唐。由巫师、毕摩或民间艺人说（演）唱，有一人说唱，也有二人以上对唱，伴以葫芦笙、口弦、竹通甚至树叶等乐器吹奏，唱腔有数十种，分为“辅梅葛”和“赤梅葛”两大类。“辅梅葛”俗称“喜调”，节奏活泼灵动，音律舒扬欢快，感情婉转浓烈，是针对婚嫁添丁增畜或农耕生产开播、收割等喜庆节日说唱。“赤梅葛”俗称“哀调”或古腔调，音感较强，节奏缓慢沉重，旋律沉郁忧伤，感情凄迷惨淡，是针对丧葬和驱鬼祓祟的祭祀仪式说唱的。此外，还有唱恋歌诉柔肠的“过山调”和轻快活泼、稚气童心的儿歌“娃娃梅葛”。作为创世史诗的《梅葛》，共5 775行，分为“创世”、“造物”、“婚事和恋歌”、“丧葬”四大部分，每一部分由许多篇章组成。全诗没有一个完整的从头至尾连贯成一气的故事，每一个篇章都可以独立存在，但每一个篇章却又都是全诗的不可分割的组成部分。云南省民族民间文学楚雄调查队于1958年8月搜集翻译整理，1959年由云南人民出版社出版发行，1960年收入中国民间文艺研究丛书，由北京人民出版社出版了精装本。1980年云南人民出版社又再版了《梅葛》，2001年7月云南人民出版社再版。《梅葛》被视为彝族“根谱”和彝民的“百科全书”。

广义的“梅葛”包括“老年梅葛”、“青年梅葛”“娃娃梅葛”等，它们的曲调旋律不同，演唱的叙事及其功能各异，对演唱者和演唱场合也是约定俗成的。广义上讲，只要用“梅葛”调来说（演）唱都可以称为“梅葛”，像丧葬场合毕摩（朵觋）说（演）唱的“赤梅葛”，严穆沉哀；像婚宴（嫁）场合老艺人唱的“老年梅葛”，幽古舒缓；像谈情说爱场合青年人唱的“相好调”、“过山调”，缠绵悱恻，情深意重；“传烟调”欢快幽默，“诉苦调”凄婉忧郁，“离别调”心伤肠断，“戴花调”情喜心跳等，大多移步换景，即兴拈来；而小孩唱的“娃娃梅葛”则欢快活泼、朗朗上口，易于记诵。

狭义的“梅葛”，主要是指内容相对固定，不能即兴任意发挥的史诗的核心部分。它是作为毕摩（朵觋）经典的形式而传承下来。它的唱诵，伴随着相应的仪式。毕摩（朵觋）作为沟通神与人的中介，在人们心中有着神圣的地位，他们吟唱的是内容固定不能改变的关于祭祀、葬礼等仪式上的史诗典调。我们注意到，他们的吟诵是通过一些仪式和听众群体的互动，引起人们情感的共鸣，形成心灵的共振。在丧葬仪式上朵觋吟唱时，仪式参与者或死者的家属要根据说唱的内容做相应的动作，内容从开天辟地一直唱到死者生病而死，为死者指路，魂归祖先居住地，其间有死者生前的评价，人们对死者的哀婉和子女的温情孝顺，以及死者安息、护佑家人的祷告等内容。肃穆神圣，有场合和气氛。老年人唱的“老年梅葛”的主要内容是创世、万物起源，人生历程、婚嫁等内容，这部分禁忌少，世俗化成分较多，而“青年梅葛”、“娃娃梅葛”则有与时俱进的意味，它是狭义的作为核心部分的“梅葛”向广义的“梅葛”的过渡，是随着社会生活的变迁而不断被充实增益的生活形态。

（二）楚雄州彝族的分布及《梅葛》流传地区

据《楚雄历史文化探源》的观点，彝族的族源与古代西北的氐羌及后来的嶲、昆明有关。元谋大墩子、永仁菜园子、大姚大粟树等新石器文化遗址，都有氐羌文化特征，表明在殷商时代楚雄州境内便有彝族先民活动。西周至春秋时期，生活于西北高原的羌戎继续南迁，与原来居住在西南的羌戎结合，境内出现了以氐羌文化为主的局面。西汉初年，楚雄州境东部为滇国辖境，居住着“魋结、耕田、有邑聚”的滇人，从事农耕，过定居生活；西部则分布着“编发、迁徙、毋君上”的嶲、昆明人，过着游牧生活；龙川江流域大部分及以东地区基本为僰人所居，农耕定居；三姚（姚安、大姚、永仁）一带有游牧的嶲、昆明及部分百越分布。南部的哀牢山区及礼舍江流域，则分布着以渔猎和采集为主的濮人。由于氐羌势力的强大，百越和濮人或迁徙嶲、昆明，或融合。汉末至唐初，“大姓”争雄于南中，其后爨氏依靠叟人（彝族先民）称霸南中400余年。据相关彝文献记载，南北朝至唐初彝族分布大体为爨氏统治区（今曲靖至楚雄）、仲年由家庭统治区（今滇西北）、落兰家族统治区（金沙江以北）三个片区。彝族文献《六祖史诗》等记载，彝族史祖阿普独慕原居昆明滇池一带，后因洪水泛滥避难于乌蒙山区一个叫乐业的地方，其后代有武、乍、涅、侯、布、默六子（后人尊称六祖），“六祖”在乐业山举行分支仪式后，武、乍居云南，涅、侯迁四川，布、默迁贵州，形成了今日分布于滇、川、黔的彝族。今日彝族共尊阿普独慕为始祖。唐代中期，南诏崛起，楚雄州境尽属南诏势力范围。南诏为加强对爨区的控制，把西爨地区自曲靖至禄丰一带的“白蛮”大量西迁，又把其他地区的居民迁入西爨故地。大理国中后期，楚雄州境除部分地区为三十七部的罗婺、华竹等部落控制之外，大部分地区均为大理国高氏领主统治，彝族先民也从奴隶社会进入了封建领主阶段。元代实行土官制度。明清时期是楚雄州境彝族先民由封建领主制向地主制转变的大变革时期。自元代至明代以来，中央王朝在彝族先民聚居地区驻兵屯田，大批中原汉族进入，带来了较先进的封建地主制和先进生产力，促进了当地社会经济的发展。明朝嘉靖年间，州境最有势力的凤氏土司家庭内讧，明王朝趁机于隆庆元年（1567年）以武力革除了凤氏土知府职，于万历三十年（1608年）实现了对凤氏的改土归流，但由于楚雄州境社会经济处于不平衡发展状态，土司制贯穿了整个清朝，个别如武定环州、万德及元谋勒品土司，直到20世纪30年代才逐渐演变为封建地主。

明军入滇后大量汉族迁入，境内一度形成“汉僰杂处，罗罗山居”的分布格局，姚安府出现“僰与汉同风”的局面，由于彝族所处地理环境、自然条件、地区方言不同，经济社会发展不平衡，形成了不同的支系和称谓，如见下表所示。

楚雄地区彝族支系、名称分布简表①

	支系		自称	他称	主要分布地区
彝族	1	罗罗	罗罗颇 罗罗儒 腊罗颇	白彝族、底仰族、高山族、土族、阿鲁、白脚子	楚雄、南华、姚安、大姚、盐丰、牟定、盐兴、广通、双柏等
	2	俚颇	俚颇 骂池颇	白彝族、黎族、傈傈族、骂池族	永仁、盐丰、大姚、元谋、禄劝、武定等
	3	诺苏	聂苏颇	凉山族、黑彝族、蛮族、蛮散族	元谋、永仁、武定、禄劝
	4	纳苏	纳苏颇 尼苏颇	黑彝族、阿车族、红彝族、罗武	禄劝、武定、富民、元谋、广通、牟定、双柏等
	5	山苏	山苏儒	赊苏、山苏	双柏
	6	车苏	车苏儒	气苏颇	双柏
	7	米撒儒	蒙化　土族 土家	南华、姚安	
	8	米切颇	米切颇	密族	武定、罗茨、富民、禄劝

① 此表为1958年建州前民族调查识别表，1983年禄劝县划归昆明市。

续　表

		支系	自称	他称	主要分布地区
彝族	9	格苏颇	格苏颇	彝族	盐丰、武定
	10	撒尼	撒尼族	明朗族	武定、禄劝
	11	水彝	婆胚	水田白族、水彝族	大姚、永仁
	12	纳罗	纳罗婆 阿罗颇	干彝族	武定、禄劝、元谋
	13	葛颇	葛颇	甘彝族	禄劝、武定

楚雄彝族自治州现有彝族人口 70 万人，占全州总人口的 26%，占少数民族人口的 81%，主要分布全州各县（市）的山区和半山区，其中南华、楚雄、双柏三县（市）以哀牢山麓为主要聚居区；大姚、永仁两县以百草岭为主要聚居区；武定、元谋两县以金沙江南岸为主要聚居区；姚安、牟定、禄丰三县则与其他民族杂居于山区。新中国成立以前，彝族称谓如上表所列很繁杂，有的甚至带有民族歧视。新中国成立后，在充分调研的基础上，以“名从主人”的原则，依据广大彝族人民的意愿，以鼎彝之“彝”作为彝族的通称。“彝”不仅从字义上具有庄重、古老之意，而且也概括了绝大多数彝族自称的汉字音译。同时，“彝”是我国古代青铜礼器的共名，它象征彝族与祖国大家庭的其他成员的共同鼎立，团结一致，繁荣进步。

《梅葛》主要流传在楚雄州的姚安县、大姚县、牟定县、永仁县的罗罗颇和俚颇中，即操中部方言的罗罗土语的彝族地区。姚安的马游坪村，是《梅葛》的发祥地，现在还有人会唱《梅葛》。两支系之所以有共同的文化生态环境，原因是：他们均居山区或半山区，生活环境艰苦，以传统的小农经济为主；新中国成立以前已进入封建地主阶段；实行严格的一夫一妻制和姑舅表优先婚；把农历六月二十四作为重大节庆活动；有“毕摩（朵觋）无经典”；信仰自然崇拜，尤以马缨花崇拜较为突出；祖先崇拜只祭三代；有语言文字；重火塘；有《梅葛》流传等，而且极有可能是由同一原始部落分化发展来的，因为他们认为只有罗罗颇、俚颇才有《梅葛》，其他支系也没有异议。因此证明，相同的地理环境是《梅葛》产生并得以认同的重要因素之一，共同的认知和信仰是《梅葛》产生和认同的基础。

二、《梅葛》的民俗文化意义

自钟敬文先生在1980年出版的《民间文学概论》中首次把创世史诗作为一个学术概念（“创世史诗，也有人称作是‘原始性’史诗或神话史诗。这是一个民族最早集体创作的长篇作品”。[①]）使用以来，人们对创世史诗的研究越来越深入，越来越广泛，对创世史诗的体认也更加科学合理。在很大程度上，“各民族的创世史诗”真实地反映了各民族先民对自然的认识、与自然作斗争的全部经验。它可以视为一种集体的、特殊的知识总汇，能给予本民族的每一个后代有关本民族的历史、习俗以及自然界斗争的一切知识，因而成了历史上各民族人民的“百科全书”，具有民族学、民族史、宗教学等方面的科学价值。创世史诗是人类历史上出现的第一种规模宏大的艺术样式，对后来各民族的口头创作的发展产生了巨大的影响[②]。“梅葛”反映了罗罗颇、俚颇支系彝族的生活、习惯、情感与信仰，强化了彝族精神，塑造了彝族品格，自觉地集体认同，是彝族人民心中的

① 钟敬文：《民间文学概论》，上海文艺出版社1980年版，第286页。

② 朱初宣、李子贤：《少数民族民间文学概论》，云南人民出版社1983年版，第167页。

“根谱”，也是沟通民众物质生活、精神生活，反映民间人群的集体意愿，并通过族人世代相传和传播的生生不息的文化现象。

（一）《梅葛》所蕴涵的民族文化

1. 农耕文化

“梅葛”流传地区的彝族以农业经济为主，一年中节庆及祭祀活动基本上都围绕着农事节令进行。春节是“梅葛”流传地区的彝族庆丰祝年的节日，也是人畜休整的时期。彝族的春节一般从腊月三十日至正月十五日，节日期间，人们尽情欢乐、欢宴、祭祖、跳脚、访友，同时开始驾牛、出牛、砍荞把、烧地等活动，预示着一年农事活动即将来到，为农耕、畜牧活动作好准备。到了最后一天的正月十五，祭祖先、家神、灶君等，祈求他们保佑新的一年家庭平安、五谷丰登、六畜兴旺；还要把年前封贴在农具上的黄纸烧掉，表示年过完劳作始。永仁直苴彝族正月十五赛装节后，便停止一切娱乐、恋爱、婚宴等活动，专心从事农业生产，人们开始育小秧、挑肥和预整地，直到农历四月第一个属狗日开秧门，家家户户放好秧田水，驾好牛，祭秧神，接着伙头牛下田犁耙，其妻下伙头田栽第一行秧后，其他人才得以开始犁田栽秧。[①] 大姚县华、姚安马游坪等地彝族把“二月八”（又称马缨花节或插花节）作为农耕开始的时节。节日之前，人们要可以跳脚、恋爱、走亲、婚宴等，节后则停止一切娱乐活动，专心从事一年的劳作。《梅葛》中说：“一年十二个月，月月要生产。正月去背粪，二月砍荞把，三月撒荞子，四月割大麦，五月栽秧忙，六月去薅秧，七月割苦荞，八月割了谷子掰包谷，九月割了甜荞撒大麦，十月粮食装进仓，冬月撒小麦，腊月

① 古时彝族村寨设伙头一人，掌管寨中大小事务，担任执行土官政令，负责征收地租实物。伙头田是指从村寨庄田中划出、收入作为伙头办公经费的部分土地，伙头牛是伙头家养的牛。本文无此意，是指农户家的耕牛和耕田。

砍柴忙过年。”[①] 契合了庄稼时令。到现在，姚安马游坪村的年事活动也都大体在这个框架内——春节间的正月初五后择吉日“砍把子”，“驾牛”；正月十五过“小年”；二月初八日祭祖、赶龙华会；三月清明节祭祖；三月第一个属龙日集体祭龙；四月立夏、小满撒荞 、栽秧；五月端午节，又称药王节；六月初六祭土主，六月二十二日祭羊神，二十四火把节祭田公田母、祭荞王，六月第一个属虎日祭财神；七月第一个属虎日送鬼（勒婆基）；八月十五日尝新节；九月送土神；“十月招”祭祖、祭山神。马游坪地区旱作、稻作农业并存，因而其节日和祭祀呈现出旱作向稻作过渡的文化特征，在《梅葛》流传地区具有代表性。

2. 婚俗文化

《梅葛》流传地区的彝族普遍重视人生礼仪，主要有吉祥神秘的诞生礼仪、成年礼仪、喜庆庄重的婚恋礼仪和隆重繁复的丧葬礼仪。彝族的诞生仪式往往由于妇女生产的种种避讳及生理的特殊性而在极小的范围内举行，且有一定的风俗习惯。他们说怀孕为“有喜”，生孩子为“喜事”。妇女怀孕期间，夫家和娘家为使其顺利生产，四处行善积德，修桥补路。孕妇怀孕期间禁忌很多，比如有不能攀爬果树否则会导致绝收等荒谬之说，临产初痛轻不言说，疼痛难忍就被扶到猪厩转一圈以促产。分娩后产妇不能出自家大门，也不能在家里随便走动，需隔离居住。子女降生后，女婿抱鸡到娘家报喜，生男孩报母鸡，生女孩报公鸡，娘家则根据女婿所送的鸡备办鸡、蛋、糖、衣被等物到女婿家祝贺。姚安左门等地彝族妇女生下孩子后，要请一位老人与巫师携鸡、酒到庙中敬神，由巫师卜卦取名，表示名字是神赐的。当孩子长大到一定的年龄，就要举行成年礼。姑娘长到十四五岁，其父母兄长便会在大门外为姑娘建造一座小房，供姑娘住宿，也有

① 《彝族史诗〈梅葛卷〉》，云南人民出版社2001年版，第77～78页。

相邻几户的姑娘合住一房间的，俗称“姑娘房”。建好“姑娘房”后，其父母会有意无意放出口风说我家姑娘去住小房子，暗示小伙子可以来“串姑娘”了。姑娘白天与父母一起劳动，夜晚在小房里刺绣，等待小伙子来访。在小房内，姑娘小伙弹琴跳脚，对歌玩耍，相互了解，加深感情。《梅葛》流传地的彝族男女青年婚前享有社交恋爱自由，但过去婚姻一般不能自主，婚姻有正式婚礼和不行婚礼两种，大多数男女青年经过自由恋爱有了感情后，男方告知父母请媒人到女家说亲，女方家如同意，就把姑娘的“生辰八字”报给媒人，由男方请毕摩“排八字”，如“八字”合得来，就带上烟、酒、茶到女方家送礼，正式提亲，择日吃定婚酒，定婚在女方家进行，女方邀舅家及近亲戚参加，费用由男方支付。经过一段时间的考察，由男方家提出办理婚事则请舅舅、叔伯等至亲与男方家商定彩礼。在吃定酒前三天由男方家过完彩礼。男方迎娶时要有一帮唢呐开道，女方送亲，必备一组芦笙队随行；娘家常以一母牛或母羊为女儿陪嫁；新娘到达男方家大门时要用火把照新娘，然后踏碎一只碗后方得进门。尔后，由总管主持结婚仪式，向公婆磕头，夫妻对拜，新娘向男方亲朋“认老小”。晚上，不分男女、辈分同场跳脚，通宵达旦。次日上午，由新郎长辈及送亲客中的长辈压席，从第一轮摆席吃到最后一轮收碗。席后，由一位老人送喜神、树神、棚神、布神等，送完在青棚下跳三圈，再由送亲客中的主事抽掉青棚上的一根树枝，婚礼完毕。3 天后，新婚夫妻“回门”。大姚县华、永仁直苴等地彝族直到 20 世纪 70 年代仍实行着一种自由婚姻。男女青年通过互相交往了解后，情投意合则由男方提 2 斤酒、2 个饭盒（内盛饭及 4 块腊肉）、2 元钱送给女方父母，就可以将姑娘领走，不举行结婚仪式。直到第一个孩子满月，才请客送礼，婚姻才算稳定。在此之前，如夫妻感情不和，离婚也较简单，只需请来证人，把一节木棒剖成两半，双方各执一半作为离婚凭证即可。

3. 丧葬文化

丧葬仪式是繁复的仪式。大约两百年前，《梅葛》流传地彝族普遍改火葬为土葬，人死后要塞“含口钱”，然后洗遗体，穿丧服，向亲友报丧。所穿丧服的左角要用香火烙两个洞，让死者到阴间有记号；用麻线捆住死者双脚，不准阴魂带走生魂，装棺前请毕摩“喊魂”。入殓后，棺木置于堂屋高凳上，死者头朝堂屋外，棺木下方置香炉，插香数炷，并供奉一只双翅插有两支竹筷的鸡为“祷头饭”。送葬前请毕摩（朵觋）念送“指路经”、“招魂经”、“供牲经”等。亲生长子戴重孝（麻布），其余孝子轻孝（白布）。发丧时，死者亲属披麻戴孝，手持三炷长香跪于棺前，待毕摩念完经，跟着毕摩绕棺三圈后再跪在发丧路上，棺木从头上抬过，棺前一人“丢钱”、“买路”，棺后跟有拾“旺纸”，挑“金银山”、捧“金童”、“玉女”等的数人及送葬者。送至坟山，先由毕摩叫魂，然后“扫圹”、“清棺”，取土盖棺木，当晚还要“扫印”，驱魂净室。其后要进行供灵牌、送灵牌、做冷斋等活动，反映出彝族丧葬作为一种社会礼俗往往与其信仰交叉，混为一体，使其礼仪更为复杂。

（二）《梅葛》是民族认同和民俗识别的文化符号

1. 《梅葛》解释了彝族的图腾文化

《梅葛》作为创世史诗，是在神话的基础上发展起来的，是把自然力形象化的过程。彝族为何崇拜虎，从《梅葛》中可以寻找答案。在格滋天神放下九个银果变成九个儿子，其中五个来造天，放下七个金果变成七个姑娘，其中四个来造地。造好后，“打雷来试天，地震来试地。试天天开裂，试地地通洞。”天地补好后，天还在摆，地还在摇，只好捉来公鱼母鱼撑住地边地角，地稳了但天还在晃，万般无奈，天神指示造天的儿子杀死世间最凶猛的老虎，用虎的“四根大骨做撑天的柱子”，用虎的

“肩膀做东南西北方向”，天撑起来后，又将剥下的虎尸分解：“虎头作天头，虎尾作地尾，虎鼻作天鼻，虎耳作天耳。左眼作太阳，右眼作月亮。虎须作阳光，虎牙作星星。虎油作云彩，虎气成雾气。虎心作天心地眼。虎肚作大海，虎血作海水。大肠作大江，小肠作小河……”① 虎尸化万物，虎成为彝族先民心中的万物之源，是又惧又敬，又怕又爱的虎图腾崇拜，遂彝族称虎为“罗”，《梅葛》流传地的彝族自称“罗罗”，意为“虎人”或虎族，充满了对天地人间的神圣感和责任感。

2.《梅葛》记载了彝族先民对人类进化的认知

《梅葛》中人类源于雪的奇妙想象并不是不着边际。“梅葛”中说格滋天神以“天上撒下三把雪，落地变成三代人”暗示了彝族先人在西北高原冰天雪地的生活环境，而“独脚人”、“巨人”、“竖眼人”都有缺陷而不能适应生活环境，暗寓着人类的进化和演变。雪亦即水，水是生物存活的命脉，在原始时代，饿可以充饥，渴可以解渴，甚至可以防寒，心里就有了雪的元素。因此，彝族称雪为“纹”，称人为“纹操”，直译意为“雪人”。至于对葫芦的崇拜，则说得更为直白，洪水之中是门颇（大神）让兄妹躲进葫芦得以幸存，洪水后兄妹成婚“生下一个大胎包”，门颇请来老鼠咬破包，从里面走出了彝、汉、白、傈僳、藏、哈尼等民族祖先。远古人类对人的着床受精受孕感到极为神秘，只知道女性的生殖功能，因而十分推崇子宫的作用，以形圆子多的葫芦为子宫的象征，虔诚地奉祀。葫芦就是救星，葫芦就是依托，后来还引申为“福禄”之意，“葫芦笙”即“福禄升”。

3.《梅葛》反映彝族居住的地理环境

作为具有民族文化符号意义的民居建筑，也有鲜明的“梅

① 《彝族史诗〈梅葛卷〉》，云南人民出版社 2001 年版，第 13 ~ 14 页。

葛”文化特征。“高山梁子上，青松赤松盖了三间房”，哪个来住房？彝族来住房。① 《梅葛》流行的地区，彝族的宅地住山不住箐，房屋依山而筑，视地形地势择向而居，在漫长的实践中，他们形成独特的相宅古法。相宅以后还要卜宅，以定吉凶，一般要推算日月星辰，与户主、主妇不冲犯，然后请毕摩作以此相关的法事，不但要看鸡骨卦，还测吉凶，再择日动土。“请木马”、“送木马”、“上梁”，新房建成后，要杀一只鸭，将鸭头挂在大门上，举行“压土”仪式。他们的民居，可以分为五类：一是竹、木混泥结构的茅草屋，在过去很普遍。在长方形的墙围起来后，竖上尖刀架屋脊，屋脊横担以行条，行条间又拴上小圆木，小圆木上又拴上间隔有效的竹篾条，铺上茅草，再压上篾条，与上部篾条拴紧，装上门窗即成茅草屋居，后多为田房（装农具杂物）、畜厩等附属建筑物。二是井干式的“垛木房”，又称“木棱房”，它的墙全部用木头叠加而成，尾顶为悬山式，以木片当瓦，把石头压在上面，现多为畜厩及杂物间。三是土木结构的闪片屋，又称“厦片房”。屋墙用土夯或竹篱笆排扎而成，墙上抬梁，梁上覆盖木片，用竹篾捆扎固定，比较简陋，现已少见。四是土木石结构的平顶土掌房。围墙用泥土舂成或用土基砌成，墙上抬梁，梁上铺以竹木和茅草，盖上稀泥，再加上一层细粘土，捶实抹平，四周不开窗，冬暖夏凉。五是土砖木结构的斜面瓦房，木石瓦房，多为两层，基脚用石头砌成，墙用砖石或中间用土基砌，两面用磨光的青砖镶嵌，石灰粘合，高与檐齐，连接处用长方形的薄石片镶嵌，使之紧密吻合，结构为“三坊一照壁”、“四合五天井”、“走马转阁楼”等，多为大族富户。

---

① 《彝族史诗〈梅葛卷〉》，云南人民出版社2001年版，第52页。

三、《梅葛》的传承与流变

《梅葛》作为罗罗颇和俚颇两个彝族支系古代文化的结晶，它的传承机制既是复杂的又是简单的。从传承场合来看，呈有主次之分，圣域和俗域之分，但它无所不在，渗透在人们的生活和思维之中，人们的一生都有它伴随，特别在一些重要的关口，《梅葛》的吟唱是重要的“通行证”。说它简单，就在于它在口耳传说中，已化作生活本身的要素，耳濡目染，与人们的日常生活共生共荣，密不可分。而在一些特定的场合，则又是隆重的、庄严的。例如在姚安马游坪村举行婚礼时，有一个“退邪神”仪式：在成亲这一天，新娘进入喜场时，在喜场门口置一张木桌，上铺草席及布，四角各置一枚拴有红线的方孔铜币，新娘背对喜场，肃立于木桌之上。然后在毕摩的主持下直接驱赶“邪神”，“邪神”被称为“天聋地哑”。由新郎村中无儿无女的单身汉装扮，戴上面具，头戴篾扎的上大下小形如倒立鱼笼的帽子，如无帽，套一条羊条袋，身披羊皮或女人衣服，两脚套两麻袋，让旁人认不出装扮者的身份，看去令人恐怖。毕摩持松枝在新娘身上扫拂，以扫去新娘身上附着的鬼邪，毕摩念诵祭经，天聋地哑则用棍棒四处敲打，在送亲队伍中乱窜，随便摸捏送亲的人，口中不停地发出“哦呵呵！哦呵呵！”的吼叫声。随后，新娘的兄弟又用棍棒在喜棚特别是新娘住的喜棚内四处敲打，待“邪神”被驱赶走之后，新娘才踏着松毛进入新郎家。

《梅葛》为什么没有文字记载，马游坪村彝族流行的解释是：《梅葛》本来是有书的，在神把《梅葛》传给人的时候，人嫌麻烦，就把书吃到肚子里了，所以大家都靠“大脑文本”口耳相传。他们说，世间才只十二本书，而“梅葛”有十三本，充分说明其庞杂繁复的体系和内容。我们现在见到的整理本《梅葛》，在流传中由于时代变迁和局限，许多内容被无情湮灭。

作为重要传承人的毕摩（朵觋），他们的传承方式有经书和口传，也只是核心的一部分，而《梅葛》在毕摩的传承中属于口传的毕摩经，没有文字记载，更增加了传承的难度。在传承中非常严格，一般是父死子继的传承，如果是外传男子，则必须通过拜师仪式。把烧红的犁头排放在地上（一般是男九女七），上覆黄纸，毕摩边喷苦蒿水边念咒语施法，拜师者赤脚踩踏犁头而过，无烫伤者算通过仪式，被神允许传承“圣经”，才可以正式拜师，跟随毕摩长期研习各种祭祀仪式、背诵祭辞，通过几年的勤学苦练，经过毕摩的场考，出师后才能主持祭祀活动，吟诵“赤梅葛”。如果一般人敢吟“赤梅葛”是要受到严惩和鄙视的。

随着时代的发展，“梅葛”弃神化逐步推进。在世俗生活中，民间歌手出现了，他们不需家传更不用拜师，在各种喜庆场合用“梅葛”调演唱现实生活，憧憬美好的未来，祝福吉祥物事，有独唱、对唱和一人唱众人合（对）等三种形式，有时对唱几天几夜不断，不仅考才学更考应变。这种因时而变、融情于景、融意于实的创造型“梅葛”，迸发出新的生机和活力，是新时期条件下的彝族“辅梅葛”。

在民俗文化传承中，如果价值系统发生了变化，就意味着核心体系也发生了变化，甚至会导致传统文化的消亡。以姚安“梅葛”的流传地马游坪为例，人们虽然心存敬畏，“梅葛”魅力依存，但“梅葛”的民俗文化系统发生了巨大的变化，人们对待“梅葛”的态度也经历了从最初一致完全认同到部分不信，到全然不信。这种“宝贝不能丢”和“传说不能信”的矛盾文化心态碰撞出的各种火花中，也有存乎于心的传统民族自觉元素，这对优秀民族化的传承是至关重要的。我们需要什么样的“梅葛”？是将几千年的文化作为一种固定形式记录下来，存入光盘、放入图书馆、博物馆里，成为死的文本，还是把它提升出来，激活其发展机制，作为一种独特的民族文化循其规律与现代文明和谐共进？这就涉及我们的文化态度问题。文化生态建设也需要民族道德的支撑和维系。荣格指出："原始人的智慧并不制造神话，而是体验神话。神话是前意识心理的原始启示，是关于无意识心理事件的不自主的陈述以及除了物质过程的寓言之外的其他一切……它们不仅代表而且确实是原始民族的心理生活。这种原始民族失去了它的神话遗产就会像一个失去灵魂的人那样立即粉碎灭亡。一个民族的神话即是这个民族活的宗教。失掉神话，不论在哪里，即使在文明社会里，也总是一场道德灾难。"①

而对传承人的一个个辞世，面对各种仪式已成为依稀的记忆，我们要做的事还很多。现在，舞蹈课操已取代小学生的广播体操，"梅葛"文化传习所也在马游坪成立，马游坪同时还成为全省的画家写生基地、彝族刺绣研发基地和彝文化研究基地，自我传习、自我求进的机制已经建立，彝族民众对"梅葛"的自豪感、认同感再次回归，"梅葛"发展的软硬环境还在不断改善，媚俗与拜金的短见已被荡涤，在我们的面前，又出现了晴朗的"梅葛"的天空，同时听到了来自天籁的唱响："远古的时候没有天，远古的时候没有地。要造天啦！要造地啦！哪个来造天？哪个来造地？……儿子来造天！姑娘来造地！（我们来造天！我们来造地！）……"②

四、小　结

"梅葛"从远古走来，或步履矫健，或蹒跚慢行，携着先人的希冀，带着山川的灵韵，血液里流淌着正直和坦诚，骨髓里贮

---

① ［瑞士］荣格：《集体无意识和原型》，载李云峰、李子贤、杨甫旺主编《"梅葛"的文化学解读》，第260～261页。

② 《彝族史诗〈梅葛卷〉》，云南人民出版社2001年版，第3～4页。

藏着坚毅和进取。在今天的《梅葛》流传地乃至很多彝族地区，她的育化和影响随处可见，甚至无处不在，无处不有。

“梅葛”孕育了彝族热情坦诚的性格范式和勇敢坚毅、乐于助人的形象范式。长期以来，彝族同胞在“梅葛”的浸染下，热情大方、以诚待人成为性格的主题。一堆火，能集数十乃至百人；一坛酒，能唤众人心。他们说话很直白，不会弯弯绕；他们待客往往是用最好的平日自己都舍不得的东西来招待。一个村里，一家有事全村帮忙，不仅出人力，而且拿米、拿菜还拿钱。到现在，彝族猎人打猎“见者有份”的传统都还没有丢失，他或与别人分享，或请村人到家里共享，这种淳朴的性格和善良乐助的义举都有“梅葛”的“血脉”。

“梅葛”的爱憎分明的情感元素渗透到了彝族民众的现实之中，崇拜与鄙弃似乎是“一脉相承”的。“梅葛”中对种物的喜恶之情，一直传递到现在。葫芦蜂由于要叮死彝族先民，被一鞭打断蜂腰，并咒骂：“七月葫芦八月胞，你养娃娃吊着养，九月十月放火烧。”九、十月间烧葫芦蜂是现在彝人的习惯；松树由于要戳死彝族先民，被鞭打成三岔，并咒骂：“等到人类找着了，人烟旺起来，砍你一棵一棵。”现在三岔松砍后即死，不会重发；罗汉松由于对彝族先民的友好，则“等到人烟旺起来，砍你一棵发百棵。”而其生长情况也确实如此；小蜜蜂对彝族先民的亲密态度，得到了“让你挨着人住家”的优厚待遇，而且不用担心被火烧水淹；小柳树由于告诉了天神听到了人种的声音，得到了“倒栽你倒活，顺栽你顺活”的生长权利。

恩格斯说：“人在自己的发展中得到了其他实体的支持，但这些实体，不是高级的实体，不是天使，而是低级的实物，是动物，由此就产生了动物崇拜。”[①]“梅葛”中的熊就是这样的。格

---

① 《马克思恩格斯全集》27卷，第63页。

滋天神决定换人种后，派武姆勒娃下凡，武姆勒娃变成大老熊到人间寻找人种。直眼人学持若的五个儿子白天犁好的地，老熊晚上来将它翻回来，一连三天都如此。五兄弟下扣套住了熊，四兄弟都喊杀了熊，只有小儿子和小妹不同意，并解开绳索放了熊。熊看小儿子良心好，就给他三颗葫芦子，并告诉他说洪水来时躲入里面避难。四兄弟杀死老熊，熊的鲜血流成河，脑袋塞住出水洞，洪水泛滥了，四兄弟都被淹死了，只有在葫芦里的小儿子和小妹获救，人心善良，善得善果，是彝族祖先的道德良心。

“梅葛”营造了彝族节庆文化的独特形式和意蕴深刻的个性化的民族文化载体。祭灶神以寓口腹无忧，祭龙神以寓风调雨顺，“二月八”龙华会和插花节与春天同舞享纳幸福迎接农事，火把节驱灾除秽祝福丰庆，都是彝族民俗民间节庆文化活动的重要部分。罗素说过：参差多态是幸福的来源。多彩多样的节庆活动，揭示了彝族文化的本质特征——众神崇拜、敬服自然、能歌善舞。彝族独特的饮食、起居、婚丧、服饰、待客及庆典礼仪尽可让人返璞归真，体验古老文明的韵味，体验天地人合一的肃穆和作为彝族文化母题的深邃睿智。

“梅葛”聚集了彝族民众的自豪感，消解了自卑和苦难情结。彝族的勇敢在于正视困难，克难奋进。先人们战天斗地不畏豪强的坚韧，已成为彝族个性特征。他们感于先人的民族气节，在言传身教的现实生活中，积淀了厚实的民族自豪感。彝族作为处居边远贫困山区的少数民族，在民族文化传承中，难免受历代统治者的欺侮和奴役，但现实的挫伤感没有在彝族心里留下自卑的块垒。苦难缠身时，造天造地的先人豪气会化解身心之痛，大敌当前时，民众利益的集体意识会迸发出令敌人畏惧的巨大潜能。所以，乐观向善，团结奋进，不畏艰辛就消解了自卑块垒。

“梅葛”是一种和合力很强的民族文化，在传承保护中不断体现其渗透力和创造力。在现实条件下，随着对“梅葛”研究的深入，将“梅葛”作为一种民族文化的广泛运用，已渗透到彝族民众生产生活的方方面面，也渗透到了非彝族文化领域，在和合中不断创造、不断吸纳、不断弘扬。现在，除了传统的彝族节庆活动中具有浓郁的“梅葛”元素之外，人们（包括汉族等）都喜欢在喜庆的时刻吟诵几句“梅葛调”。而今天的“梅葛调”也融进了科学发展观等与时俱进的内容。“梅葛”的强大生命力在民族文化传承这块土壤里显得淋漓尽致。

“梅葛”在扬弃中传承，在传承中不断积淀和升华。黑格尔说扬弃就是“既被克服又被保存”。扬弃在“梅葛”文化发展中具有重要作用。我们要深挖这种发展过程中的力度和深度，使这种扬弃力在“梅葛”传承、交流、融合与创新的全过程中，体现在各个环节的张力上。在20世纪50年代整理出版的《梅葛》由于种种原因，诸如“丧葬”一类的重要内容都没有整理或整理不够全面，虽然现在马游坪一带已没有朵觋了，但像“指路经”这类的内容还可在楚雄的有些地方的丧事上见到，也完全可以让其回归到《梅葛》中，同时根据发展的形势，“梅葛”也要发挥与时俱进的品质，在实践中不断完善和升华。

参考文献：

[1] 钟敬文著：《民间文学概论》，上海文艺出版社1980年版。

[2] 朱初宣、李子贤著：《少数民族民间文学概论》，云南人民出版社1983年版。

[3] 楚雄州文联编：《彝族史诗〈梅葛卷〉》，云南人民出版社2001年版。

[4] 黄建明著：《彝族古籍文献概要》，云南民族出版社1993年版。

[5] 周文义著：《楚雄彝族民俗大观》，云南民族出版社

2005 年版。

［6］高占祥著:《文化力》，北京大学出版社 2007 年版。

［7］苏叔阳著:《中国读本》，辽宁教育出版社 2007 年版。

［8］童庆炳、程正民主编:《文艺心理学》，高等教育出版社 2007 年版。

［9］马学良著:《云南彝族礼俗研究文集》，四川民族出版社 1983 年版。

彝族史诗《梅葛》原始共同意识的审美分析

肖国荣*

摘　要：本文从神话学和美学的角度对被誉为彝族“根谱”的彝族创世史诗《梅葛》进行分析，进一步探索彝族先民基于对生命统一体的认同而形成的体现在对创世神和祖先神崇拜上的原始共同意识。

关键词：彝族史诗　梅葛　原始共同意识　审美

德国著名哲学家、美学家卡西尔把人定义为符号（象征）的动物，把神话看做符号的形式并历史地展开了人的生命，实现了人的本质，是人的本质力量的客观化。他说：“在神话中见到的是想象的客观化，艺术是一个直觉或观照的客观化过程，而语言和科学则是概念的客观化。”[1] 彝族创世史诗《梅葛》被誉为彝族的“根谱”，如果我们走进文本不仅能真切地感受到彝族先民与自然万物和谐相处的丰富的生活世界和强烈的生命力量，而且还能真实地把握到先民基于对生命统一体的认同而形成的原始

* 作者简介：肖国荣，男，楚雄师范学院中文系副教授，博士研究生，研究方向：美学、文艺学。

共同审美意识。

《梅葛》[2]历史地反映了彝族先民生命活动的推进过程。主要包括创世（开天辟地、人类的起源）、造物（盖房子、狩猎和畜牧、农事、造工具、盐、蚕丝）、婚事和恋歌（相配、说亲、请客、抢棚、撒种、芦笙、安全）、丧葬（死亡、怀亲）四个部分，是彝族先民对世界起源、自然现象及社会生活的原始理解，也是对生命的观察、体悟和投射的产物。这个宇宙的起源、人以及自然万物的产生过程始终围绕天、地、神、人的关系动态地展开，构成了一个和谐统一的整体。先民们对世界的原初体验，正如德国海德格尔称为的天、地、神、人“单一的四元”：“大地和天空，神圣者和短暂者同时居住在一起。这四者在一起，由于它们自身属于一起。先于现身的万物，它们进入了单一的四元。”[3]海氏所说的“单一的四元”极具启发性和东方色彩，从他富于诗意的表述来看，天、地、神、人的世界是非对象化的世界。“世界从来不是立于我们面前让我们观看的对象。只要世界作为诞生与死亡、祝福和诅咒从而使我们进入存在的道路，那么，世界便从来不是作为相对于我们主体的对象。”[4]也就是说，作为人的原初体验的世界是交融合一的，而不是主客二分的。世界不是人作为确认自身本质力量的对象，人也不是客观世界对象存在的主体。彝族先民本真的原初体验的非概念、非对象化，这种原初体验便赋予他们一片生机勃勃的具有多重阐发性的创化之境。在这个幻化了的诗意世界中，天、地、神、人四元和谐地构成了一个整一的世界。

处于原始时期的彝族先民从观察自然生命的萌芽、生长、死亡和腐朽的过程中反观人自身。认识到生命的始源形成了生命的过程和秩序，从而产生了只有回归生命的始源才会有生命再次诞生的整体的、普遍的意识，个体产生于共同体并要回归于共同体才将显示出生命的价值和意义。由此形成的符号形式则强调一般性、规律性，个人意识服从民族意识并在宗教构造的同一种基本作用下获得。在《梅葛》中典型的体现便是对创世神的崇拜和祖先神的崇拜。

(一) 创世神的崇拜

格滋天神创造了人及自然万物，被认同是彝族的创世神。《梅葛》“创世部分”叙述到：远古的时候没有天，格滋天神便放下九个金果，变成九个儿子，并让其中的五个儿子来造天。远古的时候没有地，格滋天神便放下七个银果，变成七个姑娘，并让其中的四个姑娘来造地。造天的儿子没有衣裳穿，就拿云彩做衣裳，造地的姑娘没有衣裳穿，就拿青苔做衣裳。造天的儿子没有粮吃，就拿露水当口粮，造地的姑娘没有粮吃，就拿泥巴当口粮。造天没有模子，造地没有模子，天像一把伞，地像一座桥，拿伞做造天的模子，拿桥做造地的模子，拿蜘蛛网做天的底子，拿蕨菜根做地的底子。五兄弟把天造好了，四姊妹把地造好了。不知道天有多大，不知道地有多大，就请飞蛾来量天，请蜻蜓来量地。结果是天造小了，地造大了，天盖不合地。姊妹四个心里着急，恐怕天神来责骂。格滋天神知道了，告诉四姊妹，“不要心焦，不要害怕，地做大了，有人会缩，天做小了，有人会拉，地缩小，天拉大，天就能盖地啦!”后请阿夫的三个儿子来拉天，麻蛇来缩地，蚂蚁咬地边，野猪、大象来拱地，“有了山来有了箐，有了平坝有了河。天拉大了，地缩小了，这样合适啦，天地相合啦。”……“天造成了，地造成了，万物有了，昼夜分开了，就是没有人，格滋天神来造人。天上撒下三把雪，落地变成三代人。撒下第一把是第一代，撒下第二把是第二代，撒下第三把是第三代。”

史诗用形象的语言真实地再现了原始先民建立在直观感受基础上的“近取诸身，远取诸物”地活动在充满生气的世界中，合乎原始先民情感逻辑并直观想象到天上的云彩和地上的青苔、露水、泥巴、伞、桥，蕨菜也参加到了造天造地的活动中，蜘蛛、飞蛾、蜻蜓也插上了人性关怀的翅膀发挥了自身物种的特性而被赋予了灵性的光辉。

想象的存在也决定了想象的产生。和谐统一的世界还要归功于格滋天神，因为她是生命的始源、世界的创造者，世界因她而生、而变、而亡，生命的创造者就成了生命的拥有者。也就是说世界万物由格滋天神所造，她不仅有创造生命的权力，当然也应有收回生命的权力。可以说，创世的力量决定了产出的数量，反之，产出的数量也会认同创造自己的力量，世界的一切都要尊崇格滋天神，以保障自身生命的存在乃至生命再生的机会，这是人超越肉体而最终抵达精神皈依的对生命的最有力诉求，这自然构成了“人和于神”的审美意识结构。当然，彝族先民对创世的格滋天神的尊崇就如同对生命的尊崇一样自然，原始先民意识到人的生与死就如直观到的树叶的荣与枯一样，由自然生命的节律就反观到人自身生命的节律。正如卡西尔“生命统一性”所阐释的“在生命得以展现的无数客观形态中，可以处处感到它具有唯一的动力和节律。不仅人与野兽具有这种共同的节律，人与植物界也是如此。在图腾制的发展中，动物和植物从未被截然区分开。……人是某种植物变种的后裔、以及人变植物和植物变人，这是普遍流行的神话和神话传说的重复主题。在这里，外在形式和现实特征无疑又被看成仅是伪装而已，因为对所有生物总体的感觉从一开始就抹杀了一切可见的区别，消除一切可以在分析一因果思维中设定的区别，或者只把这些差别看做偶然性事件。在神话的时间感中，这种感觉找到自己的最有力的支持，因为对这种时间感而言，一切生命都以非常确定的、无论何时何地都相似的阶段标志出来。这些阶段不是我们据以人为地、随意地截断变化的单纯尺度；相反，它们代表作为质统一体的生命自身之本质和根本特性。所以，人在植物界，尤其是在萌芽和生长、死亡和腐朽中发现的，不只是其自身生存的间接表现和映象；他在其中直接地并以充分的确定性领悟自己，他从中体验着自己的命运。”[5]

《梅葛》“丧葬”之“死亡”部分叙述到：

“早上出太阳，晚上太阳落，太阳会出也会落，人和太阳一个样，会生也会死。高山长树木，发出嫩芽绿又旺，长出叶来也很稳，只说高山树木不落叶，哪知九月叶会黄，风吹黄叶叶就落，人死就像落叶样，到死时候也会死。灶洞烧火有风，没风烧火火褪色，没风烧火火会灭。人死就像火褪色，人死就像火会灭，到死时候也会死。田头梨子树，二月开花长出叶，三月四月会结果，五月六月果子稳，七月八月果子熟，籽饱果熟就掉下。人死就像果子掉，到死时候也会死。”

这是彝族先民感知生命节律的形象表述，是对生命原则和秩序的直观把握，他们知道人的生命也如同自然的生命一样有一个不断的生死循环的过程。回到神话—宗教思维的角度看，可理解为生命产生的始点也就是生命的终点——生命从哪里来必将回到哪里去。既然格滋天神创造了人类，人也最终将回到神那里去，这种集体的生命共同意识决定了人向神归附的选择。强大的神力束缚抑制了人的能动性和自由创造性，进而形成了强调一般和共性的审美意识。

（二）祖先神的崇拜

彝族先民原初的共同意识还表现在对远祖的图腾崇拜和对近祖的祖先崇拜中。对于图腾，可借用弗洛伊德的解释来理解。

“然则图腾是什么？它多半是一种动物，也许是可食或无害的，也可能危险且可怖；较少见的图腾，可以是一种植物，或一种自然力量（雨、水），它与整个宗族有着某种奇特的关系。大抵说来，图腾总是宗族的祖先，同时也是其守护者；它发布神谕，虽然令人敬畏，但图腾能识得眷怜它的子民。”[6]

彝族先民由于原始思维的混沌性，正如海德格尔认为的天、地、神、人处在一个“单一的四元”中，人兽不分，物我无别，所以，始祖形象往往与图腾纠缠在一起。“在神话世界观的早期阶段，尚无分离人与生物总体、动物界和植物界的鲜明界线；尤其是在图腾崇拜中，人与动物的亲族关系，更主要的，部落与其图腾动物或图腾植物之间的关系，绝非只是象征意义，而是有严格的现实意义。人在其活动和习性中，在其生命的全部形式和方式中，感觉自己与动物同为一体。”[7]彝族先民视虎为万物之源，认为老虎是彝族的祖先，以虎图腾作为祖先神来崇拜，这可从史诗《梅葛》中关于“虎尸化万物”寻找到依据。《梅葛》文本在叙述天神造天地后，又补天补地，经修补过的天地仍在摇晃，只好捉来公鱼、母鱼撑住地边地角，结果地稳了，但是天还在摇摆。格滋天神说，山上有老虎，世间的东西要算虎最猛。用虎的脊梁骨撑天心，用虎的脚杆骨撑四边。杀了世间最凶猛的老虎，“猛虎杀死了，大家来分虎，四根大骨莫要分，四根大骨作撑天的柱子。肩膀莫要分，肩膀作东南西北方向。把天撑起来了，天也稳实了。”天地造好了，但天地间“什么也没有”。又将撑天剩下的虎尸继续分解：

虎头做天头，虎尾做地尾。
虎鼻做天鼻，虎耳做天耳。
左眼做太阳，右眼做月亮。
虎须做阳光，虎牙做星星。
虎油做云彩，虎气做雾气。
虎心做天心地胆，虎肚做大海。

虎血做海水，大肠变大江。
小肠变成河，排骨做道路。
虎皮做地皮，硬毛变太阳。
软毛变成草，细毛做秧苗。
骨髓变金子，小骨头变银子。
虎肺变成铜，虎肝变成铁。
连贴变成锡，腰子做磨石。
大虱子变成老水牛，小虱子变成黑猪黑羊。
虱子蛋变成绵羊，头皮变成雀鸟。
……

彝族先民认为老虎是世间最凶猛的动物，对老虎具有根深蒂固的敬畏，老虎似乎不只是禀赋魔力的存在物，而且还蕴藏有超自然的神魔力量，因此，老虎能化万物也就符合了情感的逻辑。从彝族的称谓上看，彝族又称为“罗罗”族，因“罗”的彝语义为虎，故彝族又称为虎族。正如卡西尔所说“每一独立的群落都有其独特的图腾动物，两者有着特殊关系，前者表现出与后者“相关”，严格地说，前者似乎“归属于”后者。”[8]彝族对老虎是亲近之、崇拜之，这源于老虎是生命的始源，它有着超凡的生殖能力，万物由它而生，是她身体的一个有机组成部分，反之，也可以这样说，万物的有序组合才能完型老虎的身体，万物生命的凝结才能使老虎具有生命。那么，老虎不仅具有生殖的能力，而且还拥有了生命的权利。由此，形成了一个不容置辩的道理，个体的身体与生命最终不能脱离整体，生命的归属感自然深深烙印于每个个体，进而产生只有归属于整体的个体生命才具有价值和意义的生命自觉意识，否则，生命是飘零的、无根的，存在也只不过是没有灵魂的肉体存在。由万物与虎构成的生命秩序产生了人思维的原则，彝族认同老虎是其祖先，是族群共同崇拜的对象。卡西尔说："只有当自我把自身认作某群体的一员，懂得自己与其他人组成家庭、部落、社会组织之统一体时，他才感受和认识到自身。只有身处于和通过这样的社会组织，他才拥有自身；他本身的个人生存和生命的每一体现都关联着环绕他的整体生命。"[9]现今"梅葛"文化带的彝族崇虎习俗非常普遍。"罗罗"彝每家将其三代以上的祖先灵位送入山林（送虎归山），举行祭祖大典时，在葫芦瓢凸面绘虎头悬挂于大门楣上，表示这家人是虎的子孙，正在祭祖。[10]

"我们在此看到的不只是对自然过程的神话——宗教解释，而是与自然过程的直接融洽。"[11]生命从哪里来就应该回到哪里去。以上的近祖崇拜仪式表面看是祭祀祖先，其实还蕴涵着对远祖——虎的崇拜。将祖先灵位送入山林是暗含送虎归山之意。《梅葛》第二部"造物"之"盖房子"部分叙述："高山梁子上；盖起三间石头房，什么来住房？老虎来住房。"原始思维认为老虎的家在高山上，高山山顶不仅是虎的家，还是祖先的家。《梅葛》第四部"丧葬"之"怀亲"部分叙述到："找到青㭎树林里，山顶松树像我爹，山顶青㭎树像我妈。松木砍回来，青㭎木砍回来，松木刻成爹的像，青㭎木刻成妈的像。后亲来点眼，亲戚来点眼，爹妈的像刻好了，供在家堂上。我爹回来了！我妈回来了！"所以，史诗形象地叙述了虎的家在高山梁子上，寻找到的祖先在山顶上，对于特定区域的彝民来说其实指的都是同一空间或地点，那么，我们即可由此推理出虎的家便是祖先的家，祭祖即是祭虎，其终极追求都是复归于生命的始源，祭祖借助宗教仪式冲破个体的束缚而融合于普遍的生命共同体。

彝族服饰同样也显现出虎图腾的崇拜意识。小孩戴虎头帽，穿虎头鞋，男子上衣襟边沿绣虎彝文，妇女衣服上绣有虎斑、虎纹图案，妇女背小孩的裹背上绣有老虎形象等。彝族将虎的图案表现在服饰上，一方面是祈求虎祖先的庇佑，另一方面是表示彝族是虎的后代，永远都不能忘祖。

现今彝族认为虎是自己的祖先，在危难时刻会得其保佑和庇护。人死后，灵魂会还原为虎，有俗语说人死一只虎，虎死一只花，有生之日，则要披虎皮，显虎威，这是彝族与虎有血缘关系的生活化表现和表述，是对虎子虎孙这一文化中心的认同。由此认为，彝民对虎图腾的崇拜，也就是对彝族祖先的崇拜，是族群集体认同感的感性显现，深深地蕴涵着民族同一感和生命共同意识。

参考文献：

[1]［德］恩斯特·卡西尔．语言与神话．三联书店．1988.

[2] 云南省民族民间文学楚雄调查队搜集翻译整理．梅葛．人民文学出版社．1960. 4.

[3] [4] 海德格尔．诗·语言·思．北京：文化艺术出版社．1991.

[5] [7] [8] [9] [11]［德］恩斯特·卡西尔．神话思维．黄龙保，周振选译．柯礼文校．北京：中国社会科学出版社．1992. 3.

[6]［奥］弗洛伊德．图腾与禁忌．杨庸一译．中国民间文艺出版社．1986.

[10] 刘尧汉．彝族社会历史调查研究文集．民族出版社．1980.

清代云南楚雄彝族史料所见“嫚且蛮”考证

朱和双*

摘　要：有清一代，云南姚安府境内的民族种类中最引人注目者，当属“嫚且蛮”不可，这有《皇清职贡图》为证。“嫚且蛮”尚丑为正月，其在音乐上的表现尤其引人注目，已成为该族群的一种文化表征。随着汉文化的不断深入，“嫚且蛮”的族群身份亦受到了挑战。长期以来，关于“嫚且”的族属问题一直没有引起学术界的注意，虽然有论者作过一些猜测，但都没有足够说服力。据笔者考证，“嫚且”实为金沙江南北两岸的“俚濮”（或称“俚颇”）族群在清代的一种自称，近代以后多写作“骂且濮”、“骂池濮”等。

关键词：清代云南　彝族史料　嫚且蛮　民族识别　文化认同

云南省中北部的牟定、姚安、大姚、永仁、元谋、武定、禄劝、禄丰与四川省攀枝花市的仁和区、凉山彝族自治州的会理、

* 作者简介：朱和双（1976—），男，云南保山人，法学（民族学）博士，楚雄师范学院地方民族文化研究所副研究员，云南彝族历史文化与社会发展研究基地首席专家团成员，主要从事历史人类学研究。

会东等地居住着一个自称“俚濮”的族群（因各地发音的差异和书写者用字的不同，“俚濮”有些地方作“俚颇”、“里颇”或“理泼”），其中有部分人自称“骂且颇”、“骂池濮”或“该丝濮”（“格苏濮”或“格苏颇”），他称则有“白彝族”、“栗族”、“黎族”、“骂池族”等，对其侮辱性的称谓亦包括“倮倮”。这一族群操彝语中部方言“俚濮”土语，称汉族为“契濮”。目前，自称“俚濮”的族群在全国约有三十万人，绝大多数被识别为彝族“俚濮”支系，但也有少部分被识别为傈僳族（居住在武定、元谋、禄劝、会理、会东等县的傈僳族自称“俚濮”，他称“傈僳”）。值得注意的是，在历史上这些地区的“罗罗颇”和“俚颇”的族群边界是混淆不清的，同属罗罗颇的彝族会以“里颇”互称，以示区分，比如姚安马游的“罗罗颇”称邻近的山角、葡萄、左门等地的“罗罗颇”为“里颇”，相互之间严禁通婚。[①] 刘尧汉先生甚至认为，自称“里颇”的彝族就是“罗罗颇”，二者似乎没有什么区别。[②] 据笔者考证，“俚濮”族群在清代云南地方文献中经常被写做“嫚且”或“嫚且蛮”，即“骂且颇”、“骂池濮”在不同时期的汉语音译。

一、“嫚且蛮”的族群称谓

1933年，著名的人类学家杨成志先生在《中国西南民族中的罗罗族》一文中声称自己花了六七年的时间一共收集了九十六种汉人对于“罗罗”族群的称呼，又根据外国人的调查报告统计出了四十种“罗罗”族群的自称，因此得出结论说“罗罗”

---

① 罗文高：《姚安马游彝村罗罗颇婚姻习俗概述》，载《彝族文化》1992年年刊，第128~133页。

② 刘尧汉著：《中国文明源头新探——道家与彝族虎宇宙观》，昆明：云南人民出版社，1985年版，第186页。

族群的汉语称谓及其自称都是多方面的，而且还会随着地域的不同而相差甚远。值得注意的是，杨成志先生所统计的“罗罗”族群的称谓中并没有“嫚且”这一种，而读音与之相近的却有“慕奇”、“马喜”和“慕喜”三种，均属汉人对于“罗罗”族群的他称；另一方面，在四十种“罗罗”族群的自称中却有“里颇”（Li－pό）和“里苏颇”（Li－sou pό）两种。①

因此，“嫚且”不太像是汉语他称，而应属于彝族内部的一种互称。在彝语中“嫚且”一词的原本含义是“马日”，由于各地方言的区别以及用汉字记音出现的差异，“嫚”字亦可作“母”、“谋”、“髳”、“目”、“牟”等，其含义为“马”，彝语中的“且”指的是“日”，“嫚且”的意思就是“属马的日子”，引申出来就是“属马日赶街的地方”，即“马街”。现今大姚县石羊镇周边的地区在唐代属于“髳州”管辖的范围，彝语中的“髳州”一词亦含有“马街”的意思。②

南诏崛起以后，金沙江南岸的青蛉蛮首领尹氏主动归附，深得南诏统治者的信任。因青蛉蛮处在南诏与四川作战的前沿阵地，南诏统治者亦从滇西调集自己的亲信乡兵，入境驻防屯守，这批军士与当地的“青蛉蛮”融合后形成了今天自称为“俚濮”的彝族先民。大姚县桂花乡自称“罗罗颇”的彝族老人们流传说，他们的祖先是唐代从大理迁来的，定居此地已有一千多年的历史，原先该地居住着一种自称“告颇”的族群，“罗罗颇”迁来后，“告颇”或徙他乡，或融合到“罗罗颇”中。③如此说来，“告颇”可能就是“青蛉蛮”的一种自称。在元明时期，云南姚安府属的

① 杨成志：《中国西南民族中的罗罗族》，载《地学杂志》1934年第1期，第1～45页。

② 罗宗贤：《彝学研究二则》，载《彝族文化》2007年第1期，第38～40页。

③ 李建昌：《楚雄州境彝族“罗罗颇”的传统婚姻习俗及现代变迁》，载《彝族文化》2004年第2期，第37～41页。

地方民族种类，除了"些莫徒"、"倮㑩"之外，并没有太多的文字记载。"些莫徒"即"撒摩都"，有部落酋长。束密王即其酋长，有部落在姚州。《元史·地理志》威楚路定远县（今牟定）说："高氏专大理国政命，云南些莫徒酋夷羡徙民二百户于黄篷阱"。明正德《云南志》卷九"姚安军民府"中说："本州土人有四种，曰僰人、曰㑩㑩、曰百夷、曰散摩都。僰与汉同风，散摩都类，百夷皆强悍好斗。我朝建学立师，收其秀者而教之，比年以来屡有登科请举者，而风俗亦渐美矣。"按语说此段文字引自"新《志》"，不知所指为何《志》。万历《云南通志》卷三记载姚安府风俗说："近郡之夷名，罗罗、僰夷、散摩都"。该志又述姚安府形势云："控制乌蛮撒摩都诸夷"。明万历四十八年（1620年），谢肇淛（1567—1624）撰《滇略》卷九"夷略"记载说："姚安诸夷，曰散摩都，强悍好斗，交易用盐、米，一日一小市，五日一大市。"[①]明天启五年（1625年），刘文征（1555—1626）撰《滇志》卷之三十"羁縻志·种人"云："白㑩㑩，……在江川、大理、姚安，皆称撒马都。"[②]由此可见，"撒摩都"一名常见于明代史籍，且明言姚安府属地均有之。

明正德《云南志》以前纂修的《姚安志》今已不存，故不知其对当地的民族构成作何描述。"嫚且"作为姚安府的一种族群称谓首次出现在清初高奣映的《问愚录》中。惟《问愚录》只能从康熙《姚州志》中略窥其貌。清康熙五十二年（1713年），管棆纂修的《姚州志》卷之一"风俗"云："彝种有七，居近城郭与汉僰杂处者，为撒摩都，后皆向化，衣服饮食渐与汉

① 方国瑜主编：《云南史料丛刊》（第六卷），昆明：云南大学出版社，2000年版，第778页。

② （明）刘文征撰：《滇志》，古永继校点，昆明：云南教育出版社，1991年版，第995页。

僰相同，诚彝种之善变者。在州四界山中者，为白倮，常入城为市，以竹木野蔬易盐米，性驯而愚。至远处万山穷谷中者，火耕刀种，性怯多疑，虽受人辱，至死亦且甘之，则黑倮也，迁徙无常居。……附近苴却彝曰罗婺，类倮而顽，亦甚贫苦，畏法多疑，遇事则鼠首。……嫚且一种，南中诸志纪所遗也，尚丑为正月，好饮，性任犷荡，男妇作欢，鸣叶、吹新、弹篾、弄枯，则皆音节流畅，合彝曲而杂和之，其声暗然咿然，亦可听。饮竟月而忘返，不知节用，过此则终岁饥寒，惟寻野菜充腹而已。性亦疑畏，百十里之外，足迹多罕至者。"[①]笔者认为，康熙《姚州志·风俗》中说的"见问愚录"仅指"嫚且"这一部分，并不是说整段的"彝种"概述都引自高奣映的《问愚录》，而所谓"彝种有七"，即撒摩都、白倮、黑倮、傈傈、罗婺、摆彝和嫚且，可见"嫚且"和"撒摩都"、"白倮"好像都不是一回事。高奣映在《滇鉴》中提到过"谢在杭《滇略》"，亦可证明"嫚且"不属于"散摩都"或"罗罗"之属，然而在高氏之前并没有人记载过"嫚且"这一族群称谓。实际上高奣映《问愚录》所记"嫚且"居住的范围并不特指"姚州"（今姚安），很有可能就是金沙江南岸的大姚县昙华山一带，只是康熙《姚州志》的编者作了狭义上的理解。

清康熙三十年（1691年），范承勋等修，吴自肃、丁炜纂的《云南通志》卷之二十七"种人"部分基本上承袭了天启《滇志》的族群分类体系，只说"白罗罗……在江川、大理、姚安，皆称撒马都"，当中并没有列入"嫚且"，说明高奣映的《问愚录》并没有受到重视。《四库提要·地理类》著录雍正《云南通志》说："雍正七年，鄂尔泰总督云南，奉诏纂辑，乃属姚州知

---

① 杨成彪主编：《楚雄彝族自治州旧方志全书·姚安卷》，昆明：云南人民出版社，2005年版，第24页。

州靖道谟因旧志增修，乾隆元年书成，后任总督尹继善具表进之。”该书十有八九同于康熙《云南通志》，稍有增损，却辑入了姚安“嫚且蛮”的内容。雍正《云南通志》卷之二十四记载说：“嫚且，南中诸志纪皆所不载，姚安有之。尚丑为正月，性好饮而荡，男妇作欢，鸣叶吹新，弹篾弄枯，则皆音节流畅，合夷曲而杂和之，其声喑然咿然，亦可听。饮竟月而忘返，不知节用，过此则终岁饥寒，惟寻野菜充腹而已。”①通过文字上的对照，可以断定雍正《云南通志》关于“嫚且”的记述是从康熙《姚州志》中抄出来的。这足可证明偏于姚安府的“嫚且蛮”能够进入“省志”，完全是姚州知州靖道谟的功劳。

清乾隆二年（1737 年），倪蜕杂抄前人之书纂录的《滇小记》之“滇云夷种”中说：“嫚旦，姚安有之，以丑为正月，好饮而荡，男妇作欢，吹叶弹篾，音节流畅，合夷曲而杂和之，其声可听。饮乐竟月，不知节用，过则终岁饥寒，惟野菜充饥而已。性亦疑畏。”② 估计倪蜕是糅合了康熙《姚州志》与雍正《云南通志》中有关“嫚且”的内容，因为“姚安有之”出自雍正《云南通志》，而“性亦疑畏”却不见于雍正《云南通志》，应该是从康熙《姚州志》所来。然而，倪蜕在杂抄前人之书时犯了一个小毛病，就是将“嫚且”改成了“嫚旦”，因为“且”和“旦”字形相近，很容易混淆。正如康熙《姚州志》所说，“嫚且”为“南中诸志纪所遗也”，连倪蜕这样的学者也不知道“嫚且”是怎么回事，以至于把它误抄作“嫚旦”。由此看来，“嫚且”一名仅出现在高奣映的《问愚录》中，因为清代以前的文献只提到“些莫

① 云南省编辑组编：《云南方志民族民俗资料琐编》，昆明：云南民族出版社，1986 年版，第 12 页。

② 方国瑜主编：《云南史料丛刊》（第十一卷），昆明：云南大学出版社，2001 年版，第 153 页。

徒”、“散摩都”或“撒马都”（三者读音相近）。因此，我们有理由相信是高奣映首次记录了“嫚且”这个族群的生活状况。据史料记载，高奣映的活动范围主要就在今大姚昙华一带，正是彝族“俚颇”（亦作“俚濮”）聚居的区域。高奣映作为清初姚安府一位“有文化”的世袭土同知，对于自己治所内的族群应该不会一无所知，这一点和外来学者不同。

二、“嫚且蛮”的图像记忆

清乾隆十六年（1751 年），清高宗弘历钦命沿边各督抚，把他们所管辖的域内各少数民族以及外国民族的衣冠服饰，绘成图像，送交军机处，由大学士傅恒于乾隆二十六年（1761 年）编辑成《皇清职贡图》，共绘制各族男女服饰图像二百九十九幅，图像后附简要说明，以他们当时的认识介绍其民族的史略及其与清王朝的关系，以及生活习俗。乾隆二十八年（1763 年），《皇清职贡图》由武英殿刻印出版，分为九卷，卷七部分为云南各族，共有三十六种，当中绘制了姚安府所属民族二种，即“倮倮蛮”和“嫚且蛮”。其中“嫚且蛮”部分绘制男女人物形象各一幅，题名为“姚安府嫚且蛮”和“姚安府嫚且蛮妇”。《皇清职贡图》的原绘本今已不存，从谢遂的摹绘本来看，画中的“嫚且蛮”男子留着胡须，面目有些“狰狞”，呈侧面弯腰站立，双手拿着竹笙在吹；女子为正面站立，双手拿一支笛子在吹；男子绾髻后用青布缠头，女子则用青布包住头发；男子穿一黑白相间的羊皮褂，女子披一羊皮毯；男子穿黄布短衣，女子穿黄布长袍（腰间系一根青布带子）；男子穿一青布裤子（裤脚卷至膝关节部位），女子穿青布裤子盖住脚面；男女皆跣足。如果把“嫚且蛮”的人物形象与《皇清职贡图》中的云南其他民族作比较，可以断定“嫚且蛮”的经济文化水平已经达到相当的水准，似乎早已脱离了“未开化”的阶段。从女性人物形象来看，除了

“跳足”这一点外，更像是一个“贵妇人”，她的右耳上似乎还戴着耳环一类的装饰品，体态雍容，表情安详。

从谢遂绘制的《职贡图》来判断，“竹笙”应该就是“芦笙”。图中笙管的排列方式，一般是运用圜状方式插入笙斗，但由于图像属平面式，因而只能呈现八根笙管（武英殿本为九根，笙管明显比谢遂本要长得多，排列方式也有差异），后面所排列之笙管无从判别，笙管属细管，此外无箍住发音管的圆箍（武英殿本明显有箍住发音管的圆箍），至于笙管有无穿过笙斗，因被左手遮蔽，故无法判别，另外吹口位置是连接于笙斗处，其长度约等同于小臂之长度，发音管与吹气管的角度约为65度。演奏时用左手托笙斗，右手抓住笙管。图中的芦笙与现今姚安彝族芦笙有许多相异之处。姚安彝族所使用的芦笙，笙管普遍为5～6管，属粗管，笙管会微露于笙斗底部，发音管与吹气管的角度约为115度，演奏姿势为捧姿，双手捧笙斗，用手指按音。另外，谢遂《职贡图》中所绘女性吹奏的笛子，其长度大约与肩同宽（武英殿本却明显比肩部宽得多），至于吹口的位置，图中并无显示。若依人物嘴唇所放置的位置判断是位于中间开孔，至于演奏姿势方面是属横吹式，在手持乐器的部分，是把两手分置笛之两端，两手手心都朝外扶笛，并把两手肘平行约举至齐肩位置。若与现在楚雄彝族使用的竹笛相对照，前者最大的不同点是因受吹口位置的影响，从而造成演奏姿势上的改变。由于图中并没有清楚地画出吹口与指孔的位置，因而造成线索较为模糊。若依清代巍山彝族《踏歌图》壁画中的持笛姿势判断，是把两手放置右侧按孔，故《皇清职贡图》中女性人物演奏笛子姿势的正确性确实让人怀疑。[①] 武英殿本吹笛子的姿势更合理一些。

---

① 王玉玫：《乐器被视为文化象征——以谢遂〈职贡图〉中的乐器为例》，台北：东吴大学音乐学系研究所音乐学组硕士论文，2009年1月，第50～56页。

清嘉庆二十三年（1818 年），云贵总督伯麟奉上谕绘制滇省夷人图册，并附简单的“说文”，被后人习称为《伯麟图说》，其中也有“㑩且蛮”。道光十五年（1835 年），阮元等修纂的《云南通志稿》大量引用了原本《伯麟图说》的“图”和“说”，其中就包括“㑩且蛮”这一部分。道光《云南通志稿》中的“㑩且”图没有背景，为黑白手绘线图。其人物形象与《皇清职贡图》有些相似，画面上绘有四人，男女二人一组。前面一组两人在弯腰吹某种乐器（明显不像芦笙）；后面一组男人拉着女人的手在嬉戏，女人的头饰与前一组女人不同，可能有年龄上的差异。中国社会科学院民族学与人类学研究所收藏的《滇省夷人图说》中所绘“㑩且”的人物形象与道光《云南通志稿》相同，只是布局略有改动。《滇省夷人图说》将所绘人物置于山水和场景之中，而道光《云南通志》所绘人物为黑白的线图，且没有背景作陪衬。中央民族大学图书馆善本库藏有一部《御制外苗图》（上下册），共收图 104 幅，上下册各 52 幅，图绘上的“说”与道光《云南通志》完全一致。《御制外苗图》上册第 22 幅仅题名为“且”，估计应该就是“㑩且蛮”，因为《滇省夷人图说》比《御制外苗图》多出四种（“白人”、“撒弥倮㑩”、“糯比”、“山苏”），而缺少二种（“野西番”、“妙倮㑩”），其他 100 种完全相同。①国家图书馆藏《夷人图说》是《伯麟图说》完整无缺的文字刻本，然而只存有“说”的部分，图阙。该书收录“迤西道”所辖“楚雄府属”四种夷人，即“㑩且”、“洒摩”、“蒲蛮”和“扯苏”。国家博物馆藏《夷人图说》（文存图阙）所绘制的云南夷人图像应为 108 种，其中第 76 种为“㑩且”，其跋曰：“㑩且，拙于治生。其俗以丑月朔醵饮

① 祁庆富、李德龙：《〈伯麟图说〉考异——〈御制外苗图〉和〈滇省夷人图说〉述略》，载《民族研究》2007 年第 1 期，第 82～87 页。

于野，弹薪吹叶，声喑咿出林壑间，入新年乃止，过此虽终岁饥寒弗计也。楚雄府属有之。”[①]国家博物馆藏《滇南夷情汇集》画卷共108幅，“嫚且”为第80幅，图绘4人，上有一男一女挽手而行，下有一男一女对歌。[②]据宋兆麟先生介绍，《滇南夷情汇集》的作者是清嘉庆、道光年间的昆明画家李诂，他曾到过云南许多少数民族地区观察民情，所绘人物图像能够就地取材。另外，据说江晓林先生也收藏有一册清嘉庆年间李祜（诂）绘制的《诸夷人图（稿）》，其中列出的“夷人”数多达一百一十九种，“嫚且”为第十八种。[③]

清光绪二十七年（1901年），王文韶等修，唐炯等纂的《续云南通志稿·南蛮志·种人》共辑录127种，比道光《云南通志稿》减少了14种。值得注意的是，光绪《续云南通志稿》中所附种人图像是重新绘制的，“嫚且蛮”为其中的第76种，虽然图说文字亦出自《皇清职贡图》，但人物形象却有较大的改变，不同于《皇清职贡图》，也不同于道光《云南通志稿》。据《续云南通志稿·职名》介绍，绘图为“提举衔云南候补通判陆邦纯”和“云南补用府经历龚履奎”两人，绘图总校为“四川江油县监生熊树藩”。画面右上方题“嫚且”二字，整幅画以几座大山为背景，山脚绘有一排篱笆，篱笆前有二人跣足弯腰行走，左边的一人目视前方，左手拿一笛子，右手提一小壶；另一人眼看着对方，左手拿的不知是何乐器，右手空着摆向对方，作交谈状。两人的衣服均为右衽，裤脚卷至膝盖，右边一人绾髻，上面缠有布带，腰间亦扎一布带，但结在正前方，估计是男性，

① 国家图书馆分馆编：《清代边疆史料抄稿本汇编》（34），北京：线装书局，2003年版，第289页。

② 宋兆麟著：《民族文物通论》，北京：紫禁城出版社，2000年版，第237页。

③ 江应樑著：《滇西摆夷之现实生活》，江晓林笺注，德宏：德宏民族出版社，2003年版，第35页。

但性别特征并不明显；左边一人像包着头发，腰间也扎一布带，但结在身体的右边，估计为女性，但其大腿明显比另一人粗壮，胸部特征也不明显。按图说文字，女人拿的应该是“篾琴”，但画中的两种乐器都不像“芦笙”。如果与《皇清职贡图》相对照，估计男子手中拿的是“笙斗”部分，而“笙管”部分并没有画上去，致使男子拿“芦笙”的姿势显然就不对。可以推测，《续云南通志稿》中“嫚且”图的绘制者根本就不了解“芦笙”的构造，因此整幅画就是根据文字想象出来的。方国瑜先生在《云南史料目录概说》中写道：光绪《续云南通志稿》“议修于光绪二十五年，至二十七年成书。时前志甫成，何以再修？闻老辈言，唐炯官云南巡抚，后督办矿务，有告发炯贪污，炯以出资修志掩其罪，……故此书潦草甚于前志也。”[①]大概也是为了掩人耳目，唐炯聘人重新绘制“云南种人图”以区别于旧志，故仅以文字为根据草草而成也！

三、“嫚且蛮”的文化特征

《皇清职贡图》中附带的说明文字如下：“嫚且蛮，居姚安府。姚安，古百濮地，汉为弄栋、蜻蛉二县，梁末没于群蛮，至元始内附。蛮人居处与民相杂。男妇皆缠头，衣麻布衣袴，披羊皮，跣足。善歌嗜饮，男吹竹笙，女弹篾琴，谐婉可听。时携酒入山，竟日忘返。近亦颇知治生。耕山种莜，纳税惟谨。”[②]这里的“与民相杂”是指与汉族移民交错居住，说明“嫚且蛮”已经开始受到汉文化的影响，而“纳税惟谨”表示对清王朝的臣

---

① 方国瑜著：《云南史料目录概说》（第二册），北京：中华书局，1984 年版，第 687 页。

② （清）傅恒等编著：《皇清职贡图》，沈阳：辽沈书社，1991 年版，第 878 页。

服关系。毫无疑问,《皇清职贡图》中有关“嫚且蛮”的说明文字出自云南地方官员之手，估计他们参看了康熙《姚州志》与雍正《云南通志》的相关内容，只是作了较大的改动。“嫚且”被归入了“蛮夷”的系列；对姚安历史沿革的介绍和“嫚且蛮”居住特点、衣冠状貌的说明都是新加进去的；“饮竟月而忘返”被改成了“时携酒入山，竟日忘返”，与原意相去甚远；“不知节用，过此则终岁饥寒，惟寻野菜充腹而已”被改成了“近亦颇知治生，耕山种莜”，说明其生活方式已经发生了巨大的变化；“性亦疑畏”被改成了“纳税惟谨”，成了清王朝统治下的“顺民”。康熙《姚州志》与雍正《云南通志》等志书强调的“尚丑为正月”这一条被删去了。经过核对，不同版本的《皇清职贡图》关于“嫚且蛮”的说明文字完全一样，只是在书写方式上有较大差异，很明显并不是出于同一人之手。比如武英殿本中的“弄”字异写成“美”，而文渊阁钦定四库全书本仍作“弄”；另外“莜”字的写法也明显不同,“艹”头下面的“收”，英殿本作“狀”，而文渊阁钦定四库全书本却作“收”。从字体来看也明显不同，武英殿本略带有“赵体”（赵孟頫）的味道，而文渊阁钦定四库全书本却是颜体（颜真卿）。从书写的格式来说，两种版本均书写成六列，但武英殿本每列书写为十七字，末列九字，共计九十四个字；而文渊阁钦定四库全书每列有十八字，末列只有四字，共计亦为九十四个字。另外，台北故宫博物院典藏的谢遂《职贡图》中的“姚安府嫚且蛮”和清人摹绘本《广舆胜览》之“姚安府嫚且蛮”题记的文字内容并没有改动，只是书写格式稍有不同，谢遂《职贡图》同时书写了满、汉两种文字，汉文题记在右，满文题记在左；汉文题记作四列，每列三十一个字，末列只有一个字，共计为九十四个字。清人摹绘本《广舆胜览》作八列，每列十三字，末列三字，共计亦为九十四个字，其中的“弄”亦作“美”，《清代民族图志》的编者识读为“美”，成了“汉为美栋、蜻蛉二县”，显然是说不通的。①另外，2008 年扬州广陵书社版《皇清职贡图》将“梁末没于群蛮”误作“梁末设于群蛮”。②

清乾隆二十八年（1763 年），谢圣纶辑《滇黔志略》卷之十五“云南·种人”云：“嫚且，南中诸志皆不载，今惟姚安有之。姚安，古百濮地，汉时置梇栋、青蛉二县，梁末没于群蛮。嫚且亦诸蛮之别种，男妇皆衣麻布、披羊皮，尚丑为正月，性好饮而荡。男妇作欢，鸣叶吹新，弹篾弄枯，则皆音节流畅，合夷曲而杂和之，其声喑然咿然，亦可听。”③经核对，有一部分同于《皇清职贡图》，另一部分则出于旧志。实际上，《皇清职贡图》有关“嫚且蛮”的文字部分，极有可能出自谢圣纶之手。谢圣纶在《滇黔志略·云南·种人》的“按语”中说：“乾隆丙子，余分校滇闱，大中丞爱公旋命余纂辑《百蛮图说》，进呈御览。余按各图，与《通志》所载种人尤多不符。盖《通志》缘旧志备录，新图则通行各属绘图册报，其种类风俗，于近时皆为确凿可靠。今所列种人除载明各条外，余皆采之《百蛮图说》，更为信而有征。”④毫无疑问，进呈御览《百蛮图说》就是绘制《皇清职贡图》的蓝本。按照谢圣纶的说法，从“各属绘图册报”来的“新图”是确凿可靠的。从《皇清职贡图》开始，“嫚且蛮”成为姚安府境内民族的代表上升到了“国家”的层面，其社会生活状况不断受到人们的关注。然而，有关“嫚且蛮”社

① 李泽奉、刘仲如编著：《清代民族图志》，西宁：青海人民出版社，1997 年版，第 153 页。

② （清）傅恒等编纂：《皇清职贡图》，扬州：广陵书社，2008 年版，第 497 页。

③ （清）谢圣纶辑：《滇黔志略》，古永继点校，贵阳：贵州人民出版社，2008 年版，第 179 页。

④ （清）谢圣纶辑：《滇黔志略》，古永继点校，贵阳：贵州人民出版社，2008 年版，第 184 页。

会生活的说明文字演变成了两个系统，一部分是仍然杂抄康熙《姚州志》与雍正《云南通志》，其余则参看《皇清职贡图》的题记。清乾隆四十四年（1779年），胡蔚增订的《南诏野史》下卷“南诏各种蛮夷·嫚且”云：“男女皆麻衣袴，披羊皮。以丑月为正月。性好饮，男女皆同。男吹芦笙，女弹口琴，欢饮竟月，过此则终岁忍饥，野菜充腹而已。”①经过核对，前半部分引自《皇清职贡图》，后半部分引自康熙《姚州志》或雍正《云南通志》。据查，明万历末年倪辂纂录的《南诏野史》本中并无这一段论述。

云南中北部的彝族地区曾通行过古老的“十月太阳历”和“十八月历”，然而“嫚且蛮”却是以十二月为正月，不知其与古老的历法有没有什么必然的联系，看来这是一个有待进一步深入研究的问题。清人龚澡身的《仲人咏》云：“弄枯弹篾听伊然，鸣叶吹新调更圆。共说嘉平是元旦，入山歌舞趁新年。”②这首竹枝词的后半部分所依据的是“以丑为正月”，看来“嫚且蛮”的确是与众不同的。龚澡身是龚自珍（1792—1841）祖父龚敬身的弟弟。龚敬身是乾隆三十四年（1769年）进士，官至云南楚雄府知府，著有《桂隐山房遗稿》，与其弟龚澡身、龚禔身有杭州东城“三龚”之称。由此可知，龚澡身应是乾嘉年间的人。因为其兄龚敬身为楚雄府知府，想必龚澡身到过姚安或阅读过与之有关的文献。《仲人咏》诗中所写出自地方志书无疑，而不是《皇清职贡图》。清嘉庆四年（1799），檀萃（1725—1801）辑《滇海虞衡志》卷之十三“志蛮”云：“嫚且，以丑为正月，好饮而荡，男妇作欢，鸣叶吹薪，弹篾弄枯，音节流

① （明）杨慎撰著：《南诏野史》，台北：成文出版社，1968年版，第166页。

② 丘良任等主编：《中华竹枝词全编》（七），北京：北京出版社，2007年版，第122页。

畅，合夷曲而杂和之，喑咿可听。饮竟月忘返，不知节用。过此则终岁饥寒，惟寻野菜充腹而已。性亦疑畏。”①很明显，檀萃抄的是康熙《姚州志》。清嘉庆十五年（1810 年），曹春林（字树翘）撰《滇南杂志》卷二十四“种人下·嫚且”云：“嫚且之种，南中诸志纪皆所不载，今惟姚安有之。尚丑为正月，性好饮而荡。男妇作欢，鸣叶吹新，弹篾弄枯，则皆音节流畅，合夷曲而杂和之，其声喑咿然亦可听。饮竟月而忘返，不知节用，过此则终岁饥寒，惟寻野菜充腹而已。性亦多疑畏。”②曹春林是上海人，作为幕僚旅滇多年，但此段文字糅合康熙《姚州志》与雍正《云南通志》的内容，并无新的说法。

到了清道光十二年（1832 年），额鲁礼、王垲纂修的《姚州志》卷之一“风俗”中的“嫚且”部分，几乎是一字不差地抄自康熙《姚州志》，只是将“则皆音节流畅”改为“音节流畅”。顺便指出的是，《楚雄彝族自治州旧方志全书》（姚安卷）收入的道光《姚州志》的断句比如“尚丑，为正月好饮”、“其声喑然、咿然亦可听”等都有值得商榷的地方。清道光十五年（1835 年）编纂的《云南通志稿》卷一七二至一九〇卷记载云南土著民族共有一百四十一种，属诸本有关云南“种人”记载中较为完整的，其中第七十六种为“嫚且”，其说明文字分为两个部分，分别引自《皇清职贡图》和旧《云南通志》。引自《皇清职贡图》的部分一字未动，但旧《云南通志》并没有明指，其文字与雍正《云南通志》对照，少“姚安有之”一句，且多出“性亦疑畏”一句，估计也是删减各旧志而成。清光绪七年（1881 年），刘慰三撰《滇南志略》卷二“楚雄府·姚州”将

① 方国瑜主编：《云南史料丛刊》（第十一卷），昆明：云南大学出版社，2001 年版，第 237 页。

② （清）曹春林编：《滇南杂志》，台北：华文书局，1969 年版，第 815 页。

“嫚且蛮”列为当地各种夷人之首，惟其文字糅合了《皇清职贡图》与其他旧志资料，只是将顺序打乱重组在一起，说什么“纳税维谨，性亦疑畏”，显得有些不伦不类。①清光绪十一年(1885年)，甘雨纂修的《姚州志》卷之一“风俗”中有关“嫚且”的部分，也是从康熙《姚州志》抄出来的，仅将“惟寻野菜充腹而已”改为“惟寻常野菜充腹而已”，多出来的“常”字当属衍文。对于这一情况，《楚雄彝族自治州旧方志全书》（姚安卷）的校注者并没有出注加以说明。

四、“嫚且蛮”的历史源流

前面已述及，“嫚且蛮”以十二月为一年的开始。康熙《姚州志》引高奣映《问愚录》说：“嫚且一种，……尚丑为正月。”据考证，在夏、商、周三代，每年的十二个月中有三个月可以作为岁首（正月），这三个月是子月（农历十一月）、丑月（农历十二月）和寅月（农历正月）。夏朝以寅月为正月，商朝以丑月为正月，周朝又改以子月为正月。战国时期的秦人和汉代初年都以十月为岁首，直到汉武帝改夏正之后，华夏民族以正月为岁首的习俗和纪年方法才一直沿用至今。由此可见，“嫚且蛮”的祖先曾经接受过商人的统治。清乾隆年间的云南诗人张履程曾作《云南诸蛮竹枝词》，其中有一首题为《嫚且》，诗云：“春风弦管历从商，男女歌呼引兴狂。沉湎不知终岁计，野蔬无叶抵糇粮。”笔者认为这首诗的前面两句说的就是“嫚且”遵从商代“尚丑为正月”的习惯，男女都沉浸在过年的喜悦之中。然而，李孝友先生对“春风弦管历从商”这一句的理解似乎值得商榷，如果把“商”说成是“五音之一，属第二音阶”的话，那“春

① 方国瑜主编：《云南史料丛刊》（第十三卷），昆明：云南大学出版社，2001年版，第144～145页。

风”和“历”字应该怎样解释？既然是“弦管”，不可能只吹奏出一个音阶来。[①]因此这里的“商”字只能解释成上古时期的商朝，当春风开始吹来的时候，“嫚且”男女演奏着“弦管”欢度佳节，他们一直遵循着从商代就流传下来的古老习俗。另外，无名氏的《滇南诸夷译语竹枝词》中也有一首《嫚且》诗云：“嫚且商正是春王，宁操波琴宰闭篁。吓的洪罕刚匝月，楞披但觅派充当。”[②]据唐代樊绰的《云南志》记载：“夜郎滇池以西，以十二月为岁首。”《新唐书》说“自夜郎、滇池以西，皆庄蹻之裔。……以十二月为岁首。”可以推测，“嫚且蛮”的先民至少在唐代就已居住在金沙江流域。在隋唐以前云南姚安、大姚、永仁和四川攀枝花一带的古代居民，最早见于史籍记载的是僰人与汉族后裔。《元和郡县志》卷三十二“姚州”说：“武德四年（621年），安抚大使李英，以此州人多姓姚，故置姚州，为泸南巨屏”。《唐书·地理志》与《新唐书·地理志》所说都与此相同。所谓姚姓，应是汉人。《华阳国志·南中志》说：“王逊使都护云南姚岳拒獽于堂螂县”，这里的姚岳或即云南郡弄栋县人，所谓“此州人多姓姚”，就是姚族的后裔。[③]

樊绰《云南志》卷四说：“弄栋蛮，则白蛮苗裔也，本姚州弄栋县部落，尝有部落首领为刺史。……当天宝中，姚州刺史张乾陀守城拒战，城陷死殆尽。”又说：“青蛉蛮，亦白蛮苗裔也，本青蛉县部落，天宝中，巂州初陷，有首领尹氏父兄子弟，相率南奔河赕，阁罗凤厚待之；贞元年中，南诏清平官尹辅酋、尹求宽，皆其人也，衣服言语与蒙舍略同。”弄栋蛮、青蛉蛮都是久

① 李孝友笺释：《清代云南民族竹枝词诗笺》，昆明：云南美术出版社，2005年版，第124页。

② 赵杏根选编：《历代风俗诗选》，长沙：岳麓书社，1990年版，第127页。

③ 方国瑜著：《方国瑜文集》（第二辑），昆明：云南教育出版社，2001年版，第83～84页。

住在姚州的僰人和汉族大姓融合后形成的部落，弄栋蛮的势力受到了削弱，青蛉蛮却找到了发展的机会。《新唐书·地理志》说：“贞观二十三年（649 年），诸蛮末徙莫祇、俭望二种落内附，置傍、望、求、丘、览五州。”《资治通鉴》亦说：“贞观二十三年（649 年），西南徙莫祇等蛮内附，以其地为傍、望、览、丘四州。”据考证，“求州”为俭望蛮居地，大概在今天的禄劝、武定一带，“俭望蛮”后来发展成为罗婺彝族的先民；余下的傍（今牟定）、望（今广通）、览（今楚雄）、丘（今南华）就是徙莫祇的居地。[①]《新唐书·南蛮传》说徙莫祇蛮在爨蛮之西，樊绰《云南志》卷四及《新唐书·南蛮传》所载，爨地止于龙和（今禄丰），可见从广通到祥云一带都有徙莫祇，在后理国高氏势力伸入之前，这一地区是连成一片的。“徙莫祇”在《元史·地理志》中被称作“些么徒”，主要分布在中庆、澄江、威楚诸路。到了明代，“些么徒”在云南各种志书中又被写作“撒摩都”，如景泰《云南图经志书》卷之四“楚雄府”说“定远之民，有曰撒摩都，即白罗罗之类”，就是自称“罗罗濮”的彝族支系。在金沙江两岸的大姚、永仁等地，明显不属于“徙莫祇”的势力范围。

唐武德四年（621 年）以后在青蛉河、龙川江及渔泡江周近地区先后设置了姚、髳、尹、曾、宗、褒、微、靡、匡、波、镜、隰、化等十三个羁縻州，其中髳（驻地在今大姚县石羊镇）、微（驻地在今永仁县永定镇小汉坝）、靡（驻地在今元谋县黄瓜园镇）、尹（驻地在今牟定县新桥镇）都是青蛉蛮的势力

① 方国瑜：《两爨六诏地理考释》，载《历史地理》第二辑，上海：上海人民出版社，1982 年版，第 21～31 页。

范围。天宝十三年，髳、微、靡、尹四州均陷于南诏。[①]可以确知，天宝中嶲州初陷相率南奔河赕的只是尹州的青蛉蛮，其余大部分青蛉蛮也都留在了原地。另外，青蛉蛮多姓“尹”，发展程度较“乌蛮”要高一些。作为“白蛮苗裔”的一支，他们保持了自己独立的发展方向，没有被其他的族群所同化，其中一部分后来逐渐演变成了“嫚且蛮”。很明显，他们不同于明清文献中常见的“撒摩都”，这一点在康熙《姚州志》中已说得非常明白，“撒摩都”居近城郭与汉僰杂处，衣服饮食渐与汉僰相同，慢慢脱离了“蛮夷”的行列；“白倮㑩”居住在州四界的山中，常入城为市，也不断受汉文化的影响；只有“嫚且”居住在百十里之外足迹罕至的地方，到了清乾隆年间才“颇知治生”，但随后的《伯麟图说》又说“拙于治生”，看来“嫚且蛮”分布的范围相当广泛，而《皇清职贡图》说的可能是受汉人影响较大的那一部分。清宣统二年（1910年），董一道在实地写生素材的基础上编绘的《古滇土人图志》提到“婚际攀杆”的风俗：“迤西楚雄姚州等属之倮㑩，最喜早婚。有二三岁即成礼者，新妇以一人负之婆家，次日仍回，彼此即认为亲串。至十八九岁，与外人苟合，生子始归。每遇婚事，众宾毕集，攀油杆为戏。其法竖一杆，以油脂涂满，系一羊腿于其巅。有能攀及者，即以羊腿为奖品，众宾顾而乐之。”[②]这种“爬油杆”活动至今仍是姚安、大姚等地彝族传统的娱乐项目，然而在董一道所描绘的云南五十种“土人”图像中并没有“嫚且蛮”的身影，这也说明“嫚且蛮”的族群身份是很容易被忽略的。

① 郭声波：《唐代青蛉周近地区羁縻州县研究》，载《历史地理》第二十三辑，上海：上海人民出版社，2008年版，第20～38页。

② 董一道编绘：《古滇土人图志》（第二册），昆明：云南崇文石印书馆，1914年版，第10页。

进入民国以后，虽然“嫚且蛮”的名称仍偶尔出现在各种学术论著之中，但其所书写的内容显然都是从清代的各种文献中杂抄出来的。1923 年，谢晓钟（1887—1948）著《云南游记》也把“嫚且”作为一种族群称谓来看待，在其整理的《云南夷人种类表》中总共收入了九十七种族群名称，其中第三十四种为“嫚且蛮”，附文说：“居姚安。男妇皆缠头，衣麻布，披羊皮，跣足。善歌，嗜酒。男吹竹笙，女弹箜琴，谐婉可听。时常携酒入山，竟日忘返。”[①]除个别字词有改动外，完全同于《皇清职贡图》。1943 年，龚家骅编著的《云南边民录》列出种人 86 种，其中也有对“嫚且”的专门介绍。然而，在一些实地调查资料中已经没有“嫚且蛮”的名称。江应樑先生于 1944 年到 1946 年间主持云南民政厅边疆行政设计委员会时，用了两年时间调查云南各族，共统计得八十五种，当中并没有“嫚且”。[②]民国年间周钟岳等纂修的《新纂云南通志》中也没有再提到“嫚且蛮”的相关情况。1947 年，姚安乡贤由云龙先生任总纂的《姚安县志》虽然也原文引用了康熙《姚州志》和《皇清职贡图》中有关“嫚且”的文字说明，但紧接着的“按语”说：“雪君先生所志，姚安彝种，昔虽有八，除僰人、撒摩都，久已汉化。其倮倮、罗婺、摆夷等所居地，又已划属盐丰、永仁，实仅白夷、黑夷、嫚且三种，近亦多通汉语，习汉俗。依调查方言所得，各山夷语大体相同，黑白之分，已不可辨，询之，彼等亦不知谁属。可见今邑中夷人，仅一种而已。若再加以教育，数十年后，当不难完全汉化耳。”[③]在由云龙看来，“嫚且”不属于

---

① 谢晓钟著：《云南游记》，台北：文海出版社，1967 年版，第 239 页。

② 江应樑著：《滇西摆夷之现实生活》，江晓林笺注，德宏：德宏民族出版社，2003 年版，第 37 页。

③ 杨成彪主编：《楚雄彝族自治州旧方志全书 · 姚安卷》，昆明：云南人民出版社，2005 年版，第 1578 ~ 1579 页。

“白夷”，也不同于“黑夷”，是一种“独立”的族群，而且“近亦多通汉语，习汉俗”，已慢慢开始同化到汉族当中去了。实际上，民国时期姚安县的范围比起康熙年间的姚安府来说要小得多，因为抄袭旧志的缘故，仍将“嫚且”的分布范围局限在姚安县，缺乏实地的调查与研究。

五、“嫚且蛮”的族属范围

关于“嫚且蛮”的族属问题，学术界一直没有进行专门讨论。然而，长期以来致力于中国西南民族史研究的尤中先生在不同时期的著述中都将“嫚且”归入彝族迷撒拔支系。1980 年，尤中先生在《中国西南的古代民族》中说：“元、明、清时期彝族内部的政治、经济、文化的发展仍然不平衡，各地区的各个部分因而依旧保持着原来不同的氏族、部落名称。于是当时除了把彝族一概称之为‘罗罗’之外，还有‘摩察’、‘罗婺’”等二十余种不同的名称。……元代记录忽略了记载姚安路的‘罗罗’情况。明代记录作了明确补充。……‘摩察’乃‘蒙舍’之同音字，先后译写不同而已。……‘摩察’中的一部分自蒙舍迁出散布到附近周围各地之后，与该地区的其他各族相杂居，而有关的文字记录或将‘摩察’译写作音近的其他字形。……近代巍山（蒙化）、凤庆（顺宁）、景东、云县、漾濞等县的一部分彝族，自称‘迷撒拔’，汉族则称其为‘土家’、‘土族’、‘蒙化族’。‘迷撒’与‘蒙舍’、‘摩察’同音，先后译写不同而已。或以为‘迷撒拔’是彝族中的‘迷撒拔支系’。又武定、禄劝、弥渡、昆阳等地的彝族中，有自称‘密期’者，汉族仍称其为‘麦岔’、‘麦插’，即过去记录中的‘麦岔’、‘密叉’、

‘曼且’。”[1] 2007 年，尤中先生在其集大成的宏篇巨著《中华民族发展史》中仍不改初衷，认为由于所在地区的生态环境、社会环境不同，云南彝族中的各个不同部分内部的经济文化生活并不完全相同，而“摩察”、“木察”、“麦岔”、“嫚且”为同音译写字形之异，乃唐朝初年之蒙舍诏（即南诏）的讹称。唐朝以后，原蒙舍诏部民自蒙舍迁出，流散各地，自成一个小集体，出现经济文化生活中地方性的差别，反映在名称译写上面或稍舛而作“摩察”、“木察”、“麦岔”、“嫚且”，即近代彝族中的迷撒拔支系。[2]

需要指出的是，尤中先生的这一观点在学术界不断地被引用。1997 年，万永林在《中国古代藏缅语民族源流研究》一书中写到：“云南彝族在‘罗罗’这个总称之下，又分为许多不同名号、不同方言的地方性小集体，进而发展为今天彝族的各支系。据汉文记载，……‘摩察’又名‘木察’、‘迷撒泼’、‘麦岔’、‘密叉’、‘曼且’、‘蒙化夷’等，自今巍山、大理散居及于武定、禄劝、楚雄、姚安、易门、景东、普洱、云县、凤庆、双江、保山、昌宁、永平、永胜、华坪等地。”[3] 1998 年，宋兆麟撰文说：“嫚且又名嫚且蛮，为摩察一支，也属彝族迷撒拔支系。”[4]宋先生在《民族文物通论》一书中仍坚持了同样的观点。[5] 2005 年，李孝友先生在《清代云南民族竹枝词诗笺》中

① 尤中编著：《中国西南的古代民族》，昆明：云南人民出版社，1979 年版，第 237 ~ 267 页。

② 尤中著：《中华民族发展史》（第三卷），昆明：晨光出版社，2007 年版，第 1381 页。

③ 万永林著：《中国古代藏缅语民族源流研究》，昆明：云南大学出版社，1997 年版，第 216 页。

④ 宋兆麟著：《云南民族的生动画卷——〈滇南夷情汇集〉试析》，载《中国历史博物馆馆刊》1998 年第 2 期，第 129 ~ 140 页。

⑤ 宋兆麟著：《民族文物通论》，北京：紫禁城出版社，1999 年版，第 237 页。

说："嫚且，即'摩察'，自称'迷撒泼'，清代对居住在姚安一带的彝族称呼。……清代姚安彝族人尚丑，以丑为正月。"①2007年，郑天挺等主编的《中国历史大辞典》则解释说："摩擦，古族名。唐代六诏之一，蒙舍诏的遗民黑爨别称。明清时散居今云南大理、蒙化、楚雄、武定、易门、姚安等地。在武定者名'麦岔'，在易门者名'密叉'，在姚安者名'嫚且'，皆'摩擦'之音转。其在顺宁（今凤庆）者被称为'蒙化夷'。近代自称'迷撒拔'和'密期'的彝族均其后裔。"②2007年，杨丽美在《密岔彝语初探》一文中说："密岔是众多彝族支系的一支，自称'民期'、'希期波'、'迷撒波'；他称'密岔'、'期期'、'土家'、'蒙化'等，历史上还有'木察'、'密叉'、'麦岔'、'嫚且'之称，这是彝语方言的汉译异字同音。操密岔语的彝族人分布在云南武定、禄劝、昆明、巍山、凤庆、景东、云县、祥云等地。"③可见，《中国历史大辞典》说"在姚安者名嫚且"，这一结论明显是从尤中先生的论著中杂抄出来的。奇怪的是，杨丽美所列出的一长串操密岔语的彝族人分布的地点，当中却又没有"姚安"，前后分歧较大。

实际上，如果"嫚且"是"摩察"的变音异写，那就是"黑㑩㑩"之属了，谢肇淛《滇略》卷九"夷略"说："摩察，黑爨之别种也。"相反，如果"嫚且"不是"倮濮"彝族的主体部分，各级地方官员在不断修志的过程中，应该不会给予这样的重视，要知道像绘制《皇清职贡图》这样巨大的国家工程对一个地方意味着什么？显然，是"嫚且"而不是别的族群作为云

① 李孝友笺释：《清代云南民族竹枝词诗笺》，昆明：云南美术出版社，2005年版，第124页。

② 郑天挺等主编：《中国历史大辞典》（音序本），上海：上海辞书出版社，2007年版，第1813页。

③ 杨丽美：《密岔彝语初探》，载《楚雄彝学研究》2007年第1期，第77~87页。

南中北部族群的“代表”被编绘进了各类官方编绘的人种图册之中，这绝不仅仅是巧合或胡编乱造可以解释的。不可否认，直到清乾隆年间编绘的《皇清职贡图》，仍将云南境内的世居民族在称谓上打上“犭”旁的烙印，而“嫚且”是一个相对文雅的称谓，这固然与高奣映选择这样的字眼有关，同时也表明“嫚且”的文化发展程度应该不会太低。当然，对于“嫚且”的族属问题，也有人提出不同的猜想。2001年，卜其明在《想起光明宫》一文中说：“明朝时的姚安，辖蜻蛉（今大姚）、苴却（今永仁）二县，……境内民族重多，有撒摩、伯保、傈僳、罗婺、摆夷、嫚且等民族，大约是现今的撒尼、傈僳、彝、傣等民族。他们多居深山峡谷之中，生产力极为落后。”①很明显，文中的“重”为“众”之误，明朝时根本就没有在今永仁地界设置过“苴却县”，此说不知何据？把“嫚且”归入傣族的行列之中，可能自己也不确定，所以才用了“大约”二字。实际上“嫚且蛮”属于彝族似乎已成为大家的共识，然而彝族支系众多，究竟属于哪一个支系仍需要作进一步的考证。

新中国成立以后，“嫚且”这一族群称谓逐渐被“俚濮”所取代。在彝语中“濮”或“颇”带有“人”、“族”的含义，而“俚”或“里”则有“野外”、“山上”的意思，“俚濮”或“里颇”就是“住在山上的人”，也可以用来概括“山里人”。作为一种特有的族群称谓，“俚濮”首次出现在书面语言中可能是在20世纪50年代。当时在党和政府的领导下，大批民族工作者奔赴民族地区，按照马克思主义的民族理论和政策开展了大规模的民族调查与识别工作。楚雄地区开展的大规模的民族识别工作，出现在建州前的1957年。据资料记载，当时楚雄地区共有

① 卜其明：《想起光明宫》，载《楚雄师范学院学报》2010年第4期，第150~152页。

彝族自称和他称达四十一种，其中就包括“俚濮”。经过1958年楚雄地区各族各界人民代表会议讨论研究并作出决议，将不同的彝族称谓归并到13个支系中，“俚濮”为其中第三大支系，仅次于“罗罗颇”和“纳苏”。1965年永仁县一部分“俚颇”居住的地方划归了四川渡口市（后改称“攀枝花市”）。在历史上，尽管“俚濮”和“罗罗颇”有差异，但有时候还是会被侮辱性地称做“倮倮”，这说明族群“边界”的混淆程度是不容忽视的。新修《大姚县志》说：“县境彝族有‘罗罗濮’、‘腊罗拔’、‘俚濮’、‘骂池濮’、‘格苏濮’及‘婆胚’等六个自称单位。……其中，罗罗濮、腊罗拔、婆胚三个自称单位的语言属彝语中部方言的罗罗濮土语，俚濮、骂池濮和格苏濮的语言属俚濮土语。”①需要指出的是，一些地方的“俚濮”历史上又自称“倮倮”或“里苏颇”，后来被归并为“倮倮族”。故有学者认为，“里颇”其实是与倮倮族很近的一个族群，其所使用彝语与倮倮族语言是可以通话的。②

不可否认，因为将“嫚且”误作“摩察”的缘故，尤中先生在不同时期的论著中始终没有给云南中北部金沙江南北两岸的“俚濮”（或“骂池濮”）族群留下应有的文字描述。实际上，“骂池”或可正写作“马池”，最先可能只是一个地名，后来才演化成为族群称谓。《大明一统志》卷八十六云：“龙马池，在定远县西南五里，方广四里，相传有龙马现于此。”据考证，“龙马池”在今牟定县城西南二公里的龙池村，即唐代尹州所领

① 云南省大姚县地方志编纂委员会编纂：《大姚县志》，昆明：云南大学出版社，1999年版，第780页。

② 巫达著：《社会变迁与文化认同：凉山彝族的个案研究》，上海：学林出版社，2008年版，第28页。

的天池县故地，居民属蜻蛉蛮。[①]看来，传说中的“龙马”有可能是青蛉蛮的一种图腾崇拜，或许“马池”就是他们最神圣的地方。如今四川会理县通安区的彝族仍被称为“骂池人”，而攀枝花市啊喇彝族乡的“里颇”也流传说，早在五百年前，最先到这里居住的李姓彝族是充军云南的汉族兵士与“里颇”结合形成的“骂池人”，来自大姚，他们居住过的地方被称做“骂池地”，他们埋葬死人的山岗也被叫做“骂池坟地”。现在会理县通安一带的彝族仍被称为“骂池人”。永仁县永定镇北边太平地村委会也有一个“骂池村”，居民全是白彝族。[②]在从清代的“嫚且蛮”发展到现代的“俚濮”彝族的过程中，也有一些文化习俗始终保持未变。在金沙江南岸操俚濮土语的彝族主要分布在蜻蛉河、渔泡江两流域的山区地带。直到现在，大姚县城西南边一百公里外的桂花乡彝族仍自称“俚颇”、“骂且颇”，多数情况下“骂且颇”用来互称。[③]从服饰习俗来看，永仁直苴和大姚三台、赵家店、昙华、桂花等地的“俚濮”彝族至今仍将羊皮褂作为生活必需品，男女老少都喜欢穿着。另外，历史上“嫚且蛮”在娱乐方式上表现出来的那种固执的迷恋与激情，似乎仍在“俚濮”彝族人地区得到传承和彰显。

---

① 郭声波：《唐代青蛉周近地区羁縻州县研究》，载《历史地理》第二十三期，上海：上海人民出版社，2008 年版，第 20 ~ 38 页。

② 李光忠、封有芳口述，起光禄整理：《啊喇乡的彝族和傈僳族》，载《攀枝花文史资料》第九辑（少数民族专辑），1996 年 7 月内部印行，第 154 ~ 156 页。

③ 李建昌：《大姚县桂花彝族原始宗教概述》，载《彝族文化》2002 年第 3 期，第 91 ~ 98 页。

四库全书本《皇清职贡图》中的“嫚且蛮”

武英殿本《皇清职贡图》中的“嫚且蛮”

谢遂《职贡图》中的“嫚且蛮”

道光《云南通志稿》中的“嫚且蛮”

光绪《续云南通志稿》中的“嫚且蛮”

彝族人生礼仪的文化功能解析

——以大姚昙华的满月礼为例

张源洁*

摘　要：人生礼仪是民俗文化的重要组成部分，是每个人在他人生的各个不同阶段为获得社会认可所经历的仪式和礼节。人生礼仪是民族文化的多棱透镜，它能映射出民族的传统伦理观、道德规范、宗教信仰和生产生活方式等文化事项。人生礼仪因民族和地域环境的差异呈现出丰富多彩的形态。在楚雄昙华彝族聚居区，存在着一种风格独特的人生礼仪，夫妻结婚不举行任何仪式，直到孩子出生后的满月礼仪中，夫妻身份与父母身份才一起得到社会的认可。本文以昙华彝族的满月礼为例，在展示当地彝族独特人生礼仪过程的基础上，解析其文化功能内涵。

关键词：昙华彝族　满月　文化功能

引　言

人生礼仪是指人在一生中几个重要环节上所经过的具有一定

* 张源洁（1985—），女，彝族，楚雄姚安人，硕士，云南省社会科学院农村发展研究所科研人员。

仪式的行为过程。每一个人之所以经历人生礼仪，决定因素不仅在于是其本人年龄和生理变化，而且是在其生命过程的不同阶段上，生育、家庭、宗族等社会制度对其地位规定和角色认可。因此，人生礼仪是将个体生命加以社会化的程序规范和阶段性标志。① 具有悠久彝族发展史的楚雄昙华乡，其人生礼仪积存着厚重的文化蕴涵。昙华彝族人生礼仪上表现出来的风土人情，反映了他们在生活进程中自然形成的生活习惯与文化传统。昙华彝族的人生礼仪既与其他彝族地区有着相同之处，又因为社会历史发展与民族传统文化的复杂性和独特性呈现出自身的特点。

彝族的人生礼仪有诞生礼、成年礼、婚姻礼和丧葬礼等，而“满月”就是诞生礼中十分重要的礼仪。婴儿降生一个月称为“满月”，一般家庭这天要给婴儿举行“满月礼”，祝贺母子平安，此谓之“弥月之喜”。满月这天亲朋好友要前往送贺礼，主家则设宴招待宾客。早在唐朝，庆贺儿生满月的满月礼就已经非常盛行。《太平广记》记载了这样一则故事：唐高宗显庆年间（公元656—661年），长安城西路侧有一店家生下一男，“月满月，亲族庆会，欲杀羊，羊数向屠人跪拜”，但大家都不以为意，就将它杀了，把肉放在锅里煮。“余人贪料理葱蒜饼食，令产妇抱儿看煮肉。抱儿火前，釜忽然自破，汤冲灰火，直射母子，母子俱亡。”这则故事的本义或许在于对人们进行宗教宣传，却反映出当时民间庆祝满月的活动是相当隆重的。②

所有的人生礼仪都有其特定的意义和功能，满月礼除了有“庆生”之意，还有丰富的文化内涵。满月礼是昙华彝族极为重要的人生礼仪，是婚姻关系和家庭血亲关系得到社会认可的标志

① 钟敬文主编：《民俗学概论》，上海文艺出版社，1998年12月第1版，第156页。
② 张勃等编著：《中国人最应该知道的77个礼俗》，中国书籍出版社2008年版，第20页。

性程序。它整合了身份认同、职责赋予、教育传承、人际交往等多种功能，同时还展现了当地彝族的信仰文化和人际馈赠文化。

一、研究点概况

昙华位于大姚县境中部，距县城44公里，东临六苴镇，南抵新街乡，西靠石羊镇，北接桂花乡。全乡面积197.26平方公里，森林覆盖率93.7%，属高寒冷凉山区，少数民族聚居区。全乡有7个村委会，53个村民小组，81个自然村，总人口7 781人，彝族居多，有彝族人口6 963人，占总人口的89.5%。昙华因山而得名，境内有昙华山，海拔3 117.8米，高耸入云，巍峨雄伟，屹立于县境中部，状如百草岭的巨大屏风。冬春多霜雪，夏秋季节，云雾弥漫，变化无常，阴云即雨，若雨后初晴，景色绚丽，古人谓“月华扬彩昙”。[①]昙华境内山地面积广大，地势起伏、群山连绵、立体气候显著。全乡耕地面积小，仅有9 000余亩，年平均温度11.4℃，日照2 847小时，是云南省日照最长的乡之一。常年雨量充沛，平均降雨量可达1 149毫米，四季多雾，空气潮湿。

二、满月礼的仪式过程

昙华乡彝族满月礼仪的独特，源于他们奇特的婚俗文化。当地彝族实行自由恋爱结婚，“爬草楼”是昙华彝族特有的婚俗习惯。相爱的青年男女通常以唱彝族漫若小调、吹树叶的方式互传爱慕之情。正月十五和二月初八插花节的打跳也是男女青年互诉衷肠的良好时机和场合。昙华山彝族通过试婚制来确定婚姻关系，婚姻一旦确立，家庭随之确立。但是昙华乡彝族人的结婚不

---

① 云南省大姚县地方志编纂委员会编纂：《大姚县志》，云南大学出版社，1999年版。

热闹，不需要彩礼，也不举行任何形式的结婚仪式，不请客、不送礼，只需给双方父母购置一套衣服即可。他们认为婚恋纯属个人私事，但特别看中生儿育女，当新生儿满月时都要大张旗鼓邀请所有远亲近邻进行宴请庆贺。到第一个孩子满月时，要大请客、大送礼、大摆筵席，请亲朋好友和村邻前往庆贺。主人家要视家庭情况杀 6 ~ 10 只羊作为酒宴。这样，亲朋好友才认可双方感情，婚姻才算正式确定。

满月是指婴儿从出生的第一天算起到第 30 天的日子，也是新生儿正式进入人群的时间标志。满月礼是昙华彝族诞生礼一项重要仪式。产妇在生产的一个月内不能干活，不能出门，叫"坐月子"，这段时间婴儿也要时刻紧挨在母亲身旁，不能抱出房门，直到满一个月的这一天为止，全家要杀猪宰羊举行庆贺仪式，邀请亲朋好友参加。

满月礼的仪式过程包括以下几项内容：

1. 邀请宾朋

昙华彝族的满月礼邀请宾朋分为两种方式，同村的人只要亲自上门口头邀请即可，而对于远处的亲戚和朋友则要发送正式的请柬，而不管是口头邀请还是请柬邀请，都必须在满月礼的前两周完成。

2. 跳脚庆生

"跳脚"是昙华彝族庆祝节日和其他喜庆日子的重要方式，也是庆祝孩子满月的开场节目。满月的这天早上，全家人及所有宾客都会换上美丽的彝族服装一起步行到千柏林[①]打跳场跳脚。

① 千柏林是昙华彝族人民心中的神林。这里松柏伟岸高直，婆娑摇曳，清风吹拂，松涛阵阵，故称千柏林。每年农历二月初八，这里就成了花的海洋、舞的世界。成千上万的彝族人民穿上华丽的盛装不约而同地聚集在这里赶集跳脚，整夜篝火狂欢，以原始的方式争取神灵的保佑。

父母亲要抱着小孩走在队伍的最前面，亲戚和朋友依次走在后面，歌手和乐器师要一直弹唱着调子，将人们带入打跳场，然后所有人就手挽手，围成圈，在悠扬的歌声和琴声下尽情地欢跳。在整齐有力的脚步和欢快的笑声中，大家一同为小孩的诞生祝福，希望他能健康成长。在现代电子科技的影响下，有条件的人家还要请摄像师用摄像机将整个过程拍下来作为留念。

3. 命名礼

千柏林打跳之后，要给小孩举行命名礼仪式，祭祖祀神，然后才抱小孩出来和亲戚朋友见面。古人讲“以名正体”，有了名字，婴儿就有了被确切指认的身份。昙华彝族的命名礼其实是一个祭拜祖先的仪式过程，孩子的名字要在命名礼之前就由孩子的祖父或者舅父取好，在满月这一天祭拜祖先之后就将名字告知所有人。昙华彝族的命名仪式大概是这样的：整个命名礼都在产妇的卧室里进行，在床的一侧放置一张铺满青松枝（青松有清吉平安之意）的桌子，桌上要插一棵挂着红色布条的马缨花树枝，摆放一盆大米、60 个鸡蛋、166 块钱、酒、茶、腊肉等祭品。在昙华一带，逢喜事祭祀时就用红色布条装饰马缨花，丧事则用白色和黑色。而献祭的鸡蛋和钱的数额之所以带“6”，有六六大顺之意。桌子旁边要放上新生儿的衣服、裹背、毯子等用品，还有一只献祭用的公鸡。待这些祭品都准备就绪之后，要将“三朝礼”时供奉过的米饭放在盛满鸡蛋的盆子里，然后点上两支红蜡烛。所有的必需品都准备好之后，全家人就要齐聚到屋子里，父母亲抱着小孩站在前面。由产妇的舅舅左手抱着公鸡，蹲在桌前，带领全家人祭祀祖先，用彝语向祖先祷告，求得祖先的保佑和庇护。告念的内容大致意思是：“列祖列宗，今天是给你们的子孙某某取名的日子，祈求祖先保佑这个新生的子孙健康成长、读书上进、大吉大利，将来能有出息。”

告念之后就要“卜卦”，舅舅将事先准备好的“卦”拿出来放在桌上，卦是用松树的树干制成的，将一个圆柱型的松木从中间劈成大致相等的两半，约 10 厘米长 5 厘米宽，卦的外表一面光滑，另一面凹凸。卜卦开始，舅舅要将卦同时握在手中拿起，然后在半空中松开手让其自由落下。如果落在桌上时刚好成正反不同的两面，就是吉利之意；如果两面一致，就意味着不吉利。若是那样，就要重新为孩子取名。卜卦结束之后，舅舅要亲手将献祭的公鸡杀死，鸡血流入一个小碗中，放在桌上做祭品，献祭后的鸡要煮熟给家里的老人吃。仪式的最后，歌手和乐师要拉弦子，唱《喜欢调》①，庆祝命名礼的完成。之后母亲就可以抱着小孩出来走街串户，见世面了。

4. 拜堂礼

命名礼之后就要进行“拜堂”。拜堂是满月仪礼中非常重要的仪式过程。新生儿的父母要敬拜长辈，得到长辈对孩子的祝福和对他们婚姻的认可。这时，整个家族的长辈和成员共坐在堂屋（客厅）里，祖父辈正堂，舅舅紧挨旁边，平辈和小辈在两旁或周围围成圆圈。父母亲抱着小孩出来拜见家人，之后夫妻两人要为长辈和亲戚们上茶敬酒，女方倒酒男方双手敬上。长辈们在喝下喜酒的同时对他们的婚姻和家庭表示祝福，祝福孩子长得白白胖胖、读书上进，也祝福他们夫妻两人婚姻幸福、恩恩爱爱。之后由一位歌手在乐师的配合下再次献上《喜欢调》，共同祝福他们婚姻美满和家庭幸福。

5. 入酒席

命名仪式和拜堂仪式都结束后，就要招待宾客入酒席了。无论是过去还是现在，昙华彝族的满月酒都是村里较为隆重和热闹的事，所有人都十分重视，主人家自然也会尽心尽力地将酒席办

---

① “梅葛调”分为阳梅葛和阴梅葛两种，阳梅葛在婚嫁、喜庆及生产劳动时唱；阴梅葛在丧事祭祀场合唱。《喜欢调》是“阳梅葛”的一种，在喜庆日子唱。

好。按照当地的风俗，满月酒必须要杀猪宰羊，而酒席规模依家庭经济状况而定。酒席之前的准备工作是十分复杂的，购买必需品、杀猪、宰羊、捡菜、洗碗等每一件事情都要有专人负责。在昙华，邻里间红白喜事相互帮忙是当地彝族的传统美德。不管哪家有事，全村人都会主动出力帮忙料理。而村长此时就要担当总管的重要角色，他要负责召集所有人并划分各自职责，并在宴客当天做好协调和监督工作，从待客入座、上菜、到欢送宾客都要有专门的人负责，确保礼仪的周全。前来参加满月礼的宾客都要带上贺礼以表祝福。过去，昙华一般都以鸡蛋、大米等实物作为贺礼，做客当天，客人们会提着鸡蛋背着粮食来到主人家贺喜。而现在为了方便和省事，大家都用足以表达自己心意的礼金作为贺礼。不管是过去的实物贺礼还是现在的礼金，都是人们对孩子满月的祝福。主人家有专门的记账收礼人，负责将贺礼收下并一一记在礼簿上，记账员不仅要记清楚礼金数额，还要写明送礼人的姓名和所在村子的名称，以防出现同名混淆。彝家人讲究"礼尚往来"，来而不往非礼也，任何一个家庭或个体都担任着送礼者和受礼者的双重角色。礼金只是送礼人心意的物化表达方式，今后若遇到别人家请客，主人家也要以等值或更多的贺礼回赠。

席间，孩子的父母亲要为每一桌客人送上喜酒，乐师和歌手要献上《酒宾调》①。敬酒仪式的主角除了孩子的父母亲，还有村长。他作为敬酒仪式的主持，要陪同孩子的父母亲到每一桌敬酒。在敬酒之前，要首先给大家进行简单的介绍和问候，内容一般是这样的："各位长辈、各位亲朋好友，今天是××夫妇为长子／长女命名的大好日子，让我们端起酒杯，请我们的彝族歌手和乐师献上一曲，共同祝福他们。"之后所有人举起酒杯，由其

---

① 《酒宾调》是梅葛调的一种，只有在喜庆宴请宾客和亲朋之时唱，主要内容是答谢亲朋。

中的一个年长者代表全桌对夫妻两人祝酒道："祝你们夫妻俩个婚姻美满、白头到老，也祝娃娃快快长大，今后有出息，谢谢。"然后全桌人一饮而尽，在欢乐的歌声和笑声中为小孩的诞生和夫妻的婚姻给予祝福。

酒席结束之后，人们的兴致却依然很高。夜色降临，主人家就要燃起火堆为跳脚做准备了。这时，所有人都主动地齐聚到主人家的院子里或门前的空旷地，围成圆圈扣臂而舞，月琴叮咚，弦声悠扬，舞声震耳，其中还可以看出各个舞圈的乐曲、舞步、歌调各具特色，人们在欢快的舞步中共同庆祝这个喜庆的日子。

三、昙华彝族满月礼的文化功能解析

1. 身份认同功能

人生礼仪是将个体生命加以社会化的程序规范和阶段性标志。在人生礼仪中，人们可以通过各种仪式，实现自己社会身份的转换，获得所属家族和社区的认同。昙华彝族的满月礼就是孩子和父母获得社会身份认同的重大人生礼仪。这种身份的认同体现在夫妻身份、父母身份和孩子的社会成员身份三个方面。

首先，昙华彝族不注重婚礼，男女结婚不需要彩礼，也不举行任何形式的结婚仪式，不请客、不送礼，要到第一个孩子满月时，才大办酒席，这时的婚姻才算稳定。也就是说，在孩子的满月礼之前，婚姻关系是不被社会认可的。满月礼这一天，孩子的父母要恭恭敬敬地向家中的长者和其他家族成员敬拜，此谓之"拜堂"。长辈们在接过酒杯的同时要送出"祝你们家庭幸福、白头到老、小孩健康成长"的祝辞，在这种仪式过程中，家族成员不仅表达了对孩子满月的祝福，而且也表达了对他们两人婚姻的接纳和认可。

其次，宴席上的敬酒仪式也是一种身份认同的方式。孩子的父母在主持人的陪同下给每一桌宾客敬酒，首先由主持人道上敬酒辞，再由宾客送上祝酒辞，之后集体干杯。整个过程与我们平时看到的婚礼仪式较为相似，也就是在这样的仪式过程中，夫妻身份和父母身份同时得到了社会的认可。“满月”成为了男女婚姻缔结从不规范走向规范的转折点和必备条件。

再次，满月礼是家庭表示对孩子的祝福、期待以及让社会其他成员对这个新生命给予认同的仪式。新生儿降临，不仅是一个家庭增添了新的成员，也是一个社会增添了新的成员。为了表达新生命降生的喜庆，主家大摆酒席宴请宾客，前来做客的宾朋要送来贺礼祝福。满月这天母亲第一次抱孩子出来见世面，在亲朋好友的祝福声中，孩子得到了所有人的认可，真正成为社区的一员。新生儿也从此具有了在该社会生活的基本资格，象征着他（她）具有了新的社会身份。

2. 职责赋予功能

身份与职责规范有着必然的联系，一个人有什么样的身份，就要承担相应的职责和行为规范。昙华彝族的满月礼实现了夫妻身份和父母身份的转变，并得到了社会的接纳和认同。满月礼从当地彝族社会的伦理道德规范角度认可了男女的夫妻关系和父母身份，作为夫妻和父母双重身份的两个人，自然就要在获得认可的同时承担起相应的职责。社会规范既有赋予身份的属性，又制约着身份所承担的职责。“满月”意味着产妇解除了“坐月子”期间的种种禁忌，以后就要全身心地承担起孩子的哺育工作。而作为丈夫和父亲的男人，要尽心尽力地照顾好妻子和孩子，担起家庭生活的重担。夫妻双方不仅给予孩子生命，更重要的是要承担起给予孩子以社会需要的培养和教育的职责。

3. 标识功能

名字是人类社会特有的一种文化事项，是人类对自身社会身份认知的结果。它虽是一个代号，却又从来都不是可有可无的，它首先是一个人存在的标志，是一个人进行社会交往的工具，对于一个人社会关系的建立和维持具有重要意义。一个没有名字的人，在社会结构中是不可见的。名字表达着长辈对新生儿的美好祝愿，任何时代的一个名字从来就不仅仅是建立简单的标志生命个体的符号，它都饱含着祖辈最热切期盼和诚挚的祝福：少病少灾，健康成长，长命富贵。昙华彝族的命名礼在孩子满月当天举行，名字事先由孩子的祖辈或舅父取好，在满月当天举行祭祖仪式后告知众人。通过命名礼，孩子真正拥有了识别个体身份的符号，这个符号将成为其参与社会交往、延续家族历史、强化习俗意识的标志。

4. 教育和传承功能

对于那些没有文字的民族来说，本民族文化只有靠语言和行为来教育和传承，即使是有文字的民族，语言、行为和各种仪式也是极为重要的传承方式之一。满月礼就是昙华彝族教育和传承本民族文化的方式之一。在满月礼的整个仪式过程中，彝族的伦理道德规范、生活方式、礼仪习俗等文化事项都得到了展示，因此，也就成为年轻一辈学习本民族传统的最好机会，也是他人了解和认识彝族文化的一个窗口。在昙华，一家人办丧喜事，往往是全村全寨的大事。因此，相关的人们都会主动前来相帮。满月礼当天，年轻人都在各种活动中担任重要的角色，例如迎送宾客、摆放酒桌、乐器演奏等等。这都是很好的学习机会，他们往往是跟着年长的人一起，边学边干。开始的时候以学为主，到后来，也就成了熟手。正是在不经意之中，民族的传统得以一代代传承下去。

彝区是“礼仪之邦”，自古以来就有尊老爱幼、好客喜宾的传统美德和伦理风范。宴客和平时吃饭都要让长辈老人坐于上方，吃肉时要将鸡头、鸡心、鸡腿和鸡肝等认为带有敬老意味的部位给老人吃，重大事情的决策要有老人在场，尊重老人的想法和意见。在满月礼的拜堂仪式上，孩子的父母亲要给老人和长辈敬酒，老人要坐在上方，然后在接过酒杯的同时给他们送上祝福的话语，得到老人祝福，家庭生活才会幸福。而在酒席上，也要先将好的饭菜给老人送上以表尊重。这也是教育年轻一辈如何做人处事的有效方式。

此外，舞蹈也是一种传承民族文化的方式。在昙华，每逢喜庆的日子，所有人都会聚到一起，用跳脚的方式来表达心中的喜悦和祝福，满月礼同样如此。在这个喜庆的日子，前来做客的亲朋好友都会聚到一起，手挽手、肩并肩、围成圈，在琴声的伴奏下欢乐地打跳，通过这种方式，展现了本民族的魅力与文化。男的女的、老的少的都参与其中，在表达对主家的祝福之情外，这种对本民族文化的切身体验和感受往往终身难忘，强化着人们的民族意识和民族情感。

5. 人际交流功能

人生礼仪中的各种仪式活动为人际关系交往搭建了一个平台。世居山区的彝族人民，由于交通的不便，加上平时又忙于农活劳动，彼此往来的机会不太多。诸如满月礼这样的喜庆活动也就成了人们聚会的场合。不仅彝族是这样，云南的很多少数民族的情况也都差不多。每当昙华彝族某个村寨举行满月礼的时候，总会出现这样的情景：来自四面八方的男女老少齐聚一起，大碗喝酒、大块吃肉、唱歌跳舞，过去认识的互相问好，聊聊生活小事，过去不认识的就成了新朋友。人际关系就是用这种方式进行调节，使得亲戚之间、乡亲之间、朋友之间、不同辈分的人们之间的联系更加紧密。

对于未婚的青年来说，这样的聚会有着更加重要的意义，他们不仅为正在进行的满月礼而来，还可以通过这样的场合认识异性朋友。尤其在晚上跳脚时，许多年轻的小伙子就刻意找到自己心爱的姑娘，和她一起手拉手尽情地欢跳，然后借此机会倾诉爱意。在云南其他少数民族中，类似的情况也十分常见。

6. 宗教功能

原始宗教是彝族固有的一种原始信仰，对彝族部落的社会发展、政治结构、文化风尚、伦理道德、生活方式都发生着不同程度的影响。昙华彝族原始宗教的基本形态有自然崇拜、图腾崇拜、动植物崇拜、祖先崇拜、生殖崇拜等多种形式，而与此相联系的祭祀仪式和活动则渗透在生育祭祀、婚丧祭祀、修房造屋等生产生活各方面。彝族认为人死后是有灵魂的，每逢重大节日和婚丧、生育和修房之时，都要首先祭拜祖先，希望得到祖先的庇佑和祝福。这种信仰文化渗透在当地人的日常生活中，并通过各种仪式活动表现出来。“满月”当天给孩子举行的命名礼仪式过程就是彝族原始宗教信仰文化的展现。命名礼仪式上，主家要用马缨花树、鸡蛋、米、钱物等，杀鸡祭拜祖先，求得祖先的保佑。只有得到列祖列宗的保佑和庇护，孩子才能健康成长，家庭才能美满幸福。

7. 馈赠功能

昙华彝族满月礼中礼物馈赠表现出了丰富的象征意义和深刻的文化内涵。彝族人讲究“礼尚往来”的馈赠原则，人际馈赠关系始终贯穿着送礼与受礼的过程。任何一个家庭或个人在一生中都担任着送礼者和受礼者的双重角色，只是在人生某一个时期可能会以某一个方面为主。人际馈赠关系是人类社会中普遍存在的一种交换关系。其最重要的一种表现就是礼物，礼物作为在特定仪式中进行交换的物品，其中都蕴涵着送礼人与受礼人之间的一种潜在的人际关系。前来参加满月礼的宾客都要带上足以表达自己心意的礼物作为对主家的祝贺和喜庆，不论是过去的鸡蛋、大米还是现在的礼金，都是一种祝福的物化表达，是主客之间人际关系的纽带。而作为受礼者，往往以酒席或宴席的形式表示对送礼者的热情好客和感谢之情。这种送礼与受礼之间的关系不是一成不变的，现在作为受礼者的一方，日后必将成为送礼者，这是一种人际关系相互交流的过程，在送礼与受礼的循环往来中，在一定程度上加固了家族、村落和村际之间的人际关系。对于小至家庭内部，大致社会的凝聚、安定、团结和情感延续都是十分有利的。

总之，人生礼仪是少数民族文化的多棱透镜，透过昙华彝族满月礼，可以进一步了解和认识当地彝族浓厚的文化底蕴。昙华彝族满月礼有着丰富的文化功能内涵，反映了当地彝族丰富多彩和别具特色的民俗风情。满月礼在昙华彝族的生存和发展中占有十分重要的地位，它不仅仅是一种人生礼仪形式，而且更重要的是它作为一种具备多重文化功能的民族文化事项，折射出当地彝族生活的方方面面，保存了大量传统的彝族文化因子，展现了彝族文化的丰富多彩，在昙华彝族的物质生活和精神生活中占有其他礼仪形式不可替代的作用和地位。

参考文献：

[1] 钟敬文主编：《民俗学概论》，上海文艺出版社，1998年版。

[2] 云南省大姚县地方志编纂委员会编纂：《大姚县志》，云南大学出版社，1999年版。

[3] 张勃等编著：《中国人最应该知道的77个礼俗》，中国书籍出版社，2008年版。

转型期滇南彝族过年的习俗变迁

——以红河县逊萨镇彝族为例

李 娜*

摘 要： 滇南彝族过大年，是石屏、峨山、新平、玉溪、元江、墨江、江城、思茅、普洱、绿春、元阳、红河、建水、个旧、金平、蒙自等县市自称尼苏颇和滇南红河流域自称濮拉颇的彝族传统习俗性节日，逢冬月二十四至二十六或腊月二十四至二十六日过节，在转型期的大背景下其过年时间、服装服饰、祭献和饮食、祭仪活动、娱乐活动等都发生了种种变迁，甚至呈现出式微的趋势。

关键词： 转型期　彝族　过年　习俗变迁

民族节日是民族文化的重要组成部分，能真实地映射出民族生活的状貌。彝族节日习俗丰富多彩，既有宗教方面的，又有世俗方面的；既有农牧方面的，又有娱乐竞技方面的。滇南彝族过大年节，是石屏、峨山、新平、玉溪 、元江、墨江、江城、思

* 作者简介：李娜（1984.—）女，彝族，云南开远人，楚雄师范学院地方民族文化研究所研究人员。

茅、普洱、绿春、元阳、红河、建水、个旧、金平、蒙自等县市自称尼苏颇和滇南红河流域自称濮拉颇的彝族习俗性节日，逢冬月二十四至二十六日或腊月二十四至二十六日过节，在转型期的大背景下，其过年的时间、服装服饰、祭献和饮食、祭仪活动、娱乐活动等习俗发生了种种变迁，甚至呈现出式微的趋势。

一、红河县基本概况

红河县位于云南省南部，红河南岸，地处东经 101°49′～102°37′，北纬 23°05′～23°27′之间，元江下游为红河，故名。县境内总面积 2 034 平方公里，东西最大距离 81 公里，南北最宽处 40 公里。县境东面和南面分别与元阳县和绿春县接壤，北面与石屏县隔红河相望，西邻思茅市墨江县，西北面与玉溪市元江县相连。全县总人口 28 万，境内居住着哈尼、彝、汉、傣、瑶等 27 万各族人民，少数民族人口占全县总人口的94%。

红河县历史悠久。两千多年前，少数民族先民就在境内的土地上生息。唐（南诏）时，有官桂思陀部、铁容部等部落崛起，隶属于南诏通海都督府。宋（大理）时，被列入“三十七蛮部”，属秀山郡。元代，先后隶属于和尼路和元江路，其间曾设落恐万户、溪处副万户，属南路总管府，推行羁縻政策。明朝洪武年间，正式在境内建立世袭土司制度，分别封设亏容甸、思陀甸、落恐甸、溪处甸、瓦渣甸和左能甸 6 个长官司，均属临安府，为云南边疆诸县土司较多的地区之一。从清代直到民国时期，除迤萨、浪堤等地属元江府（州、县）管辖外，其他均为土司区域，先后隶属临安府和建水、石屏州（县）领辖。1949 年 10 月 1 日中华人民共和国成立后，于1951 年设红河县，建立县人民政权。1957 年前，属蒙自专区和红河哈尼族自治区，1957 年后，属红河哈尼族彝族自治州。2000 年，全县有 13 个乡（勐龙傣族乡、甲寅乡、石头寨乡、阿扎河乡、洛恩乡、宝华乡、乐育乡、浪堤乡、大羊街乡、车古乡、架车乡、垤玛乡、三村乡）、1个镇（迤萨镇）、91个村委会、826个自然村。2005年，红河县撤销迤萨镇和勐龙傣族乡，设立新的迤萨镇。县城迤萨镇，在清朝乾隆以后就逐渐形成集镇，是县内外物资集散地，也是滇南著名的侨乡。县人民政府建立后，县治一直设在这里。

红河县是个多民族聚居县，少数民族人口众多，主要世居民族有哈尼、彝、汉、傣、瑶五个民族，其他有蒙古、回、壮、白、阿昌等11个民族。迤萨镇主要居住着汉、哈尼、彝等民族，少数民族占全镇总人口的93%。其中，彝族支系有尼苏颇、濮拉颇两个，语言属汉藏语系藏缅语族彝语支，有文字，操以滇南石屏为代表的南部方言。迤萨镇附近村寨的彝族，居半山区的尼苏颇，多居住于土木结构的草房；居河谷山梁的濮拉颇多居住于土木结构的土掌房，建县后，居住条件逐步改善，并改建为瓦房或石棉瓦房。迤萨镇彝族节日很多，有本民族的传统节日，如祭龙；又有同其他民族（如汉族）共有的节日，如清明、端午、中秋、冬至等节日。过大年节是迤萨镇彝族支系尼苏颇和濮拉颇的习俗性节日，与汉族过年的习俗不同。

二、过年的由来

滇南各地彝族过大年的传说不一。

传说之一：从前，元江、红河两县交界处彝族地区有一个地方土司官，辖内的彝族每逢过年，各个山寨都要拿鸡鸭、猪肉、野味、米酒等向他上贡。可贡品一时又吃不完，他就把过年的时间按地区作了调整安排，以红河县虎山为界，居住在西面和西南面的彝族逢冬月二十三至二十六日过年，居住在东面和东南面的彝族逢腊月二十三至二十六日过年，其他地方的彝族同汉族一道过年。这样一来，从冬月到次年正月，他都可以享受到人们上贡的佳肴美酒。

传说之二：很古的时候，哈尼族、彝族、汉族是一娘所生的同胞兄弟，哈尼族是大哥居住在高山上，彝族二哥居住在半山腰，汉族三弟居住在平坝。他们三兄弟以前是一起过年的，后来有一年，哈尼族大哥农作物秋收已完毕，并且小春作物已下种，年猪已养胖了，天气渐渐变冷，也逢心闲农闲之时，一进入农历十月初就杀猪过大年。过完年，到彝族二弟家和汉族三弟家赠送腊肉干巴、糯米粑粑等。彝族二弟和汉族三弟收到年贺后，好生奇怪，就问原由，哈尼族大哥理直气壮地说："我身为你们的大哥，提前过年，理所当然。再说，大哥我住在山上，什么事也没有了，人闲农闲心闲，不过年怎么办？"彝族二弟和汉族三弟听了后，也觉得有理，没同他争辩什么，就默认了。第二年，彝族二哥心想，居然哈尼族大哥可以提前二个月过年，我作为老二，就提前一个月过年，也是合情合理，日久成俗。

三、过年的习俗变迁

民族节日是民族社会文化的组成部分，它的内容和形式从来都不是一成不变的，而是随着时间、自然环境、社会环境、国家制度和民族观念的发展和变化处于不断的变迁之中。当前我国社会正处在向社会主义现代化转型的加速期。自 1978 年改革开放后开始的社会转型加速期，是 1840 年开始社会转型的延续与拓展。其转型的目标是从传统社会向社会主义现代化社会转型，具体而言，就是从农业的、乡村的、封闭的传统型社会，向工业的、城镇的、开放的现代型社会的转型。随着现代国家的建立，国家政治、经济、文化的运作直接深入影响到乡村社区中人们生活的各个方面。作为国家计划变迁的一部分，少数民族所经历的社会文化变迁在程度和广度上都是前所未有的。[1] 而滇南彝族过大年的习俗也在转型期的大背景下发生了种种变迁。

彝族是云南少数民族人口最多的民族。因滇南彝族分布较广，支系复杂，各地各支系彝族过大年活动的内容和形式不尽相同，以下就以红河县迤萨镇彝族为例，从过年时间、服装服饰、祭献与饮食、祭仪活动、歌舞娱乐活动这几个方面来反映转型期滇南彝族过大年的习俗变迁。

（一）过大年时间

滇南彝族各地过大年时间不同。以红河县迤萨镇为例，以迤萨镇大白能村为界，以东自称濮拉颇的彝族村寨逢农历腊月二十三至二十六日过节，而以西自称濮拉颇的彝族村寨逢农历冬月二十三至二十六日过节。其他乡镇，以乐育乡虎山为界，以东、以东北的宝华、甲寅、石头寨、阿扎河等乡及乐育乡以东自称尼苏颇的彝族村寨逢农历腊月二十三至二十六日过节，而以西、以西南的浪堤、大羊街、车古等乡及乐育乡以西南自称尼苏颇的彝族村寨、元江县洼垤乡、墨江、江城自称尼苏颇的彝族村寨等逢农历冬月二十三至二十六日过节。其他县市，金平县自称尼苏颇的彝族或逢农历冬月二十三至二十六日过节，或逢农历腊月二十三至二十六日过节，但该县金河镇保山寨彝族逢十月初三日过节，绿春县牛孔四大寨彝族逢冬月十三至十六日过节。

随着社会的转型及受汉文化的影响，滇南彝族过大年时间发生了变化，具体表现为：过年时间已没有明确的规定，也没有明显的地域划分，现在自称尼苏颇和自称濮拉颇的大多数彝族村寨都逢农历腊月二十三至二十六日过节或同汉族一起过春节。

（二）服装服饰

过年期间，红河县迤萨镇彝族无论是尼苏颇，还是濮拉颇所有男女老少都要穿着传统节日盛装，且家家户户都要为自己子女添置一套从头到脚和从内到外的帽、衣、裤、袜、鞋等的习俗。

尼苏颇年轻男子传统上穿青、蓝、黑色右衽斜襟衣或者对襟衣，低领，紧袖，用银币对排纽扣或布条疙瘩扣。下着宽筒扭裆裤，系绣花腰带（均为女友赠送）。头缠青布皱纱包头，或戴黑瓜皮帽。脚穿绣花凉鞋或船帮青布鞋。尼苏颇女孩喜戴公鸡帽。帽沿垂系银鱼或银芝麻铃。成年女子颈戴嵌满梅花银泡和银丝蝴蝶排扣的围脖领，上衣穿无领右衽斜襟嵌银圆青布长衣，衣袖宽松，短及肘部，袖口镶有上大下小两条花边，襟呈三角形，长至膝或拽地，后摆长及臀部。领边嵌两路桂花银泡，内钉一排银圆与围脖领相连，胸襟斜襟边也钉一串银圆至腋下呈北斗七星状。穿着时将呈三角形衣襟撩于后腰。胸前佩戴一串银链或银鱼板，上系银果或银针筒。腰系两端镶嵌和绣花的长方形达饼飘腰带，在腹部反扭于后腰打结垂臀，带系银鱼和银芝麻铃。下穿至踝部的宽筒扭裆长裤，裤口镶上小下大两排花边，脚穿半筒鱼帮勾尖绣花鞋。

濮拉颇衣裤全身以黑色调为主，低领，款袖，用银币对排纽扣或布条疙瘩扣。工艺多施于围脖领、衣袖、后摆的衽边、背部和裤脚等处，以平绣、挑花和银泡镶嵌为主。男装大多为右衽斜襟衣、宽腿裤。女装多为大襟衣（衫）或者右衽斜襟衣、宽腿裤，缠黑色包头，头饰多以巾、大股绒线或银泡（币）为饰，穿绣花布鞋。

转型期，服装服饰变迁的速度也在加快。民族服饰基本上是手工制作，制作周期长，要花费大量的劳动力，成本远远高于市场上购买的普通服饰。这使得少数民族穿得起汉族服装，穿不起民族服装。[2] 现在，迤萨镇彝族无论是尼苏颇还是濮拉颇着装都发生了很大的变化，基本上以汉族服装为主。据调查得知当地彝族改着汉装的原因主要有：一是过年期间要忙着请客，因劳作需要，穿传统的彝族服装不方便干活；二是汉装比彝族服饰便宜，市场上都能买到；三是城里的亲戚朋友和周围人都穿汉服，受他们影响较大。所以，现在迤萨镇彝族的传统服饰只有部分中老年妇女穿戴，大部分的年轻人都已经不再穿着民族服装。此外，由于迤萨镇不少彝族村寨靠近城镇，随着上街机会的增多，以及在镇中学读书的学生，他们所带回来穿衣的风格和选择，都在影响着年轻的男孩和女孩们。衣着的改变不仅仅只是汉化，而且是对时尚的追求。牛仔裤、休闲装、运动鞋等服饰开始被彝族小伙子、小姑娘所接受和喜爱。

（三）祭献和饮食

红河县迤萨镇彝族过年期间，从二十三日晚饭到二十六日早饭前，每餐前都要祭献。每祭一次饭，放一串鞭炮，以示宴请祖神庄重、肃穆、隆重。每餐祭献的祭品有明确的规定：二十三日晚饭前以豆腐和水酒为主，二十四日早饭以鸡肉为主，晚饭前以年猪生、熟肝、心、肺、血为主，二十五日早饭以年猪的糯米血肠、肥肉、瘦肉为主，晚饭前以年猪的头脚为主。二十六日早饭，以出嫁的姑奶、姑姑、女儿、孙女背回来的米酒、猪头、年猪糯米血肠、瘦肉等为主。与此同时，节日期间，家家户户忙着腌年猪肉，忙着加工糯米血肠，除此而外就是忙着请客做客。

现在，迤萨镇彝族的祭献和饮食都发生了很大变化。祭献的食物已没有明确的规定，只在每次吃饭前，取一点桌上的肉、菜、酒、粑粑、糯米饭等做祭品，点燃三炷香，祭献祖神和年神。祭毕，全家及客人就开始围席入座。每逢过大年迤萨镇彝族都要宰猪，做“皮干生”，即把猪血和切成薄片的猪肉，拌以姜、蒜、辣椒、酱油、醋、精盐、味精等腌制而成。过年期间的饮食也以猪肉为主，此外，青菜、白菜、韭菜、姜、四季豆、刀豆、金豆、黄豆、洋芋、毛芋、辣椒、葱、蒜、南瓜、黄瓜、冬瓜等是常吃的蔬菜品种。迤萨镇彝族普遍都喜爱饮酒（特别喜欢饮用自制的“辣白酒”，该酒是将糯米或包谷蒸熟后拌以酒药制成）、喝茶，并视之为款待客人的必备之物。

（四）祭仪活动

迤萨镇彝族过年期间的祭仪活动是此期间所有活动中最重要的组成部分，集中反映和体现了他们的原始宗教信仰，是当地彝族原始文化最主要的支柱。祭仪活动主要有以下几个方面：

1. 接年神

二十三日下午，将屋里屋外打扫干净，各家各户都要到村后松树林里，挖一棵三台或三台三杈健全无虫害、完整无损的幼松和砍一树叶茂盛的青椎栗树枝回家，认定方位，并栽于天井中，以此象征吉祥如意、四季长青和终年发财兴旺，加以供奉。与此同时，还要另砍若干松枝回家插于门头、锅庄、灶头、神龛、柱子、畜圈禽舍等无一漏处，以示将祖灵及诸神灵从山上接回了家中，并安顿了它们。最后插有三杈的松枝在自家大门外右方墙上，以示无家可归的历代血亲野鬼于此处安顿。栽插完毕，放一串鞭炮，以示喜迎过年神及其他神祖进家，谓之“一请祖神”。

2. 送灶君神

二十三日晚上，家庭主妇剪一把稻草摆灶头，撕一撮绿松毛排放一边，草把头撒些荞子、大麦，以此示喂灶君神“马料”。摆设就绪，焚香点烛烧纸，磕头礼拜送灶君神回天宫。据说，灶君神上天回宫往返时间需 7 天，除夕那天重返人间。因此，等除夕夜再用此方式接灶君神回家。送灶君神时，要用糯米团子塞灶君嘴，用蜂蜜抹祭品。据说，灶君神上天，是专门禀报人的功过，天君神视其功过，大德加寿 360 天，小功加寿 3 天；大过一次减寿 360 天，小过每次减寿 3 天。用糯米塞嘴，用蜂蜜抹祭品，意在让灶君“只言人功，不言人过”。

3. 杀鸡祭神祖

二十四日早晨，雄鸡啼鸣，男女老幼都穿上节日盛装，青年人鸣枪放炮，家家户户男家长先杀一只大雄鸡祭献神祖、家神及其他诸神灵，接着点燃神龛上的香炉和油灯，香火和油灯昼夜不得熄灭，即灯火昼夜通明。家中老者在神龛前祈祷，请历代祖宗同子孙过节，谓之“二请祖神”。杀鸡祭神祖时全家老幼均向祖灵磕头祈求福禄。

4. 杀年猪祭神祖

二十四日早饭后，烧水杀年猪，杀年猪前一定要用清水浇在猪头猪脚猪尾，以示用洁水洗过猪身，祭祖的肉是干净卫生的。刮毛剖肚，取猪肝请毕摩看猪肝卜，其后供于神前，随即父或长子用托盘托着年猪的各部位分生、熟肉及酒饭等依次向天、地、土、水、日、月、仓龙、灶等诸神位祭献，全家老小向各神位磕头请安。在祭祖宗神位时，将祭品放在祖宗神位前，然后拿少量祭品依次祭献柱子、水缸、畜厩、大农具等。祭毕，全家人围席入座，将取桌上的各种食物盛进一只破碗里，再加生血、火炭、烟丝等于碗中，送到村外岔路口倒掉，以示让无家可归的野鬼吃，劝野鬼不要进村入家。然后盛碗饭加少许肉和汤给狗吃。传说人类遭第一次洪水灾害时，世上的庄稼全被淹没，是狗从天神那里讨回了五谷种子，才挽救了人类。因此，人们把狗视做自己的救星。每逢过年过节，首先要慰劳狗，狗吃饱了家人才能开饭。

5. 抢神水

二十六日，雄鸡刚啼鸣，家庭男子拿着香火，放着火炮或鞭炮，到水井或龙潭，向水井或龙潭神祭献，去得越早表示越勤快，能够挑到圣洁的水，全家老幼一年健康无病。因此，黎明鸡鸣声中，家家户户的男主人悄悄地起床，挑上水桶，提上供品，放着鞭炮，点上一炷香火，到水井边祭献，边祈求边伸桶“抢神水”。“神水”用做洗脸、煮饭、洗祭器等，认为用其洗脸，能除去伤风感冒；用其煮饭，能增量经吃；用其洗祭器，祖灵会护持；若蓄入水缸，一定会福禄滚滚挑。

6. 出嫁姑娘回家省亲

二十六日早饭前，出嫁姑娘回家省亲，甚至出嫁的姑娘已去世，其子女也要代其母省亲。省亲时要背着糯米饭、猪肉、酒等年节礼品，其意义有二：一是祭献娘家祖宗，二是孝敬娘家老者。结婚不满三年的女婿，无论有无生育子女，即使家里因遭猪瘟，没杀年猪，也要出钱买一猪头（一个猪头表示一头猪的价值）背回娘家，并加上糯米饭、年猪肥肉、瘦肉和一只大红公鸡，带着自己的妻室到女方家给岳父母拜年，并献祭女方的祖宗。出嫁姑娘及女婿返回时，娘家要回敬猪肉、活鸡等礼物。若带有小孩来的，娘家还要给压岁钱及公母鸡一对。刚出嫁的姑娘也如此，年迈的妇女也如此，虽已去世但子女健在的女儿由子女替代她回娘家祭献历代祖妣。

7. 送祖

二十六日晚饭后，家长要以肉、菜、酒、粑粑、糯米饭等作祭品，点燃三炷香火，进行送祖仪式。仪式上用托盘托着以上祭品边向诸神位及祖灵一一祭献，口心念“年节已过清，年猪已吃完。请回吧！请回吧！来年我们又来接你们回来过年。”随后拈一些冷饭菜送至村外岔路口，表示送无家可归的野鬼到村外。

转型期，逎萨镇彝族过年期间的以上祭仪活动发生了种种变迁，甚至式微。20 世纪 50 年代以来，特别是“文化大革命”期间，长期以来一直在逎萨镇彝族村寨里盛行的一些祭祀活动，被人为地革除、取消，部分毕摩被迫害而离去。改革开放后，社会环境有了根本改变，民族文化越来越受重视，但随着经济条件的改善、农业技术的推广、卫生事业的发展，人们神灵观念的社会基础和认识根源逐渐消失，许多大型的祭神、祭祖等祭祀活动已不复存在。现今逎萨镇彝族过年期间的祭仪活动已趋于简化，且没有明显的时间和活动限制。如二十三日下午将屋里屋外打扫干净，点香，放一串鞭炮就表示将祖灵及诸神灵接回了家，然后开始杀猪祭神祖。由于毕摩的稀少，现有彝族村寨已基本不再请其来看猪肝卜，也很少有家庭杀鸡祭神祖。出嫁姑娘二十三日就回家帮忙请客做饭。而二十四日到二十六日就主要准备饭菜，宴请城里的亲戚朋友和外民族的宾客，少有祭仪活动。随着人民生活的逐步改善，目前全镇实现了通电、通公路、通电话，人畜饮水问题全面得到解决。迤萨镇附近彝族村寨现已接通自来水，二十六日一大早的“抢神水”活动也基本停止。

（五）娱乐活动

红河县迤萨镇彝族过年期间的歌舞娱乐活动有以下几个种。

1. 打秋千

过年期间最有趣味的就数打秋千娱乐活动。彝族民间有“老年人荡秋千，百病不治愈；中年人荡秋千，万事遂心欢；青年人荡秋千，配偶似仙女；娃娃荡秋千，一生定平安”之说。秋千，以两根数米长的绳索（多用野生拇指般粗的藤条），间距稍宽于人体平行，上端系于可支的树枝或两个三角架横档或屋梁上，下端系于近地面处平系坐档（木棒或木板），便成秋千。蹬荡时双手紧握绳索或藤条，站或坐于档座，自蹬或让人推动。

2. 跳乐作舞

过年期间，男女青年成群结队，聚集在村寨附近的山上，吹拉弹唱，围成大圆圈，欢跳民间传统舞蹈“乐作舞”，欢唱悠悠动情的民间传统“阿哩”（情歌）。乐作舞，在长期的流传过程中，形成了完整的舞蹈套路，由踩荞、撵调、斗脚、斗肩、穿梭、找对象、擦背、游调等舞蹈套路组成。彝族民间有一步舞、二转舞、生火舞、生娃娃舞、狩猎舞、围猪舞、打麂子舞、打虎舞、分猎物舞等72套之说。

3. 跳大圆圈舞

迤萨镇自称尼苏颇的彝族中老年人，相约在村寨场子跳大圆圈舞。舞者人数不限，但须成双。表演时众舞者围成大圆圈，按鼓点声节拍，由易到难，由简到繁，从进三步、退三步开始，用斗脚、顺转、逆转、踮脚、踮脚互转、蹲步等36个动作组成舞套。

过年期间除以上歌舞娱乐活动外，成年男子爱好下三台棋，男孩喜欢玩母猪拱仔猪棋（俗称大子吃小子棋，或一豹吃群猪棋），而男女儿童则喜欢选择宽敞的场地进行钻人手桥的活动。

迤萨镇以上过年期间的歌舞娱乐活动对于人们开发智力，强身健体有积极作用。现在部分歌舞娱乐活动已超出了时间、地域的限制，逐渐走向民众的日常生活，被广大民众所接受。如三台棋和打秋千，如今红河县公园、广场、居民小区，都能看到人们在下三台棋和打秋千。而具有当地彝族特色的乐作舞、大圆圈舞等却没有得到相应的普及。随着传统社会向现代社会的转型，社会体制变更，文化机制的改变，大量现代传播媒介的进入，迤萨镇绝大多数彝族家庭都有了电视机、录音机、VCD 等现代家电，尤其是电视机（全镇闭路电视覆盖率达 95%），不仅年轻人喜欢，对老年人也很有吸引力。看电视、打牌等现代娱乐方式逐步取代了乐作舞、大圆圈舞等民族歌舞在人们日常生活的重要地位。彝族传统歌舞的娱乐功能减弱。目前仅还有部分中老年人还钟爱着跳乐作舞、大圆圈舞，而对于广大的年轻人来说，他们大多是看不懂，更不会跳。尤其是在外读书、打工的男女，他们对传统文化已逐渐淡漠，对彝族民间传统娱乐活动难以产生情感上和心理上的认同。

综上所述，随着社会转型的深入，大多民族文化在逐步流失。但凡一种古老的文化传统，均是在特定的文化背景中形成，在千百年的历史进程中不断整合、繁衍发展而来的，它既需要面对传统，又需要面向现实。[3] 而包括社会结构、社会运行机制、价值观念全方位转换的社会转型期，改变了迤萨镇彝族村寨特定的生态文化系统，使得当地彝族过年时间、服装服饰、祭献和饮食、祭仪活动、娱乐活动等习俗发生了种种变迁，甚至呈现出式微的趋势。彝族文化的保护和传承值得关注。

参考文献：

［1］高登荣．经济生活与社会文化变迁——对云南坎村彝族的考察［J］．贵州民族学院学报（哲学社会科学版），2002（1）．

［2］郑杭生．民族社会学概论［M］．北京：中国人民大学出版社，2005.

［3］李珍，普珍．民族传统节日的现代变迁与传承思考——彝族葫芦笙节个案研究［J］．毕节学院学报，2009（5）．

节日庆典中文化资本的转化及文化活态传承

——以姚安马游梅葛文化节为例*

单江秀**

摘　要： 节日是文化在民间横向共时性传播和纵向历时性传承的最重要的媒介和手段之一，它承载着文化信息跨越孕育它的本土和母体，最易为其他文化圈的民众所接受和认可。文化亦可借助节日的传播迅速拓宽其影响的广度和深度，并在这个“无意识的传承”和“有意识的创造”的过程中同时双向进行着“文化的生产”和“文化的消费”的进程，实现了文化资本向经济资本的转化和资本转化中文化的活态传承。

关键词： 文化资本　活态传承　梅葛文化节

仪式与文本是承载文化记忆的两大媒体。今天，视听文化越来越发达，庆典仪式已不再受时空的限制，甚至通过电视转播、录像等形式达到比文字文本更大的公开性，更广的传播空间和更

* 本文为楚雄师范学院院级学术后备人才资助项目成果之一，项目编号：09YJRC22。

** 作者简介：单江秀（1981—），汉族，云南通海人，楚雄师范学院地方民族文化研究所研究人员，主要从事民族文化调查研究。

加机动灵活的时间性。而由文字形成的文本文献只有在仪式化后，将其内容转化为可见可感的仪式规范之后才能发挥集体记忆的功效。所以，仪式不仅和文本相辅相成，很大程度上还具备了超越和驾驭文本的巨大潜能。以仪式为其主要活动内容的节日在现代社会中的文化记忆功能不但没被削弱，反而越来越增强，并且担当起文化记忆载体与媒体的功能。[1]

一、“梅葛”及其流传地

世界上几乎每一个民族都有反映本民族历史、习俗以及与自然界作斗争的一切知识的创世史诗。由于文化生态环境的特殊性和差异性，史诗又显现出地域性的差别，即文化地理的空间性。所以，即便是同一民族的史诗也离不开其生成地。梅葛是彝族一部古老的长篇说唱史诗，流传在楚雄彝族自治大姚、姚安、永仁等县的彝族聚居区。

（一）“梅葛”释义

“梅葛”一词是彝语音译，“梅”是“嘴”，“葛”是“咀嚼”或弯曲环绕，引申为唱述远古的事象，把祖先的历史说出来。“梅葛”史诗即祖先的历史，分创世、造物、婚事与恋歌、丧葬四个部分，每一部分都由若干小篇组成，各篇各部分都有相对独立的意义，都可以单独演唱。彝族“梅葛”没有文字记载，完全靠能歌善舞的彝民周而复始的口唱、耳听、心记传承保留下来，并经世代彝民的不断加工充实、梳理汇集，形成了一部篇幅宏大，演唱方式和内容相对固定的民族神话史诗。

“梅葛”内容包罗万象，既反映了彝族先民在远古时代的世界观和对宇宙万物的丰富想象，也反映了彝族人民生产生活的演变与发展过程；既反映了彝族人民恋爱、婚姻、丧事、怀亲、送别等生活习俗，也反映了彝族同胞与其他兄弟民族在经济、文化上的亲密关系，因此被视为彝家的“根谱”、彝族的“百科全书”。

（二）主要流传地——马游

姚安历史悠久、文化厚重，是“迤西文化名邦”、“花灯之乡”。姚安彝族“梅葛”堪称楚雄、云南、乃至全国非物质文化遗产宝库中的民间文学瑰宝。

彝族梅葛最早发源于姚安县官屯乡马游坪村，现简称为马游。其位于姚安县西部山区，东接官屯村，南枕大河口乡，西邻葡萄村，北与黄泥塘村、左门乡毗邻，是官屯村通往葡萄、三角、黄泥塘三个村必经之地，村委会驻地距县城约 25 公里。全村总面积 58 平方公里，辖 9 个自然村、14 个村民小组，隶属于云南省楚雄彝族自治州姚安县官屯乡。马游地处一个四面群山环绕的高山凹地，村委会驻地海拔 2 250 米。四周山峦环抱，地势平缓，群山起伏，常年多风少雨，属典型的高寒冷凉民族山区。

彝族为马游的世居民族，其祖先渊源于氐羌，语言属于彝族中部方言，属汉藏语系藏缅语族彝语支。该村历史悠久，民族风情浓厚，彝族“梅葛”独具特色，是楚雄州唯一的省级民族民间传统文化保护区。马游坪彝族人民把“梅葛”看做彝家的“根谱”，把会唱“梅葛”的毕摩和歌手尊称为彝家最有学问的人。每逢农历二月初八、六月二十四等民族节日以及婚丧嫁娶、起房盖屋，男女老幼围聚篝火或火塘旁，弹奏三弦，吹奏葫芦笙，吼“梅葛”，跳彝族歌舞，通宵达旦。因此，马游坪又被誉为“梅葛故地”、“歌舞之乡”。

二、“梅葛”的传承现状

在遭遇现代化、全球化浪潮的冲击下，非主流文化尤其是少数民族传统文化日益被推到一种尴尬的境地和“失语”的状态，传播面和传承线逐渐萎缩。即使在具有“梅葛故地”之称的马游坪村，传唱了数代人的“梅葛”也面临着消亡的危机。具体表现在以下几个方面：

（一）歌手辞世，使“梅葛”的传承面临危机

据了解，《梅葛》一书原始材料的提供者郭天元、自发生、李申呼颇、李福玉颇等就是“梅葛”之乡久负盛誉的歌手，在20世纪五六十年代，他们熟知和传唱的各类“梅葛”调都很全面。那个年代“梅葛”具有深厚的群众基础，精通“梅葛”、善唱“梅葛”的歌手比比皆是。但时隔40多年，老一代歌手相继辞世，现在“梅葛”的传承人已是屈指可数。以姚安马游为例，全村委会2004年末共有2 171人，彝族占97.6%。彝族群众中，60岁以上擅长演唱“老人梅葛”含创世内容的歌手已不足5人，且无人能够完整演唱；30至50岁的中青年，多只会唱“青年梅葛”，仅有极个别能够演唱部分“创世梅葛”；20岁以下的青少年中，会唱“娃娃梅葛”的歌手已十分稀少。老歌手与年轻人之间的传承发生了脱节。部分尚健在的老歌手和老毕摩虽能演唱“创世梅葛”，但因年事已高，记忆力衰退，加之“梅葛”唱辞断断续续容易遗忘，致使传承不畅，这是“梅葛”衰亡的主要原因。

（二）语境改变，使“梅葛”传承失去本真性

语境是口头艺术生存和发展的土壤。“梅葛”靠口头传承，演唱的语句多属古彝语，行腔以五字韵为主，在表现形式上，生动地运用了赋、比、兴的手法；章段间的衔接十分紧凑，传统唱法韵味十足。而现在的歌手在演唱时往往抛弃了传统的表现手法，唱词平铺直叙，语言现代化、口语化十分突出，显得平庸无味。近年来，年轻一代会讲彝语的人越来越少，“梅葛”逐渐萎缩，彝语一旦消失，“梅葛”自然也将随着语境的消亡而不复存在。

（三）婚俗变化，带来传唱内容的部分丧失

风俗习惯是民间艺术向外彰显的一个重要纽带，风俗习惯的

变异必然影响到由其滋生的民间艺术的生存与发展。《梅葛》是由它特定的风俗习惯来加以传承的。过去，马游彝族举办婚礼十分热闹，喜庆场合以歌助兴，而最具特色的是巫师要为入喜场的新娘举行退邪神仪式，并演唱“七喷梅葛”（退邪神）和由歌手演唱“该磨梅葛”（犁喜田），20 世纪六十年代在移风易俗中，这种传统婚俗已废去，“七喷梅葛”和“该磨梅葛”也随之失传。

（四）现代冲击，“梅葛”传承受到严峻挑战

特定历史之前与特定历史之后的意识形态既有交叉重叠的空间，又有相互脱节的现象，这是历史发展规律所决定的。《梅葛》在其发展的历史长河中，必然也会受到这一历史规律的影响。过去男女对唱“梅葛”是彝族生活中主要的娱乐方式，会唱“梅葛”者被尊为有学问的人。因此，每逢婚嫁年节，人们在比赛中相互考问，在演唱中大显身手。而如今，农村包产到户后减少了人们聚集的机会和时光，加之现代家电如录音机、电视机、VCD 机等已走进了彝家山寨，受多元文化的影响，传统的娱乐方式改变了，彝族村民对“梅葛”已十分冷淡，有的青年出外做工，年轻一代越来越远离本民族的传统文化环境。如此下去，世代绵延的彝族口传“梅葛”将面临断绝的危机。[2]

三、在节日庆典中活态传承“梅葛”文化

节日作为一种社会文化现象，其内部结构包括时间、仪式、内容、隐喻。节日的主持者往往采取鲜活的民俗形式，使文化更加鲜活，更加贴近民众，而民众也通过节日中大量的民俗事象对文化的记录和解读而接受文化、领悟文化。传统节日作为民族文化记忆的载体，以文化象征物和遗留物的形式立足于现代文化空间。节日是文化横向传播和纵向传承的媒介和工具，是对民众施以文化濡化的重要途径，是古代“遗留物”的展览馆。文化可

借助节日的传播迅速拓宽其影响的广度和深度，增强其辐射力。[3]“梅葛”文化节是古老的“梅葛”会在现代社会的继续和扩大，是“梅葛”文化借以活态传承的舞台和时机。

（一）“梅葛”会的由来

那是一个古老的年代，生活在马游坪的彝族先祖们日出而作，日落而息，日子过得像白开水一样寡淡无味，一点乐趣也没有。一天晚上，一个叫朵觋（毕摩）的小伙子收工回家，头被树上挂着的葫芦碰了一下，很疼，朵觋开口就骂，并把葫芦扯下来丢下山箐。殊不知，这个葫芦乃天神所变。天神见世间凡人如此对待葫芦，非常想不通，晚上就托梦责问朵觋，说你们知道人都是从葫芦里来的吗？朵觋说不知道，这里的任何人都不知道。天神很失望，说你们不知道自己从哪里来，也不知道世上万物从哪里来，难怪你们不知道祭祀神灵。于是决定开启人的灵智，每晚上用托梦的方式给朵觋传授《梅葛》，并传授祭祀礼仪。但传了八个晚上，朵觋记住了后面又忘记了前面，效果非常不好。天神很着急，因为天神只能在人间逗留九天。如果用文字来传授，效果会好，但离开天庭下凡时忘了带文字，所以没有文字来传授。情急之下，天神创造了“梅葛”调，用唱的形式才把《梅葛》完整地传授给朵觋。临走时，天神告诉朵觋，说你从此以后就是通天人之际的“朵觋”，一半是神，一半是人。还说，每年旧历的二月八日是山神、树神、水神等诸神聚会的日子，在那一天祭山并吟唱《梅葛》，会得到各路神灵的护佑。

就这样人间有了朵觋，不仅主持各种各样的祭祀，还负责传唱《梅葛》。从此，人们知道了敬畏神灵，让无助的心灵找到了慰藉的依托；还学会了唱《梅葛》，让愚钝的脑海中拥有了一个诗意的世界，从此知道天神造天造地造万物，知道洪水换人种时，俩兄妹躲在葫芦里幸免遇难，知道兄妹传人种生下了葫芦，然后从葫芦里走出了人类的祖先，从此领悟到了音乐的美妙，体会到了舞蹈的乐趣，此后彝家人会说话就会唱“梅葛”调，会走路就会跳葫芦笙舞。但因为没有文字，所以《梅葛》只能口传心授。一代又一代，传唱的人越来越多，流传范围也越来越广，《梅葛》的版本也多种多样。但不管如何变化，创世、造物等主体部分大同小异。[4]

吟唱“梅葛”，是彝族群众代代相传的传统。听老人们说，过去除祭祀、过年过节及婚丧嫁娶要吟唱“梅葛”外，每年旧历的二月八还要举行一次“梅葛”会，由各山寨轮流主持。届时，来自山山箐箐的男女老少身着平时舍不得穿的彝族盛装欢聚一堂，唱“梅葛”调，跳葫芦笙舞，进行物资交流。①

新中国成立后，因受“破四旧”和“文化大革命”等影响，“梅葛”会这种民间活动一度被取缔，“梅葛”传唱也作为封建迷信被严格禁止。

(二) 继承、发展“梅葛”会，举办“梅葛”文化节

“梅葛”会是“梅葛”文化节的雏形和源起，“梅葛”文化节是“梅葛”会的存续和发展。1992 年，马游“梅葛”文化站正式挂牌成立，“梅葛”传唱在民间重新兴起。2005 年，首届马游“梅葛”文化节在马游村委会举行。今天的“梅葛”文化节，是原有“梅葛”会的继承和发展，是“梅葛”文化保护、传承与发展的新形式。这是姚安县以“梅葛”故地马游坪为主要标志的彝族山区比较隆重的一个节日，以用“梅葛”调吟唱梅葛为主要内容。

民族节日的举办是传承、保护民族文化资源的有效途径。姚安县从 2005 年开始，每年举办“梅葛”文化节，得到省州领导、专家、学者的共同关注，也使发源于马游坪的彝族“梅葛”文化得到了集中展示。现已成功举办的三届彝族“梅葛”文化

---

① 笔者于 2009 年 8 月在马游调查时，听该村的骆××老人讲述。

节，有效增强了彝族群众的文化自信心和自豪感，强化了彝族群众传承文化的自觉性，同时也扩大了“梅葛”文化对经济的影响力。

（三）促进资本转化，活态传承“梅葛”文化

在文化消费越来越成为一种品位和时尚的潮流下，文化商品在经济场域里的生产、展示与销售使文化资本向经济资本的转化成为一种水到渠成、无可非议的必然趋势。消费者将文化穿在身上，吃在嘴里，乐在心里等种种真真切切的消费体验使文化传统内化为消费大众的体验，使消费者产生一种传统延续的体验，维持社会的意识，强化个体身体对自己所属群体的记忆，从而文化就这样一代代生生不息地活下来。“梅葛”文化正是通过“梅葛”文化节实现其活态传承的。

1. 文化资本的概念

谈到文化的概念，不得不提到英国人类学家爱德华·泰勒（Edward B. Tylor）对文化的经典定义，即“文化……是一个复合的整体，它包括知识、信仰、艺术、道德、法律、风俗以及作为社会成员的人所获得的其他任何能力和习惯。”[5] 泰勒对文化的定义囊括了人类经历的精神、制度、物质等各个方面。节日文化是涵盖了年节以及各民族特有的宗教、农事、纪念、庆典等的文化综合体。[6]

“梅葛”文化节是彝族在特定的社会历史环境中形成和发展起来的一种民间传承文化，同时它又蕴涵着服饰、恋爱、崇拜和纪念等生活文化、人生礼仪文化、信仰崇尚文化和节日文化的文化元素，是一个内涵丰富、多元一体的文化系统。在“梅葛”文化节的舞台上跳跃着彝族绚丽的服饰，跃动着或抒情、或奔放、或嬉戏的各色调子和着亦柔亦刚的舞步追忆造天地万物的远古历史，回顾祖先生产生活的习俗。这是彝族社会发展过程中的文化沉淀，是当今文化消费时代不可多得的一笔文化资本。

法国著名的社会学、人类学家皮埃尔·布迪厄（Pierre Bourdieu）指出，在当今社会，文化已渗透到社会的所有领域，并取代政治和经济等传统因素跃居社会生活的首位。现代政治已无法仅凭政治手段解决问题，现代经济也无法只依靠自身的力量而活跃。假如没有文化的大规模介入，那么，无论是政治还是经济都将是缺乏活力的。[7]“文化资本”是布迪厄将经济学概念成功地运用于文化研究的典型例子。

为了避免陷入经济至上主义的化约论陷阱，布迪厄把资本划分成三种基本类型：经济资本（economic capital）、社会资本（social capital）和文化资本（cultural capital）。经济资本以金钱为符号，以产权为制度化形式。社会资本以社会声望、社会头衔为符号，以社会规约为制度化形式。“文化资本”泛指任何与文化及文化活动有关的有形及无形资产。尽管我们无法像对待经济资本那样对其实行定量化操作，但在日常生活中，它却发挥着与金钱和经济资本相同的作用。不过，“文化资本”不是一个实体性概念，它是表示文化及文化产物究竟能够发挥哪些作用的功能性概念。由于“文化资本”是一个十分宽泛的功能性分析概念，为了便于研究，布迪厄将其划分成身体化形态、制度形态及客观形态三种基本形式。[8]

2. 在节庆中打造文化资本

节庆本身是文化认同的基础所在。“梅葛”文化节、公共化的仪式和彝家人的文化商品等被有意识地组织起来，在村庄中出售这些物品，从而为彝家人创造了公共形象，进而在文化的展示中，强化了族群认同，创造了经济价值。同时，节日集物质民俗、精神民俗、语言民俗、组织民俗为一体，生动展现了文化资本的三种形态。

（1）身体化形态的文化资本。

节日形成并成为传统后就成为构建社会秩序的模式，强化个体身体对自己所属群体的记忆，使人们产生一种传统延续的体验，维持社会的意识。同时，传统也由此得以延续。在“梅葛”文化节中，人们自觉或不自觉地按照传统的文化模式来规范自己的言行。在“梅葛”调的对唱中一次次追忆本民族的起源、迁徙、变迁史，强化族群认同感和归属感。在手挽手的打跳中不断拉近本民族成员间的感情距离，加强民族团结意识。“梅葛”文化节通过庄严、神圣的仪式表演，欢快、热烈的歌舞嬉戏等一系列有规律的身体操演，使史诗《梅葛》背后所蕴藏的文化传统内化为国民的身体，对身体的存在进行秩序化，使民众的身体内化社会的秩序的要求，并发挥社会记忆功能，促使社会秩序合法化和文化传承。同时，这也是一个文化资本的打造过程。在布迪厄的资本理论里，“文化资本”的身体化（incorpore）形态特指精神和身体的持久“性情”的形式，累积于身体状态之中，成为精神与身体的一个有机组成部分，实现“惯习化”，而文化活态传承的前提和标志首先就是体现在人身上的这种文化惯习。人不仅是文化的创造者，还是文化的载体。只有活在人身上，植根于普通社会民众层面的文化才是真正活着的文化。

（2）制度形态的文化资本。

在周期性的，有规律的时间排列和身体操演中，“梅葛”文化节在潜移默化中对民众施以文化濡化。彝家儿女将民族的史诗在耳濡目染中熟记于心，将民族文化的传统规范内化于体，外显于行。“台上一分钟，台下十年功”，“梅葛”文化节渗透进了民众的日常生活中，台上、台下，节前、节后常可看到歌手们对唱史诗的激烈、热闹的比赛场面，老人们深情讲述祖先由来的远古历史时的陶醉表情，孩童们玩笑嬉戏中哼吟“娃娃梅葛”的天真无邪的童趣。从文化节的举办中脱颖出一批批诸如郭友珍等的民间艺人，经县推荐，州、省考核后颁发云南省民间艺人证书，政府每年补助其3000元，并且鼓励他们带徒弟，培养传承人，以点带面，扩大文化影响力的深广度。依据定义[①]这是文化资本制度形态的典型形式。

(3) 客观形态的文化资本。

在“梅葛”文化节中，彝家男女老少穿上自己的民族服饰，有的甚至是自己亲手缝制的绣花衣，像赶集一样从四面八方聚拢来参加盛大的民族节庆。顿时，节庆现场像一个缤纷灿烂、姹紫嫣红的百花园。衣帽服饰上洋溢着他们对生活的挚爱，彰显着悠久的民族传统文化，讲述着一个个感人至深的传说故事。这些还不够表达他们自豪、荣耀的民族意识，除了强烈明快的色彩对比赋予的视觉享受之外，还有或激昂慷慨、或缠绵抒情的笙歌，斗智斗技、赛歌赛诗的“梅葛”调对唱以及时而轻歌曼舞，时而铿锵有力的芦笙舞表演等等，给观众奉上“梅葛”文化的视听盛宴。民族传统文化的魅力深深地吸引着外地来的客人，争相在旁边购买服饰、乐器、磁带等，有的甚至妆扮成彝家女，和着芦笙队边歌边舞。民族服饰、乐器、磁带等文化商品形式，是在物质和媒体中被客观化的文化资本，也就是“文化资本”的客观（objective）形态，即物化（object）状态。

布迪厄将文化商品分为三个层次。关于其“生产场域”可分两种，一种是“限定的生产场域”，另一种是“大规模的生产场域”。前者中生产者和消费者以圈内人为主，生产者同时也是消费者，后者生产者与消费者不同，消费者主要是社会大众；前

① “文化资本”的制度形态就是将行动者掌握的知识与技能以某种形式（通常以考试的形式）正式予以承认并通过授予合格者文凭和资格认定证书等社会公认的方式将其制度化。这无疑是一种将个体层面的身体化文化资本转换成集体层面的客观形态文化资本的方式。从这一意义上讲，制度化文化资本是一种介于身体化文化资本与客观形态文化资本之间的中间状态。文凭是制度化文化资本的典型形式。引自朱玮珏：《“资本”的一种非经济学解读——布迪厄“文化资本”概念》，载《社会科学》，2005 年第 6 期，第 119 页。

者居于文化商品生产的主导地位，并且被后者所推崇，但是后者具备将文化资本转变为经济资本的更大空间。[9]“梅葛”文化节是“梅葛”文化商品的大规模的生产场域。彝族群众扮演生产者的角色，而社会大众是其消费者。这一节日庆典在传播、传承民族文化的同时，也在刺激着当地的经济，俨然一个小型的商品展销会。文化商品销售的同时也是文化认同的过程。这是资本之间的共性，是资本转换的可能性条件。而文化资本与经济资本间有本质的区别，这一点是资本转换的基础性条件。两个条件共同作用，一起实现了资本间的相互转换。

四、结 语

在当代文化消费模式下，民族文化、民族歌舞艺术成为一种具有符号意义的文化商品，具备了文化资本向经济资本转化的前提和基础，而节日庆典正为这个转化提供了一个很好的契机，该转化也是庆典中文化“无意识的活态传承”与“有意识的经济创造”的过程。这种创造过程，正是一种“文化的生产”与“文化的消费”并驾齐驱的过程，并且这种“生产”和“消费”的基础，并没有脱离固有的文化传统，而是不断张扬自己的文化个性，强化族群认同。“梅葛”文化在“梅葛”文化节的节日庆典中以润物细无声的方式内化于节日参加者的身体中而得以活态传承。节日的举办过程中，文化的生产与消费同时进行。消费者意识性的对文化商品的消费是一个有意识的经济创造过程，该过程的深层含义是对附着于该文化商品身上的文化的认同与欣赏。所以，无论是文化的生产亦或是消费的初衷如何不同，最终的结果都是彰显了文化，并将其活态传承下去。

参考文献：

[1] 王霄冰．文化记忆、传统创新与节日遗产保护 [J]．

中国人民大学学报，2007（1）.

［2］陈湘，甘建梅．文化生态的改变使梅葛传承面临危机［EB/OL］．中国民族文学网（http：//www. iel. org. cn）2009－01－19.

［3］吴宗友，曹荣．论节日的文化功能［J］．云南民族大学学报，2004（6）.

［4］饶云华．彝族梅葛文化节的来历［N］．楚雄日报，2007－6－23“马缨花”文艺版．

［5］Edward B. Tylor : Primitive Culture , Harper & Row , 1958 (1871) .

［6］张岱年，姜广辉．中国文化传统简论［M］．杭州：浙江人民出版社，1989.

［7］高宣扬．布迪厄的社会理论［M］．上海：同济大学出版社，2004.

［8］朱玮珏．“资本”的一种非经济学解读——布迪厄“文化资本”概念［J］．社会科学，2005（6）.

［9］李全生．布迪厄的文化消费理论［J］．社会，2002（5）.

楚雄彝族“梅葛”音乐初论

张 黎*

摘 要：“梅葛”是云南楚雄彝族自治州特有的少数民族曲艺之一，其历史悠久，影响面广，且内容丰富，音乐风格也多种多样，曲目的核心部分为主要吟唱史诗，被视为“彝家根谱”。近几年，梅葛受到越来越多的关注，本文从民族音乐学的角度去研究梅葛，通过调查梅葛在彝州各地的分布情况、不同的分类及称谓、音乐形态等情况对梅葛进行分类研究和音乐分析。

关键词：楚雄 彝族 梅葛音乐

“梅葛”一词是彝语的音译，彝语的“梅”，即为“嘴、唱、说”，“葛”的意思是“过去、历史、回转”，把“梅”与“葛”连在一起解释，就是指“唱说过去”、“唱说历史”、“唱说古今”之意。[1]从古至今，梅葛主要在彝族的罗罗颇和俚颇这两大支系中流传，历史悠久，影响面广，且内容丰富，唱腔也多种多样。其演唱的核心部分——史诗《梅葛》被视为“彝家根谱”。近几年，“梅葛”受到越来越多的关注，研究“梅葛”文化的相关论著也有不少，其中由李云峰、李子贤、杨甫旺编著的

* 作者简介：张黎（1976— ），女，云南楚雄人，讲师，在读研究生，研究方向：音乐教育与民族音乐研究。

《“梅葛”的文化学解读》曾获国家政府最高奖——“第九届中国民间文艺山花奖·民间文艺学术著作奖”。2005年和2008年“梅葛”先后被云南省和国务院列为省级和国家级非物质文化遗产，“梅葛”艺人郭友珍还被命名为国家级非物质文化传承人。本文以云南楚雄彝族特有的“梅葛”音乐为研究对象，围绕着“梅葛”主要流传区环境、“梅葛”音乐分类、“梅葛”音乐特点三个方面进行阐述。

一、“梅葛”主要流传区环境概述

楚雄彝族自治州是全国两个彝族自治州之一，这里的彝族分布较广，其音乐种类众多，风格各异，有着浓郁的民族气息。彝族人民能歌善舞，有悠久的音乐传统。各支系在发展过程中，形成了各具特色的彝族民歌，如流行于楚雄、南华、牟定、大姚、姚安、永仁等彝族地区的“梅葛”，流行于双柏等地的阿色调，流行于元谋、武定等地的酒歌，流行于楚雄、南华等地的阿苏则，流行于牟定等地的左脚调等，其中流行于彝族两大支系罗罗颇和俚颇中的“梅葛”历史悠久、流传广泛，在楚雄彝族中颇具影响力。

云南楚雄彝族自治州位于滇池、洱海之间的滇中高原北部，自古为省际屏障、滇中走廊、川滇通道，跨东经100°43′～102°30′，北纬24°13′～26°30′。东西最大横距175公里。南北最大纵距247.5公里。境内乌蒙山虎踞东部，哀牢山盘踞西南，百草岭雄峙西北，构成三山鼎立之势；金沙江、元江两大水系以州境中部为分水岭各奔南北，形成二水分流之形。全州山地面积占90%以上，有“九分山水一分坝”之称。“梅葛”主要流传于楚雄州中部北部及西部地区，即牟定、永仁、大姚、姚安、南华北部、元谋西部和禄丰西部，以及大理州祥云县，四川省攀枝花市仁和区，大致相当于百草岭山系及哀牢山延伸地区，属金沙江水系流域，其中以龙川江以北、以西地区为“梅葛”主要流传区。

“梅葛”流传中心区有以下四个：

直苴（永仁县西北部）：彝族占当地人口95%以上，山高谷深，自然条件较差，人多地少，交通闭塞，经济不发达，“梅葛”流传保留较为原始。

昙华（大姚县中部）：彝族占当地人口83%以上，与直苴相邻，受佛教影响，“梅葛”中掺杂了较多的佛教文化因素。

马游（姚安县西郊）：彝族占当地人口95%以上，地处南方丝绸之路的交通要道，较早接受了汉文化，“梅葛”也被融入诸多儒、释、道等文化要素，是多元文化相融的典型。

腊湾（牟定县西部）：龙川江的源头之一，彝族占当地人口98%以上，自然环境曾较为封闭，直到20世纪70年代前仍保留较多的“梅葛”核心部分，但经三十多年的外来文化的冲击，“梅葛”的这一状态迅速式微。[2]

“梅葛”有说有唱，作为一种彝族曲艺曲种，源于远古时期的原始祭祀活动，它的曲调广泛流传于楚雄、南华、姚安、大姚、永仁、牟定等地区。其中，姚安马游以“梅葛”产生最早、门类最全面、文化内涵最丰富、保存最完整而被成为“梅葛”故里，其“梅葛”音乐发展在整个“梅葛”文化带里具有一定的代表性。

二、“梅葛”的音乐分类

“梅葛”是一个综合曲种，含有叙事歌、挽歌、祭祀歌、情歌、诉苦歌、儿歌等，分别在不同的场合中运用。其核心部分属于叙事歌，它吟唱的主要内容是史诗部分，如创世、造物、婚事、丧葬等，生动地讲述了从开天辟地、万物产生、人的起源到人的生老病死的各种场景，表现了彝族先民对神秘莫测的自然力和人类起源的探究过程和人类在劳动中利用自然并与自然和谐相处发展的历程，它是彝族宗教信仰、道德观念、风俗习惯、民族心理的集中表现，是彝族人的精神支柱。“梅葛”也有一部分是反映彝族人民世俗生活的，如情歌、诉苦歌和儿歌等。

“梅葛”的分类在各地有所不同，大姚县华的彝族一般按演唱场合分为家“梅葛”、山“梅葛”和娃娃“梅葛”，同在大姚也有按演唱情绪的分法，分为“辅梅葛”、“赤梅葛”、“娃娃梅葛”的；或按腔调分为正腔“梅葛”和慢腔“梅葛”；在姚安马游人们通常按演唱者分“老人梅葛”、“青年梅葛”、“娃娃梅葛”三种，毕摩唱的“梅葛”通常被单独成为毕摩调而不列入“梅葛”歌种中。从现代音乐学的角度来看，毕摩的吟诵是一种说唱的音乐形式，他吟诵的主要内容是“梅葛”的核心部分，所以毕摩“梅葛”也应该属于“梅葛”的一种。本文在参照“梅葛”发源地（姚安马游地区）的分类方式的基础上，新加入毕摩“梅葛”类，即把“梅葛”分为“毕摩梅葛”、“老人梅葛”、“青年梅葛”、“娃娃梅葛”四种类型。

1. “毕摩梅葛”

“毕摩梅葛”的音乐本质特性不强，吟诵结合。当地人都不认为毕摩也唱“梅葛”，也许正是因为毕摩的吟诵在某种意义上说是语言传达的意义大于音乐表达的意义，有一定声调和节奏只为了短句和记忆，并不为了听觉上的享受或带给人们艺术上的熏陶，他的法器也只是一种仪式工具，敲响它也只是用来渲染气氛，或作吟诵段落的划分。但这只是看事物的角度不同而已，从民族音乐学的角度来看，吟诵也是一种不同于传统意义上的歌唱。据说马游的彝族是从凉山迁来，马游人也有吹口弦的传统，两地是有一定音乐渊源的。而有记载表明凉山毕摩的经诵是有着细致的唱腔和曲调分类的。这也证明毕摩的经诵并不仅是简单的念，仍然具有一定的音乐性。

在四川凉山州，毕摩在各种祭场上对名目繁多的经卷的演唱曲调被称之为“毕”。“毕”按其经文特点和祭礼习俗，可以分为“毕”、“加”、“果”、“日”、“洛”、“撒”等数百种曲调和唱腔。可以这样说，彝族毕摩的每一卷经书都有自己特定的曲调和唱腔。“毕”是彝族毕摩念诵经文时一种常见的唱腔，它可分为多种曲调，每一种曲调又有自身的演唱特点和演唱风格。如“加”是一种怀念曲，音调哀婉缠绵，悲怆动人；“果”是一种呼唤调，毕摩头戴插着翎毛的法帽，身披棕衣，手执树枝条，站在祭场上，用高音唱着经文。毕摩唱完一节，众人齐声应和一段唱词，同时，还伴有众人对主人一家老小的呼唤唱词。曲调亲切柔和，充满温馨。“日”是诅咒调，表现的是对疾病、灾难、鬼怪的诅咒，每节都伴以众人的吆喝声。曲调节奏明快，语言简洁。“洛”是祭祖调，一般表达对先辈的怀念，祈求先辈和神灵的保佑，赐与平安和吉祥。曲调悠扬婉转、扣人心弦。“撒”是送神调，是毕摩举行送神送鬼、祛灾祛病仪式时的演唱，曲调轻快流畅，歌词生动感人。[3]

据马游地区关于“梅葛”会的传说，在“梅葛”会上用梅葛调吟唱“梅葛”是天神的旨意，是天神给人间传授“梅葛”时定下的规矩，传说中还提到“梅葛”调是神授的，是同毕摩一同产生的。又据彝文典籍记载，最早的毕摩是彝族原始部落的首领密阿迭，[2]可以说是他创造了毕摩吟诵调。社会发展进入阶级社会后，毕摩成为专门的职业，吟诵的主要内容还是祭祖的祭辞。毕摩梅葛采用的是古腔，即古时候传下来的腔调，曲调和唱词句式固定，演唱氛围神圣而庄严，以独唱为主要形式。按演唱用途分两类：一类是用于吊唁亡人慰藉家人时演唱的挽歌，另一类是用于祭祀的祭祀调。

挽歌的歌词主要以演唱创世史诗为主，也有介绍死者生平慰藉家人的具体内容，叙事性强。歌曲曲调简单、曲式结构短小，节奏缓慢，音域窄，旋律高低起伏，演唱的声调和彝语语言声调接近，时而低沉舒缓，时而高亢悠长，演唱吟诵结合，在吟诵时还伴以铃铛和羊皮鼓的伴奏。歌曲主题主要是由一个动机构成简短的几个乐句而成，把冗长的史诗或祭文用同一曲调反复配唱或变化反复配唱，这就使得音乐有了无限的延伸性。曲调总的来说有送丧调、开天劈地调和找盐调三种。前两种调（主要）都是给死者亡灵指路时唱的，其主旨是把万事万物的起源（创世、造物）和生者对死者的怀念之情吟唱给死者的灵魂听，即指路安魂，（追忆亡人生前功德）。而“找盐调是毕摩在丧事活动中唱万物起源时唱的，主要唱述盐的起源”[2]。（见例1）

例1：

指路歌

1＝C　散板

永仁县地平乡

彝族（俚颇）

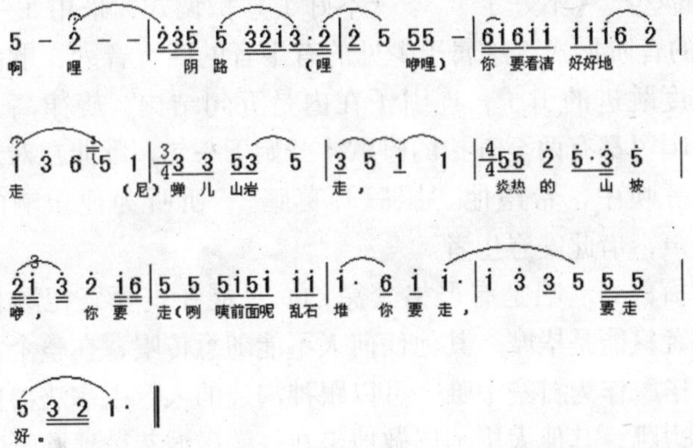

演唱：杞发生

记录：起加云 范兆云

这首歌流传于永仁地区，是毕摩在死者出殡的前一晚上唱的歌的头一段。[4]五声宫调式，节拍比较自由，节奏缓慢，歌中多处带有很长的拖腔，开头的一个上行五度旋律似乎在召唤亲人，此后每一句都在略有起伏的旋律中下行回到主音“1”，全曲音乐语汇简洁，语气平缓，庄重、肃穆。

祭祀调是毕摩在主持祭祀驱邪活动时吟唱的歌，是传统的曲调，属于“赤梅葛”，演唱内容主要以祭祀万物和祖先为主，也有少部分用于驱鬼。“音乐上与“老年梅葛”有内在联系，还吸收了汉族部分端公音乐的音调，歌腔带吟诵性，节拍规整，富有力度，在驱邪活动中，毕摩（有时是巫师）手持自制羊皮鼓或铁环或铜铃敲击节奏配合以烘托气氛，歌中大多属成套的传统词”，[4]仅对人的称呼随演唱对象的不同而稍作改动。演唱地点视祭祀内容而定，如祭庄稼神多在田边，祭龙神则在水潭或河边。如楚雄市三街区流传的《关龙调》，人们借此歌寄托祈求风调雨顺、六畜兴旺和五谷丰登的心愿。又如楚雄市三街区的《给最好的吃》、《不好了》[4]。《不好了》徵调式，采用5－6－7－1－2的音阶形式，这属于少见的有半音的四音音列，歌曲开头是以五度跳进的引子，连引子在内是五句结构，旋律高亢舒缓，每句唱罢都有两至五拍的停歇才开始下一句，歌曲在对逝去的老人的呼唤中，希望他“眼睡耳莫睡”，听听为他敲响的锣声、铃铛声，借此安慰生者。

毕摩梅葛的演唱是有严格禁忌的，只能在丧葬祭祀场合演唱，演唱者只能是毕摩，其他任何人不能随意传唱，在整个活动过程中，毕摩作为村寨中唯一可以跟神沟通的人，手拿法器作法事，边唱边跳，其他人毕恭毕敬地坐在一旁虔诚恭敬地聆听着毕摩与死者的对话，毕摩依据需要或诵或唱，场面肃穆、神圣。在活动中，毕摩要唱“请神经”、“指路经”、“安魂经”及一些安慰死者亲属的歌，从开天辟地、人类起源、生产劳动到死者生前的日常生活情况等，一直唱到把亡灵送出家门。毕摩所作的法事步骤是和他所吟唱“赤梅葛”内容是紧密联系的，具有一定神圣性和规范性。

2. “老人梅葛”

“老人梅葛”，又称正腔或“家梅葛”，通常只能老人演唱，一般采用对唱和一人唱众人在句尾和腔的演唱形式，其演唱的部分内容和“毕摩梅葛”差不多，但是曲调更为丰富一些，其中也有一些古腔调。曲调主要有史诗调、放羊调、婚俗调、青棚调、悲调等。一般婚俗上演唱的“梅葛”比较集中，有一系列的歌曲，如说媒时的婚配调、晚宴上的相配调、婚礼当天夜晚唱的采花调、第二天早上交亲仪式上的农事调（内容有四季生产和主持家务知识）、犁喜田仪式上的犁牛调、第三天婚礼结束时的安家调等。在遇到办喜事时通常唱的是当地人称为“喜梅葛”的歌，也叫“阳梅葛”。彝族一些特殊的仪式，如成亲时驱鬼邪或驱邪气、拜见祖灵等仪式必须由毕摩来主持唱诵，现在也多由老人主持。其内容古老而庞杂，吟诵的内容大多与神和祖先有关，仪式中带有很多吆喝声掺杂其中，接下来的场合由歌手来演唱，创世、人类起源等古老的内容和葬礼上相同只是曲调变得较为欢快，其他内容往往由歌手即兴填词演唱，“喜梅葛”的演唱内容逐渐由神圣变得越来越世俗化。随着社会经济和人们审美需求的不断发展，这种古老的形式在今天也很少见了，只是少数民间歌手在唱，但相比之下，由于曲调的即兴性不如歌词那么强，不管变为谁演唱多少还是基本保持了“古梅葛”调的原型。（见例2至例6）

例2：

婚配调

楚雄市三街乡

彝族（罗罗）

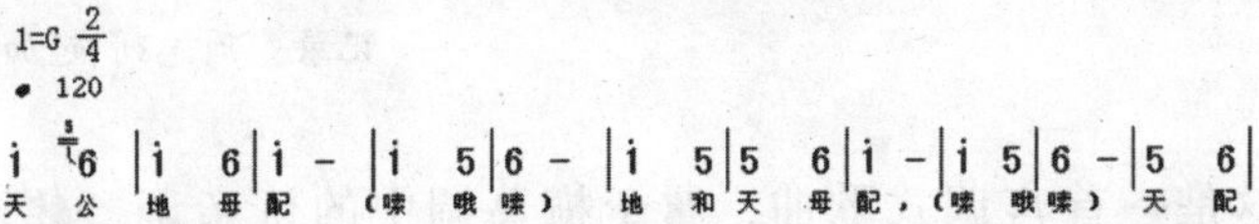

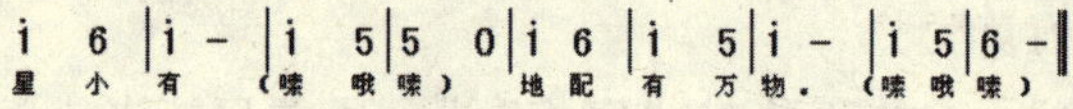

演唱：者厚培

记录：周志列 易道鸿

过去一般在结婚时，人们都会请毕摩在新郎家大门口演唱此歌。演唱时，由新郎和新娘解开插在米升内的青松枝绕结成的六个疙瘩，然后双方才能进新房。[4] 这首歌节奏简洁明快，唱完一句接一句衬腔，如此循环。旋律虽短小却起伏跌宕；高高低低的音调在一句下行四度紧接上行二度级进的衬腔缓冲下得以喘息，似一条小河从陡峭的山谷中流入一片低缓的河滩，不久又开始下一次奔流……可谓动静结合，巧妙地渲染出一阵热闹的气氛。

例 3：

今天日子好

1 = E 2/4 3/4

永仁县直苴乡

彝族（俚颇）

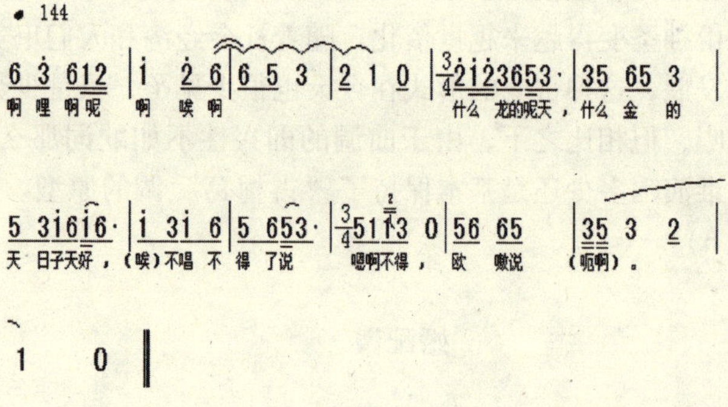

演唱：杨森

记录：周志列 起加云[4]

这是一首宫调式歌曲，属于梅葛调中的认亲调，彝语称

“来捉伙捉梅葛”（来：亲的意思；捉：找的意思；伙：戚的意思），这是彝族人找亲戚或认亲戚时唱的一种歌，主要内容有觅亲、认亲、邀亲、宴亲等。

例4：

开天辟地

1＝b A 4/8 3/8　　姚安县马游坪

彝族（罗罗）

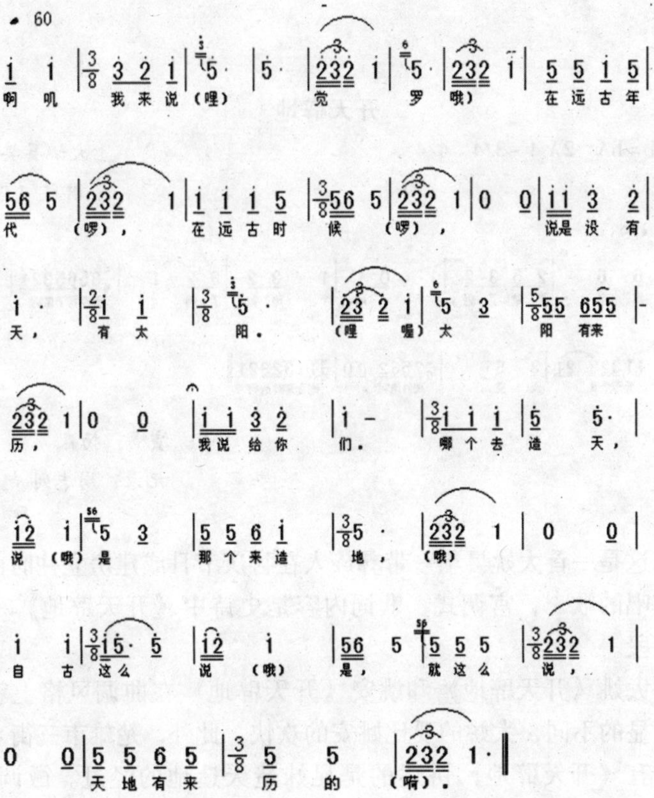

演唱：骆学明

记录：陶正西 蔡德忠

这是史诗《梅葛》中《开天辟地》一节的片段，[4] 宫调式。节奏较自由，有很多衬词夹杂其中，旋律悠长、流畅，如说故事般娓娓道来。短小的音乐主题（1－7 小节）在音乐不断的变化反复中随歌词的增加而时隐时现。

此歌的节拍属于典型的“非功能性的均分律动”[5]，伴随着音乐的进行和表现的需要，拍值有所改变，音乐有伸有缩，在“撤”与“催”中彰显独特韵味。此歌在彝族婚丧嫁娶中都会唱。

例 5：

开天辟地

1＝bA　2 \ 4－3/4　4/4　　　大姚县昙华乡

彝族（俚颇）

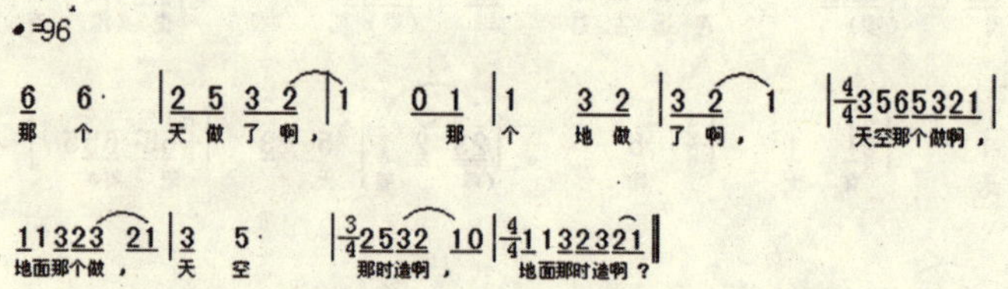

演唱：杨森

记录：周志列 起加云

这是一首大姚昙华一带彝族人在喜庆节日或建房立柱时由老人演唱的歌[4]，宫调式。歌词内容是史诗中《开天辟地》一节的片段。

大姚《开天辟地》和姚安《开天辟地》在曲调风格上就有着明显的不同，大姚的要比姚安的欢快，此外，楚雄市三街乡也流传有《开天辟地》讲述的是兄妹造天造地的经过。徵调式，5－6－7－1－2，属于少见的有半音的四音音列，音乐也是比较欢快的。

例 6：

人类起源

1 = B　2/4　3/4

大姚县昙华乡

彝族（俚颇）

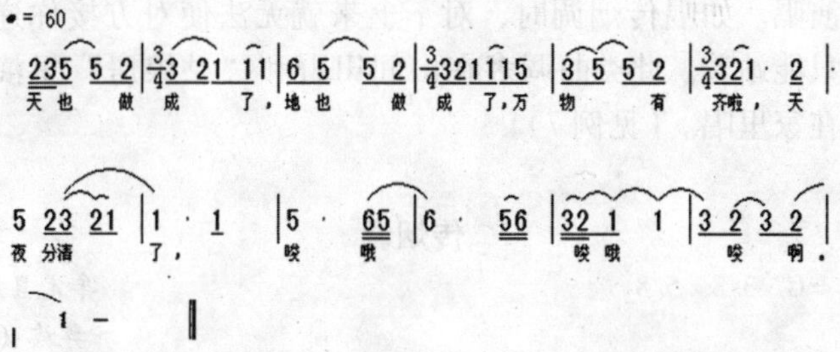

演唱：杨森

记录：周志列

《人类起源》流传于大姚县昙华地区，它是一首典型的以唱史诗核心部分为主的“老人梅葛”，歌中唱的是《梅葛》中第一部第二章《人类起源》的开头部分，主要唱述人类起源和进化史[4])。《人类起源》为宫调式，音乐结构简洁有规律。音乐的每一句旋律线条像一个个弧度相似的抛物线，都以向 5 音上行构四、五度或下行两度为开头（5 是旋律线的最高音，也是抛物线的最高点），以 2－3－2－1 作为句尾，结束在歌曲的最低音 1 上。“唆”“哦”、“啊”都是一些虚词，没有具体含义，是为顺应音乐发展的需要的哼唱。

3. “青年梅葛”

“青年梅葛”也叫慢腔或“山梅葛”，多为青年人演唱的情歌，曲调婉转悠扬，以打情骂俏表达爱恋为主，也有由出嫁后的妇女演唱的以表达苦闷情感为主的诉苦调，曲调如泣如诉。“青年梅葛”的演唱无论从歌词的内容和演唱场合都显得尤为灵活，主要以问答的方式演唱，主要作用是用于传情达意，自编自创的成分较多。有夜间作相火时演唱的，如相好调、传烟调、戴花调、诉苦调、离别调，也有白天在山上对唱的称“过山调”，内容丰富，即兴发挥的成分多……对唱强调胜负，唱输者无法接着往下演唱。如唱传烟调时，对不上来就无法使对方接你递去的烟，只能站着。此类曲调多在山间田野和“姑娘房”里演唱而不能在家里唱。（见例7）

例7：

传烟调

1＝G　3/8　5/8

牟定县凤屯乡
彝族（罗罗）

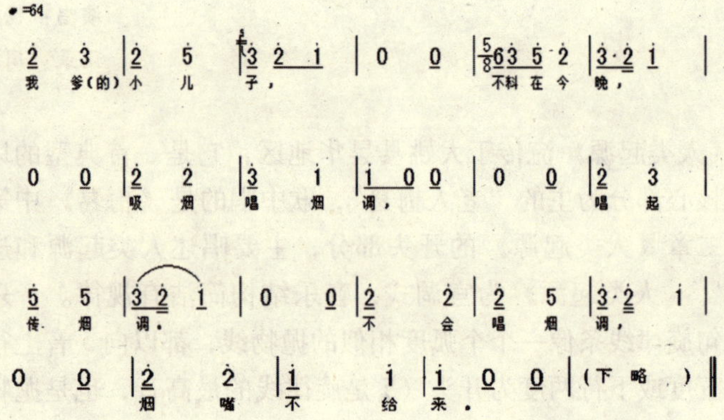

演唱：李学书
记录：周志列　非如山

这是牟定彝族青年男女约会时相互传烟时唱的歌[4]，宫调式。过去彝族男女有吸土烟的习惯，通常若对不上对方的歌，烟是传不出去的，现在女子不抽烟了，故多为传水果。

彝族青年喜欢唱“梅葛”，除了用于谈恋爱时的传情达意外，还可以独自倾诉，用歌声诉说生活的艰辛和忧愁，这是一种不同于情歌的曲调，俗称诉苦调，主要传唱于彝族青年妇女中，也有部分中年妇女演唱此调，她们通过诉苦调诉说心中的苦闷和对亲人的思念，一般是在山上或田间唱，如流传在牟定凤屯区《怨嫁调》[4]，当地称嘞蜜，是旧时已出嫁的妇女思念母亲时唱的歌，一般在山上或田间唱，有时还用吹树叶表现。除了传统曲调之外，有的器乐曲曲调被人们即兴填上词传唱也被称为“青年梅葛”。如马游地区流传的《姑娘的心愿》，这是一首姑娘向小伙表达爱意的情歌，五声宫调式，据马游的“梅葛”传承人郭友珍老人说该歌曲的曲调源自响篾调。响篾调原是彝族人用口弦吹奏的调子，人们在打跳时跟着哼哼，大多数无实词，只哼唱嘞噜哩噜之类的虚词，但在青年男女听来却能传情会意，富有神秘感。

4. “娃娃梅葛”

“娃娃梅葛”又称娃娃腔，有大人们在哄孩子时吟唱的调子，也有小孩子游戏玩耍时唱的歌谣，前者曲调舒缓、优美，后者曲调诙谐幽默，朗朗上口，规整，简单易于记诵，音乐形象天真活泼，以表达天真好奇的童趣为主，“娃娃梅葛”除庄重场合外都可即兴演唱。(见例 8 至例 11)

例 8：

做媳妇苦

1 = bB　2/4　3/4

姚安县马游坪
彝族（罗罗）

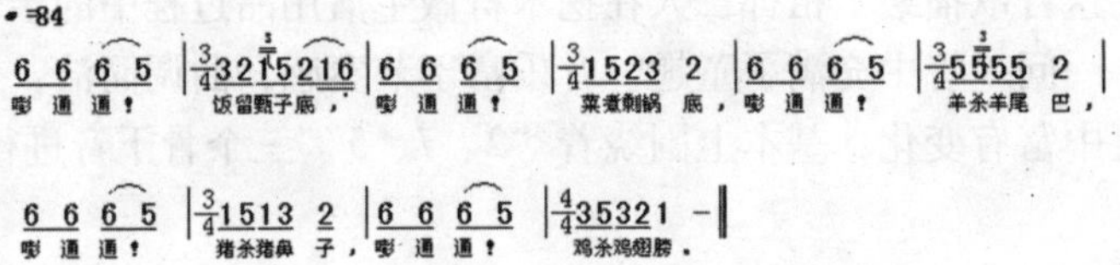

演唱：郭友珍
记录：张黎

《做媳妇苦》是在马游地区广泛流传的“娃娃梅葛”，据郭友珍老艺人讲，这首歌是以孩子的口吻讲述了母亲的遭遇，在家只能吃剩菜剩饭，遇到家里杀猪宰羊也只能吃羊尾巴、猪鼻子的遭遇。全曲为宫调式，节奏长短结合，音乐旋律简洁明快并有一定起伏，音域窄（仅跨了六度）。

例9：

挖木拉

1＝bE 2/4 3/4 4/4

姚安马游

彝族（罗罗）

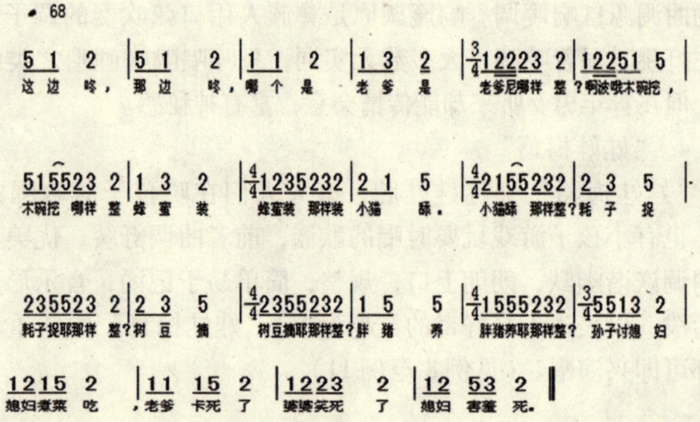

演唱：郭友珍

记录：张黎

这首歌描绘了祖孙二人在挖木材做生活用品过程中的亲切对话，一问一答中充满了童趣。音乐富于节奏感，曲调简洁，旋律重复中富有变化，基本上围绕着“2、7、5”三个骨干音进行。

例10：

去摘桃梨吃

1＝A　2/4　　　　　　　　　　　　　　　　　牟定县凤屯乡
彝族（罗罗）

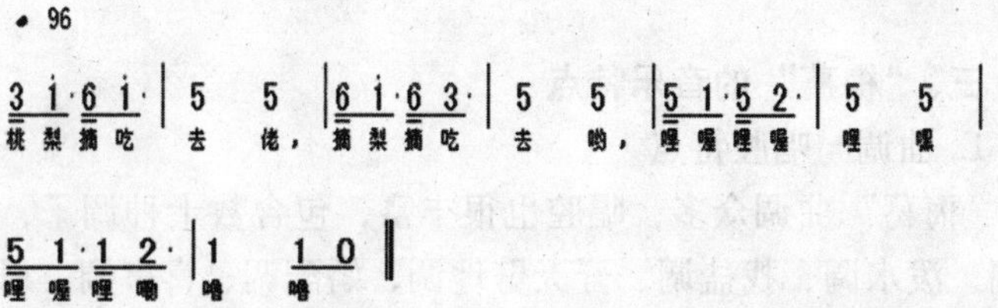

演唱：杨香弟
记录：周志列[4]

这首歌曲结构较为规整，以“××××｜××｜”为主，节奏型以彝族常见的一拍的切分节奏（中间八分音符延至第三个音）为主，节奏组合较为单一，旋律线简洁略有变化，整首歌轻快活泼、朗朗上口。

例11：

哄娃娃调

1＝F　2/4　3/4　　　　　　　　　　　　　　　大姚县石羊镇
彝族（罗罗）

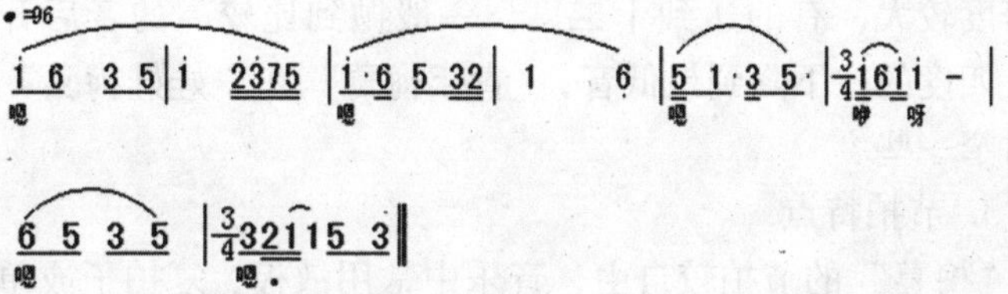

演唱：邹林
记录：黄自权[4]

这是一首哄孩子睡觉的歌，类似汉族的催眠曲，这首歌用亲切的哼呜配上舒缓的曲调，烘托出母子间浓浓的亲情与恬静、安详的气氛。催眠曲是“娃娃梅葛”中的一种常见类型，歌词多无具体含义，曲调优美多为单乐句或短乐段。

三、“梅葛”的音乐特点

1. 曲调与唱腔特点

“梅葛”曲调众多，唱腔也很丰富，包含数十种调子，有送丧调、泼水调、找盐调、开天劈地调，婚配调、喜事调、思亲调等，逐渐衍生出的相好调、传烟调、戴花调、诉苦调、离别调、过山调、哄娃娃调等。

“毕摩梅葛”唱腔单调，但有一定变奏性，在念诵中根据诵经的需要进行音乐扩充或变化反复。唱腔与语言声调和呼吸律动有联系，时而平稳时而高低起伏而富于感染力；“老年梅葛”唱腔高亢嘹亮、徐缓悠长、气息宽广；“青年梅葛”唱腔优美抒情，有一定即兴性；“娃娃梅葛”唱腔亲切、生动。

2. 音乐主题结构特点

“梅葛”音乐主题结构大多短小、单一，常以单句体及两个乐句构成的乐段为主。有的音乐（如古歌）根据歌词内容需要进行音乐主题扩充或变化反复。古歌常用抛物线的旋律结构，音域跨度较大，有的达到十二度，一般抛到比较高的音后开始五度、四度的往下降到最低音，“青年梅葛”和“娃娃梅葛”音域相对窄一些。

3. 节拍特点

“梅葛”的节拍较自由，音乐中常用散板、复拍子或单拍子和复拍子交叉，如6/8，4/8，2/4 加 3/4，古歌中常用“非功能的均分律动”，把一拍分割成几个小拍，“拍值可变，强、弱拍的出现又不受小节线的限制”[5]。“青年梅葛”和“娃娃梅葛”

受汉文化影响音乐节拍相对规整，大多属于“功能性的均分律动”。

4. 节奏特点

“梅葛”的节奏富有彝族语言特点，音乐中多采用前短后长的节奏型，这也许和彝语语言重音前置或吐字比较快、紧凑有关系。

5. 调式特点

调式常使用民族调式，以宫调式和徵调式为主。“梅葛”音乐常用五度框架，以宫、角、徵三声为音乐主干音。

6. 音型与装饰音的运用

梅葛音乐中常使用延音、三连音、装饰音和下滑音。延音、三连音等音型的运用有的是跟语言有关，有的是跟变化反复前一段旋律的需要有关，装饰音中大量倚音和波音的运用跟演唱者的唱腔习惯有关，还用到“带腔的音”，即类似民族弦乐演奏中“摇声”，即在一个“声”上发生的变化[5]，所以这种装饰音唱法又有别与我们常见的波音，有点类似模仿羊叫的声音，只是喉音相对较轻一些，例如“娃娃梅葛”《漆树花》的最后一句的A音就是属于这种唱法，独具韵味。下滑音一般在歌曲的结束音上使用，烘托语气。

7. 衬腔的使用

衬腔常在“梅葛”的开头或结尾中使用，有时也用在句或段落的开头，使用的是一些虚词，没有具体含义，是一种起腔或落腔的习惯用法。衬腔多在古腔调中运用，起到音乐起头或乐句的延伸作用。

8. 音乐的地域特点

梅葛流行于楚雄彝族罗罗颇和俚颇这两大支系中，分布的地域较广，其核心区就包括姚安、大姚、牟定、永仁等四个地区，由于语言习惯和受汉族文化影响的程度的不同，其音乐风格也略有不同，如大姚《开天辟地》和姚安《开天辟地》在曲调风格上就有着明显的不同，大姚的节拍速度要比姚安的快，大姚的运用混合拍子，但总的来说还能打出拍子来，还不算太散，节奏相对规整，而姚安的《开天辟地》可以算得上散板，节奏接近吟诵语气。在旋律上大姚《开天辟地》音域较窄才六度，而姚安的《开天辟地》有十二度，且有很多四度五度大跳。此外，楚雄市三街乡也流传有《开天辟地》讲述的是兄妹造天造地的经过。徵调式，5－6－7－1－2，属于少见的有半音的四音音列，音乐比较欢快。

9. 演唱形式

“梅葛”演唱形式多样，有吟唱、独唱、对唱、齐唱、领唱加和腔五种演唱形式，主要用彝文演唱，（现今也有用汉语演唱），唱词以五字句、七字句为主，富于彝语声腔和音韵特色。吟唱一般伴随着毕摩的仪式动作和法器的敲击，唱念结合；独唱和对唱一般都是坐着或站着演唱；齐唱往往有很多人参与，一般为边走边唱，或与舞蹈结合边跳边唱，生动活泼，民族气息浓郁；领唱加和腔通常用于唱“老人梅葛”。“梅葛”演唱时一般无乐器伴奏。

“梅葛”曲调众多、唱词经典、唱腔优美，演唱禁忌独特而神秘，是孕育楚雄彝剧音乐、“新梅葛”的音乐土壤。笔者试图从民族音乐学研究的角度通过“梅葛”音乐本体的分析，对其分类以及蕴涵的音乐特征作一些初步的梳理，以求展示楚雄彝族“梅葛”音乐的独特魅力。然而，“梅葛”的音乐海洋是十分丰富多彩的，还有着更多的音乐文化值得我们进一步挖掘。

参考文献：

[1] 大姚县委宣传部．大姚彝族文化（内部资料）[Z]．2007.
[2] 李云峰，李子贤，杨甫旺．梅葛的文化学解读 [M]．

昆明：云南大学出版社.2007.

［3］曲比兴义．多姿多彩的彝族民间说唱艺术.http：//www.yizuren.cn，2010－4－15/2010－6－3.

［4］周志列．楚雄州民间歌曲集成［M］．北京：国际文化出版公司.1991.

［5］杜亚雄．中国少数民族音乐概论［M］．上海：上海音乐出版社.2002.

峨山彝语宗亲称谓语的泛化及其文化因素探究

鲁国贵*

摘　要：峨山彝语宗亲称谓语的泛化较为普遍，泛化的宗亲称谓语在实际交际中的使用受诸多因素的制约，并表现出较强的规律性。依据对其的文化因素考察，其泛化是有多种因素共同作用造成的，其既受历史、传统文化的影响，也有现实生活的影响。

关键词：峨山彝语　宗亲称谓语　泛化　文化因素

峨山彝族从西汉的"嶍貌部"，到后来的嶍峨县，一直处于与汉民族和其他民族的交融发展状态。尤其在民国以后，峨山彝族虽居于"瘴地"，信息闭塞，生产落后，但也深受资产阶级革命及无产阶级革命的影响，其社会组织方式、风俗习惯、传统文化等都有了很多的嬗变和发展。峨山彝语亲属称谓语随着社会和家庭婚姻制度的发展，有着一套相对完善，相对复杂，但又明确且具体的称谓系统。彝语亲属称谓以血缘关系和姻亲关系为主要区分标准，分出血亲和姻亲两个称谓系统，并在长期的历史发展

---

* 作者：鲁国贵，彝族，云南玉溪人，楚梭师范学院政管系助教，研究方向：文化语言学。

中，演变出称谓语泛化的情况。根据调查，现在通行的峨山彝语口语中泛化程度比较高的宗亲称谓语有十四个，且泛化的频率及程度相对居高。

一、峨山彝语宗亲称谓语的泛化

宗亲称谓语的泛化是彝语亲属称谓语泛化的主要内容，其即是用宗亲称谓语称呼非亲属成员，如，小孩子称呼年纪较大的老人为“[ʔA^{55} poː^{55}]”。根据调查，现在通行的峨山彝语口语中泛化程度比较高的宗亲称谓语有十四个，这些泛化的宗亲称谓语分别如下：

彝语宗亲称谓语泛化表

泛化的宗亲称谓语		称呼对象
[ʔA^{21} xɚː^{55}] / [ʔAː^{21} tʻai^{33}]	曾祖	敬称自己曾祖且年纪相当的老人
[ʔAː^{55} poː^{55}] / [ʔAː55 ieːʔ^{31}]	祖父	敬称祖父辈且年纪与祖父相当的男性
[ʔAː^{55} neː^{33}]	祖母	敬称祖母辈且年纪与祖母相当的女性
[ʔAː^{55} moː^{55}] / [ʔAː^{21} kuoː^{55}]	兄 堂兄	敬称同辈且年纪比自己大的男性
[ŋɚː^{21} tɕʻeː^{33}] / [ʔAː^{21} tiː^{51}]	弟 堂弟	敬称同辈且年纪比自己小的男性
[ʔAː^{55} neː^{21}] / [ʔAː^{21} tɕieː^{31}]	姐 堂姐	敬称同辈且年纪比自己大的女性
[ŋɚː^{21} moː^{33}] / [ʔAː^{21} meiː^{31}]	妹 堂妹	敬称同辈且年纪比自己小的女性

续 表

泛化的宗亲称谓语		称呼对象
[ʔAː^{55} ʐeː^{33}] / [taː^{21} teiː^{55}]	伯父	敬称父亲辈且年纪比父亲大的男性
[ʔAː^{55} ɬɚː^{21}] / [ʔAː^{55} ʂuː^{55}]	叔父	敬称父亲辈且年纪比父亲小的男性
[ʔAː^{55} ȵiː^{55}]	姑母	敬称母亲辈且年纪与母亲相当的女性
[zoː^{33} duː^{21}]	侄儿	爱称与自己儿子年纪相当的男孩
[ʔAː^{55} neː^{55} duː^{21}]	侄女	爱称与自己女儿年纪相当的女孩
[ɬiː^{33} zoː^{33} duː^{21}]	侄孙子	爱称与自己孙子年纪相当的男孩
[ɬiː^{33} neː^{55} duː^{21}]	侄孙女	爱称与自己孙女年纪相当的女孩

具体例子：

小孩子称呼年龄很大，差不多与自己曾祖一辈的老人，都叫“[ʔA^{21} tʻai^{33}]”（曾祖父或曾祖母），例如：

“ʔA^{21} tʻai^{33}，ŋo^{21} xe^{21} da^{33} lɚ^{55} go^{21} le^{21}！”[汉语意思：太爷爷（太奶奶）来我家玩！]

遇到与自己祖父辈年纪相当的老人，人们通常会这样打招呼：

“ʔA^{55} po^{55}（ʔA^{55} ne^{33}），ʔA^{55} me^{55} ʥo^{33} ʥo^{33} la^{21}？”（汉语意思：爷爷（奶奶），吃饭了没有？）

请与自己父辈年纪相当的人来家吃饭，人们应该这样说：

“ta^{21} tei^{55}（ʔA^{55} ȵi^{55}），ŋo^{21} xe^{21} da^{33} le^{21} ʔA^{55} me^{55} ʥo^{33} le^{33}！”（汉语意思：大爹（姑姑），来我家吃饭！）

向与自己年纪相当或者比自己年纪较大的人问路，人们这样问：

“ʔA^{21}kuo^{55}（ʔA^{21}tɕie^{31}），li^{33} dʑɚ^{33} pa^{55} da^{33} gɤ^{33} sɤ^{21} sɤ^{33}？”(汉语意思：哥哥（姐姐），怎么去街上？)

长辈向与自己儿子年纪相当的人打招呼，通常会这样说：

“zo^{33} du^{21}（ʔA^{55} ne^{55} du^{21}），na^{21} dʑo^{33} dʑo^{33} mɚ^{55} la^{21}？”（汉语意思：侄儿（侄女），你吃了吗？）

长辈夸奖与自己孙子年纪相当的人，经常会这样说：

“ŋo^{21} ɬiː^{33} zo^{33} du^{21}（ɬiː^{33} ne^{55} du^{21}）ʔiː^{55} lɣ^{33} ɬo^{55} sa^{33} la^{21}！”（汉语意思：我这个侄孙子（侄孙女）太聪明了！）

二、彝语宗亲称谓语的泛化规律

彝语宗亲称谓语的泛化及泛化的宗亲称谓语在实际交际中的使用受诸多因素的制约，并表现出较强的规律性。

（一）彝语宗亲称谓语泛化具有选择性

泛化与否主要依据亲密和尊敬两条基本原则进行选择。

1. 亲密原则

彝族传统文化严格区分亲属关系的亲疏差别，其基本差序为直系亲于旁系，宗亲亲于姻亲。交际中，言语主体运用宗亲称谓语称呼非亲属成员的主要欲求便是通过将非亲属成员纳入宗亲关系网以表达亲近之意，因而在选择称谓语时根据被称呼对象的特点尽可能地选择宗亲称谓系统的称谓语。如以“[ʔAː^{55} neː^{33}]祖母”来敬称祖母辈且年纪与祖母相当的女性，以“[zoː^{33} duː^{21}]侄儿”来爱称与自己儿子年纪相当的男性。如此种种，宗亲称谓语的泛化在实际应用中均表达出了强烈的亲近意义。

2. 尊敬原则

尊敬原则考虑的主要是言语主体与被称呼对象的辈分和年龄关系。就辈分看，不同辈分中晚辈对长辈的称谓语泛化。如以

“［ʔA^{55} ʂuː^{55}］叔叔”来敬称父亲辈且年纪比父亲小的男性。就年龄看，同辈称谓语中，年幼对年长的称谓语泛化。如以“［ʔA^{21}kuoː^{55}］哥哥”来敬称同辈且年纪比自己大的男性。由于彝语宗亲称谓语的泛化主要是将交际对象当做长辈或同辈年长的亲属来称呼，因而泛化的宗亲称谓语普遍都表示明显的尊敬意义。

（二）彝语泛化的宗亲称谓语的运用就社会成员整体看，具有阶层性倾向

彝语宗亲称谓语的泛化在彝族地区受教育程度低的居民的泛化比受教育程度高的普遍。如受教育程度低的人问路，通常称呼别人为“［ʔA^{21}kuoː^{55}］哥哥”、“［ʔA^{55} ʂuː^{55}］叔叔”、“［taː^{21} teiː^{55}］大伯”等等。而受教育程度相对高的人，由于受汉语的影响。在问路的时候，就直接用汉语称呼别人为“师傅”、“先生”、“同志”等等。

（三）彝语泛化的宗亲称谓语的运用就社会成员个体看，具有阶段性和条件性倾向

彝族一个社会成员在他整个生活历程中，不同阶段使用泛化的宗亲称谓语的情况也是不同的。在儿童、少年阶段的社会交际中主要使用泛化的宗亲称谓语。如彝族儿童和少年，总是以“［ʔA^{21}kuoː^{55}］哥哥”、“［ʔA^{55} ʂuː^{55}］叔叔”、“［taː^{21} teiː^{55}］大伯”等等来称呼别人。而进入成年之后，由于受学习汉语的影响，社会称谓语的运用日趋多样化，虽然泛化的宗亲称谓语仍然使用，但是因受到诸多条件的限制而相对减少。如在正式的社交场合或对上级领导、自己的服务对象等不适合使用泛化的宗亲称谓语的环境或对象时，一般都选用其他的社会称谓语。

（四）在彝语的实际交际中，泛化的宗亲称谓语多有从儿、从孙的称呼方式

言语主体降低自己一个或两个辈分比照其子女或孙辈的口吻

临时借用来称呼非常熟识的儿童或者少年。如彝族老人经常会称呼自己非常喜欢或者熟悉的小孩子为“[çiaoː^{33} tiː^{51}]小弟”、“[çiaoː^{33} mieː^{31}]小妹”等等。

（五）彝语宗亲称谓的泛化，在彝族村寨内部普遍存在高

即使一个村寨有几户甚至多户家族的存在，即使家族之间根本不存在任何的亲戚关系或者亲戚关系很淡，但是，彝族人总是以泛化的宗亲称谓语或者其他泛化的亲属称谓来彼此称呼。这样的情况，变成一种风俗习惯，以至于称呼其他外村或者外来民族的人时，也是大量地使用泛化的宗亲称谓语。

（六）彝族父系宗族有时包括十余代甚至几十代，现在基本上以五至九代为准，同宗的同辈男女，皆可视为兄弟姐妹

彝语宗亲称谓语中“[ʔA^{55} moː^{55}]/[ʔA^{21} kuoː^{55}]兄”“[ŋɚ^{21} tɕʻeː^{33}]/ʔA^{21}tiː^{51}]弟”“[ʔA^{55}neː^{21}]/[ʔA ^{21}tɕieː^{31}]姐”“[ŋɚ^{21}moː^{33}]/[ʔA^{21}meiː^{31}]妹”皆可称呼为他的堂兄弟，堂姐妹。

三、彝语宗亲称谓泛化的文化因素考察

彝语宗亲称谓语的泛化是有多种因素共同作用造成的，其既受历史、传统文化的影响，也有现实的生活的影响。

（一）以宗族家庭为基本单位的传统社会结构影响彝语宗亲称谓语的泛化

在彝族传统社会里，宗族家庭不仅是一个生产和经营单位，而且是整个社会结构的基础。宗法观念和家庭观念是彝族族群本位价值观念的核心，宗法制度和家庭制度强有力地规范着每个彝族人的精神世界及现实生活。封建王朝在彝族地区实行的封建土司领主制度和后来的“土”、“流”并存及“改土归流”，促使彝族地区的封建统治“家国同构”。这样一来在彝族文化中，就实行着跟汉文化“五伦”观念相似的伦理规范。“五伦”即是

《中庸》所述的："君臣也，父子也，夫妇也，昆弟也，朋友之交也。五者，天下之达道也。"这样，彝族文化中也形成了以"五伦"为核心的一整套伦理规范维系着"国"与家的秩序，并规范人们的行为。"五伦"之中，父子、夫妇、昆弟三伦属于家庭，其余二伦由家庭三伦扩展而来。上下关系由父子一伦扩展为君臣一伦，左右关系、前后关系由夫妇、昆弟二伦衍为朋友一伦，其他一些群体关系都以五伦为基础延伸为各种上下关系、左右关系、前后关系。由于个人生活依赖于自己的宗亲大家庭，而彝族社会是以宗亲家庭关系为基础的，所以，长期的家庭观念使人们分不清社会和家庭的关系，经常混为一谈。这些观念上的束缚，使彝族人们把很多宗亲称谓语及其他的亲属称谓语应用在社会交际中。这就使得宗亲称谓语泛化有了内心深处观念上的理据。

（二）彝族传统的伦理道德影响彝语宗亲称谓语的泛化

彝族十分强调团结互助的集体意识。在彝族村寨，凡婚丧大事，同村的彝人必定互相帮助、支援。谁家建房盖屋，大家义务帮助修建，主人除了提供伙食，招待酒水外，都不需给付分毫。在农忙时节，换工互助，农具互借，一起共同完成农活。陌生的彝族同胞相遇，都会热忱地交谈起来，有时，还追宗溯祖，攀亲认戚，只需祖上或长辈互有关系，彼此便顿时倍感亲切。谁家有丧事，全村，甚至外村的都来帮忙，料理后事。著名学者马学良先生在《云南彝族礼俗文集》中便有这样的叙述："殡葬时抬棺的扛手是由死者的族人带着死者的幼子，向村人事先跪约的，并不再出工钱，这可见彝族的互助精神。"① 这样的互助精神及集体意识，使彝族群众之间关系异常亲密。团结互助亲密的人际关系，使彝族人在人际交际中，使用大量的泛化的宗亲称谓语有了

① 马学良．云南彝族礼俗文集［M］．成都：四川民族出版社，1988.

可能。

（三）社会称谓语的相对短缺，使社会交际需要泛化的宗亲称谓语

彝语社会称谓语不多，又因为彝族基本生活在封闭的山区，礼尚往来的人们，受着宗族观念的影响，所以，彝语亲属称谓语的泛化，在彝族地区是十分普遍的。基本上，人们的社会交际称呼都在很频繁地使用亲属称谓。在实际交际中，由于交际对象、交际环境、交际欲求等的特殊性，人们常常面对交际对象一时找不到适当的社会称谓语，不知该怎么称呼。此时，言语主体最简单、最得体的办法就是借用一个与交际对象情景、年龄等相适应的亲属称谓语称呼对方，这就使彝语宗亲称谓的泛化有了实际的需要。

参考文献：

［1］马学良．云南彝族礼俗文集［M］．成都：四川民族出版社，1988.

［2］王渝光．汉傣文化论［M］．昆明：云南民族出版社，1997.

［3］潘攀．论亲属称谓语的泛化［J］．语言文字应用，1998. 2.

［4］陈建民．现代汉语称谓的缺环与泛化问题．［J］．汉语学习，1990. 1.

［5］马莹．拟亲属称谓语的语用原则及语用功能［J］．淮南职业技术学院学报，2003. 1.

赊甸村民语言使用特点浅述

杨丽美*

摘　要： 赊甸是个彝、哈尼、傈僳三族杂居的彝族村寨，村民间长期混杂使用彝族自称“密切”、“纳苏颇”、“撒尼”语及傈僳族自称“俚颇”语、哈尼族自称“罗缅”语。由于民族迁徙、不同民族联姻、后天习得等因素影响，彝族不同支系间及三个民族间的双语使用有其特点，并不断互相同化。

关键词： 赊甸各民族　双语　特点

云南省楚雄州武定县高桥镇老滔办事处赊甸村是个彝、哈尼、傈僳三族杂居的彝族村寨，分大、中、小三个村，共约100余户，人口约400余人。“赊甸”为彝音汉译，意为“产金之地”，此地虽无金矿出产，但从大村至小村绵延数千米内均为良田，主产水稻，每到秋季稻浪翻滚，金灿灿一片，因这里天气寒凉，作物生长期长，故所产稻米品质优良。赊甸大村、中村主要居住自称“密切”（他称密岔）、“纳苏颇”（他称黑彝）、“撒尼”（他称密朗）的彝族，自称“俚颇”的傈僳族，小村居住自

* 作者简介：杨丽美，女，楚雄州博物馆副研究馆职员，云南彝族历史文化与社会发展研究基地兼职研究员。

称“罗缅”的哈尼族。由于长期杂居，村民皆为双语者，双语类型为彝族上述不同支系间双语及彝、哈尼、傈僳三个不同民族间双语，这种双语现象的形成主要是因交际的需要而自然习得，其次是同族不同支系或不同民族间联姻而成，在长期的生产生活活动及相互交往过程中，各语言间产生了不同程度的同化现象。

一、赊甸村的民族及来源

清康熙《武定府志》对密岔、黑彝等彝族支系及傈僳族、哈尼族的居住地、习俗等有这样的记载：“密岔住白沙，娶妇以牡牛为聘，吹笙饮酒，担柴荷篑，治生勤苦。”“黑彝即黑猡倮，杂处山箐，巾缠头，跣足、挽发、捉刀，妇人辫发，布裹头。不分男女，俱披羊皮，嫁女与皮一片、绳一根为负背之具，或用笋壳为帽，衣领以海贝饰之……”“猡缅在和曲之铺西、永兆、禄劝之硝井等处，为多耕种山田，肩挑背负，采薪捡菌，贸易盐米。”“傈苏，潜居深山，板片为屋，种荞稗为食。”这些民族皆源于古代的氐羌部落，自秦汉始历代有不同的称谓，如彝族曾被称为“嶲”、“昆明”、“叟”、“乌蛮”、“罗罗”等，傈僳族被称为“施蛮、顺蛮”、“栗粟”等，哈尼族被称为“和蛮”、“斡泥”、“窝泥”等。随着历史的变迁和时代的发展，武定境内的这三个民族不但居住地发生了改变，如彝族遍布各个乡镇，傈僳族主要分布在环州、万德、己衣、插甸一带及狮山镇，哈尼族主要分布在插甸乡、高桥镇，而且语言、服饰、习俗等各地均有差异。

据70余岁的“纳苏颇”老毕摩张继文讲述，赊甸村有人类居住的历史大约为300余年，最早来此定居的是“纳苏颇”，他们的祖先由“俚咪啊招摩”（音译，即今北京）迁来，经“威嘎非矶摩”（音译，即今昆明），然后在今富民待了三天，在“内嘎招捞摩”（音译，即今武定）待了三天，在老滔待了三天才在赊甸住了下来。他称密朗的“撒尼”人，在赊甸只有很少几个，他们不是以户存在的家庭，而是由插甸、高桥老滔等地嫁入的人员，据说他们的先祖自昆明来。傈僳族由插甸大龙潭、狮山镇等地迁来，哈尼族由插甸迁来。20 世纪 50 年代末，武定的傈僳族、哈尼族曾一度被识别为彝族，但赊甸的这两个民族一直坚持以本民族自居。他称密岔的彝族支“密切”，自认先祖于唐南诏时期自大理巍山等地迁来，由毕摩为死者的指路经逆行推理，赊甸密岔支的迁徙路线大致为：大理巍山县境→楚雄武定小西村→武定山脚村（形成兄弟二家），大的一家定居山脚村；而小的一家又迁麦岔村→赊甸村（曾在赊甸发展到二十四家，住满了山梁。后来村中流行瘟疫，大多病死）仅剩四家，然后，一家搬往罗次马鞍桥；一家搬到永兆→九厂法朗村；一家搬到禄劝茂山乡甲甸；最后剩一家即现在居住赊甸的熊姓这一支。传说熊姓这一支的先祖当年从麦岔村过来时，赶着一大群黄牛，急着赶路的一群人来到麦岔与赊甸交界的一个大山箐时，一头黄牛突然摔了下去，待他们杀完了牛，其他支的人早已远去，追不上了，而天色渐渐黄昏，走到赊甸已无处可去。这时，一个“纳苏颇”男性长者过来对他们说：“你们就不要走了，在这里住下吧”，“密切”先祖感激不尽：“爷爷，谢谢了”。从此，便在赊甸定居，直到今天，为了表达“纳苏颇”先祖的收留之恩，凡一般辈的“密切”皆尊称“纳苏颇”为“爷爷”。

赊甸村的“密切”、“纳苏颇”和“撒尼”各自在语言、服饰，习俗等方面保留有浓郁的彝族特色，傈僳族和哈尼族有自己的语言，服饰、习俗则与彝族无异。

二、赊甸村民语言使用现状

双语是指个人或集体除了掌握和使用母语外，还掌握和使用另一种或一种以上的语言的现象。赊甸村民主要使用的语言有彝族“密切”语、“纳苏颇”语、“撒尼”语，傈僳族“俚颇”语，哈尼族“罗缅”语，皆属汉藏语系藏缅语族彝语支语言。虽然上述所有语言在赊甸三个村通用，但使用者在地域上的分布、语言使用者与姓氏有其特点。

1. 使用同一种语言的村民相对聚居

“密切”语是他称密岔的彝语支系的母语，属彝语中部方言，使用该语的村民居住在大村、小村，计30余户。“纳苏颇”语是他称黑彝的彝语支系的母语，属彝语东部方言，使用该语的村民居住在大村、中村，计60余户。“撒尼”语是他称密朗的彝语支系的母语，属彝语东南部方言，大村约6户家庭内部有成员使用该语。赊甸傈僳族“俚颇”语，属彝语支中部方言俚颇土语，使用者主要居住在大村，计4户。哈尼族“罗缅”语属彝语支哈爱方言，使用者居住在小村，计10余户。

2. 使用同一种语言的村民姓氏一致

赊甸村村民主要有熊、张、廖、李、米、虎、杨、石等姓，当地人只要根据姓氏就可判断是什么民族，属哪个支系，“熊家么密切，张家是纳苏，廖家为罗缅，李家么撒尼”，这是赊甸村流传的人人耳熟能详的彝谣，是语言使用者支系（民族）与姓氏关系的真实表述。当然了，彝谣并未概括全部，事实上小村姓米的所有村民也是哈尼族，他们原本也姓廖，因40年前搞运动，廖姓几兄弟互相批斗，不许其中一家姓廖，遂决定改姓米；虎、杨姓为傈僳族；石姓为彝族中的“密切”。虽然张姓多为彝族中的“纳苏颇”，但有一户从窝堵迁来的则属彝族“密切”。

三、赊甸村民语言使用特点

（一）彝族不同支系间语言使用特点

1. “密切”语和“纳苏颇”语普遍通用

赊甸村凡7岁以上小孩至八九十岁老人都精通密切语和纳苏

颇语，而且在不同场合可以熟练地用这两种语言自由地交流。交流时选择哪种语言，一般情况下以先发话一方语言为准，另一方即可跟随，但也有时各自用自己的语言，因能听懂，并不妨碍双方交流。第二种情况往往只是在小孩间或外地嫁入人员，还不能流利地讲对方语言时才存在。

相比较而言，纳苏颇语言词汇量丰富，密切语中有许多纳苏颇语借词，比如一些地名、动植物名、物品名等。但在语言交流中二者平等，两个支系的人相遇讲哪种语言，是随心的，语言环境很宽松。

2.“密切”语与“撒尼”语在有些家庭通用

这是较个别的语言使用现象，通常在操这两种语言的男女联姻的家庭中使用，往往出现在父亲与孩子或母亲与孩子间的对话。这是入赘的父亲或嫁入的母亲常用自己的母语与孩子交流的结果，在这种家庭里，孩子与父母之间、嫁入（或入赘）的大人与家庭其他成员之间，两种语言通用。

3.“纳苏颇”与“撒尼”交流时通用“纳苏颇”语

赊甸村没有成户的“撒尼”，而且两个支系一般不通婚，故“纳苏颇”一般不懂“撒尼”语。而嫁入（或入赘）的“撒尼”人大多来自有“纳苏颇”聚居的插甸、高桥老滔等地，通晓“纳苏颇”语。

（二）彝族、傈僳族、哈尼族村民间语言使用特点

1. 彝族与傈僳族交流常用“密切”语

赊甸的傈僳族有两种存在形式，一是早年由插甸大龙潭、狮山镇等地迁来的傈僳族，以户存在，有自己的语言、习俗，因长期与彝族杂居，精通“密切”语及“纳苏颇”语，可用两种语言与彝族交流；二是从插甸等地嫁入（或入赘）“密切”或傈僳族家庭，以家庭成员的方式存在，他们精通“密切”语，但不懂“纳苏颇”语，与“纳苏颇”交流时，也只能用“密

切”语。

2. 彝族与哈尼族交流常用“密切”语或“纳苏颇”语

赊甸的哈尼族原来居住在中村，长期与“纳苏颇”杂居，迁到小村后又与大村搬去的部分熊姓“密切”杂居，故精通“密切”语及“纳苏颇”语，在与彝族交流时，两种语言随意使用。

3. 傈僳族与哈尼族交流常用“密切”语

两个民族都有自己的语言，但只在家庭内部或特定人群中使用，而他们都熟练地掌握了“密切”语，交流时可自如使用。

（三）汉语只在极少数场合下使用

如村子里开会时，村干部会用汉语传达文件精神，但往往是一半汉语一半彝语地边念边解释。村民在与汉族人交往时，也会用汉语，如到集镇进行物资交易或有汉族人到村里来。在学校，老师教学用的是双语，先教汉语读音、字形，再用彝语解释。赊甸村 80 岁以上的老人和 7 岁以下的小孩一般不懂汉语。

表 1　赊甸村民语言使用情况

<table>
<tr><th colspan="2">民族（支系）</th><th>场合</th><th>交际者</th><th>使用语言</th></tr>
<tr><td rowspan="6">彝族</td><td rowspan="2">密切</td><td>家庭内</td><td>家庭成员间</td><td>密切语、撒尼语、傈僳语</td></tr>
<tr><td>村里</td><td>村民间</td><td>密切语、纳苏颇语、傈僳语</td></tr>
<tr><td rowspan="2">纳苏颇</td><td>家庭内</td><td>家庭成员间</td><td>纳苏颇语</td></tr>
<tr><td>村里</td><td>村民间</td><td>密切语、纳苏颇语</td></tr>
<tr><td rowspan="2">撒尼</td><td>家庭内</td><td>家庭成员间</td><td>撒尼语、密切语</td></tr>
<tr><td>村里</td><td>村民间</td><td>密切语、纳苏颇语</td></tr>
<tr><td colspan="2" rowspan="2">傈僳族</td><td>家庭内</td><td>家庭成员间</td><td>傈僳语、密切语</td></tr>
<tr><td>村里</td><td>村民间</td><td>密切语、纳苏颇语</td></tr>
</table>

续 表

民族（支系）	场合	交际者	使用语言
哈尼族	家庭内	家庭成员间	密切语、罗缅语
	村里	村民间	密切语、纳苏颇语
彝族、傈僳族、哈尼族	开会	村民间	汉语、纳苏颇语、密切语
	集市	与汉族	汉语
	学校教学	师生间	汉语、纳苏颇语、密切语

（四）赊甸村村民间的语言回避现象

语言是人与人之间用来交流和沟通的工具，在使用单一语言的人群间，如果谈话的内容不想让不相干的人知道，只能在别人不在场的情况下才能说。赊甸村民间由于有上述语言使用特点，在有些场合村民们只要有选择地使用语言，并不需要背着人说话，比如大人间商量不想让小孩知道的事情，就用汉语等。在不同民族或同一民族间，双方可选择大家都熟悉的语言进行交流，从而避免在场的第三者得知谈话内容，这就是有意识的语言回避现象。这是多民族杂居地区语言交流的一种很随意、很正常的现象，目的只是不想让回避对象知道谈话内容而已，并不是当着其面讲他的坏话，被回避的人也不会有其他想法。在赊甸村，“密切”语是三个民族都通用的语言，故在语言回避现象中几乎不被使用，“罗缅”语则是回避效果最好的语言，但只有哈尼族使用，其他语言则被广泛地选择使用。

表 2　赊甸村村民间语言回避情况

语言使用者民族(支系)	使用语言	被回避对象
密切与密切	纳苏颇语	傈僳族
	撒尼语	纳苏颇、傈僳族、哈尼族
	俚颇语	纳苏颇、撒尼、哈尼族
密切与纳苏颇	纳苏颇语	傈僳族
密切与撒尼	撒尼语	纳苏颇、傈僳族、哈尼族
密切与傈僳族	俚颇语	撒尼、纳苏颇、哈尼族
密切与哈尼族	纳苏颇语	傈僳族
纳苏颇与纳苏颇	纳苏颇语	傈僳族
纳苏颇与撒尼	纳苏颇语	傈僳族
纳苏颇与哈尼族	纳苏颇语	傈僳族
撒尼与撒尼	撒尼语	纳苏颇、傈僳族、哈尼族
	纳苏颇语	傈僳族
傈僳族与傈僳族	俚颇语	纳苏颇、撒尼、哈尼族
哈尼族与哈尼族	罗缅语	纳苏颇、撒尼、密切、傈僳族
	纳苏颇语	傈僳族
彝族、傈僳族、哈尼族	汉语	7 岁以下小孩或 80 岁以上老人

四、赊甸村语言发展趋势

综上所述，赊甸村民间语言使用最广泛的是“密切”语，尤其傈僳族和哈尼族现都以“密切”语作为母语，这是语言同化的结果，究其原因，一是“密切”语与“俚颇”语同属彝语中部方言，很多词汇发音极其相似，意思相近；二是“密切”语简洁明了，词汇不复杂，简单易学；三是“密切”在赊甸大、中、小三个村皆有分布，长期与其他民族杂居；四是“密切”

一直以来都有与“撒尼”、“俚颇”、“罗缅”甚至“纳苏颇”联姻的传统。目前“纳苏颇”语因词汇发达，语义丰富，其他民族可听懂，但难掌握、难流行等特点，以及这个支系很少与其他支系通婚等原因而保存较好。由于“撒尼”支系的坚持，“撒尼”语还在使用。傈僳族“俚颇”语、哈尼族“罗缅”语只有极少的老人会说。虽然学校教育及电视等的普及，汉语借词大量出现于三个民族的语言中，但各民族间一般不用汉语交流。故赊甸村未来的语言发展趋势是：汉语将被越来越多的村民掌握，但不会成为主流语言，“密切”语、“纳苏颇”语将成为3个民族的通用语，“撒尼”语会继续在小范围存在下去，而“俚颇”语及“罗缅”语则渐趋消亡。

武定县彝族语言文字濒危趋势和对策研究

朱元富 *

彝语是彝族使用的语言，属藏缅语族彝语支，分东部、东南部、南部、西部、北部和中部六大方言。

这六大彝语方言在楚雄州境内均有使用（见表一）。大姚、姚安、南华、永仁、牟定等县自称“罗罗泼”、“里泼”的彝族所使用的彝语属于中部方言；武定、禄丰等县彝族使用的彝语与曲靖、昭通和贵州毕节地区彝语相近，属于东部方言；南华、楚雄市和双柏县部分地区自称“腊鲁泼”或“迷撒泼”的彝族使用的彝语与大理州的魏山、南涧、漾濞一带的彝语相同，属于西部方言；双柏县境内绝大多数彝族所操的彝语与玉溪、红河彝族所操的彝语同属南部方言；散居在元谋县、永仁县的部分彝族（当地人称之为凉山彝族）使用的彝语则与四川省凉山彝族自治州的彝语同属北部方言；武定县还有一部分彝族使用的是与昆明、路南、弥勒等地彝语相近的方言——东南部方言。

这些方言之间难以用彝语交际，但差别主要在语音和词汇方面，语法结构差异较小。

---

* 作者简介：朱元富（1963—），男，彝族，楚雄师范学院外语系副教授。

表一　彝语六大方言在楚雄州内的分布情况表

方言名称	所分布县（市）
中部方言	大姚、姚安、南华、永仁、牟定
东部方言	武定、禄丰
西部方言	南华、楚雄、双柏（一小部分彝区）
南部方言	双柏（绝大部分彝区）
北部方言	元谋、永仁
东南部方言	武定（部分彝区）

一、武定县彝族语言文字使用现状调查

云南省楚雄彝族自治州各县市的彝族在语言文字使用方面，表现出极其相似的特点。从总体上看，武定县是一个典型的多民族聚居县，各民族均以典型的大杂居、小聚居形式分布，具有典型的代表性。因此，本文拟就武定县彝族的语言文字使用状况调查结果为例，阐述楚雄彝族语言文字濒危的趋势，并提出应采取的防范对策供政府参考。

武定县在云南省中北部，位于东经101°55′～102°29′、北纬25°20′～26°11′之间。东倚禄劝县，南接富民、禄丰县，西邻元谋县，北与四川省会理县隔金沙江相望。全境南北长94公里，东西宽56公里，总面积2 948平方公里，山区面积占96%。县城近城镇①海拔1 712米，距省会昆明80公里，州府楚雄161

① 注：2005年12月12日，云南省人民政府批准了楚雄州部分乡镇撤并方案。其中，武定县撤销九厂乡，其行政区域并入近城镇，并将行政区划调整后的近城镇更名为狮山镇，镇政府驻原近城镇政府驻地；撤销石腊它乡，其行政区域并入高桥镇，镇政府驻地不变。本部分引用的是2004年末武定县民族宗教事务局和统计局的统计数据。

公里。

（一）武定县彝族及其人口分布情况

到2007年底武定县辖近城、高桥、猫街、九厂、插甸、田心、发窝、万德、己衣、白路、环州、东坡、石腊它13个乡（镇），131个村（居）委会，1 578个村（居）民小组。全县总人口267 510人，其中汉族128 724人，占总人口的48.12%，少数民族人口138 786人，占51.88%。在少数民族中，彝族79 866人，占全县总人口的29.86%，少数民族总人口的57.55%。

从人口分布上看，全县所辖的3个镇10个乡没有一个是由单一民族组成的，即都是多民族杂居区。从表二中可以看出，武定县少数民族人口超过了汉族人口，而少数民族人口中彝族占绝大多数。猫街、环州、万德、插电、白路、石腊它和东坡7个乡镇半数以上的人口是彝族，其中，猫街镇的彝族人口已超过1.3万人。其他各乡镇的彝族人口虽然较少，但也均在1 700人以上。[①]

① 来源：武定县民族宗教事务局，http://www.wuding.gov.cn/bmzd/mzj/show.asp? id=480。

表二 武定县2004年底民族人口统计表

单位	人口合计	汉族人口	少数民族总数		彝族		傈僳族		苗族		傣族		回族		哈尼族		其他民族	
			人口	比例	人口	比例	人口	比例	人口	比例	人口	比例	人口	比例	人口	比例	人口	比例
武定县	264878	129587	135291	51.1	77251	29.16	28628	10.8	20759	7.8	6823	2.6	926	0.3	738	0.3	166	0.07
近城	51528	36425	15103	27.8	9525	18.5	1468	2.8	2917	5.7	318	0.6	718	1.4	39	0.08	118	0.3
猫街	25647	9036	16611	64.8	13433	52.4	34	0.1	2933	11.4	8	0.03	196	0.8	4	–	3	–
高桥	25447	14385	11062	43.5	7974	31.3	516	2.0	2047	8.0	58	0.2	8	–	448	1.8	11	–

续表

单位	人口合计	汉族人口	少数民族总数		彝族		傈僳族		苗族		傣族		回族		哈尼族		其他民族	
			人口	比例	人口	比例	人口	比例	人口	比例	人口	比例	人口	比例	人口	比例	人口	比例
己衣	15526	8181	7345	47.3	3620	23.3	2071	13.3	136	0.9	1516	9.8	–	–	2	–	–	–
环州	11842	3099	8743	73.8	1779	15.0	6943	58.6	4	–	5	–	–	–	1	–	11	0.1
万德	16031	7881	8150	50.8	4840	30.2	1319	8.2	1695	10.6	290	1.8	–	–	2	–	4	–
发窝	14574	4214	10360	71.1	6239	42.8	2362	16.2	1755	12.0	2	–	–	–	2	–	–	–

续　表

单位	人口合计	汉族人口	少数民族总数		彝族		傈僳族		苗族		傣族		回族		哈尼族		其他民族	
			人口	比例	人口	比例	人口	比例	人口	比例	人口	比例	人口	比例	人口	比例	人口	比例
插甸	22808	10425	12383	54.3	5697	25.0	3374	14.8	3039	13.3	46	0.2	–	–	224	1.0	3	–
白路	14479	4237	10242	70.7	6158	42.5	2392	16.5	1685	11.6	–	–	2	–	3	–	2	–
田心	18543	9489	9054	48.8	3108	16.8	3185	17.2	827	4.5	1926	10.4	–	–	6	–	2	–
九厂	23888	18306	5582	23.4	3562	14.9	35	0.1	1944	8.1	23	0.1	2	–	7	–	9	–

续 表

单位	人口合计	汉族人口	少数民族总数		彝族		傈僳族		苗族		傣族		回族		哈尼族		其他民族	
			人口	比例	人口	比例	人口	比例	人口	比例	人口	比例	人口	比例	人口	比例	人口	比例
石腊它	10440	1203	9237	88.5	6882	65.9	759	7.3	1594	15.3	2	–	–	–	–	–	–	–
东坡	14125	2706	11419	80.8	4434	31.4	4170	29.5	183	1.3	2629	18.6	–	–	–	–	3	–

各乡镇均有部分与其他民族村寨隔离的、单一的彝族聚居区，但更多的彝族则是与汉族及其他少数民族交错杂居。即使同村寨无其他民族杂居，邻村旁寨也居住着其他民族。这些杂居区的各民族耕种的土地，管理的山林都相互交叉，因此他们接触频繁，彼此和睦相处，这就为不同民族间的相互合作、相互依赖提供了条件，也为不同民族互学语言，尤其是彝族人民学习和掌握汉语及周边民族语言提供了天然的条件 。

（二）武定彝族语言文字使用情况

从表二中可以看出，绝大多数武定彝族讲的都是东部方言的彝语，只有少部分彝族使用东南部方言。

1. 武定农村彝族社区彝族语言和文字使用情况调查

从历史和传统角度看，武定县的彝族以前都能讲地地道道的彝语。但是，随着国民经济的发展，交通运输的改善和民族地区教育的不断加强和完善，特别是国家语言文字政策的实施，武定县彝族中语言使用的情况也在不断地发生着变化。

例如，白路乡的彝族村寨小平地村属于农村单一彝族村寨。在这样的村寨里，彝族同胞习得的第一语言——家庭用语和社交用语——都是彝语。由于地处山区，历史上交通闭塞，经济较落后，与汉族和其他少数民族接触的机会少，所以这个村的彝族除了外出办事之外只用彝语，几乎不用汉语和其他少数民族语言。彝族文字使用方面，该村有一人知晓（现已调到楚雄彝族文化研究所工作）。该村彝族语言文字使用情况见表三。

表三　小平地村彝族语言文字使用情况

人口（244 人）		讲彝语		讲汉语		知彝文	
年龄段	人数	人数	百分比	人数	百分比	人数	百分比
≥60	21	21	100	4	19.4	0	0

续 表

人口（244人）		讲彝语		讲汉语		知彝文	
年龄段	人数	人数	百分比	人数	百分比	人数	百分比
30—59	102	102	100	83	81.4	1	0.0098
18—29	71	71	100	100	100	0	0
7—17	36	36	100	26	72	0	0
≤7	16	11	68.8	5	31.2	0	0

猫街镇白云安村民委员会和尚庄村是个处在人口较多的另一个民族的包围之中的单一彝族聚居村寨，村里人普遍兼通周边民族的语言——汉语。该村现有村民158人，其中彝族153人，汉族5人（男性，因婚姻关系分别在5个彝族家庭落户）。但该村处在汉族村寨的包围之中，是该坝子中唯一的少数民族村。因此，到2009年底，除了从绝对彝族聚居区嫁到该村的两位年过六旬的妇女和十二个学龄前儿童外，这里的彝族均兼通彝语和汉语。村民在家里，在本村的各项交往中，甚至与那五位汉族交往时几乎都使用本民族语言。但与本村人之外的其他民族交往时，都使用汉语。久而久之，汉语水平一代比一代好，彝语中夹杂的汉语词汇越来越多，纯正彝语则有逐渐减少的趋势。该村彝族已经无一人懂彝文。该村彝族语言文字使用情况见表四。

表四　和尚庄村彝族语言文字使用情况表

人口（206人）		讲彝语		讲汉语		知彝文	
年龄段	人数	人数	百分比	人数	百分比	人数	百分比
≥60	29	29	100	27	93.1	0	0
30—59	51	48	94.1	51	100	0	0

续 表

人口（206人）		讲彝语		讲汉语		知彝文	
年龄段	人数	人数	百分比	人数	百分比	人数	百分比
18—29	34	32	94.1	34	100	0	0
7—17	28	28	100	28	100	0	0
≤7	16	11	68.8	5	31.2	0	0

如果是汉族占多数 、彝族占少数的杂居村（如猫街镇的乌尼格村和凹子村），彝族村民在家中或与本村彝族交谈时有用彝语的，也有用汉语的，但与本村汉族和本村之外的其他民族交往则使用汉语。在这样的村寨里，彝族人从学龄前就习得了彝汉双语，尤其是汉语。在这样的环境下，彝汉两种语言长期相互影响、彼此渗透，特别是汉语对彝语的渗透，致使彝族人讲出的彝语已经不再是地道的彝语，而是半彝半汉的混合语。调查中我们发现，这两个村中的彝族人无一知晓彝文了。

因深受历史和传统的影响，彝族社区的彝文都由毕摩世袭传承，广大彝族同胞没有接受彝文教育的机会。虽然新中国成立后，国家开办了民族院校，开设了彝族语言文字专业，使除毕摩之外的彝族人也有机会学彝文了，但录取人数毕竟极为有限，彝族村寨懂彝语的人依然寥寥无几。我们调查的以上几个彝族村寨既无毕摩又无学过彝文的学生，所以，至今无一人通晓彝文。

2. 楚雄城区武定籍彝族语言文字使用情况调查

2009 年在彝人古镇欢度彝族年的过程中，我们就彝语使用和彝文知晓情况用问卷方式采访调查了 78 位前来参加楚雄城区彝族年活动的祖籍为武定，现在楚雄城区工作、学习和生活的彝族同胞。调查情况统计见表五。

表五　2009年11月28日彝族年活动期间问卷性采访调查情况统计表

年龄段	人数	使用彝语情况						使用汉语情况						识彝文情况					
		地道流利		不太流利		不会讲		地道流利		不太流利		不会讲		能读会写		能读不会写		不会读、不会写	
		人数	比例%	人数	比例%	人数	比例%	人数	比例%	人数	比例%	人数	比例%	人数	比例%	人数	比例%	人数	比例%
50岁以上	12	12	100	0	0	0	0	8	66.7	4	33.3	0	0	2	16.7	1	8.3	9	75
30—49岁	26	15	57.7	11	42.3	0	0	26	100	0	0	0	0	2	7.7	0	0	24	92.3
18—29岁	17	3	17.6	8	47	6	35.3	17	100	0	0	0	0	0		0		17	100
10—17岁	14	1	7.1	3	21.4	10	71.4	12	85.7	2	14.3	0	0	0	0	0	0	14	100
10岁以下	9	1	11.1	1	11.1	7	77.8	4	44.4	5	55.6	0	0	0	0	0	0	9	100
总计	78	32	41	23	29.5	23	29.5	67	85.9	11	14.1	0	0	4	5.12	1	1.28	73	93.59

楚雄州府楚雄市鹿城镇中的武定祖籍彝族人口不断增长，其途径主要有二：一是大批少数民族干部、知识分子和各层次的学生进入鹿城，参加各项建设事业和进入各类学校学习；二是大批农民流入城市，从事工业、商业、服务业等活动。进入鹿城镇后，这些彝族无论在物质生产和日常生活方面，还是在精神文化方面都发生着深刻的变化。在与其他各民族频繁接触和交融的过程中，他们的交际语言的选择和使用也在发生着变化，在母语（彝语）的使用功能、兼用语言等方面表现出两大特点（参看表五）。

一是广泛兼用政府办公和社区交际共同语——汉语（特别是楚雄方言和普通话）。除了非正式场合中的本民族同胞之间的交往以外，进入鹿城镇的武定籍彝族人基本使用汉语（楚雄方言）而不使用彝语。所采访的78人中，在正式场合100%都是用汉语交际，其中85.9%能够非常流利、准确地使用汉语，使用汉语不太流利和不太准确的14.1%是4位年近60岁的女性，2位从武定县民族小学转到楚雄就学的小学五年级学生和5位10岁以下的小朋友。

二是彝语的使用能力呈现出明显的逐代下降趋势。50岁以上的进入鹿城镇的被采访对象100%能使用纯正地道的彝语，30岁到49岁之间的被采访者都能使用彝语交际，但已经有42.3%的人所讲的彝语夹杂了汉语的成分，带有一定的汉化趋势；被采访的17位18岁到29岁的彝族中，只有3位能够使用基本纯正地道的彝语，8位能较流利地使用彝语，另外6位中有2位能基本听懂，却不会讲彝语，其他4位已经只会汉语了。这个年龄段的彝族的汉语水平已经明显高于彝语水平；在14位10到17岁之间的被采访对象中，只有1人会讲纯正地道的彝语（女，17岁，初中毕业在家务农一年后到楚雄市打工），3人能较流利地使用彝语，其他10人已经不会听、说彝语了。这个年龄段的采访对象已经基本汉化了。被采访的9位10岁以下小朋友中，1位（男，7岁，小学一年级，父母都是彝族世家，一直由其彝族奶奶照看到进入小学）能够使用基本纯正地道的彝语，1位能基本听、说彝语，其他7位只懂汉语了。

在对鹿城镇的武定祖籍彝族人口识彝文情况的采访调查（见表五）中，我们可以看出，12位50岁以上的被采访人中，有2人掌握彝文（均系高校民语系毕业），有1人会读部分彝文，但不会写（系与毕摩接触时间较多而习得），其他9人不会读写彝文。在30~49岁这组中，也只有2人掌握彝文（均系高校民语系毕业），其他24位均不懂彝文。其他组别的彝族就根本不懂彝文了。

总的说来，在调查中我们发现，城镇里的彝族掌握彝文的比例高于农村彝族。原因之一是，在农村，由于彝族毕摩的世袭性，导致彝文主要由毕摩垄断，广大彝族群众没有接受彝文教育的机会。原因之二是，城市里的彝族绝大多数是接受过不同层次教育的人，其中不乏民族院校民语系的毕业生。

二、武定彝族语言文字濒危趋势的根源分析

从以上调查分析我们可以看出，武定彝族兼通汉语的人数和熟练汉语的程度是一代胜过一代，但彝语使用的情况则刚好相反，一代不如一代。除了四川凉山彝族自治州之外的不少其他地方的彝语亦不宜乐观，甚至还更糟。根据1982年统计，云南省的335万彝族中，当时已约有44万人转用汉语，不会说彝语了，如普洱哈尼族彝族自治县约有3万彝族，已全部转用汉语（周耀文，1995，P202）。在彝族文字的掌握和使用方面，更是令人担忧。造成这一濒危趋势的原因是多方面的，可以大致归纳如下：

（一）国家语言文字政策的制定和实施起着决定性的作用

国家和各级政府的语言文字法规对发展和推广语言文字起着决定性的作用。《中华人民共和国宪法》第四条有明确规定："中华人民共和国各民族一律平等。国家保障各少数民族的合法的权利和利益，维护和发展各民族的平等、团结、互助关系。禁止对任何民族的歧视和压迫，禁止破坏民族团结和制造民族分裂的行为……各民族都有使用和发展自己的语言文字的自由，都有保持或者改革自己的风俗习惯的自由。"1951 年，政务院在《关于民族事务的几项决定》中指出："帮助尚无文字的民族创立文字，帮助文字不完备的民族逐渐充实其文字。"

于是，1975 年起，四川省民委组织专家对诺苏族群所在的凉山彝族地区的 8 000 多个彝文进行了规范，选出了 819 个字，一个字代表一个音节，是一套音节文字系统，名字叫"彝文规范方案"。1980 年得到国务院的批准正式推行。由此，彝族诺苏族群在文化教育上得到了政府的很多实惠。例如，在四川省凉山彝族自治州推行彝汉双语教学，在中学实行两种教学体制，一种是在彝族聚居区，以彝语文课程为主，加修一门汉语文，另一种是在彝汉族杂居区，以汉语文课程为主，加修一门彝语文。据 1990 年统计，已开设双语文课的学校共有 393 所，其中小学 329 所，初中 58 所，高中 6 所。以彝语文课程为主的小学有 110 所（邓成伦，1990）。

根据云南彝族干部和群众对民族文字的要求，云南省民语委于 1982 年 6 月在昆明召开了彝族干部和知识分子代表座谈会，讨论云南彝族的文字问题。大家一致认为，由于云南彝族支系繁多，分布广，方言差别大，不适合用凉山的表音彝文，决定规范一套表意的彝文，供云南各地彝族群众学习，并成立了云南彝文规范领导小组。1985 年 5 月，规范出第一批超方言表意文字方案，分别在红河州建水民干校和楚雄州民族中学举办规范彝文试验班。试验后认为这套文字好学、好用，适合于云南彝族地区实际情况。1987 年，得到云南省人民政府批准试行。

但在具体实施过程中，因各地方政府重视程度各异，其制定的法规条例所涵盖的内容的侧重点的不一而导致各民族语言使用方面存在差异。《四川省凉山彝族自治州自治条例》第六十一条明文规定："……自治州内招收以彝族学生为主的中、小学校，可以同时采用汉语和彝语进行教学，并积极推广全国通用的普通话。……自治州的自治机关组织编译、出版彝语文的各科教材、教学参考资料和课外读物。"《云南省楚雄彝族自治州自治条例》第五十三条则较笼统地规定："自治州的自治机关发展民族教育，设立以招收少数民族学生为主的公办或者民办公助民族小学、民族中学和民族中等专业学校；在普通中学、中等职业技术学校和高等院校设立民族部、民族班；完善寄宿制、半寄宿制小学。推广普通话和规范汉字教学。对于不通晓汉语言的少数民族小学，应当实行双语教学。"两相对比，即可看出两部条例不同的出发点，推断出各自的落脚点，也就不难理解彝语和彝文在楚雄彝族自治州内不仅没能形成推广规模，而且有走向濒危趋势的法律因素。

（二）各级政府办公用语和媒体宣传语言影响着民族语言文化的推广和运用

官方文件行文、办公用语和宣传媒体是否使用某一语言文字决定着该语言文字的权威性和普及程度。我国宪法规定，"民族自治地方的自治机关在执行职务的时候，使用当地民族通用的一种或者几种语言文字"。报纸、杂志等作为宣传品，在普及和提高民族文化水平方面有举足轻重的作用。在不懂汉语的少数民族地区，创办少数民族文字的报纸杂志，是非常有利于"自治机关执行职务"的。因此，中国有文字的少数民族，多数已有本民族文字的报纸杂志。

就彝族语言文字而言，在四川省，用彝文出版的报纸有四川省凉山彝族自治州凉山日报社出版的《凉山日报》彝文版，创刊于1977年，目前日发行量6 000份，日刊，4开4版，1997年改进为电脑激光照排，据说要扩版。另外有《凉山文艺》杂志社编辑出版的《凉山文艺》彝文版，月刊。除了这两份固定的报纸杂志外，西南民族学院彝族语言文学系也常常不定期出版《西南民族学院学报》增刊彝文版，西昌师范专科学校彝族语言文学系已组织出版《西昌师范专科学校学报》增刊彝文版。所有这些固定的和不固定的报纸杂志影响很大，深受广大彝族群众的欢迎，对履行民族区域自治，宣传国家政策法规起到了积极的作用。

在云南省却没有用“云南规范彝文”出版过报纸杂志，更不用说楚雄彝族自治州了，这与凉山彝族自治州形成了强烈的对比。

广播是让听众通过听觉获取知识和信息的重要手段，也是推广和普及语言使用的有效途径。它不受听众文字水平制约，文盲也能听懂用本民族语广播的知识。四川省用彝语广播的电台有四川人民广播电台，用的是彝语北部方言，即诺苏族群使用的话。省台的广播始于1979年，每天三次，每次30分钟，其中新闻10分钟，专题报道10分钟，文艺节目10分钟。广播内容涉及政治、经济、文学、诗歌、散文、医药、卫生、歌曲等等。虽然凉山彝族自治州电台没有彝语广播，但州内有10个县的广播站有彝语广播，同时，县广播站每天还转播省台的彝语广播，然后再播一些本县的新闻，放一些彝族曲子，深受广大群众的喜爱。电视方面，凉山彝族自治州虽然没有彝语的电视节目，但电视台有彝语新闻。

云南省三年前只有红河哈尼族彝族自治州的广播站用彝语南部方言，播送节目。楚雄州近年来才在楚雄人民广播中开辟了一个约10分钟的彝语新闻广播栏目，在楚雄电视台开设了一个《跟我学彝语》栏目。

（三）经济发展状况决定着民族语言的使用与普及

一般说来，一个民族的经济越发达，生活的社区越进步，该民族的社会地位就会越高，其使用的民族语言也就会越容易被使用和推广。楚雄彝族主要居住在经济欠发达、交通不方便的山区或半山区。聚居区的彝族一般用自己的母语的时间较多，经济发展状况对他们的母语的影响相对要小得多。但对于散居或杂居在其他民族附近的彝族来说，通常是他们去学经济较发达的周边汉族和其他少数民族的语言，而不是反之。

（四）学校教学语言影响着民族语言文字的学习和使用

学校是系统传授语言、文化和科学知识的重要阵地。学校开设什么课程，学生就会学习什么知识。据调查，除了设在民族村寨的小学聘用当地本民族代课老师用本民族语讲解汉文版教材和州民族中专民族语教授民族语言外，楚雄州所有其他学校（含民族小学和民族中学）都用汉语授课，学生入学后就几乎只与汉语打交道，只有回到家里才有机会讲民族语。久而久之，汉语水平不断提高，民族语水平则每况愈下。

（五）语言地位和语言使用者的语言态度影响着民族语言文化的普及与运用

由于国家大力推广和普及汉字和普通话，政府公文、宣传媒体和学校用语都是汉语言文字，少数民族语言只有在局部地区和特定环境中才有机会使用，其地位自然在不断下降，也就影响了少数民族对本民族语言文字的使用态度。这种连锁反应必然导致少数民族语言逐渐消亡。

三、讨论与防范对策

少数民族语言文字是浩瀚的中华语言文字海洋中的重要组成

部分，保护、使用和推广少数民族语言文字是一个浩大的工程，必须由政府牵头，建立长效机制，发动各方力量共同实施，才会事半功倍。我们认为，要扭转彝族语言文字濒危趋势，至少可以从以下方面入手：

（1）各级政府对在彝族自治地区及其彝族群众中使用和推广彝族语言文字进行立法。

（2）民族院校彝语专业应拓宽办学口径，开设双语（彝—汉）/三语（彝—汉—英）教学方向的师资培训专业，并适当增加学生的招收人数，扩大培养规模（定向代培、委培，既增强了招生的规模效益，又减轻了毕业生就业的压力）。

（3）在培养中小学师资力量的师范院校的中文专业、数学专业和英语专业引进彝语师资，开设彝族语言文字必修课，为彝族聚居地中小学开展双语和三语教学培养合格师资。

（4）师范院校支持学生会成立彝语协会、彝文协会和彝文书法协会。

（5）政府应大力支持在彝族自治州、县首府成立彝语协会、彝文协会和彝文书法协会。

（6）在彝族聚居的社区，把传授彝文作为彝族毕摩的重要职责，通过政府出资扶持，成立夜校，利用农闲季节传授和推广彝文；彝族同胞把积极主动参与学习作为自己的责任，积极投身到彝语和彝文扫盲活动中。

（7）利用庆祝彝族年、火把节等传统节日之机，围绕彝族语言文字推广问题开展各种形式的研讨会或推进会，而不是简单地举办娱乐活动、文艺演出和集体聚餐。

（8）应支持和鼓励民族院校的彝族学生利用寒暑假积极回乡开展志愿者活动，帮助家乡的彝族父老乡亲提高彝语彝文的水平。

参考文献：

[1] 云南省彝文规范办公室：《云南规范彝文试行工作汇报》，载《云南民族语文》1995 年第 4 期。

[2]《教育部关于积极推进小学开设英语课程的指导意见》，教基〔2001〕2 号，2001 年 1 月 18 日。

[3] 邓成伦：《发展中的凉山彝汉双语教学》，载《民族语文》1990 年第 3 期。

[4] 周耀文：《中国少数民族语文使用研究》，中国社会科学出版社，1995 年版。

民族/妇女/社会
性别研究

当代中国彝族电影女性叙事的潜在精神结构

朱和双*

摘　要： 新中国成立以后彝族妇女的外在形象经常被强势话语所主导。在主流文化视野中，作为“他者”的彝族大多是由女性来代表的，身着各色传统服饰的彝族妇女成为各种故事影片争相表现的主题。彝族妇女作为带有落后乡村特色却又青春盎然的融合体，在当代中国的银幕上被展现得淋漓尽致。无论是在政治上的解放，还是与苦难命运的抗争，抑或是对自我价值的认同，无不体现出彝族妇女“被操控”的痕迹。彝族妇女成了区别族群的标志并承载着多重含义，成为与现代性相对照的民族性的重要表征。

关键词： 当代中国　彝族电影　女性叙事　政治解放　命运抗争　自我认同

新中国成立以后，彝族妇女一直是各种文艺创作中的热门题材，其中尤以银幕上的表现最为引人注目。到目前为止，已有二

---

* 作者简介：朱和双（1976—），男，云南保山人，法学（民族学）博士，楚雄师范学院地方民族文化研究所副研究员，云南彝族历史文化与社会发展研究基地首席专家团成员，主要从事历史人类学研究。

十余部彝族题材的电影艺术片相继问世，较完整地展现了彝族妇女在各个时期的生活场景。这些故事影片在创作上明显以彝族妇女的解放为内核，以争取女性独立地位为标志。在现代“彝族”的影像中，大多以身材曼妙的女性为代表，身着各色传统服饰的彝族妇女经常成为各种视觉艺术表现的主题。从服装上看，除了凉山彝族以外，其他地方的彝族男子早已“汉”成一堆，已经很难从外表来区别他们原先属于哪个民族了，而彝族妇女却保留着传统服饰。在现代商业文化的功利诱惑下，影视作品营造的彝族妇女成了一种虚拟的符号表征系统。凭借着影视作品的传播，身着传统服饰的彝族妇女成为众人与媒体瞩目的焦点，彝族妇女的主体意识也经常被内部东方主义话语所引导。

一、彝族妇女政治上的解放

在新中国成立初期的影片中，汉民族往往担当着解放者的角色，而彝族则被安排成被解放者的形象。这一时期的故事影片对彝族生活方式的直观描绘，使汉民族容易理所当然地认为自己是文明的，彝族是野蛮的、简单的、轻信的，因此是容易受骗的。这一点恰恰是彝族题材电影的共同的潜在意识，其外在化的表现，就是新中国建立初期彝族题材影片的主创人员基本上都由汉族来承担并完成的。尽管电影表现的内容都是彝族的生活场景，但是叙述者却由汉族来充当，因此其观点也必然是汉族的而非彝族的。这类题材的电影并不是作为主体的彝族的自我表达，而是汉族对彝族的再构造。在这个大背景下，彝族题材的影片就成为处于某种游移、悬置状态的想象空间，彝族丧失了其自身作为独立的文化承载者的特征，进而成为汉民族的一个想象物，完成其负载明确的意识形态功能。在这种对客体位置的彝族生活再构造的过程中，彝族的他者身份极其自然地与“女性”的身份画上了等号。

1955年，由林农、朱文顺导演的经典反特电影《神秘的旅伴》充分展现了云南边疆地区彝族妇女的政治觉悟，王晓棠饰演的小姑娘黎英是一个机智勇敢的彝族少女，她帮助边防军粉碎了敌特的阴谋，并协助他们捉住了狡猾的特务头子。新中国成立初期的小黎英虽然远在边疆，却能凭着自己善良淳朴的个性，自觉地投入肃清敌特破坏分子的运动中来。从这一点来说，影片中塑造的另一位彝族妇女盘大妈的阶级觉悟更令人赞赏，是她最先在密林里警觉地注意到了敌特马帮存在的种种疑点，并展开了初步的侦查工作。随后，她顶着风雨来到联防队报告了情况。影片中的小黎英作为年轻彝族妇女的代表，其政治觉悟是随着故事情节的发展逐渐提高起来的；而盘大妈作为中年彝族妇女的代表，其政治觉悟甚至要超过喇猛镇上的方检察员，她似乎对敌特分子有着天生的敏感性，而且对于上级的有关“规定”了如指掌，沉着冷静。在影片中，作为联防队长的彝族男青年朱林生好像有些不懂政策，他听了盘大妈汇报的情况后，便冲动地要去集合联防队把“有问题”的马帮扣下来，是盘大妈提醒他“上级有规定，没有真凭实据不能随便扣人”。《神秘的旅伴》这部影片在思想内容上极力彰显了女性意识，为了塑造彝族妇女的机智与觉悟，有意识地把彝族小伙子的代表安排成一个“头脑简单”的角色，给人的感觉是联防队长的形象明显不如盘大妈“高大全”，这样费心安排的目的是要凸现彝族妇女对革命的忠诚、对祖国的热爱和保卫和平幸福生活的决心。

彝族题材故事影片大都让女性身着绚丽多彩的民族服装，她往往美丽聪颖、能歌善舞，成为激发观众观看快感的一个对象。因为许多彝族题材的电影描述的主体往往是女性，尤其是那些身着美丽的传统服装而极具客观性的彝族少女。影片中她大都是一个在旧社会被侮辱、受损害的女性，最后却走向了新生。在这种情境中，彝族电影中的女性成为承担多重意义的表象。1959年，张辛实导演的彝族题材电影《锡城的故事》（又名《矿工之歌》）也蕴涵着妇女解放的政治主题。影片中的彝族少年普根强和同伴李阿朵因家里欠了人家的债，被骗到个旧锡矿当童工，李阿朵的妹妹阿梅寄住在普根强家里。普根强与阿梅相爱却要忍受着分离的痛苦，正是在地下党的领导下消灭了买办资本家，普根强和阿梅才能幸福地生活在一起。1961 年，王家乙导演的彝族题材电影《达吉和她的父亲》讲述汉族石匠任秉清之女妞妞五岁时被彝族奴隶主抢进大凉山，沦为奴隶受尽欺凌与虐待，在濒临死亡时被彝族老奴隶马赫舍命救出，抚养成人并改名达吉。十三年后全国解放了，达吉也出落成一个纯洁、美丽的彝家姑娘，被已是水利工程师重回凉山工作的任秉清认出。两个父亲都渴望达吉能生活在自己身边，而达吉对两个父亲同样有着深挚的感情。影片围绕达吉的去留，展示了她的内心矛盾，以及马赫与任秉清为争得女儿一度产生的怨恨，最后达吉和两个父亲都认识到，“所有这一切痛苦和不幸，这一切民族和兄弟间的争执和冲突，都是旧社会制度所种植出来的恶果”，终于消除了隔阂，“紧紧地搂在一起”，达吉一家的和好成了新中国民族团结的象征。

著名演员杨丽坤对塑造彝族妇女形象功不可没，她饰演的阿诗玛早已超出演艺界的范围，成为美丽云南和善良淳朴的彝族撒尼人的代表。作为一种民族新生的象征物，电影中的阿诗玛在旧社会受尽奴役，在新社会却获得新生，个人命运直接象征着彝族作为一个整体的发展命运。在彝族题材电影中，女性的表演还具有欲望投射的色彩，爱情的表达在彝族题材电影中被推到前景中加以描绘。这样一来，彝族题材故事影片突出表现彝族的女性形象，但是在缺乏彝族自身视点和切身文化感受的基础上塑造的女性人物在形象、气质以及细节上的表现，也遭到了人们的批评和反对。很多描写彝族的电影作品，比如《阿诗玛》等影片无疑满足了外界对彝族的好奇心。杨丽坤饰演的阿诗玛成了一个家喻户晓、名闻中外的彝族女性，与云南秀美的山川湖泊、苍茫大地融为一体，深扎于人民这片沃土之中。不过稍加注意就可以发现，这些形象大多是男性作家塑造的，许多都是他们根据民间故事改编而成的。这些电影通过定型化的形象把彝族客体化，并把他们纳入中国社会主义电影艺术框架之中。像电影《阿诗玛》这类描写彝族妇女生活的作品，通过相应的艺术手段建构了汉族与彝族的关系。彝族和汉族在意识形态上的同一性，确保了汉族在整个国家中的文化领导权及其维持国家话语的必要性与合法性。这些电影对“团结”与“民族和谐”的表现，从理念上看这些奇观建构于一种确定无疑的汉族中心视点之上。因此在影片《阿诗玛》中，在受到阶级压迫和必须团结起来反抗阶级敌人这两点上，彝族妇女被表现得与汉族妇女有着相同的命运。然而在那个年代，彝族同胞的命运又何尝不是如此？胡小峰导演的电影《彝族之鹰》（1971 年）便是最好的例证：如果没有共产党的领导，所有彝族男女都将生活在水深火热之中。

在彝族妇女自觉起来反抗阶级压迫的过程中，共产党领导下的民族工作队发挥了重要的作用。1978 年，曾未之导演的彝族题材电影《奴隶的女儿》同样没有离开妇女解放的老套路。在影片中，女奴海来乌呷被卖到二十年前镇压“娃子寨”奴隶起义、亲手杀害她父亲的奴隶主罗洪打石家。乌呷为抢救阶级姐妹，打死了奴隶主的狗，被关进死牢，后逃出普洛寨，因负重伤生命垂危，被民主改革工作队所救。工作队帮她学习文化和革命理论，带她随队进驻普洛寨地区。民主改革运动开始，乌呷负责寨内的改革工作。翻身奴隶沙玛木洛个人发家致富思想较重，其养子瓦哈由于对党的政策不理解，对乌呷产生不满。打石拉拢沙玛木洛暗中强迫无依无靠的沙玛大嫂给沙玛木洛做变相奴隶。工作队及时发现了这个问题，领导群众搞起了合作化运动。打石与头人沙玛格尔互相勾结，挑动瓦哈带领一伙人要冲乌呷的“红旗农业社”成立大会会场，格尔还煽动瓦哈等人开枪，想借此机会与打石一起叛乱。乌呷在工作队支持下，把瓦哈等请到会场，使阶级敌人的阴谋未能得逞。会上，凭着“娃子寨”奴隶起义大旗，乌呷、瓦哈姐弟相认，瓦哈觉悟过来，当场揭发了格尔，打死了打石，彝族人民在社会主义大道上奋勇前进！彝族题材电影着力要表现妇女遭受的阶级压迫比男性深重，因此她们内在的革命热情似乎更具有某种必然性。这一点在王炎导演的彝族题材影片《从奴隶到将军》（1979 年）中同样表现了出来，苦命的女奴隶索玛不得不卖身葬母，相同的命运使她和奴隶出身的罗霄相亲相爱，并将他们的小家庭融入革命大家庭之中。

严浩导演的彝族题材电影《天菩萨》（1987 年）讲述了一个美国飞行员在凉山彝族奴隶社会语境下的一段特殊遭遇，颇有点蛮荒历险记的味道。影片中的主人公洋娃子“拉铁”与两个彝族姑娘的故事似乎更能够展现凉山彝族奴隶制度下女性命运的悲剧色彩。抗日战争时期，一架美军飞机失事掉在凉山彝族地区，飞行员因为长着白胡子蓝眼睛被认为是山羊转世而被当地彝族打死，来自得克萨斯州的美军飞行员 James Wood 到该地收尸，他见到当地人用纯银换取他的日常用品，觉得彝族很好骗，于是带着一个同伴返回彝区准备大赚一笔。谁知他找的向导是一个人贩子，把他敲晕后卖到彝家当娃子使用，白天干完活晚上就绑起来。他过着猪狗不如的生活，直到 1956 年才被共产党军队解救。影片验证了凉山彝族社会奴隶制形态的存在现实及其对人性的戕害，暗示着彝族女性悲剧命运的必然性和她们对自由的渴望。这个美国奴隶过着悲惨的非人生活，但他也受到一位彝族老妇的同情，比如送给他衣物遮体，甚至还关心他的“终身大事”，颂扬了彝族妇女的善良、纯朴的母性精神。影片中还有两个美貌的彝族少女对他示爱，一个是彝族主子洛姆依达家的女儿，另一个则是女娃子牛牛。为了渲染影片的悲剧色彩，洋娃子自然是很不懂规矩地选择了彝族主子的女儿，莫名其妙地拒绝了女娃子牛牛，结果给他带来了痛苦的灾难。为了表现彝族妇女的宽容与博爱，影片安排美国洋娃子在绝望中再次得到了女娃子牛牛（丈夫死后变成了寡妇）的爱情，这种苦涩中略带着的“甘甜”使得他在被共产党“解救”之后也不忍离去，结局颇为动人。

张西河导演的《大凉山传奇》（1988 年）在讲述彝族首领木呷配合太平天国石达开残部反抗清政府和当地大土司的斗争过程中，塑造了两个不同的英雄妇女形象。身着彝族服饰的果果原来是彝族大土司家的一个奴婢，清军参将王应章初来乍到，她被安排在宴会上跳彝族舞蹈助兴，不料被王应章一眼就看中。为了讨好清军头目，彝族大土司当晚就将“还没有破过身”的她当成“礼物”送到了王大人的房间，从此就成了王家的侍女。汉族妇女在反抗清军的斗争中也付出了惨痛的代价，为了反映清军的残暴无耻，影片中特意安排了一组“脱衣逼供”的镜头：石达开之女杨枫扮作男装刺杀清军头目，事败被抓。清军为了逼供扒下她的衣服，在看到她突出的女性胸部特征之后，才知道竟是“女儿身”，杨枫这种大义凛然为革命不怕“献身”的精神令在场的男人大为震惊。为了与汉族妇女抗清的英勇事迹相对照，果果也被塑造成一个在政治上有高度“觉悟”的他者形象，她不仅帮助尔古（木呷的义子）顺利地从王府水牢逃了出来，还告诉他清廷五万大军即日就到，而奸细就是木呷身边的铁博。后来，果果和尔古里应外合，使出“美人计”用毒酒将王应章的帮凶蒙戈害死，然后运走王应章的所有兵械，为这场反清斗争的胜利作出了应有的贡献。

二、彝族妇女与命运的抗争

新中国成立初期经历了民主改革运动后，彝族妇女在政治上的确是被解放了，因此早期彝族题材电影往往简单地表现她们被解放后的喜悦心情。当“文革”结束后，重新回到现实生活中的彝族妇女仍然要同自己的悲惨命运相抗争。特别是在改革开放大潮中，大多数彝族妇女的命运与汉族并无显著不同，那种能歌善舞、温柔娴静的早期彝族妇女形象不再能让观众相信这些人真的被“解放”了，人们开始关注彝族妇女的情感困境。这一时期反映彝族妇女苦难生活的影片跳出了政治解放的框架，着重刻画她们在婚姻家庭问题上的痛苦抉择。1981 年，林农导演的彝族题材影片《奇异的婚配》表现了新中国成立前在奴隶制枷锁下彝族妇女无法逃避的悲惨命运，同时也描述了她们对自由婚姻的美好愿望，歌颂了她们忠贞不屈的爱情追求。影片中不幸被抓来的女奴隶雪莲被捆在树上当活人靶，完全没有做人的尊严。为了收买人心，奴隶主决定将雪莲许配给男娃子铁博，这位善良的彝族青年重新燃起了雪莲心中的火焰。此时，雪莲的丈夫青林为找寻雪莲来到彝寨，却被铁博开枪打死。在极其痛苦的情感纠葛中，一幕幕无法想象的悲剧接连上演。尽管有好心人的帮忙，雪莲为苦难命运的抗争还是付出了惨重的代价。值得注意的是，影片在表现彝族青年自发的阶级斗争上与新中国早期影片稍有不同，因为党的领导始终没有“在场”，所以个人争取的自由注定是难以成功的。

改革开放以后拍摄的彝族题材影片在男权意识的叙述框架中，似乎都对女性的美貌大加赞赏与膜拜，特别表现在对彝族少女形象的塑造上。银幕上的彝族女性无不具有质朴、纯真甚至充满野性的惊人美感。1981 年，江世雄、文伦导演的电影《舞恋》（原名《红披毡》）通过对彝族舞蹈演员曲木阿芝在十年浩劫中不幸遭遇的描写，表现了她的成长过程以及献身彝族舞蹈事业的可贵精神。凉山彝族姑娘曲木阿芝性格温顺而坚强，开朗中略带有一点野性，她直率、诚实，在邪恶面前从不低头，对未来充满着坚强的信念。在民主改革后的第一个火把节上，从小就能歌善舞的曲木阿芝被省歌舞团选中，经过党的培养逐渐成长为新中国彝族第一代舞蹈演员。后来，她与团里的舞蹈编导向峰建立了美满的家庭。没过多久，他们的幸福生活就完全被“四人帮”毁灭了。曲木阿芝由于“民族脾气”敢于提意见，被归入另册遭受迫害，不得不离开了歌舞团。在曲木阿芝最困难的时候，由于软弱，向峰不敢和她站在一起给予支持和安慰，绝望的阿芝想以一死表示抗议，幸被木呷大叔所救，返回了凉山。“文革”结束后，向峰在凉山观摩演出的过程中意外地发现曲木阿芝还活着，他万分激动地上前相认，却遭到曲木阿芝冷淡的拒绝。坚贞的曲木阿芝不能容忍向峰在十年动乱中的屈辱表现，也不能原谅他对爱情的负心。平反后的曲木阿芝仍回歌舞团工作，她从向峰创作的舞蹈方案中看到他内心的悔恨和痛苦，了解到他在“文化大革命”中的遭遇，他们的孩子也是他在困难中抚养长大的，特别是当她发现向峰对舞蹈事业还没有失去爱和追求的时候，她开始原谅他了。有着苦难经历、带着心灵创伤的曲木阿芝和向蜂终于又携起手来，为发展祖国的民族舞蹈艺术事业开始了新的生活。

为了反映彝族妇女与命运的抗争，明代初期贵州水西彝族女土司奢香夫人的事迹被搬上了银屏。陈献玉导演的《奢香夫人》(1985 年）把当时彝区各种矛盾都集中到奢香这个女人身上，之所以这样做是因为她承袭了贵州宣慰使，是水西诺苏彝族四十八部的首领。为了展现奢香夫人的“亲民”形象，影片特意将她与骄横跋扈的汉族官僚——马晔之间的冲突升级到无法调和的地步。当时水西一带大旱无雨，杂草丛生，民心凋困，但朝廷不顾民情，仍横征暴敛，平民百姓怨声四起。奢香夫人来到贵阳都司府为民请愿，恳请马晔转奏朝廷减免粮赋，谁想她的据理力争竟激怒了马晔，被当场拿下。为了从精神上彻底摧毁她的意志，马晔叫几个武士把奢香的衣服脱下来，赤身裸体地推至厅外，用皮鞭猛力抽打她的背，奢香被打得昏死过去，又被人用水喷醒后逐出都司府衙的大门。当夜，水西四十八部兵马齐集九重衙殿前，只待奢香夫人一声令下，立即杀向贵阳为她雪耻报仇。奢香夫人不顾个人遭受的奇耻大辱，沉着冷静地处理事端，一场彝汉民族间的流血冲突得以避免，奸人恶毒的阴谋终于没能得逞。在影片中，大义凛然的奢香夫人先知先觉，每次都能够力挽狂澜，其智慧和胆识令她的对手都感到敬畏。影片最后将奢香夫人“高大全”的银幕形象推向了高潮，当朱元璋知道真相要“赐马晔死”的时候，马晔见大势已去，接过宝剑正欲刎颈，奢香一脚踩住宝剑，请求钦差大臣转奏圣上，赦免马将军一死。众将士也纷纷为马晔求情。钦差收回宝剑，奢香夫人面露欣慰，盛气凌人的马晔见状痛悔不已。奢香夫人不仅在政治上取得了胜利，而且在精神上也彻底战胜了对手，还为自己的民族赢得了尊严。相反，影片中的彝族男子“查克龙”被塑造成为一个钩心斗角的势利小人，他为了篡权故意挑拨水西和大明朝的关系，还四处造谣诋毁奢香夫人。相比较而言，奢香的侄女奢竹被塑造成一个优点和缺点并存的彝女形象，她对奢香夫人无比忠诚，但缺乏远见卓识，意气用事，险些被人利用酿成大错。

十一届三中全会以后，彝族青年男女脱贫致富的热情在徐纪宏导演的抒情喜剧片《姑娘寨》（1987 年）中展现得淋漓尽致，整个故事妙趣横生，充满了幽默感。在云南东部连绵起伏的丘陵中，有两个美丽的撒尼人村寨——山上的姑娘寨和山下的金牛寨。有“老古板”之称的普旺担任村长的姑娘寨称得上是一个“女儿国”，而玛依嫂主政的金牛寨却有一帮光棍汉。影片中的金牛寨趁着改革开放的春风逐渐富裕起来了，而姑娘寨却发展缓慢，暗示“老一辈”男村长普旺确实没有女村长玛依嫂聪明能干。在火把节上，无奈的老村长普旺受尽了玛依嫂的嘲弄，心里盘算着怎样把金牛寨的小伙子们招上山来当姑爷，帮助姑娘寨也富裕起来。此时，农技校的老师——大学生金凤受年轻姑娘高美樱之邀，女扮男装来到姑娘寨，决心带领姑娘们脱贫致富。戏剧性的场景不断出现了，女扮男装的金凤在工作中与高美樱的亲密接触使不知内情的春林（高美樱的恋人）产生误会，一气之下离家出走。精明能干的金凤带领姑娘们利用自然资源搞多种经营，很快甩掉了贫穷帽子，赢得了姑娘们的青睐，不明真相的老村长普旺和高美樱的母亲乱点鸳鸯，都争着要将女儿嫁给"假小子"金凤，这可惹急了金牛寨的光棍汉，他们决心整治一下她，没料想反被她整得狼狈不堪。为了澄清真相，金凤换上了撒尼姑娘美丽的衣裳，老村长普旺彻底认输。金凤终于当上了姑娘寨的村长。为了更好地发展生产，姑娘寨与金牛寨联营，姑娘们和小伙子们也成对成对地喜结良缘。

彝族妇女在婚恋方面的主体意识成为各种故事影片聚焦的话题。上海电影制片厂拍摄的喜剧片《阿星，阿新》（1987 年）讲述的是一对有着撒尼人血统的孪生兄弟的遭遇，哥哥阿星由于历史原因从小随父亲漂洋过海定居美国；而弟弟阿新却一直留在故乡由外婆扶养成人，并当上了一名演员。影片刻意将他们并置到云南美丽的山水之间，弟弟阿新跟随电视剧组到外地拍摄《采风》，此时哥哥阿星刚好和未婚妻安妮一道踏上了寻亲的路，碰巧在石林遇到了弟弟阿新的同乡金海，金海将哥哥阿星误认为是自己的同乡阿新，并将此事告诉了阿新的未婚妻美伊，伤心欲绝的她误认为阿新变心爱上了别的女人，泪水夺眶而出。家乡迷人的山水使阿星触景生情，他给安妮留下一封信，只身踏上寻亲的路。安妮在石林撒尼人导游吉妹的帮助下，找到了阿星的外婆。为了加深彝族姑娘美伊对未婚夫阿新的失望，影片特意安排了一场阿新与女主角在石林拍摄的"亲昵戏"，并借导游吉妹的口告诉了美伊。一路打听亲人下落的阿星被迎亲队伍中的新郎错认为是阿新，热情欢迎他。美伊看见挑着酒担的阿星，以为是阿新，谁知阿星既没有看她一眼，也没与她对歌，美伊心碎欲裂。阿星兴奋地参加婚礼，美伊的父亲前来责问阿星。略有醉意的阿星来到美伊家想解释这一切，美伊仍将阿星当成阿新，兴奋地拥抱阿星，阿星极力解释，并告知自己早有未婚妻，这一切使美伊悲痛欲绝，把阿星赶出家门。快拍完戏的阿新思念美伊，偷偷离开摄制组去看她，但不管怎样解释，还是被美伊和她爹赶出了家门。当然，整个故事最后是以亲人团聚而收场。

改革开放带来的经济大潮对彝族妇女的情感生活造成了巨大的冲击，在传统与现代之间她们充满了矛盾和痛苦。1991 年上映的彝族题材电影《金沙恋》通过描述姐妹俩颇具波折的爱情故事，展现了当代彝族妇女多彩的情感生活和日新月异的时代风貌。影片中编织了极其复杂的爱情网络，说的是金沙江畔的彝族山寨里有两个远近闻名的漂亮姑娘，姐姐叫玛乃薇，妹妹叫玛吐薇。姐姐在农村耕织，妹妹在州歌舞团当演员。此时，英俊能干的彝族小伙子罗纳从大学美术系毕业后回家乡创业，办起了擀毡厂和工艺美术商店，当上了乡镇企业经理。姐妹俩同时爱上了他，但又互不相知。在彝山播种爱情的插花节上，玛吐薇发现原来姐姐也爱着罗纳，她毅然放弃了自己的爱，连夜返回州剧团。玛乃薇约好罗纳晚上相会，不料应约前来的却是罗纳的表弟阿诺宝，至此她明白了罗纳真心爱的是妹妹。为了妹妹的幸福，她违心跟阿诺宝外出去做买卖。没想到的是在罗纳和玛吐薇的情感道路上，又半路杀出来一个“第三者”阿龙。玛乃薇最终同意与阿诺宝结婚，大喜之日阿诺宝开的矿山出了特大事故，心急如焚的阿诺宝骑摩托车不幸掉进金沙江身亡。阿诺宝死后玛吐薇去找罗纳，希望他能娶姐姐玛乃薇。为了让观众了解彝族男女的恋爱经历，影片中特意安排了情侣对山歌和按照彝族习俗由表哥背新娘子过门的情景，再次把爱与恨交织在一起。

为了纪念毛泽东同志诞辰一百周年，由云南民族电影制片厂拍摄的《金沙水拍》（1994 年）讲述了红军在长征途中渡过金沙江，经过凉山彝族地区所发生的故事。由于受国民党反动派的宣传，彝族群众对红军不了解，因此怀有恐惧心理，并千方百计阻止红军通过。导演翟俊杰在影片中出其不意地安排了一位彝族少女脱光衣服坐在山口阻拦红军，裸女身后则是彝家布下的漫山遍野的枪口和长矛。彝族同胞想用“裸女挡道”的办法来试探红军是一支什么样的部队。如果红军有所不轨，即动众厮杀。红军小号兵贺敏仁此时临危受命，上前为裸女送上了一条洁白被单遮盖。此举让彝族首领释怀，迎红军入寨。毛泽东用克制和礼让巧妙地使彝族头领和彝族同胞完全站到红军这一边。由于红军模范地执行了党的民族政策，在经历了裸女挡道等奇特而严峻的试探和考验之后，发生了载入史册的刘伯承与小叶丹头人歃血结盟的感人事件。红军顺利地通过了凉山彝区，写下了千古佳话。影片中的彝族裸女曲比阿银，不禁钟情于贺敏仁，夜半水畔，少女急拥少男，少男坚拒，然余情脉脉，唯期此生再晤。在红军重上征途时，群众相送。少女寻觅少男不见，见到了他的姐姐贺子珍。姐姐尚不知弟弟贺敏仁已不在人世，代弟弟送给曲比阿银一面小圆镜。姑娘无比珍惜地抚摸着小镜子，痴望着红军远去。征途漫漫，一再地叠现了这彝族少女的远眺，并响起了画外音：“这位彝族姑娘一直等待着红军，等待着她再也无法见到的心上人。十三年后，已经是滇桂黔边区游击纵队八支队二营教导员的曲比阿银同志，也在战斗中牺牲了，年仅 28 岁。她唯一的遗物是一面小镜子。”从某种意义上说，曲比阿银的苦难命运因为与红军有了联系而获得了新生，同样也因此而走向了毁灭。彝族题材故事影片对女性身体的包装显得含蓄、精致而理性，当中的裸露镜头力求在审美角度上有新突破。因此在《金沙水拍》中让伟人们面对一丝不挂的彝族裸体美少女，其场景由凝重转为舒缓、飘逸，在一定程度上增强了艺术感染力。值得注意的是，成为看点的彝族“裸女挡道”这一场景，只是出现在影片简介以及早期观影者的回忆中。在后来推出的该片音像制品中已经没有了这个情节，估计已经被剪掉了。而在《彝海结盟》（1996 年）中，与汉人接触的彝族女性就只是那个教刘伯承说彝话的小姑娘。

三、彝族妇女对自我的认同

毫无疑问，新中国的彝族女性形象一直是影视文艺作品中一道颇具特色的“风景”。《阿诗玛》的扮演者杨丽坤那一代演员靠自己的眼睛观察生活，靠自己的情感去体味生活，并塑造出有血有肉的彝族女性形象。进入新世纪，银幕上的彝族妇女形象出现一些有意思的转变，她们成了决定自己生活的能动主体。2005 年 5 月，章家瑞导演的《花腰新娘》作为一部彝族女性题材的时尚娱乐电影，从各个角度展示了 12 个在气质和长相上都很都市化的彝族女性形象，她们在个性的纵情宣泄中将一条彩色的龙舞得眼花缭乱。由张静初饰演的凤美成了云南彝族女性形象的新型代表，她是一个无比自信、独立而美丽的当代彝族女性，带给观众最贴切和真实的感动，让观众在直观的视觉感官下真正体会到彝族女性“自立”这一社会命题的寓意。《花腰新娘》从开始筹备到最后定位都是“娱乐大片”，讲述的是一个云南彝族“野蛮新娘”的故事。影片中的凤美简直就是彝族版的野蛮女友，极尽“野蛮之能事”：新婚之夜不顾族规闹着要进洞房，动不动就跑一万米，倒挂在房梁上，还把衣服脱到只剩下肚兜跟壮汉摔跤，哪怕是被新郎退婚，也只是在跑步或者游泳的状态下才肯落下眼泪。张静初饰演的凤美彻底颠覆了观众心目中原有的彝族女性形象，她是个被父亲单独教养的野孩子，从小喝着马奶长大的她生就一股野性难驯，有着山一样奔放的个性和水一样纯净的灵性，翻墙、长跑、爬树、游泳样样在行。在滇南红河花腰彝族人中有一个古老族规：新娘成婚要三年后才可正式落居夫家，而凤美却希望早日打破这个族规。为了让孤独自闭，却又独立坚强的哑巴小七妹追求幸福，影片中凤美一改疯疯癫癫、四处惹祸的“野蛮女友”形象，带领舞龙队的彝族姑娘们立志要破除那些古老相传的陈腐传统。在影片结束时已归夫家的凤美和小七妹背着孩子在田地里劳作，她们并没有挣脱出彝族妇女的命运。导演对新世纪彝族女性的这种独特个性的设计，必将为观众带来逆向性视觉影像的审美体验及情感愉悦的撞击。

为了改变观众已经熟悉了的彝族妇女的刻板印象，更好地反映彝族地区改革开放后的新成就和新变化，影片渲染现代时尚的气息成了一种必要的手段。实际上，《花腰新娘》整个片子都是建立在彝族尼苏人独特的风俗——新娘“归家”之上的，并采用了女子舞龙这一剧情，其展现出来的这种由女性主导的地域民族特色，正是传统与时尚的完美结合。该影片颠覆了传统汉文化中的男权意识，与当今电影界女权至上的流行思潮接轨，并且这样的思想是由一位男性导演来阐述，就显得更加有说服力。现代传媒塑造出来的“快乐而美丽”的彝族妇女形象，充分彰显了商业炒作的主导倾向。《花腰新娘》剧中的凤美不但漂亮，而且性感十足，虽为偏僻山寨的农家女子，她却敢领时尚新潮之先，带领十二个青春靓丽的彝族少女完成了一次真正意义上的女性生命意识的觉醒及个性自由的张扬。影片中那个默默地喜欢上男主人公阿龙的“依玛”从气质和长相来看则更加具有都市化气息，给观众留下了过于深刻的时尚印象，使得她看起来更像是一个自助游客，只是为了入乡随俗才穿上了当地彝族的服饰。因为闪烁在彝族女孩身上的流行时尚太多，本片给人一种挑选漂亮模特为风光介绍片润色的感觉，减弱了女主角带动剧情本身的作用。另一方面，影片中的彝族妙龄少女个个身着民族特色服装，头上的银饰在灿烂的阳光中闪烁着，因轻盈的跳跃步伐，碰撞出清脆的声音，让观众恨不得马上跟随她们一起穿梭在滇南的青山绿水中。影片特意安排独特的彝族习俗，例如新进门的媳妇要给公公婆婆烧洗脚水，还有女子舞龙大赛、花腰带、烟盒舞等，旨在将整个彝族作为影片的表现主体介绍给观众，引起观众对边疆异域风情的好奇，让观众从影片中得到该族群的印象，最终达到令观众产生亲身去滇南彝族地区参观旅游的心理倾向的目的。

新世纪彝族题材的电影试图在传统与现代之间制造冲突，着意刻画那些充满叛逆精神的年轻女性。在开发彝族旅游文化的大潮中，金沙江边的彝族支系俚颇人居住的“迤沙拉”被炒作成为“中国彝家第一村”。在这个神秘部落里，俚颇支系的女性同样成为了外界追捧的焦点。2008 年 4 月，以“迤沙拉”为背景拍摄的电影《门神下的婚约》公开上映，讲述了洛叶这个彝族叛逆女孩的故事：考上了大学的洛叶一家不知道从哪里筹措学费，而一直深深地爱着洛叶的大林愿意卖泥人慢慢资助洛叶读完四年大学。洛叶愿意大学毕业回乡教书，嫁给大林，这纸契约写在了随手撕下的印有门神的纸上。随后，洛叶这个山里女孩子怀着复杂的心情闯入了陌生的城市。像许多农村大学生一样，在拮据屈辱的境况下，洛叶努力地学习，渐渐明朗了自己的人生道路。以省钱为由，洛叶暑假的时候没有回家，对大林也是出奇的冷淡。尽管她凭着理智努力约束自己，最终还是难以自拔地陷入了与同学巩飞的爱情旋涡。靠着勤工俭学和助学金，洛叶把大林寄来的学费一点点存起来不再使用。毕业临近，大林一家加快了娶亲的各项准备。洛叶心神不定，她暂时不想考虑结婚，打算继续读硕士研究生，希望以此让大林知难而退。毕业的时候，大林没有等来未婚妻洛叶，却等来了一封解除婚约的信和几万元钱的汇款（偿还大林供给她的一切费用）。担心影响不好的洛叶在巩飞的建议下，很无奈地回乡诉诸法律。大林败诉，门神上的婚约属买卖交易，违反了婚姻法，不予承认。《门神下的婚约》在强调山里女孩洛叶和都市女性之间的差异上使足了劲，电影中特别安排了一组镜头来凝视彝族女性的身体秘密：洛叶没有像她的女同学那样穿着时髦的贴身内衣，她穿着的是传统的抹胸。在宿舍里同学们偶然发现了这个秘密，对洛叶穿着的“稀罕物”充满了好奇，争相要看一看。洛叶被女同学们猎奇的疯狂举动激怒了，她干脆脱掉外衣，仅穿着那代表着“传统”的抹胸让她们看个透，就像博物馆里展示的老古董那样。

当代中国故事影片对彝族女性服饰的“他者化”描述，旨在放大彝族妇女依然固守着的传统特征，同时也为了观照汉族（传统或现代）女性服饰。无独有偶，《花腰新娘》剧中表现女主角凤美已成年并从水中蹿出来时，上身只穿一件艳丽的红色肚兜，而当她与壮汉摔跤时穿着的还是传统的肚兜。据说这种肚兜是花腰彝族妇女服饰不可缺少的重要组成部分，传统的肚兜是一个长约 25 公分，宽约 16 公分的长方形荷包状绣品，它不能单独使用，需与盛装和生活装搭配穿戴在妇女们的下腹部。《花腰新娘》为了更好地体现花腰彝族女性肚兜的特点，设计师大胆地采用了彝族“三道红”围腰的款式并加以改进，再用彝族花腰妇女们亲手刺绣的图案制作，以火焰图案为主，其他花卉图案为辅，使肚兜成为一个独立的可以单独穿戴的整体，新设计的肚兜约比传统的肚兜大三分之二。这样，姑娘的胸部和腹部就被遮住了，只露出双臂和后背，更好地展示了花腰姑娘的性感美。实际上，改革开放三十年来随着现代文明的传入，彝族妇女穿着的贴身内衣早已经实现了“现代化”的转变，即使是在那些最偏远的山区，年轻的彝族女孩们也学会了穿戴乳罩塑造胸部“性感”的曲线，这一点和汉族妇女并没有什么不同。抹胸和肚兜均是中国古代妇女传统的贴身内衣，却依然穿着在年轻的彝族女孩子身上，这样的安排似乎也带有内部东方主义的色彩。因为在这样的话语场景里面，抹胸和肚兜属于彝族女孩，汉族妇女对这类“稀罕物”只有遥远的记忆。

在彝族题材故事影片中展现女性内衣他者化的情况，同样出现在马祥生导演的《别姬印象》（2007年）当中。彝族热血青年少冲与彝族公主诺珍在火车上一见钟情并深深相爱，为了考验少冲对自己的忠贞程度，诺珍派出使女阿依用美人计试探他。阿依趁一个独处的机会故意解开外衣的扣子，露出彝族妇女穿着的抹胸去勾引少冲。影片安排这一场景在突出彝族女性服饰的“传统”之外，也巧妙地刻画了彝族妇女的主体意识。后来，少冲为官府陷害，被逼上山加入匪帮。他们的婚姻也因此遭到诺珍父亲的反对，并将诺珍嫁给了他人。诺珍与少冲深深相爱，为与心上人长相厮守，她不惜离家出走，在送亲的路上“安排”了抢亲，心甘情愿地跟随少冲落草为寇，参与打家劫舍，劫富济贫，令法国殖民者头痛不已，成为当地家喻户晓的传奇人物。值得注意的是，在《别姬印象》中暗恋少冲的阿妹以悬梁自尽的方式来殉葬自己心中的爱情，彰显的同样是彝族妇女忠贞不渝的主体意识。不难看出，新世纪故事影片对彝族女性生命历程的展现真是不遗余力。彝族历史题材电影《绝代》（2008年）讲述了云南武定彝族罗婺部落最后一位女土司彝兰的传奇故事：风华绝代的她早已心有所属，欲冲破彝汉不能通婚的族规与汉族师爷私奔，但在感情与礼教中徘徊的师爷却无力反抗传统，眼睁睁看着她成为别人的新娘。彝兰被迫嫁给了自己不爱的土司头领，新婚之夜她守身如玉，持刀以死相逼，不愿就范。影片把绚丽多彩的彝族服饰搬上银幕，为的是铺垫彝族女土司身世的非同凡响，因为她是“诺苏的女儿”，行为举止都与那些“只会哭的汉人娘们儿”有所不同。在从美少女走向权力巅峰的过程中，彝兰征服了所有的女人、男人甚至敌人。她办事公正合理，善待被俘的奴隶们，甚至还善待因嫉妒要置她于死地的大太太。她最终成为女土司，获得人们的拥戴，成为了勤劳、勇敢、美丽、宽容、博爱之女性化身。值得反思的是，彝兰这个女人在政治上的成功似乎总离不开那个汉族男人（师爷）的操控。

不可否认，以云南武定彝族末代女土司为原型创作的电影《绝代》中那个看不上“汉人娘们儿”的“诺苏的女儿”最终还是成了彝家“山寨版”的“武则天”，这不能不说是一种讽刺。彝族文化并没有从汉文化笼罩的阴影中摆脱出来，而是彻底臣服于汉族男子所主导的主流价值观。因此，影片中安排彝兰爱上汉族师爷这一点是颇具有象征意义的。彝族姑娘“爱上汉族男人”这种内部东方主义式的他者想象在李亚威导演的彝族题材的数字电影《油菜花开》（2009 年）中表现得更为强烈，该片围绕多角恋爱的误会而展开，讲述的是解放军某部年轻的班长——汉族小伙子王喜二在一个叫老木坝的彝族村寨里碰上了泥石流，即将自己准备结婚的钱全捐了出来，并带领战士帮助村民重建小学。在建校过程中，淳朴善良的彝家姑娘秋妮、罗依、阿紫妞妞各自都暗恋上了王喜二。接下来王喜二的未婚妻红姗因此产生了一系列误会。红姗为一探究竟，到部队探亲，亲眼目睹王喜二与彝家姑娘秋妮对歌的情景，误会进一步加深，红姗含恨离开了王喜二。部队首长也因此误会王喜二，还对他进行了批评教育。然而，《油菜花开》的编剧（据说是一位本地的彝族作家）从“彝族文化本位”的立场出发，给整个故事安排了一个大转弯。老木坝的彝族村长保德得知王喜二的事情后，离开山村到城里找到红姗，讲清事由，请回了红姗，并认其做干女儿，替他们操办了具有浓郁彝族特色的婚礼。生活在城里的汉族年轻人对彝族文化表现出的这种仪式上的回归，多少让人觉得有些莫名其妙，这是一种“超现实主义”的胜利，从某种程度上来说是彝族精英们构建的文化民族主义战胜内部东方主义的结果。因为王喜二虽是个汉族小伙子，但他生活在彝区，能够与彝家姑娘熟练地对歌表达自己的情感，说明他早已被“彝族化”了，这样一来彝家姑娘爱上王喜二就再没有“攀附”强势文化的嫌疑。相反，彝族化的王喜二娶一个汉族姑娘并用彝族人的习俗举行婚礼，体现的是彝族文化那种“怀柔远人”的超现实情结。

附录 当代中国彝族题材故事影片的相关情况（1955—2010年）

年代	影片名称	编剧	导演	摄影	主要女演员	出品
1955	《神秘的旅伴》	白桦 林农	林农 朱文顺	聂晶	王晓棠（饰小黎英） 许蓝（饰盘大妈）	长春电影制片厂
1959	《锡城的故事》	梅定	张辛实	陈民魂	蔺娜（饰阿梅）	长春电影制片厂
1961	《达吉和她的父亲》	高缨	王家乙	王春泉 张翚	陈学洁（饰达吉）	峨眉电影制片厂 长春电影制片厂
1964	《阿诗玛》	葛炎 刘琼	刘琼	许琦	杨丽坤（饰阿诗玛）	海燕电影制片厂
1971	《彝族之鹰》	周然	胡小峰		王燕屏（饰小鹿）	（香港）长城电影制片有限公司
1978	《奴隶的女儿》	川丁 袁世金	曾未之	李大贵	潘虹（饰海来乌呷）	峨眉电影制片厂
1979	《从奴隶到将军》	梁信	王炎	沈西林	张金铃（饰索玛）	上海电影制片厂
1981	《奇异的婚配》	徐光东	林农	李月斌	高丽娟（饰雪莲）	北京电影制片厂

续 表

年代	影片名称	编剧	导演	摄影	主要女演员	出品
1982	《舞恋》	佳木	江世雄 文伦	曹作宾 张伟英	程晓英（饰曲木阿芝）	峨眉电影制片厂 北京电影学院 青年电影制片厂
1985	《奢香夫人》	陈献玉 朱云鹏 汪远	陈献玉	周平	胡尔西德·吐尔地（饰奢香） 王春丽（饰奢竹）	浙江电影制片厂
1987	《阿星，阿新》	成志 良振	于杰	翁诗杰	张莉（饰安妮） 惠娟艳（饰美伊）	上海电影制片厂
1987	《姑娘寨》	成志 良振	徐纪宏	黄祖兴 宁加昆	黄志玲（饰金凤）	云南民族电影制片厂
1987	《天菩萨》	孔良	严浩	吕乐 王小列	张路彤（饰牛牛）	深圳影片公司、海联影业机构（香港）有限公司
1988	《大凉山传奇》	黄越勋 王才英 郝海	张西河	宋建文	李胜素（饰杨枫） 徐燕（饰果果）	峨眉电影制片厂
1991	《金沙恋》	王公浦	覃一坚 韦丹旗	陈绳恺 赵述旭	茅海童（饰玛吐薇） 杨晓燕（饰玛乃薇）	广西电影制片厂

续　表

年代	影片名称	编剧	导演	摄影	主要女演员	出品
1994	《金沙水拍》	甘昭沛	翟俊杰	郭谨良 黄祖兴	卢芳（饰曲比阿银）	云南民族电影制片厂
1996	《彝海结盟》	甘昭沛 加拉 伍聂	郝光 伍匡文	魏铎 向真 李涛		云南民族电影制片厂
2005	《花腰新娘》	孟家宗	章家瑞	王敏	张静初（饰凤美） 赵家艺（饰依玛） 何文超（饰小七妹）	中国电影集团公司、云南红河影业有限公司
2007	《别姬印象》	马祥生	马祥生	杨尉	李桂平（饰诺珍） 马玲玲（饰阿依） 李茜（饰阿妹）	云南良黎影视文化传播有限公司
2008	《绝代》	姚建云 黄晓萍	陈明新 金　琛	孟晓清	宋小宁（饰彝兰） 于莉红（饰沙玛莫） 李卫（饰彝格）	云南省广播电视局广播影视产业发展中心等

续 表

年代	影片名称	编剧	导演	摄影	主要女演员	出品
2008	《门神下的婚约》	郑宜庸	崔立新	孟飞	孙梅竞（饰洛叶）李雯雯（饰洛红）	北京迷欧文化传媒有限公司
2009	《油菜花开》	李亚威 卡罗	李亚威	王长宁	袁志博（饰红姗）龙一仪（饰秋妮）	中共楚雄州委宣传部、楚雄军分区、楚雄电视台

走出禁忌：月经人类学研究在中国的早期实践*

李金莲

摘　要：在20世纪前期，江绍原是最先引进国外人类学方法系统研究月经礼俗迷信的拓荒者，他对中国人“天癸观”的研究特别引人注目。在中国现代民俗学运动的影响下，一大批宗教学家、历史学家、文学家和医学家也先后参与讨论过与月经迷信言行有关的话题。这些研究旨在说明，妇女的月经现象虽属常见，但由于人们很缺乏这方面的科学知识，因而对月经的性质、功用和意义产生了诸多迷信的说法。

关键词：现代中国　月经迷信　女性禁忌　研究范式　社会影响

在不同的社会，有关妇女月经的地方性知识（如护理方式以及看待正常与否的标准）具有很大的差异性，不同派别的人类学家都曾关注过月经禁忌的跨文化研究。为了抗衡精神分析学

* 作者简介：李金莲（1975—），女，云南昆明人，楚雄师范学院思想政治理论教育教学研究部副教授。

基金项目：本文是云南省“两院”课题“人类学视野下的少数民族妇女月经期护理行为研究”和楚雄师范学院科研骨干项目“女性、污秽与象征：泛文化视野中的月经禁忌与女性民俗研究”阶段性成果。

派固有的偏见，人类学家对月经禁忌的研究范式和理论建构都明显受到了女性主义的影响。五四运动以后，在西方人类学理论的影响下，中国现代民俗学者开始了科学研究月经禁忌问题的尝试。在这一方面，江绍原独辟蹊径，其开创的中国人“天癸观”的研究取得了令人瞩目的成就。其后，一大批民俗学者也曾涉足这一领域并留下了各自探索的足迹。不可否认的是，中国早期人类学家关注月经禁忌方面的问题，明显地受到了弗雷泽《金枝》（The Golden Bough）的影响，但他们对于月经迷信问题的研究并不是单纯地为了学术的目的，更不是钻进去做研究对象的奴隶，而是有着明确的为社会文明进步服务的功利目的。

一、江绍原对天癸迷信的研究

江绍原（1898—1983）是我国著名的民俗学家和比较宗教学家，是我国最早引进国外人类学方法，较系统、科学地研究我国礼俗迷信的学者，也是月经迷信研究最初的实践者之一。江绍原对中国现代民俗学的贡献，在于把不登大雅之堂的现象，纳入了学术殿堂。江绍原早年专攻比较宗教学，1923 年夏天回国后在北京大学任教，其研究重心开始转移到民俗学并广泛征求民间习俗，其中就包括与天癸（月经）有关的迷信。置身民俗学运动中心的江绍原还担任了北大研究所国学门“风俗调查会”的主席。在荣任“礼部次长”之后，江绍原在《语丝》上发表了一系列以《小品》命名的礼俗迷信研究论文。从 1926 年 3 月 8 日起，江绍原研究月经迷信的最初成果《中国人的天癸观的几方面》在《晨报副刊》上分四次连载。江绍原写道：“这次我又要借《晨报副刊》的篇幅，来报告另一种更奇特、更荒诞、更可哂——而且也更饶兴趣——的思想：中国人的天癸观。”关于月经迷信的研究，的确是令人耳目一新的。江绍原指出：“我国人历来对于这件赤色的物事，说也有趣，又是分为友敌两派的：

有些人把它看作最可怕的污秽，极力的躲避它；又有些人却许为至宝，靠它奏种种奇功，连打倒帝国主义和成仙都在内!”[①]总结起来看，江绍原对中国人天癸观的研究，他解释为以下几点：第一，天癸是一种污秽之物，与疾病、生产、性交及死尸类似；第二，天癸具有使鬼魅和邪术家都畏惧的污秽力量；第三，经血与经衣能解毒治病，例如两性病、急病、受毒等；第四，天癸（特别是第一次的天癸）被视为人身的一种精华，与乳汁、大小便等相同，可与其他“人元”及天地精华合制成丸散丹膏（红铅）而服用，小之壮阳补血，大至益寿延年。可见，经血不仅有实际做药的成效，亦是方术家用以辟邪的利器。

为了使自己的研究更有说服力，江绍原先把几种非中国而曾传入中国的天癸观，就他所知道的情况进行了梳理，专门把“犹太教”（基督教）、“回教”（伊斯兰教）和佛教典籍中有关妇女月经迷信的论述作了归纳，认为“非中国的天癸不净观影响过中国人”，但是“我国和以上三宗教发生关系之前，自有相类似的思想；而且中国的天癸观，在某一部分人中，后来发展成了与原始的不净观相违反之新观念”[②]。在收集整理中国人的天癸（月经）迷信方面，江绍原的基本研究范式是查阅古代文献和到民间去搜集资料，他说：“中国本土的天癸观，有两个研究途径是一般重要的：第一，从种种书籍里去搜集过去时代的事实；第二，从社会调查现存的民俗。”而“这两种相辅而行的工作，我都没好好做过。今番不过是把两月来独力搜集所得的一点点材料写下，做将来详尽研究的开端而已。借《晨报副刊》的

① 江绍原：《中国人的天癸观的几方面（一）》，载《晨报副刊》第一四五〇号，1926年3月8日。

② 江绍原：《中国人的天癸观的几方面（一）》，载《晨报副刊》第一四五〇号，1926年3月8日。

地位发表出来，或者又能够引起旁人的兴趣，并且使我得到我很需要的种种帮助”①。的确，江绍原说的也是大实话。他虽然在月经迷信研究方面有首创之功，也努力地“从种种书籍里去搜集过去时代的事实”，但仅用“两月来独力搜集”显然会挂一漏万，况且“从社会调查现存的民俗”这一方面则主要倚赖于他的夫人朱玉珂女士。江绍原在《中国人的天癸观的几方面》写道：“关于上次所说的妇女在行经期内有许多事不许参与或者看见，今天吾妻供给我一些材料”，这些材料总结了禁止经期妇女出现的五种场合，即蚕室、腌冬腌菜或作酱、摺或烧纸钱、泡豆芽菜、小儿出痘疹。②所谓“到民间去搜集资料”多是采用通信来完成的，“我在北京时，一位通信者告诉我一个治花柳病的秘方，其中主要‘药物’，是妓女的月经”③。江绍原对于读者寄来的材料，都要很谨慎地查阅文献尽量弄清楚该言行的起源。

在现代民俗学初创的时代，社会动荡，研究月经迷信确实面临着很多想象不到的困难。1927 年 4 月到 6 月，应鲁迅之邀，江绍原往广州中山大学任教。在鲁迅的大力支持下，江绍原为国文系学生开设了一门以前从没人敢讲的新的功课，名叫“迷信研究”，还编了一百二十多页的讲义。按照他自己的想法，“我的计划，不过想把世界上各民族间现在和从前流行的迷信以我所知者为限，分门别类，略略叙述，并且要把本国的迷信，也就我个人见闻所及者（以及从书本上看来者），随时点明，作为将来更仔细的研究（这里所谓更仔细的研究，我在堂上说明是指历

① 江绍原：《中国人的天癸观的几方面（续）》，载《晨报副刊》第一四五一号，1926 年 3 月 10 日。

② 江绍原：《中国人的天癸观的几方面（续）》，载《晨报副刊》第一四六二号，1926 年 3 月 13 日。

③ 亚介、招勉之、周作人、江绍原：《七十岛的宗教行为及其他》，载《新女性》1928 年第 6 期，第 625 ~637 页。

史的与心地的研究而言）的一个起头。……每讲完一个题目之后，我便将所讲的东西的纲目用英文写出付印，并将所看见的汉文文献（大半是关于本国的迷信的）（注：而且大半是那两个多月间临时找到手录的），附于其下。”[①]那时江绍原的兴趣已经集中于收集中国的迷信，当然也包括月经迷信方面的资料。在中山大学那个学期的授课结束后，江绍原乘暑假之机到杭州“闲居”，准备专门从事著述而糊口。在1929年重返北京大学任教之前，他开始计划并写作《血与天癸》一书拟由上海开明书店出版，“我正在整理几篇旧稿，想把它们增订一下并贯穿起来成为一本小书，名《血与天癸：关于它们的迷信言行》。”1928年4月11日，江绍原在杭州写成了该书的《导言》部分寄《贡献》（旬刊）发表。

在杭州下板儿巷十五号“闲居”的江绍原写作《血与天癸》的道路并不顺畅。1928年1月24日，他在写给周作人的信中说：“‘血与天癸’不瞒您老人家说在修改，进行颇慢，非我懒也，常发见（现）困难点也。”这一时期，江绍原在月经迷信的研究上并没有什么重大发现，可能与资料匮乏有些关系。他大概只是到杭州浙江图书馆分馆去看一看，但收获并不大，只能看到“纽约一个书店编印的新书目录”。1928年4月11日写成的《血与天癸·导言》说：“如有错误，印书前自当修改”，“辑录的若干种书籍杂志而拼凑成的几千字，断章取义，就易避难，既芜杂，又凌乱，诚不足以当介绍科学之名。”[②]从内容上看，《血与天癸·导言》大量列举了科学界关于月经的新学说与新发现，大多属于自然科学方面的内容，似乎与迷信研究关系不大。江绍

---

① 江绍原著：《中国礼俗迷信》，天津：渤海湾出版公司，1989年版，第56页。

② 江绍原著：《血与天癸·导言》，载《贡献》1928年第7期，第5～29页。

原只是在资料收集上做了些补充，他辑录了英国赫勃脱夫人（Mrs. S. Herbert）著的《性的故事》（Sex Love）中有关月经迷信的内容，依据的是松涛翻译的汉文版本（上海开明书店 1927 年印行）。此外，他也注意到俄国民族学者史禄国关于满族月经迷信的研究内容。①日本学者关于月经迷信的论述，则是周作人抄译给他的。本来江绍原在月经迷信研究方面曾有很大的抱负，成书之前就利用文化界的朋友造舆论。1928 年 4 月 7 日，钱玄同致江绍原的信中提道："岂明说，你以前来信要我写《血与天癸》之封面，兹附上，乞察收。如已不及用，请把它扔在它应该去的地方可也。"② 1928 年 7 月 4 日，他在写给周作人的信中说："血与天癸第二章，不久便可寄贡献发表。先生如高兴，请题几个字，文为'古代的衅礼'。第一章本托伏园转恳鲁迅先生一题，不知是他没去还是去过而未生效。第三章（'血祭'）预备请沈尹默先生给写，您猜他会答应吗？末章讲月经，非找个女士题字不可。"按照计划，"末章"还要讲到月经，但这一部分始终没有完成。1929 年 3 月 8 日，江绍原写给周作人的信中说："《血与天癸》至今未改完。"③ 1930 年 5 月 11 日，江绍原致信周作人说："开明有信来催'血与天癸'，但非等到暑假实无以应也。"④

令人遗憾的是，江绍原后来放弃了继续研究月经迷信的工

---

① S. M. Shirokogoroff: Social Organization of the Manchus: A Study of the Manchu Clan Organization. R. A. S., North China Branch, Extra Vol. Ⅲ, Shanghai, 1924, pp. 110～111.

② 钱玄同：《钱玄同致江绍原信》，载《鲁迅研究月刊》1998 年第 1 期，第 56 页。

③ 张挺、江小蕙笺注：《周作人早年佚简笺注》，成都：四川文艺出版社，1992 年版，第 390 页。

④ 张挺、江小蕙笺注：《周作人早年佚简笺注》，成都：四川文艺出版社，1992 年版，第 407 页。

作，他的《血与天癸——关于它们的迷信言行》原拟由开明书局出版单行本，结果不了了之，以致读者难窥其月经迷信研究的全貌。尽管如此，对江绍原在月经迷信研究方面的大胆开拓，时人还是给予了较高的评价。钟敬文在《数年来民俗学工作的小结账》中说："江先生的工作，也是数年来中国民俗学垦荒期程中一个非常可纪念的！三数年来，江先生在北京、上海各种杂志、小报上所发表的'小品'，想大家都已见过，闻说现在已把那些民俗学的好材料，汇印成两册集子，名《发、须、爪》及《血与天癸》。江君的工作，虽只在采集和整理材料上，而研究的结果尚未多见到。但这是此刻中国学术界必然的现象，因为材料尚未得到或整理过，谈到研究，乃是荒唐的事。"[①]叶德均在1931年4月25日《草野》5卷3号发表之《中国民俗学研究的过去及现在》一文中说，江绍原先生"专研究礼俗迷信的影响很大，在那时写了《礼部文件》几篇。由《礼部文件》的玩笑遂产生了数百则的'小品'，一方面又根据《礼部文件》两篇底稿写了《发、须、爪》及《血与天癸》的两部大著"。[②]江绍原的月经迷信研究，揭示了原始民风中"假知识"、"糊涂心思"对人的思维的影响，那也是迷信产生的原由之一。读这类文字，的确会让人觉得"五四"前后的知识分子，在精神走向上曾是那样的相近。

二、黄石对月经人类学的贡献

黄石（1901—?），原名黄华节，是中国现代民俗学研究的重要人物。20世纪20年代初，他开始投身宗教学、人类学及民

① 钟敬文：《数年来民俗学工作的小结账》，载《民俗周刊》第1期（创刊号），1928年3月21日。

② 王文宝著：《中国民俗学史》，成都：巴蜀书社，1995年版，第315页。

俗学的研究。黄石研究民俗的切入点与江绍原相同，都是宗教，而且他研究的主要方面也在礼俗迷信。在月经迷信问题研究领域，黄石的研究特点在于既注重利用文献资料作历史的考察，也注意尽量使用现代民俗学或人类学的田野调查方法；既注意吸收国外相关学科的理论，又专注于对中国本土民俗的研究。自1928年至抗战前这一时期，黄石发表了大量关于礼俗、民间传说、妇女习俗的学术论文，其中的《性的“他不”》（载《新女性》1928年第7期）、《关于性的迷信与风俗（一）》（载《新女性》1928年第10期）、《关于性的迷信与风俗（二）》（载《北新》1930年第11期）等论文，均不同程度地涉及月经迷信方面的问题。在《性的“他不”》一文中，黄石专列了“月经的妇女”、“初成年的少女”两部分讲述妇女月经禁忌方面的事情。按照黄石自己的话说，该文是1928年5月22日草于广州协和大学图书楼，他在完稿的《性的“他不”》一文中提道：“听说江绍原先生不久就有一本《血与天癸》在开明出版，我相信里面一定搜集不少的材料，供我们研究。我打算把这种工作让给他，此刻只略举一两个例，聊以充数而已。”①当然，充数这只是黄石极为谦虚的说法，相比较而言他的研究比江绍原更为大胆。江绍原在涉及月经问题的两篇小品文中，均使用“天癸”这一月经隐语作标题，也让人嗅到了些许“保守”的味道，而黄石的研究直接使用的就是“月经”一词，似乎更少些不必要的顾忌。

黄石对月经迷信的研究更侧重于译介国外人类学家的研究成果，并将它和中国的资料作比较。由于黄石广泛阅读国外人类学、民族志和民俗学方面的著作，对他们的理论和方法比较熟悉，使他的研究从一开始就具有职业民俗学家的特点。黄石所写的研究论文除了引据中国古代的文献资料和他自己实地调查的材

① 黄石：《性的“他不”》，载《新女性》1928年第7期，第755～779页。

料之外，还大量使用国外有关著作中的材料，比如在《性的"他不"》一文中有关月经迷信的资料，就有大部分内容"取材于弗来泽（Sir Frazer）的《金枝》(The Golden Bough)，余外参考《宗教伦理百科全书》、《大英百科全书》和耶芳斯的《宗教史概论》(An Introduction to the History of Religion)"，而且从注释部分来看，引用的《金枝》英文书还是1927年刚出的新版本，这在同时代的民俗学家中是不多见的。相比较而言，江绍原在月经迷信问题的研究中所引用的参考文献，似乎并没有提到《金枝》一书中有关月经禁忌的论述，这可能就是江绍原自身的局限了。别说是在中国现代民俗学初创时期，就是在今天，如果想对月经迷信的问题进行探讨，弗雷泽的《金枝》似乎仍是没有办法回避的参考资料。《金枝》出版于1890年，后又经过多次修改增补，形成几个不同的版本。从后来出版的汉文全译本来看，该书共有三个章节论述到月经迷信的问题：即第二十章"禁忌的人"第三节"妇女月经和分娩期间的禁忌"、第六十章"天地之间"第三节"少女月经初潮时必须隔离"和第四节"少女月经初潮时必须隔离的理由"。[①]

黄石对国外人类学、社会学、民俗学理论与方法的应用，以及大量使用世界各地的有关例子来进行比较的研究，都是建立在他的外语能力优势以及开拓性的知识结构的基础之上。在他关于月经禁忌问题的研究中，大量举出诸如澳洲的黑人、登尼人(Déné）以及美洲部落的大多数、哥斯达黎加（Costa Rica）的布赖布赖印第安人（BriBri Indians)、澳州南部 Encounter Bay 部落、澳洲中部的 Dieri 人、Wakelbur 部落人、托列斯海峡群岛的 Muralug 人、新几内亚之西的 Galea 人、苏门答腊的 Minangkabau-

---

① ［英］弗雷泽著：《金枝》，徐育新等译，北京：新世界出版社，2006年版，目录部分。

ers人、南亚非利加的布西曼人、南非洲的畜牧部落的Baganda人、英属东非洲的Akikuyu人、英属哥伦比亚的Stseelis人等野蛮民族或半开化人之中的不成文的月经禁律；至于写在典册上的有关月经的戒律，则举出了古代希腊、罗马、埃及、小亚细亚等地的古老条文做例子来说明，并把它们与在中国文献及现实习俗中发现的类似例子相比较，最后总起来加以解释。黄石对于月经迷信方面的研究资料，有着浓厚的收集兴趣。在《关于性的迷信与风俗（一）》中，黄石又专门谈到了"印度对于月经妇女的禁制及去秽礼"，他自己也说："关于月经妇女的禁戒，我在'性的"他不"'一文，已经列举了不少的实例了。但所举的大多数限于野蛮，或半开化的部落，对于所谓'文明国'也者，只略略提及。现在请举述为东方文化代表之一的印度对于行经妇女的禁制，以补前篇的缺略。"[①]由此可见《性的"他不"》发表后，黄石仍在孜孜不倦收集月经迷信方面的资料，不到半年时间（1928年5月到10月）他就又搜集到大量资料。

尽管黄石对月经迷信的研究思路主要是寻找不同文化中的共性，很少寻找差异并对差异进行深层的解释，但却反映出他对人类学方法的应用，因为人类学就是在比较的基础上对文化现象作出跨文化的解释和概括。黄石在接下来的时间里（即从1928年10月到1930年6月），又将收集到的月经迷信资料写进了《关于性的迷信与风俗（二）》一文中，"关于妇女月经的迷信，从前我已报告了不少的实例了。兹再有所得，因随笔续记之。"在"妇女月经的法力"这一部分所讨论的月经迷信材料，是黄石亲自收集来的。他调查了广东民间迷信的"上轿红"、"入门红"、"坐床红"等说法，指出"民众至今仍牢牢的迷信着女子的月

① 黄石：《关于性的迷信与风俗（一）》，载《新女性》1928年第10期，第1159～1180页。

信，有超常的异能”。倘使女子出嫁之时（或出嫁时途中）忽值月经来潮，而婚期又不便更改，新娘不得不带经入门。但凡遇到这两个场合，照旧俗新娘或女家应示意女傧相通知男家。男家也有一种对付禳解的方法，这就是拿红纸铺盖大门及厅堂的门域，让新娘在这上面走过。其意以为“你红，我更红”，以红御红，即以更危险的东西抵抗危险物，是“以毒攻毒”之意。黄石分析说“这种风俗，是认定女子的月经是污秽、危险的。但有一部分人，却以为‘上轿红’和‘入门红’，都是吉兆，主生贵子。二说未审孰是。据我的推测，也许后者以为红是吉利之物，故以‘月红’为吉兆。更有一种叫做‘坐床红’，即新娘已入夫家，而月信来潮。有人也以此为吉兆；也有以为不祥的。抵拒之法，此刻我尚未调查清楚。”①

黄石对月经迷信问题的研究往往针对中国民俗事象，但却总是利用世界各地的民俗资料进行比较研究。所以，黄石照例列举了其他民族有关“月经的法力”的资料，如南洋群岛之耶布岛、英属奴式尼、非洲南部和澳洲北部某部落的女子“遵照血的‘他不’”的种种迷信做法。黄石除了梳理民俗的历史演变之外，也结合亲身的经历和实地调查，因而其成果比较成熟。在《关于性的迷信与风俗（二）》一文中，他还写到了“两种颇通行的（月经）迷信”，第一种是民间说的“撞红”，即指男女性交时忽值妇女月潮突涨；第二种迷信，是月经可治白浊的怪方。黄石从学术的角度集中进行对月经迷信的研究，在当时的社会环境下仍然需要有相当大的勇气，特别是由此开辟了一个前人较少问津、直到今天研究也相当薄弱的女性民俗研究领域。我们知道，在中国民俗学初创时期，许多传统的卫道士对研究月经这些不登大雅

① 黄石：《关于性的迷信与风俗（二）》，载《北新》1930年第11期，第49~60页。

之堂的东西是嗤之以鼻的。黄石亲自调查月经方面的习俗，也有可能遭到人们的讥笑，说这是猎奇或者耽于不经，更被某些人视为诲淫诲盗。但是从黄石的研究论文中可以清楚地看出，其动机是绝对学术性的，是很严肃的，看不出丝毫搜奇猎艳的痕迹。尽管他的研究还比较初步，较多历史的探索，也难以在田野调查的基础上进行这个领域的研究，但他的这些工作无疑启示后人在民俗学这个领域内，在更大的深度和广度上继续开垦这块处女地。[①]

三、朱云影对月经资料的译介

在20世纪早期中国现代民俗学初创阶段，朱云影（1904—1995）是第一个系统研究月经迷信问题的历史学家。1929年4月，他考取官费，留学日本，入读东京高等师范学校。1934年3月，于东京高等师范学校毕业。1934年4月升读京都帝国大学，专攻东洋史、亚洲史。1936年，朱云影在对欧美、日本和世界各国的性生活方式进行较为系统研究的基础上，编写成民俗学著作《人类性生活史》由南京正中书局出版。该书第一章“性与原始思想”第三节“月经”专门讲述原始族群对妇女月经的迷信问题。朱云影指出“科学发达的今日，固然已不视月经为奇，但是原始人，觉得月经简直是不可解的谜，因为不可解，所以认为危险不吉利，他们从月经联想到恶魔，以为经血是恶魔惹起的，其中藏着种种的毒害”。在原始人看来，妇女月经的流血现象是他们的原始思维解释不了的，于是便产生了极大的敬畏心理。为了论述原始未开化民族对月经禁忌的态度，朱云影搜集了有关非洲刚果（Kongo）人、加蓬（Gaboon）的土著人、加拿大

① 赵世瑜：《黄石与中国现代早期民俗学》，载《北京师范大学学报》1997年第6期，第5～12页。

某地的土著人、特拉华（Delaware）人、阿拉斯加（Alaska）托伦基的印第安人（Tlinkkit - Indians）、斯瓦希里（Swahili）人、新不列颠（New Britanuia）人、昆士兰（Queensland）人、越南人、柬埔寨（Cambodia）人的资料来加以说明，因为在这些族群里都以月经期间的女子为不洁的危险物，必须设置一定的距离加以防避，令经期妇女服从一定的禁律，或幽闭于特别的秘密室或人迹不到的深山，杜绝与他人来往。

在原始人类“不能解释的秘密里面，难保不藏着祸害，所以他们无时不战战兢兢地怀着莫大的恐怖。因此，便发生种种‘禁忌’”。未开化民族认为月经女子的身体寄附恶魔，她的眼睛发散毒害，看看天天也会碎，看看镜镜也会变色，伤也不易痊愈，因此便有了“月经小屋”这种普世性的风俗。朱云影收集了温哥华（Vancouver）岛的土人、阿拉斯加的印第安人、南非土人和新爱尔兰人隔离月经期女子的资料来给予说明。为了进一步强调这种隔离风俗的普遍性，他还提供了《旧约利未记》、普林尼（Plinius）的《博物志》（Historia Naturali）、16 世纪初的医学者巴拉塞尔士（Paracelso）和古代印度人的记述来说明文明社会里的月经禁忌问题。与此同时，朱云影还论述了原始民族有关月经的另一种迷信做法——月经巫术，“古代因为经血是发散毒害的女人的排泄物，也有以毒攻毒，利用它治病的。这不仅为民间医生采用，并有堂堂一代的硕学也不惜推荐。……古代又将经血应用于种种咒术，尤其是处女的初潮血更为珍贵。”为了说明月经巫术的问题，他同样也举出了大量的例子来论证自己的观点。朱云影“将古人关于月经的原因的解释略加以叙述”，书中列举出了古代印度人、新西兰的毛利族（Maolis）和阿拉伯人关于妇女为什么每月都会来月经的民间传说，同时也归纳了希腊医学对月经的看法，并提供了亚里士多德（Aristotle）、希波克拉底（Hippocrates）和盖仑（Galenos）等人有关月经起源的说法供读者参考。①

作为一个专攻世界史研究的学者，朱云影无疑接触到了很多古代文明史的文献资料，对欧美各国有关“原始民族志”的描述自然也不会陌生。从书中所列参考论著来看，他有关月经迷信的研究主要依赖的是日文和英文资料，这刚好也是朱云影所擅长的领域。这一点和江绍原、黄石倚赖英文资料的研究稍有不同，江、黄二人有关月经迷信的研究除了参考中国古代的有关描述外，引用的多为英文资料，这可能与他们精通英文有关。朱云影的日文造诣颇深，书中所列日文参考书是英文参考书的两倍多，有《人类性生活史》（巴陵宣祐）、《世界性的风俗史》（矢口达）、《人类性文化史》（西村真次）、《性的神三千年》（齐藤昌二）、《日本性生活史》（高桥桂二）、《世界性业妇制度史》（泷本二郎）、《初夜权》（二阶堂招久）、《卖淫》（喜多壮一郎）、《支那的卖笑》（中野江汉）、《原始时代之研究》（日本国史研究会）等，甚至他所引用的英文书用的还是日文译本。值得注意的是朱云影所引英文书中，并没有提到弗雷泽的《金枝》，这刚好和其他的研究者对《金枝》中有关的月经迷信资料的重复引用有明显的差异。应该说由于“术业有专攻”的缘故，朱云影收集的月经迷信资料对普通读者来说都是全新的，更加具有说服力。稍有不足的是，他始终忽视中国方面的资料。

四、文学家对月经话题的关注

在五四新文化运动以后，由江绍原等人开启的月经迷信研究在文学界产生了巨大的影响。现代文豪鲁迅先生也很赞同江绍原关于写作《血与天癸：关于他们的迷信言行》的计划，在他看来，江绍原立足于人类学思路对中国乡土习俗的研究于认识吾国

---

① 朱云影著：《人类性生活史》，南京：正中书局，1936年版，第8~15页。

吾民意义甚大。鲁迅在1927年11月20日给江绍原的信中说："关于要编的两种书的计划，我实在并无意见。《血与天癸》……我想，大抵有些人看看的；至于《二十世纪之宗教学研究》，则商务馆即使肯收，恐怕也不过是情面。尚志学会似乎已经销声匿迹了。其实，偌大的中国，即使一月出几本关于宗教学的书，那里算多呢。但这些理论，此刻不适用。所以我以为先生所研究的宗教学，恐怕暂时要变成聊以自娱的东西。无论'打倒宗教'或'扶起宗教'时，都没有别人会研究。"[①]江绍原自己回忆说："后来，我计划编写《血与天癸》、《二十世纪之宗教研究》两本书，鲁迅先生认为前者作为民俗学的一种著作抑或有人看看，后者因为这种理论不合时宜，是不会有人关心的。"[②]鲁迅对当时宗教研究的冷落局面表示了强烈的不满和慨叹，所以当江绍原拟撰写《血与天癸：关于它们的迷信言行》征求他意见的时候，就有了上面的评论。鲁迅在《狂人日记》中早就写道："去年城里杀了犯人，还有一个生痨病的人，用馒头蘸血舐。"这一意象深深刺痛了鲁迅的艺术灵感，一年之后终于不能自抑，以此为基本情节构思创作了小说《药》。这篇小说向我们展示的仍然是一个野蛮"未开化之处"的"原始思想"，揭示了原始野蛮只能把鲜活的生命送入荒冢。这里隐含的仍然是对文明的呼唤。人血馒头治病的迷信正与"毛发爪甲可以补血"一样野蛮。这也正是鲁迅赞赏江绍原创作《血与天癸：关于他们的迷信言行》的原因。因为在鲁迅看来，江绍原对中国原始禁忌及迷信的人类学、民俗学研究于启发及观察"中国社会状态及

---

① 魏韶华著：《中国现代文学史论》，北京：社会科学文献出版社，2007年版，第126页。

② 潘德延：《走访江绍原同志》，载《鲁迅研究文丛》第一辑，长沙：湖南人民出版社，1980年版，第113～117页。

心理方面”是大有益处的。

研究月经迷信时期的江绍原和现代新文学巨擘的关系密切，但因相同的性情爱好，尤亲近于周作人（1885—1967）。周作人是“五四”新文化运动的重要人物，他积极翻译介绍当时西方先进的民俗学理论，在现代民俗学研究领域也有其独特的建树。据说民俗学这一概念，正是周作人从日文中引入，后来被学界所广泛接受的。在“五四”的思想改造已经转变为周作人所不熟悉的实际的政治操作后，他在这一阶段经过深思熟虑后的选择是：偏离知识者的启蒙立场，退守主流文化以外的民间，从学术研究和学科建设的角度继续他在“五四”时期被暂时搁置的事业，他感兴趣的工作只是“关于歌谣、童话、神话、民俗的搜寻”。[①]因此，周作人非常关心江绍原对月经迷信问题的研究。随着江绍原和周作人通信佚简的整理和出版，他们之间曾经有过的密切关系和对月经迷信的共同爱好也逐渐浮出水面。在中国现代文学史上，周作人无疑是一个极有才气的人，语言天赋超人，未正经进过什么专门语言学校，他却先后学会了英语、古希腊语、梵文，而日语几乎和母语一样熟练。他自小读书极多，博闻强记，几乎是无书不读。有关月经迷信方面的著述，他自然也是很了解的。据说江绍原第一次看到弗雷泽的《金枝》一书，也是从周作人那里借来的。[②]江绍原后来在《中国古代旅行之研究》的《序言》部分中也写道：“今日执笔为序，忽想起弗来日的名著《金枝》”；把周作人所赠节本之“自序头几句抄出而改易若

① 颜浩：《〈语丝〉时期的苦雨斋弟子》，载《鲁迅研究月刊》2001 年第 12 期，第 64～77 页。

② 孙郁著：《周作人和他的苦雨斋》，北京：人民文学出版社，2003 年版，第 61 页。

干字，……便可以都叙明了。”①

不可否认，跻身“苦雨斋四大弟子”之一的江绍原，与周作人的思想交流对其民俗观的形成起了很大的作用。1928 年 1 月 13 日，周作人在致江绍原的信中说：“‘血与天癸’不知何时付印？不佞亦颇有意给他戴一顶小‘冠’，倘若不即要，疑古公之题字则已转告了。”②信中提到的“给他戴一顶小‘冠’”，是指周作人有意为拟出单行本的《血与天癸》写篇序文。而“疑古公之题字”是指钱玄同为拟出单行本的《血与天癸》一书的题签，后来江绍原在《贡献》上刊发《血与天癸·导言》时，篇头用的就是钱玄同的题字。1928 年 2 月 13 日，周作人在给俞平伯的信中说：“因绍原要出第二册书，《血与天癸》，我曾答应给它戴一顶小帽子也。礼拜四下午可以请来谈天，我当比兄早一点钟下课，可早进城，在苦雨斋奉候也。”③周作人约俞平伯来一起磋商为江绍原关于民俗研究的系列论文《血与天癸》作序的事，其关切之情溢于言表，甚至还亲自为江绍原查找资料。1928 年 3 月 2 日，周作人致江绍原信中说：“今日偶阅日本田中祐吉所著（去年出板）‘变态风俗之研究’，其中有‘月经俗称考’一文，其中或有足供参考的地方，今摘抄如别纸，祈察入，匆匆不一。”④田中祐吉是日本民俗学家，当时江绍原正写作系列论文《血与天癸》，故周特摘译《变态风俗之研究》内《月经俗称

① 江绍原著：《中国古代旅行之研究》，上海：商务印书馆，1935 年版，序言部分。

② 张挺、江小蕙笺注：《周作人早年佚简笺注》，成都：四川文艺出版社，1992 年版，第 50 页。

③ 商金林：《诗人·红学家·教授——俞平伯》，载萧超然主编：《巍巍上庠，百年星辰：名人与北大》，北京：北京大学出版社，1998 年版，第 436 ~ 450 页。

④ 张挺、江小蕙笺注：《周作人早年佚简笺注》，成都：四川文艺出版社，1992 年版，第 58 页。

考》有关部分寄江参考。后来，江果然将译文录入《血与天癸·导言》中。

现代作家著文讨论月经禁忌的问题，曹聚仁（1900—1972）似乎是独有的一位。他以师友视周作人，周作人亦引为知己。曹聚仁写道："月经，目可得见，口不可得言，笔更不可得而写，其势然也。摩登仕女高跟托托，旗袍飘飘，应乐声能作狐步之舞。然谈及月经，未有不面红耳赤者，其观念与烧纸锭袚不祥的车夫并无分别。"在中国不成文的普遍信条里，月经属于不祥秽物之类。曹聚仁谈到了中国人对月经禁忌的种种情状：月经既行，秤、尺、斗等应用物品绝对不许女人跨过；某车夫因为车垫给女客污染了，洗涤以后，再烧串纸锭以袚不祥。月经的污血会随处传播不祥，曹聚仁注意到月经巫术的问题："破红衣炮的唯一妙物，就是女人的月经布；满城高挂，炮弹不飞，炮身自裂，相传效验如神。""月经又可以避雷，……取秽布盖头，雷不敢击。"曹聚仁还写到有关月经起源的荒诞传说："我们的老祖宗在洞里住的时候，夜黑风大，躲着不敢出来。遇到天晴月圆，才出洞舒散舒散，久而久之，影响到女人的月经，跟着月亮的圆缺，非每月行一次不可。"曹聚仁对当时中国社会仍存在的月经禁忌表示不满，指出："自五四运动以来，妇女运动喊得振天价响，丝毫没有效果，人不解其故。……只要看月经仍保持神秘的意义，即不到城隍庙看密司拜菩萨，已可断定妇女运动的命运了！"[①]曹聚仁将是否存在月经禁忌视为社会进步的一个重要标志。

五、医学界对月经风俗的讨论

中国现代民俗学家对月经迷信问题的研究，也引起了医学专

① 聚仁：《无题》，载《申报·自由谈》，1933年6月4日。

家的关注。在中国古代社会，与月经有关的话题，大多都属于医学的领域。因此与职业民俗学家（江绍原、黄石）和历史学家（朱云影）不同，医学家所关注的月经迷信问题自然也有其特点。20 世纪 30 年代，医学家祝枕江所写的许多医药民俗小品都在尝试运用散文形式表现科学题材，他编著的《处女及其他》（上海开明书店，1931 年 6 月初版）一书内收《西医鼻祖希卜克拉德斯的生涯和学说》、《西洋人的中医观》、《名人的疾病》、《原始古代人的疾病与死亡观》、《独身主义》、《才子伟人的性生活》、《处女》、《月经奇观》、《耻毛观》、《文身考》等 18 篇短文，所讨论者虽均系关于医药疾病及生理上的种种问题，但绝非深奥之专门著作。在《月经奇观》一文中，他论述了规避月经妇女这种宗教的迷信："总之经血腥秽，最容易诱致蜈蚣、蜥蜴、蛇虫等物。所以对于经期中的妇女施行隔离，与卫生上裨益不浅，而且在这时期中有了别居的习惯，可免男子滥行性交，这于女子的身体上也很有益处……印度、日本、犹太等国，对于临经的妇女认为不洁之身，严行隔绝，这是出于宗教的迷信，并无别种深意含蓄在内。但是对于隔绝的习惯，世界到处都有……要之隔离经期中的妇女，不问是否出于迷信，其目的不外谋清洁就是了。"①祝枕江套用现代文明社会的理性思维来说明妇女行经时所以要独居的原因是为了谋清洁，这种认识显然也是有一定的局限性。

关注月经迷信问题的另一位医学家是王君纲，他 1934 年毕业于圣约翰大学，获医学博士学位，后执教于苏州东吴大学。作为现代民俗学家，王君纲曾采录、收集和整理出了《吴歌丙集》（载《民俗》1931 年第 8、9 期），此外还编著（译）有《月经的传说和迷信》（上海良友图书印刷公司，1933 年版）、《妊娠

① 祝枕江著：《处女及其他》，上海：开明书店，1931 年版，第 154～155 页。

的传说》（上海良友图书印刷公司，1933 年版）、《性的决定》(上海女子书店，1933 年版）、《避孕技术》（上海良友图书公司，1935 年版）、《月经的传说》（良友图书公司，1935 年版）等著作。20 世纪 30 年代，王君纲还是上海《女子月刊》的特约撰稿人。王君纲的《月经的传说和迷信》探讨了“古时对月经的迷信”、“行经妇人的不洁和禁忌”问题，认为月经血之被古人视为神秘物，“也许是因了月经的血，有特殊的气味缘故吧！”①王君纲注意到了中国流行的月经妇女不可性交的迷信思想，并从自己身边熟悉的环境入手，对苏州传统婚俗中的月经禁忌的问题作过一番调查。王君纲注意到苏州一带有着此等“迷忌”的信念：“另一方面，即关于临嫁时行经的情形，凡新嫁娘在结婚时，适有月经，乾宅以后必蒙不利。所以凡新嫁娘，这是必设法用种种酸性液，来阻止月经的贲临，倘使不能，在结婚时，伴娘必须于新娘出花轿时，叫着：‘新小姐，是骑马来的。’来破除这不祥，这迷信盛行于苏州一带，因月经带，每俗称为骑马布。”②

1937 年，著名医学史专家萧叔轩发表了《民俗的医药——月经妇女之性的禁忌》。他从中国古代医学文献研究入手，讨论了妇女月经期间避免性交的禁忌及其产生的原因。除了参考同时代人关于月经迷信的论述外，萧叔轩还参考了大量的外文资料，包括人类学家弗雷泽的《金枝》和宗教学者耶芬司（F. Byron Jevons）的著作，文中也引用了《利未记》、《创世纪》中关于月经迷信的大量内容。萧叔轩的这篇文章在综合前人研究观点的

① 王君纲著：《月经的传说和迷信》，上海：良友图书印刷公司，1933 年版，第 13 页。

② 王君纲著：《月经的传说和迷信》，上海：良友图书印刷公司，1933 年版，第 41 页。

基础上，集中讨论了“月经期中的‘搭布’（Taboo）”、“妇女月经期间同房的祸害”、“妇女行经时禁绝房事的规条”等月经迷信问题。作为医史方面的专家，萧叔轩“及冠之年，即留意方书，有志于此。居恒患今之为旧医者，但热中于名利，不知世间有学问之事。乃发愤欲遍搜古今方书，探赜索隐，致远勾深”。[①]萧叔轩大量查阅了中国古代的医籍文献，如《黄帝内经》、《巢氏病原》、《千金要方》、《保元护命方》、《本草纲目》、《医宗金鉴》等论著中有关妇女月经的描述资料，并结合一些野史笔记，详细考证了中国古代妇女月经期间禁绝房事的各种有趣做法，甚至对中国古代诗歌中出现的月经隐语词汇也进行了详细考释，颇见功力。[②]

六、月经人类学的社会影响

在中国现代民俗学初创时期，研究月经迷信的学者多少是有过留洋经历的，像周作人、江绍原、朱云影等均属于这种类型；而黄石、王君纲等人可能并没有真正的留学经历，却是当时中国的教会大学培养的学生，黄石曾到过暹罗（泰国），后来又在广州白鹤洞协和神科大学跟随校长龚约翰博士（Dr. John S. Kunkle）研究宗教史，据说还进过燕京大学，而王君纲更是圣约翰大学培养的医学博士，他们的共同点是外语方面的造诣非常高，所以和国外学术界交流频繁。研究月经迷信的这批人当时所接受的学术思想，大致可以说是很西化的。由于受当时盛行的人类学思潮的影响，他们的治学非从形而上入手探究学理，而是植

① 萧叔轩：《重印医籍考序》，参见（日）丹波元胤著：《医籍考》，郭秀梅、（日）冈田研吉校译，北京：学苑出版社，2007年版，第678～679页。

② 萧叔轩：《民俗的医药——月经妇女之性的禁忌》，载《中西医药》1937年第2期，第113～151页。

根于民众生活的细处讨论问题。虽然他们在月经迷信研究方面有许多共同的特点（比如说有着良好的外语基础，对人类学资料和方法的利用等），有时甚至在资料的选用上还有一些重复的地方（比如对《金枝》、《利未记》和普林尼的《博物志》等著述的引用），但总体来说都能够发挥自己的专长，以致在学术研究上得到差序发展的机会。相比较而言，在月经迷信研究方面，江绍原的影响似乎要更大一些，这可能与他那夭折的《血与天癸》名声太大亦有些关系。江绍原发表的月经迷信研究论文，从时间上来说要早一些。当时的文化界对《血与天癸》一书的期望值过高，是否也是其夭折的原因？尽管王君纲后来也出版了月经迷信研究的专著，但其学术影响却并不高。不可否认，当时处于民俗学运动中心的江绍原，在某种程度上具有了研究月经迷信问题的“合法性”，他和鲁迅、周作人、胡适、钱玄同、沈尹默、徐志摩等人的交往对他的学术声誉似乎也有些影响。黄石、朱云影等人更多的是做了些翻译的工作，他们对月经迷信问题的论述似乎总是些支离破碎拼凑而成的结果。后来的医学家王君纲、萧叔轩他们从事的月经迷信研究，同样也给今天的学术界留下了相当范围的拓展空间。

五四运动之后，以宗教学与民俗学相交叉对月经迷信问题的研究，取得了令人瞩目的成就。在江绍原、黄石等人的影响下，一大批民俗学与人类学研究者也开始涉足月经迷信方面的话题，相关的著述不断出现。1934 年，著名民俗学家方纪生在其编著的大学教本《民俗学概论》中专门写到“民间医药”中的月经迷信思想，如“土耳其及德国以经血治相思病，印度以经血壮阳，希腊人以经血为媚药”。[1] 1934 年，著名人类学家林惠祥编

① 方纪生著：《民俗学概论》，北京师范大学史学研究所资料室，1980 年内部印行，第 43 页。

译的《文化人类学》是当时大学的教本，该书在第四篇第九章“妇女的地位”中说：“原始人由于迷信的心理对于妇女的月经是很觉恐怖的，由此又再生出对于秽亵的恐惧，因之妇女对于凡有圣洁性质的举动不得参加，对于神圣的物件不得接触。这种心理对于妇女在社会上的地位自然不能无影响。她们的被排于某种活动之外以及由此而减少其自由，实在是由于妇女的生理上所引起的一种迷信的恐怖。”①林惠祥认为月经禁忌是导致“妇女无力的原因”之一，这种解释来自宗教上的错误认识。此外，谈论月经的还有林孟愉的《月经之话》（载《东方杂志》1933 年第 11 期）、郭涛的《羞坏了兰英——月经的故事》（载《解放日报》1942 年 9 月 15 日）、萧叔讷的《月经的迷忌》（载《大众文化》1946 年第 3 期）、集廷的《姑娘们应当晓得的月经问题》（载《医潮》1948 年第 2 期）等等，社会上掀起了一股破除迷信的风潮，蒙在月经之上的神秘面纱逐渐被揭开，传统中国人对月经的看法部分地受到了挑战。

在近代中国特殊的历史环境中，随着西方医学知识的不断传入，再加上以妇女为主要阅读群体的女性杂志的大规模出现，妇女的月经开始突破医学的范畴，逐渐成为众多通俗刊物公开讨论的话题之一，并有日渐公众化的趋势。早在 1915 年 2 月，曾留学日本产科学校的医生瞿钧就在《妇女时报》上刊登了一则《调查妇女月经启》，文中说“月经之于女子，其关系大矣”，因为“体质之盈虚”、“疾病之有无”、“子孙之繁否”均与之有关，故“世界文明各国，莫不有女子月经调查之总计”，独中国缺此调查。因此，他在文末呼吁读者，倘能将调查表寄回，则

① 林惠祥著：《文化人类学》，上海：商务印书馆，1934 年版，第 242 页。

“我国之前途实受厚赐也”。[①]为了鼓励妇女参与调查，瞿钧还在《调查妇女月经启》之后专门附上“世界各国女子月经迟早略表”，列举了俄罗斯、瑞典、德意志、挪威、意大利、西班牙、日本、印度、澳大利亚等国妇女月经初潮的平均年龄。与此同时，近代以来饱受非议的中医学界对妇女的月经问题重新展开了讨论，以改进传统女科医学为宗旨的《妇女医学杂志》也于1927年冬在上海附近的苏州应运而生，并在“创刊号”和随后几期的重要栏目中出现了讨论“月经”与“天癸”是否为同一物的专题性文章。

在民国时期，介绍月经方面的知识也成为《妇女杂志》（1915年创刊于上海）、《女子世界》（上海）、《新女性》（上海）、《妇女月刊》（上海）、《妇女画报》（上海）、《妇女月报》（上海）、《妇女杂志》（北京）、《妇女世界》（广州）、《家庭》（上海）等女性杂志争夺固定读者群的重要手段。从国外进口的各种新式月经用品的广告也不时出现，并且在大药房及医院中公然售卖。有些代理的洋行甚至为了推广该产品，还随广告附赠试用券，以此吸引顾客上门。然而，让这些代理商们始料未及的是“只有少数妇女去购买”，而大多数妇女或因为经济能力有限，或者仍“以为月经乃一可耻之名词”，不敢公然至药局或百货公司购买。另一方面，在近代中国广大的农村地区，识字的妇女本来就不多，月经禁忌的消除在短时期内绝非易事。直到20世纪40年代末期，仍有人认为月经“沾到身上会倒霉”、“眼睛看见要背运”，甚至连遇到行经的女人也一样倒霉，同样仍有人坚持

---

① 瞿钧：《调查妇女月经启》，载《妇女时报》第16号，1915年2月，第84～85页。

月经“可以破除邪法”的迷信。①尽管如此，月经人类学研究在中国的早期实践具有不可磨灭的历史功绩，至少在知识者的阶层中妇女月经方面的迷信受到了某种抵制，与之相关的话题也逐渐走出了传统禁忌的囹圄。如果从这一点来看，我们今天的人类学讨论问题的视野如果不是有所退步，至少也没有明显的进步。因为直到今天也还会有人对妇女月经这种东西的研究嗤之以鼻，轻则以为这等微末小事，与国计民生无关，不值得研究，重则斥之为低级无聊，而不知为什么这种东西在老百姓看来是极不洁而需要避忌的，甚至还有破“妖法”之功能；不知这些观念是何种心态的反映。中国早期人类学开启的月经民俗研究，目的正是寻根溯源，祛邪扶正，为新文化建设服务。

① 集廷：《姑娘们应当晓得的月经问题》，载《医潮》1948 年第 2 期，第 2 ~ 3 页。

地方民族文化研究

晚清民国时期楚雄民族地区的风俗与人种调查

李金莲*

摘　要：从晚清到民国时期，云南楚雄地区成了“西方”、“国家”与“地方”不断争夺话语权的一个重要场所。一批批外国人打着“科学考察”或“传教”等名义，不断进入这一地区展示他们潜在的精神结构。在内部东方主义的驱使下，楚雄地区又迎来了中国人自己的各种调查团队。然而，这些力图在现代化进程中消弭“异文化”差距的种种做法遭到了“地方权力”的反抗。在费孝通“自我表述”的人类学引导下，刘尧汉开始了“中华彝族文化学派”的早期实践，无形中影响了当代楚雄的人类学研究范式。

关键词：晚清民国　楚雄地区　民族调查　研究范式　学术影响

鸦片战争以后，清政府不切实际的闭关锁国的幻想彻底破灭了。随着一系列不平等条约的签订，西方人打着“旅游”、“探险”、“科学考察”、“传教”和“兴办慈善事业”等旗号蜂拥而

* 作者简介：李金莲（1975—），女，云南昆明人，楚雄师范学院思想政治理论教育教学研究部副教授。

来，这些殖民者的足迹很快便进入云南楚雄民族地区。除了广泛搜集各种情报进行经济掠夺和文化侵略外，一批批彝文典籍和碑刻也成为他们掠夺的目标。早在19世纪末，法国人沙尔雅就曾到武定、禄劝一带的彝族地区复制彝文碑刻，并从汉人手中搜罗各种彝文碑帖和古籍。① 这些西方的旅行家、传教士、官员等对楚雄地方民族的记录尽管还算不上人类学研究，但却为今天的我们留下了从事学术史研究所必需的珍贵材料；尽管这些记录所包含的殖民主义色彩十分浓厚，并且直言不讳其种族优越论的神话。正是出于对西方人主导的种族话语霸权的不满，中国本土的人类学调查应运而生了。清宣统年间，云南著名的西画倡导者董一道先生就以写生的名义深入楚雄彝族地区进行调查；民国初年，丁文江先生在地质考察之余对武定县境的栗苏、花苗、青苗、罗婺等进行了人种学的测量。随后，马学良、刘尧汉等一批职业的民族学家在武定、南华彝区展开了中国人类学的本土化实践。

一、清代楚雄风俗人种调查

据说早在明初就有《云南诸夷图》刊本流传，天启《滇志》之“序录”云：“旁索故府，有直指黄公所采《民风图》，纪滇中诸夷甚详。”方国瑜先生认为：“直指黄公，不详其名，惟《滇志巡按御史题名》嘉靖间有‘黄中字文卿，浙江遂昌人’。据李遇元撰《疏通新泉水利记》，黄中以嘉靖三十一年（1552年）任云南巡按。又嘉靖三十二年（1553年）《永昌节孝祠邮亭诗碑》有黄中跋。盖黄中官于云南时，编辑《民风图》而藏于巡按察院，刘文征搜索得之。《滇志》卷三十有‘种人’篇，

① 马学良述，瞿霭堂、劲松整理：《马学良学述》，杭州：浙江人民出版社，2000年版，第127页。

或即采黄中书也。"[①]据清初著名的藏书家钱曾（1629—1701）撰《读书敏求记》卷二"地理舆图"云："云南诸夷图一卷，云南夷三十七种，旧有图刊，其为官、学、佛、渔、猎、贸易诸状，其部落种类，质之勇怯，心之慈暴，与居住之险易，各题于其上。岁久漫漶，布政使毗陵殷公请于黔国公，重锓诸梓。宣德辛亥夏，巡按御史瓯闽杜琮序其首。"[②]宣德辛亥即宣德六年（1431年），《云南诸夷图》见于《脉望馆书目》、《近古堂书目》、《也是园书目》、《绛云楼书目》、《百川书志》诸家著录。方国瑜先生指出："是书在宣德年重刻，其时原刻版片已漫漶，想已多历年所，不知初刻在何年，亦不知何人所作也。明兵入滇，至是已五十年，不识在洪武年刻否？近古堂、绛云楼所著录，别有《云南三十七部种夷图》，即为初刻本否，不得而知也。张萱《内阁书目》著录：'《云南诸夷图说》二册全。万历乙未（二十三年）巡抚大中丞陈用宾撰。'未见藏书家著录，盖为写本进呈者，不识即就宣德刊本《诸夷图》而附详说成二册否，抑别为一书耶？"[③]现藏于哈佛大学燕京图书馆的明代《百苗图》（清代抄本）所绘制的云南36种夷人名称完全与天启《滇志·种人》相同，其中的"罗婺"、"土人"、"扯苏"、"摩察"等就主要居住在今天的楚雄地区。[④]

台湾中央研究院历史语言研究所傅斯年图书馆藏《滇夷图说》成书于清乾隆元年（1736年），其中所收录的夷人名称达四

① 方国瑜著：《云南史料目录概说》（第一册），北京：中华书局，1984年版，第461页。

② （清）钱曾撰：《读书敏求记》，北京：书目文献出版社，1984年版，第62页。

③ 方国瑜著：《云南史料目录概说》（第一册），北京：中华书局，1984年版，第461页。

④ 吴晓东：《哈佛大学燕京图书馆〈百苗图〉》，http：//www.3miao.net/9266/viewspace－48012。

十八种，其中也有“土人”、“扯苏”、“罗婺”、“摩擦”等楚雄地区特有的民族种类。①清乾隆十六年（1751 年），清高宗弘历皇帝钦命沿边各督抚，把他们所管辖的域内各少数民族以及外国民族的衣冠服饰，绘成图像，送交军机处，由大学士傅恒于乾隆二十六年（1761 年）编辑成《皇清职贡图》，共绘制各族男女服饰图像二百九十九幅，其中涉及楚雄地区的民族图像有 12 幅，即“武定等府罗婺蛮”和“武定等府罗婺蛮妇”、“姚安等府傈傈蛮”和“姚安等府傈傈蛮妇”、“武定等府摩察蛮”和“武定等府摩察蛮妇”、“楚雄等府扯苏蛮”和“楚雄等府扯苏蛮妇”、“武定府麦岔蛮”和“武定府麦岔蛮妇”、“姚安府嫚且蛮”和“姚安府嫚且蛮妇”。图像后附简要说明文字，以当时的认识介绍该民族的史略、与清王朝的关系及其生活习俗，这应该是清代对楚雄民族地区进行的最翔实的一份调查材料。清乾隆五十三年（1788 年），贺长庚手绘的《滇省迤西迤南夷人图说》共有民族 44 种，主要分布在滇西、滇南以及滇东南贺长庚任职过的地方，并没有涉及楚雄一带。清嘉庆年间，云贵总督伯麟奉上谕主持修纂的《云南种人图说》有 108 种民族，其中武定直隶州属三种（即“罗婺”、“罗缅”和“土人”），楚雄府属四种（即“嫚且”、“洒摩”、“蒲蛮”和“扯苏”），其说明文字虽然比《皇清职贡图》要短一些，但明显是重新调查收集起来的。

在晚清时期编纂的楚雄地方志书中，涉及有关“风俗”与“人种”的文字多数都是传抄以前的旧志，并没有太多的实地调查，比如光绪《武定直隶州志》卷之二“风俗”涉及“种人”的部分几乎一字不差地抄自康熙《武定府志》。同样，道光《姚州志·风俗》和光绪《姚州志·风俗》有关“夷人”的部分也

---

① 祁庆富、李德龙、史晖：《国内外收藏滇夷图册概说》，载《思想战线》2008 年第 4 期，第 21～30 页。

是从旧志中抄来的，并没有增加“采访”的内容，光绪《罗次县志·风俗》的情况也基本一样。道光《大姚县志》甚至删去了旧志中涉及“彝人”风俗方面的文字，根本谈不上新的调查内容。咸丰《镇南州志·风俗》和光绪《镇南州志略·风俗》增加了一些汉族风俗的记述，却删去了有关“种人”的文字。光绪《续修白盐井志·风俗》虽然增加了一些“采访”的内容，但全部是关于汉族的，乾隆《白盐井志·种人》的部分也被略去了。同康熙《定远县志》相比较，道光《定远县志·风俗》增加了新的调查内容，主要是涉及“撒毛朵”妇女的衣着服饰及其婚嫁礼俗、节日庆典等方面，尤其是对婚嫁过程中的每一个环节都有细致的描述，没有深入细致的调查根本是做不到的。相比较而言，光绪《元谋县乡土志·人类》与康熙《元谋县志·种人》也有较大的不同，估计是作过一些调查的。康熙《元谋县志》列有“摆彝”、“倮苏”、“僰缅”、“白彝”、“黑彝”五种，而光绪《元谋县乡土志》只列有“回回”、“摆夷”、“倮”和“倮倮”四种，但“回回”是多出来的，“摆夷”和“倮倮”（即“倮苏”）的说明文字也明显与前者不同。值得注意的是，光绪《元谋县乡土志》对每种“夷人”的户口数都有精确的统计。宣统《楚雄县志述辑·种族》则增加了“汉人”、“回人”、“摆夷”和“苗人”，而本籍的“僰人”、“倮僰”和“罗武”的内容也与旧志不同，比如“立学堂”、“多讲汉语”等说法都是新调查得来的。

道光《云南通志稿》与光绪《续云南通志稿》有关楚雄种人风俗的资料均杂抄旧志。清宣统二年（1910年），董一道在实地写生素材的基础上编绘的《古滇土人图志》共收民族50种，涉及楚雄地区的只有“蒲蛮”一种。道光《云南通志稿》引《伯麟图说》云：“蒲蛮，性多疑，貌黑而寝，其音类鸟。通汉语，知礼让。耕田善泅，食蕉心如蔬。楚雄府有之。”董一道绘制的“蒲蛮”形象在今天仍可见到，画中的男性呈侧面站立，上身穿着短衣，腰间束一布带，双手抱着月琴，头戴“斗笠”型的帽子。在《古滇土人图志》的文字部分提到“婚际攀杆”的风俗，云：“迤西楚雄姚州等属之倮㑩，最喜早婚。有二三岁即成礼者，新妇以一人负之婆家，次日仍回，彼此即认为亲串。至十八九岁，与外人苟合，生子始归。每遇婚事，众宾毕集，攀油杆为戏。其法竖一杆，以油脂涂满，系一羊腿于其巅。有能攀及者，即以羊腿为奖品，众宾顾而乐之。”①这种“爬油杆”活动至今仍是牟定、姚安、大姚一带彝族传统的娱乐项目，然而未见于其他史志资料，可以想见董一道曾对这一带的彝族风俗进行过非常细致的调查。另外，董一道还记述了彝族青年“聚食山酒”的习俗，云：“食山酒为土人普通的性质，当栽获两季，异村男妇，日间秘密期约，指定地段。至夜各饬服装，聚集山林，置酒会食，隈抱作觞。食已则呼哥唤妹，高声唱酬，抚琴弹指，鱼贯跳舞。若或两情相投，即誓永好，当场则割襟易带为质，自后嬉戏偷情，任意往来，即父兄知觉，亦泰然置之。风俗既恶，贻害尤巨。男夷每因玩弄不平，顿成仇雠，彼此寻隙，劫场争奸，干戈相从，以致酿成命案者有之。亦奇矣哉。”②很明显，这种“聚食山酒”的习俗与后来马学良先生在武定万德遇到的“男女夜会”是完全一样的。据说“文化大革命”以后，这种“唱山歌，吃山酒”（彝语叫“抄葛”）的风俗又在元谋、武定、禄劝等地彝区流行起来。③

---

① 董一道编绘：《古滇土人图志》（第二册），昆明：云南崇文石印书馆，1914年版，第10页。

② 董一道编绘：《古滇土人图志》（第一册），昆明：云南崇文石印书馆，1914年版，第4页。

③ 杨和森：《试论彝族的婚姻家庭形式以及这种形式相对落后的原因》，载中国人类学会编：《婚姻与家庭》，南昌：江西教育出版社，1987年版，第193～219页。

二、西方人的楚雄旅行见闻

1894 年 4 月 19 日下午，英籍澳大利亚旅行家莫理循（George Ernest Morrison）从昆明出发，沿着滇洱古驿道一路向西奔往大理。莫理循于4 月 22 日经过禄丰县城，他对那里的石桥作了详细的考察。4 月 23 日，莫理循来到楚雄城，看到了因“回民起义”而处于半毁灭状态的护城墙。从楚雄城再往西走，莫理循写道：“山间河谷都闪烁着各种颜色的罂粟花”，“在这块土地上生活着和蔼可亲的居民，不同那些并不友好的外国人说一句话。”4 月23 日晚，莫理循在楚雄府衙役的护送下来到了吕合附近的小镇上，“外国人来到的消息迅速传开，人们聚集在街上看我”，“我们住进主街上一家上等旅店，小镇里的居民已在旅店聚成一道人堤欢迎我。”吕合驿的官员们热情地接待了莫理循。次日上午，吕合驿的一个年老衙役受命护送他继续西行。对于这位年老的衙役，莫理循写道：“他从未同人说过一句话，可是他有一双尽职尽守的眼睛，这双眼睛从未离开我片刻。他尾随着我的每一步，这样我们一起走了百多里路。虽然他也是一个贫穷人，但是他穿着便鞋，比他的同行——昨天陪送我的衙役穿得要好；他的同行衣服破烂，赤着脚。……他的肩上吊着一个口袋，口袋里面装着鸦片烟枪、吸烟竹管（一种烟斗），腰带上吊着烟袋，脖子上围着一个绿色的粗鸦片瓶。”当时镇南州沙桥驿一带的社会治安很不好，时常有土匪出没，“最近在这里举行了一场审判，一批罪大恶极的强盗头子被处死。这些脑袋装在木囚笼里，吊在靠近城门的塔上。路上走过的所有行人都能看见。同时考虑到那些失去亲人的家属的感情，他们吊起来时，完全可以被他们的亲朋好友认出。每个脑袋都有一个木囚笼，用辫子悬吊在囚笼的边缘上，这样脑袋就不会乱七八糟，可是会像死人的骨头那样在囚笼里面发出格格声。此外，每个囚笼上面贴着一张白纸，上面写着犯人的名字及其所承认的罪行。这些人头属于在大路上抢劫并在镇南州的路上谋害两名旅行者的强盗。”莫理循一行过了沙桥驿，估计在4月26日来到英武关，然后就顺利到达云南驿。[①]在衙役和士兵的保护之下，莫理循在楚雄境内一共待了六七天的时间。当时的楚雄一带刚刚遭遇了战火的洗礼，民不聊生，社会动荡。莫理循沿着古驿道的旅行并没有接触到更多的关于风俗与人种的资料，他对楚雄沿途汉族人的描述也没有特别的地方。

1899年3月，英国情报官员戴维斯少校（Major H. R. Davies）从西边徒步旅行到楚雄府的镇南州，此时他的同伴莱德也从丽江经过大姚县和姚州到镇南来会合。戴维斯写道：“镇南州被视为云南最穷的镇之一，城里约有500栋小房子，几乎没有贸易，许多镇南人只得受雇在别处做骡伕以谋生。”在楚雄府城逗留期间，戴维斯认为“这儿的人特别保守和排外。他们排外到这种地步：城墙里面不准建旅店，非本城人不准开店。当最初电报线要由此地经过时，出现了骚动，由于城里的人对这新式通讯玩意太反感，所以电报局不得不建在衙门里，只有在这儿才可能安全。人们会认为这样保守的地方一定排斥外国人。但情况并非如此，我们发现这儿的人文明友好，虽然还没能在这儿建立一所固定的教堂。但偶尔访问这儿的传教士与他们相处很好。”戴维斯独自向云南府继续前行，他看到了广通一带的破败景象，“这是位于一个小坝上的有250栋房子的贫困小镇，城墙有几处塌了，这在云南是少见的。”然而，禄丰城留给他的印象却不错，“这是在一肥沃和精耕细作的平原上的小城”，他们住宿在腰站街村上方的山腰处的一座大庙里。接下来“又走了两个行程通

① （澳）莫理循著：《中国风情》，张皓等译，北京：国际文化出版公司，1998年版，第180~190页。

过一片无特色的地区我们来到安宁州”，“而莱德为了多考察一些未去过的地区，绕道南边去南安州”。[①]值得注意的是戴维斯在楚雄境内的徒步旅行中，并没有遇到那些“奇装异服”的少数民族，可以想见在滇洱古驿道沿线的居民早已经被汉化了。由于行踪匆忙，戴维斯没有提到更多的情况。

1899 年 12 月，新上任的法国驻滇总领事方苏雅（Auguste Francois）随身带着 7 部相机和大量的玻璃底片来到了云南府城昆明。他喜欢摄影、游历和考察，曾前往贵州的贵阳、安顺等地，并踏上险峻难行的茶马古道。这一时期，他由昆明经楚雄从元谋沿金沙江而上，进入大小凉山彝族地区，然后穿越泸定桥至康定，再前往川藏交界处。他拍摄了沿途的所见所闻和当地的彝族、藏族风情以及人背马驮茶叶、马帮队伍等照片，还记录了大批随行日记。1900 年，方苏雅在楚雄境内拍摄了最早的云南少数民族照片——《盛装的彝族女子》，类似穿着在滇中一带的“罗罗颇”彝族中至今仍不难见到。照片中的彝族女子年龄不大，身材也不算高，赤脚站在同一级石阶上，以镂空木制门窗为背景，估计是大户人家的房子。两人的头饰明显不同，左边一人戴圆盘帽，吊穗较长，遮住了半张脸，其式样很像今天“罗罗颇”的头饰；右边一人头上的圆盘帽直径要大得多，但吊穗较短，与圆盘帽的高度刚好相当，其式样有些像南华县雨露白族妇女的头饰。两人的双耳上似乎都戴着银饰，右边一人还戴着项链一类的东西。两人将双手伸入袖管呈站立姿势，下身穿着浅色的裤子（一人裤脚绣有条纹），系有双层围腰（里边的长度刚过膝，外边的要短一些）。从服装的条纹来看，应属同一支系的彝

① （英）戴维斯著：《云南：联结印度和扬子江的锁链·19 世纪一个英国人眼中的云南社会状况及民族风情》，李安泰等译，昆明：云南教育出版社，2000 年版，第 168 ~ 172 页。

族服饰，估计有年龄上的差异。在方苏雅拍下的几十张少数民族照片中，彝族占的比例相当大，但大多是四川大凉山的彝族，而有关楚雄彝族的照片，这是唯一的一张。照片中两人的面部表情都不够自然，显得有些拘谨，可能是按照方苏雅的要求摆出的姿势。她们穿着“盛装”却跣足，看起来有些不伦不类，其日常的生活装束应该不是这样。[①]

1903 年，美国旅行家盖洛（William Edgar Geli）沿长江溯流而上经云南到缅甸考察人文地理，顺便记录了一些楚雄的风物情况。与莫理循一样，盖洛进入楚雄地界就看到了因战火而四处凋败的惨状，“这儿似乎是一幅重振繁荣的景象。我所看到的每个大村镇几乎都有建造中的一座或更多的房子。在潘泰叛乱期间，整个地区都是兵荒马乱，民不聊生。我们在穿过这个地区时，经常有好几个小时都在穿越凄凉荒芜的地方。这些荒山野岭人迹罕至，使得我们的旅途索然无味。”经过四天的跋涉后，盖洛到达楚雄府城，住进了西郊的潘家大客栈。通过客栈的主人潘老板，盖洛调查了楚雄当地的风俗情况，“这个地方盛产薄荷，我对此刨根问底，了解了许多这方面的知识。……这种求之不得的薄荷是由 14 家有声望的家庭所制作的。他们的技术代代相传，因此而致富”。在盖洛看来，楚雄是“神秘的薄荷的出产地”，“这儿的居民声称，因为本地生长的薄荷是世上最好的，所以各地的人们都来到这个城市购买”，“每年从这儿要出口 1000 磅的干薄荷叶”。盖洛记录了用薄荷治疗肚子疼的具体情况，“如果腹疼不是太严重的话，一磅薄荷能治愈 50 个人”。除了调查当地的物产外，盖洛还在楚雄府会见不同阶层的人士，其中既有熟悉本地掌故的文人，也有靠售卖小糖果维持生计的老头。盖洛对

① 阿夏、肖桐编译：《昆明晚清绝照》，北京：中国文联出版社，1999 年版，第 174 页。

楚雄民间的信仰状况也进行了调查，了解到“这座城里大大小小的寺庙共有16座”，因为这里没有传教士，只有风水先生。盖洛用相机将“楚雄府的城隍庙”、“楚雄府南城门附近的大方塔”、“楚雄府土地庙里的哼将菩萨和哈将菩萨”定格在了“文化的现场”。在一座“供着弥勒佛的庙”里，他了解到当地老人对西山“道佑庙”古井的迷信。在从楚雄府到大理府的行程中，盖洛甚至对“铁树制成的棺材板”也发生了探究的兴趣。①

自从基督教传入川滇黔交界的苗族地区以后，“苗族救星”的传说在武定、禄劝一带不胫而走。1905年，武定洒普山苗寨一老人听说昭通有外国医生医术高超，看病不要钱，于是卖了牛做路费，带着重病的孩子，到昭通去找英国圣道公会传教士塞缪尔·柏格理（Pollard Samuel）求医。柏格理向老人了解了滇北各县苗族分布情况后，答应随后便到老人家中给孩子看病。一个月后，柏格理带领随行人员和外地几名苗族教徒，由昭通经会泽、东川、寻甸至昆明，又从昆明至富民、禄劝到武定洒普山，沿途一路调查苗族分布的情况。随后又在本地苗族向导的带领下，调查了武定、禄劝、禄丰等地“大花苗”居住的历史和生活状况等情况。为了将基督教“传通苗族”，柏格理将英籍澳大利亚传教士郭秀峰（Arthur G Nicholls）留在武定洒普山苗族地区修建教堂和兴办教会学校。随后，郭秀峰等人仿效柏格理在苗区传教的成功经验，先后到武定猫街、禄丰大箐等地向苗族群众讲道，将传教的范围从苗族地区扩展到其他少数民族地区。为了吸引武定周围的傈僳族、彝族和傣族群众信教，内地会还派来了许多苗族传教士现身说法。1907年6月30日，柏格理在日记中写道：“今天早晨，我们又派出两位苗族传教士。这两人是去参

① ［美］盖洛著：《扬子江上的美国人：从上海经华中到缅甸的旅行记录》，晏奎等译，济南：山东画报出版社，2008年版，第217~225页。

加已派到武定地区的八个人那一伙，他们从这里出发，要走十天的路。在他们那里，有许许多多苗族人正在皈依救世主。这个运动目前正远在云南西部得到传播，真令人感到惊异。在最终分手送他们上路时，大家都凄然泪下。”① 1912 年 9 月 23 日，柏格理又在日记中写道：“有八名传教士在葛泼人或武定传教。据报道，情况不错；有几个教堂经常满员，或者差不多满员。”②为了传教，这些传教士对当地民族的社会历史和风俗习惯都作了比较详细的调查，甚至还学习他们的语言。

三、丁文江的武定人种调查

丁文江先生（1887—1936）写云南的土著民族和四川会理的土著民族的几篇文章是他研究人种学的开端。1911 年 5 月初，丁文江在海防登陆，改乘火车沿滇越铁路进入云南。在昆明住了两个星期后，他沿着滇黔驿道进入贵州旅游。途经黄果树时正巧遇上当地的“赶场子”，有幸见到许多仲家和苗族男女穿着奇装异服的样子，遂激发了他对人类学研究的兴趣。1914 年 3 月，丁文江在个旧、蒙自等地考察时也碰着赶街，使他有机会接触更多异言奇服的云南少数民族妇女，如侬人、夷、黑苗、鸡、土僚、猓猓等，他观察了她们的服饰和背东西的方法，还给其中的一个鸡女人照了相。1914 年 4 月，丁文江回到昆明作好了前往滇东北考察的各项准备。在此之前他匆匆准备作矿产地质的调查，竟忘了作人种学研究的准备，为此他专门请云南兵工厂仿照自己携带的英国皇家学会出版的《旅行者的指南》附图的样子，

① ［英］柏格理等著：《在未知的中国》，东人达、东旻译，昆明：云南民族出版社，2002 年版，第 734 ~ 735 页。

② ［英］柏格理等著：《在未知的中国》，东人达、东旻译，昆明：云南民族出版社，2002 年版，第 772 页。

做了一副测量人体的量圆体径的曲足规（Callipers）。他打算抓住这次到金沙江流域旅行的机会，多做些西南少数民族人种学方面的研究。除订制曲足规外，他还简单准备了几件普通测量人体用的仪器测杆和皮尺，这就是他研究人种学的简单工具。当时他也没带任何人种学方面的书籍，只是《旅行者的指南》上面有一小部分研究人种的方法。

4月24日，丁文江带着向导离开了昆明，经过富民县沿途耽搁，直到4月30日才抵达武定县城。第二天，丁文江又遇着赶街子，但赶到时街子已经要散。“街上大多数是麦岔（人）”，看到丁文江穿着旅行的外国服装，手里拿着照相机，“立刻吓得四处乱跑，不多时街子上就看不见他们的踪迹”。丁文江觉得麦岔（人）与他在蒙自见到的人种在体格上并没有什么分别，“男子的衣服和汉人一样”，“女人只看她们着得有裙子，衣服似乎是圆领的”。在县里的一个衙役的帮助下，丁文江了解到更多有关麦岔人的具体情况。在武定，丁文江拜访了张县长，告诉他此行的目的是研究人种，希望张县长帮忙请些少数民族的人来测量体格。这时候，县城里恰好有一批到县城状告罗婺贵族的栗苏人，张县长就叫来其中的十六位，让丁文江给他们测量身高、头发、头宽、头周、胸周、足长、手长等方面的数据。这些栗苏人一开始还有些疑虑，经过解释便同意了。丁文江还很关切地询问了他们与罗婺人冲突的缘由。

丁文江测量的栗苏人身体各项指标的平均值

身高	159.80 厘米	头长	18.02 厘米
头宽	14.05 厘米	头周	56.31 厘米
胸围	83.70 厘米	足长	25.00 厘米
手长	19.20 厘米	头部指数	78.10

续　表

胸围指数	52.20	足长与身高指数	15.70
手长与身高指数	12.00		

在随后的考察中，这种人体测量成了丁文江的一种习惯。在武定，丁文江深入接触了过去十分陌生的苗族和彝族的生活。为此他专门到武定城西北花苗聚居的洒普山，拜访了那里的内地会传教士郭牧师及王牧师夫妇。其中一位从英国来的牧师听说丁文江的来意后，很是热情。当时正值下午，所有的男人都下地干活去了，只有几个妇女在家，测量体格的工作眼看就要泡汤。这时，英国牧师叫来了四个花苗佣人，让她们穿上礼服盛装给丁文江照相。丁文江观察了她们的服装，发现她们背小孩的方法跟日本人差不多，都是用两根绳子十字交叉于胸前，其中两个花苗妇女将头发结成一个四寸多长的角高高地竖在头上，作为已有孩子的标记；另外两个的头发平盘着，有一个前面还有“刘海”。丁文江发现，武定花苗的衣服与贵州花苗一样，但却华丽得多，除去普通的长领花衫以外，还披上了一件花外套，极大的袖子不过肘弯。上边全是红白相间的花纹，有一个腹部裙子外面斜束着一块四方的红花布。裙子也是花的，扎在长领衫子的上面。腿上也是花布裹腿，三人脚下穿的是草鞋，另一个穿布鞋。丁文江推测，大概布鞋和“刘海”都是模仿汉人的装扮。从洒普山回到武定县城后，丁文江又绕到武定西面的旧山箐去察看那里的一处铜矿，刚好那一带也是青苗居住的村落。在那里，武定县衙的差役将丁文江安置在一位青苗村长的家里住下，据说他是当地青苗里的首富，所以住的是瓦屋楼房，汉语说得也很好。由于时间紧迫，青苗村长帮忙找来了10个人给丁文江测量他们的头长、头宽、头周、头指数等方面的数据。丁文江发现，青苗男子的衣服

大抵与汉人差不多，只是女子用青布缠头，上身穿的是没有钮扣的青布长领衫子，下面是一条青布裙子，束在衫子外面。这里的青苗大部分都赤脚，偶然也有穿草鞋的。①

丁文江测量的青苗人身体各项指标的平均值

头长	17.80 厘米	头宽	14.50 厘米
头周	55.20 厘米	头部指数	83.40

丁文江原计划从武定县城直接到元谋，但听说环州是罗婺人的中心，便决心先绕到环州。5 月 7 日，丁文江离开武定县城沿西行的大路途经母西村、石腊他、糯谷、阿洒拉等村落，一共走了六七天。沿途的这些村落居住着贫苦的栗苏人，丁文江看到他们的生活极为可怜，衣服大部分是麻布的，棉织物对他们来说是奢侈品，住的房子也是土墙茅顶。由于栗苏人不会种水田，生活明显不如种稻子的苗家，所以只能靠在山坡上种小块包谷地勉强糊口。在糯谷村，丁文江的马夫用钱都很难买到饲料。栗苏人的困苦与治理他们的黑彝罗婺人的富裕形成鲜明的对比。5 月 12 日，丁文江终于从阿洒拉到了万山环抱的环州村。这里是武定县所属的罗婺土舍李自孔管辖的地方，小村不过一百户。丁文江早就从前面村子的栗苏人口里听到这位李土舍的暴虐。丁文江一到环州，李土舍的母亲自老太太就来拜见，后面跟着五六个差役。第二天，丁文江见到了那位李土舍，年纪不大，才 27 岁，黑黑的脸上一副蛮横的神情。下午，李土舍的妻子李玉兰送名片来邀请丁文江前去拜见，丁文江看到李土舍的家原来是个衙门，有大堂、二堂，堂上放着公案、朱笔、签筒，两边还放着刑具，好不

① 丁文江：《漫游散记》（十三），载《独立评论》第三十四号，1933 年 1 月 8 日，第 14～20 页。

威风。领路的人将丁文江带到土舍夫人的卧室，李玉兰20岁左右的样子，身着省城的时装，一看就知道是缠过小脚的。她向丁文江哭诉了自己被抢婚受虐待几乎被丈夫毒死的苦状，丁文江才知道这位彝族贵夫人曾在昆明女学堂读过书，所以她的桌子上竟有一本《三国演义》。

丁文江在武定县万山群中的小村落环州住了两天，自老太太十分客气，一定要坐在门槛上一口一个“委员”叫着，向丁文江诉苦，说栗苏人都是信了基督教才造反的，并请他写信让张县长“打他们几十大板就没事了”。丁文江搞不懂自老太太非要坚持坐在门槛上到底是什么风俗。丁文江问她们土舍家有没有家谱，有没有古代的传说，自老太太都回答不上来。丁文江趁机向她详细调查了当地的风俗、服装、宗教、语言、文字等情况，土司太太告诉他罗婺妇人与粟苏不同，穿棉布的多，穿麻布的少；穿双管裤子的多，穿裙子的少；穿圆领有纽扣的长衫，不露前胸。但是无论已嫁未嫁，没有生子的都戴尾巴帽，样子像京剧里的小生所戴的头巾，两头是尖的，背后有两根带子。有钱的人用银豆子镶边，上面用五彩绒线绣花。等到生了儿子就用青布或者黑布盘成一个上大下小的缠头，叫做锣锅帽。临别，土司太太拿了她丫环的一顶尾巴帽送给丁文江。这顶帽子被丁文江带回北京，他去世后由他的夫人史久元女士保管。1976年史夫人去世后，由她的抱养女儿丁安如保管。1998年，丁安如与堂弟丁海曙商量，决定将这顶展现民族风情的尾巴帽连同丁文江的其他遗物一并赠送家乡黄桥。丁文江故居修复完毕后，这顶见证中国地质学历史的尾巴帽又重新与世人见面。[①]

在婚俗方面，丁文江调查到罗婺女子有十一二岁即出嫁的。

---

① 林任申、林林著：《丁文江传》，南京：江苏人民出版社，2007年版，第116页。

男家请客庆贺。庆贺完结，女子又回到母家，等到长大了，才到男家。有时同丈夫在母家同居，等生了儿子，才离母家。结婚用媒人，但是媒人单是代表男家，女家照例不能遣媒求婚。他还从土司太太那里了解到罗婺人最重要的神叫土主。庙在大路边上，与汉人的土地庙差不多，但是只有男神。神是泥塑的，有六只手，神座前面满地的鸡血迹，神身上沾满鸡毛，这是敬神的时候的重要礼节。罗婺人的语言是云南、贵州通行的猡猓语。罗婺也有巫师，叫做比冒，专管念爨文的经咒。土司夫人叫人取来一册用草纸抄写的爨文经咒给丁文江做研究材料。丁文江问起这文字的来历，巫师毫不迟疑地说是孔夫子造的，“孔夫子两只手都会写字，右手造了汉字，所以汉文自右向左；左手造了夷字，所以夷字从左向右。”据说丁文江于1929年在贵州大定遇见一位有学问的白夷，谈到这个问题时讲了同样的话。丁文江得出了这样一个判断：足见得这已经是很久远、很普遍的传说。最后，丁文江请自老太太叫了10个罗婺人来测量他们的体格。

丁文江测量的罗婺人身体各项指标的平均值

身高	162.60 厘米	头长	18.88 厘米
头宽	13.82 厘米	头周	57.20 厘米
胸围	82.20 厘米	足长	23.80 厘米
手长	17.60 厘米	头部指数	73.00

丁文江所测量的这10个罗婺人都自称是黑彝，属于彝族中世袭的贵族，与世代为奴的白彝栗苏人从人种上并不相同。然而，丁文江发现罗婺人身体的数据与大凉山真正的黑彝不同，而与第一次测量的白彝栗苏人倒很相近，尤其是在最重要的两点即身高和头指数上。丁文江推测这种情况或者是白彝冒充黑彝所致，或者是黑彝与白彝发生了混血。因为这两种人表面上虽然是

不通婚的，但白彝是奴才，生的女儿可以随便拿来使用，有时候这里的黑彝还经常抢掠汉族或其他民族的女性为妻妾，从而造成种族间通婚的结果，黑彝血统的纯粹自然是不能保证的。丁文江知道，大凉山黑彝的身高是很足以引起人注意的，因为他们的平均数在 170 厘米以上，不但男的如此，女的也是如此，就连这位自老太太的身高也在 165 厘米以上。丁文江尝试运用统计学的方法来研究人类不同族群间体质的演化关系，在中国现代史上，他是第一个运用这种方法的人。在武定的时候，丁文江给土司夫妇和自老太太照了相，他还在寓所找了一个会说汉话的差役来，问他罗婺的方言，记下了 20 多个字的读音。丁文江比较了罗婺语、汉语和当地彝族另一支的麦岔人的语言，记录下它们不同的发音。经过比较，丁文江发现麦岔与罗婺同属汉藏语系藏缅语族的彝语支，它们在发音上有不少共同点，但不同点也出乎意外地多。5 月 15 日，丁文江动身向元谋县进发，土舍衙门帮他雇了十五个猓猡仆人为他背行李。丁文江决定先到十三公里外的鸡冠山看一看新发现的铜矿。由于山路极难走，牲口无法通行，多亏彝族仆人背东西。丁文江发现，有一个十几岁的彝族青年下陡坡时吓得两腿发抖，看来汉族人说彝族是铁脚板，“登山如蹬平地”实在是神话。①

四、国民政府的民族大调查

自鸦片战争以后，英法列强就对我国西南边疆民族地区虎视眈眈。在军阀混战的时候，国民政府当局无暇顾及和重视民族问题，致使西方列强加紧对少数民族地区的渗透。面对这种局势，蒙藏委员会于 1934 年发文令西南各省进行少数民族调查，“查我

---

① 丁文江：《漫游散记》（十四），载《独立评论》第三十五号，1933 年 1 月 15 日，第 11 ~16 页。

西南各省，苗夷杂处，种族甚多，生活习尚，各有不同，为团结国内各种民族，为防止帝国主义者之利用，对于苗夷民族各项情况，实有深切明瞭之必要，兹经制定调查表式，拟请住有苗夷民族之各县政府，认真调查，确实填报，俾作施政之参考……”这就是国民政府对云南少数民族调查活动的开始，调查的内容包括民族种类、户籍、人口、语言、教育情况、生活习尚（包括衣食住行、婚丧礼俗和宗教信仰）等。1937 年抗战爆发后，云南特殊的地理位置和地理条件使之成为国防的重要区域，云南边疆民族问题再次提到了国民政府的议事日程。为了制定宣抚边疆民族的方案，稳定后方以增强抗战力量，国民政府内政部又于 1938 年密令通饬西南各省在原调查的基础上将所属各少数民族状况从速调查上报，“查西南各省，汉夷杂处，自古多事。明清以来，苗变层见叠出，考厥原因，实由当时政府忽视宣导边官，措施失当，坐令民族间之情感隔膜，有以致之。值此全面抗战期间，有关地方秩序之稳定，民力之团结，在在俱关重要，对于苗夷等族极应应势利导，予以组织训练，使其效忠党国，籍以增强抗战力量。本部现拟编订安抚苗夷方案，唯恐不明情形，将来实施困难，特制定西南边区民族调查表式，兹请查照转饬所属苗夷等族聚居各县，从速调查填报汇转。……”① 此次民族调查活动，规模较前次更大、更广泛，从各县收集上来的材料也更翔实。

实际上，国民政府在云南省属各县进行的民族调查工作早在 1930 年就开始了，一直持续到 1948 年前后才基本结束。在这段时期，国民政府行政院、内政部、外交部、军事委员会等部门总共下发过 10 次民族调查的训令或咨文，具体填报的要求也不尽

① 张文芝：《弥足珍贵的史料——云南省档案馆馆藏民国时期有关云南边疆少数民族调查史料评述》，载《民族》1997 年第 11 期，第 42～44 页。

相同。在1930年的“云南省现有土司调查”、1939年的“云南省现任土司调查”、1940年的“云南省现存土司调查”和1943年的“云南省各属土司调查”中，武定按要求上报了调查表。1934年的“西南苗夷民族调查”中，仅有罗次、牟定、大姚按要求上报了调查表；1938年的“西南边区民族调查”，楚雄各县均按要求上报了调查表；在1940年的“云南省傣族人民调查”中，大姚、禄劝按要求上报了调查表。另外，在1947年的“西南少数民族人口调查”、“边疆民族及内地生活习惯特殊国民状况调查”和1948年的“边区各民族生活状况调查”中，云南省民政厅都按要求上报了相关表格和数据。以上10次对云南少数民族的调查是由国民政府自上而下开展的，云南省民政厅则作为这些调查的主要组织机构，再令各县县长负责认真调查所属区域的民族情况，然后填表上报。在这些调查资料的基础上，云南省民政厅组织人员于1946年编写了《云南全省边民分布册》（上下卷），上编列出了当时云南所属各县的民族分布情况，其中的内容涵盖了禄丰、罗次、禄劝、元谋、武定、广通、楚雄、镇南、双柏、牟定、盐兴、大姚、姚安、盐丰、永仁这些县份的少数民族种类、人数、分布概况、占全县人口数的百分比情况等项；下编则根据云南省85种不同“民族”种类人口的多少，依次排列，内容包括族群名称、人口数量、分布概况和占全省人口的百分比情况等项。①

为了配合对云南民族进行科学的实地调查，龙云曾以“滇黔绥靖公署主任”和“云南省政府主席”的名义签署过配合民族调查的两道训令。当时，江应樑先生以“云南西部民族考察专员”的身份函呈云南省政府说：“前奉钧府及国立中山大学研

① 马玉华著：《国民政府对西南少数民族调查之研究》，昆明：云南人民出版社，2006年版，第27～61页。

究院联合遣派来滇考察民族，当即尊令于七月十五日由粤来滇，抵滇后即由教育厅暨昆明县政府县教育局派人陪往四乡调查，兹四乡调查工作已告完毕，拟于本月末即出发西路一带考察，除请钧府发给护照一纸随身携带用资证明外，谨将预定须往考察县区开呈于后，恳由钧府通令各该县政府及驻军遇到境考察时，希切实予以保护协助接待，俾利工作，实为德哉。”1937 年 9 月 12 日，龙云签署了《令饬保护协助云南西部民族考查专员江应樑》（祕二教总字第六八一号），令禄丰等县政府根据江应樑的呈请，“除给照并分行外，合行令仰该县遵照，候该员到境时，切实予以保护，并协助接待，以利工作。是均至要！”[①]然而，当时江应樑先生大概只是经过禄丰转道滇西，并没有对楚雄的世居民族发生兴趣。1938 年，江应樑再次以“国立中山大学研究院考查专员”的名义致函云南省政府说：“兹奉国立中山大学研究院遣派再度来滇考察民族，前经由院函请钧府保护协助在案，现员已由粤抵滇，日内即拟出发考察。第一步考察区域拟定为昆明、宜良、路南、武定、元谋、罗次等诸县，用特呈请钧府分函各该县政府予以保护协助，并由钧府发给护照一纸，俾资识别，而利工作，实为公便。”龙云很快就签署了《令为据国立中山大学研究院考查专员江应樑函拟往昆明罗次等县考查民族请令饬保护协助等由仰即遵照》（祕二教总字第一二一五号），令上述六县“到府，除函覆并分令外，合行令仰该县遵照，俟该专员到境时，予以保护协助，以利进行为要！”[②]大概在这段时期，江应樑先生到过武定、元谋、罗次三县的部分地方进行过民族调查。江晓林

① 云南省政府秘书处编行：《云南省政府公报》（命令）第九卷 · 第八十期，1937 年 10 月 9 日。

② 云南省政府秘书处编行：《云南省政府公报》（命令）第十卷 · 第八十九期，1938 年 11 月 9 日。

先生在《江应樑传》中写道："经过对昆明、路南、武定一带彝族的考察，他对彝族社会历史有了进一步的认识，但只有到凉山实地调查，才能掌握彝族社会最本质、最核心的东西，也才能谈得上对彝族的研究。因此他决定想法进入巴布凉山。"[①]由此看来，江应樑先生的确曾在1938年前后到过武定一带彝区进行调查，但更让他感兴趣的是苗族。在抗战前期，江应樑先生克服了种种困难对昆明及周围苗族作了考察。那时候，基督教在云南有很大的势力，中心在昭通，另一个重要地点则是武定。在武定的洒普山，苗民们都是严肃的基督徒。武定的外国传教士新创造了一种拉丁文的苗文，在当地苗民中大力推广，而且不经牧师允许，不得向外人透露教会的任何情况。为考察当地苗族，江应樑只得伪称基督徒，进入那里作了初步的调查。[②]江应樑在这些零星考察的基础上结合大量文献资料写成《苗人来源及其迁徙区域》一文。

民国时期修纂的楚雄地方志书中涉及风俗与人种的部分，摘抄前人旧志的情况已经不多，这不能不归功于国民政府在楚雄各县进行的民族调查。民国《元谋县地志·种类》对"回人"、"夷人"户数和居住的村子都作了统计。民国《牟定乡土地理志初稿》和民国《牟定县地志》有关"种族"的文字也是调查得来的，且对其居住的地域（或村寨）都有详细的记载。民国《摩刍县地志·种类》对"罗罗"、"窝尼"、"罗武"、"扯苏"、"阿车"和"摆夷"的人数作了精确的统计，对其风俗的记述也明显与旧志不同。民国《广通县地志·人口》对"汉族"、"土夷"、"罗武"、"回纥"的户数、人口、风俗和居住地域都有详细的记述，均来自调查材料。民国《盐丰县志·种类》和民国

① 江晓林著：《江应樑传》，桂林：广西师范大学出版社，2005年版，第96页。
② 江晓林著：《江应樑传》，桂林：广西师范大学出版社，2005年版，第92页。

《大姚县地志·人口》均增加了“采访”的内容。在这一时期，由云龙先生总纂的民国《姚安县志》是楚雄地方最具代表性的一部地方志，卷首的“纂修职名”列有“特任采访员”3人，而“采访员”多达50人，因此“采访”的内容颇为详细，尤其是涉及“回族”的部分具体到每一个村寨的名称。民国《姚安县志·氏族》虽也杂抄旧志，但随后都附有按语说明该族群后来的演变情况。尤其值得一提的是，民国《姚安县志》对县境内的200多个不同姓氏的“始迁祖”、“原籍”、“迁居年代”、“住址”、“代数”、“户数”、“著名后裔”、“族谱”、“宗祠”等项目都作了非常详细的调查和统计。

五、马学良的茂连彝族调查

1941年，马学良先生在研究生毕业后留中央研究院历史语言研究所工作。第二年，在导师李方桂先生的建议下，他深入云南武定、禄劝一带的彝区进一步学习研究彝族的语言和文字。当听说武定土司家藏有大量经书的消息后，马学良与当地的两位经师立即赶去武定。到达武定后，得知茂连乡土司衙门中确有藏经楼，于是他求见当时的土司那安和清。由于当时的民族关系和彝民对经书的迷信，交涉进藏经楼参观经书遇到极大的困难，后来终于在经师等人的帮助下，费尽口舌才得应允。经多方打听，得知土署的部分经籍尚在民间流传，尤其是一些曾在土署当过呗耄的人，告老时便将经籍带回家中。为将民间的经籍收集起来，马学良与土司商量召开一次呗耄大会以弘扬彝族文化，研习宗教典籍，动员他们奉献经卷。这个建议得到土司的同意和支持，正月十八日的呗耄大会在茂连乡土署中如期举行，各地的呗耄和有识之士特别是一些年老的呗耄，不顾体弱多病和路途艰辛，负经携卷，从四面八方赶到茂连乡赴会。这次到会呗耄达数十人，大门外与会民众挤得水泄不通。会后，在马学良的建议下，由土司牵头，在各地呗耄支持下又兴办了彝文学校。不久，土司打开封关多年的锡质堂，将当年老土司静修之地辟为教室，延聘与会呗耄中德高望重、学识渊博者为教师，招收有一定汉文水平的学生十余名入学，由呗耄开讲彝经，马学良则教授边疆历史和国际音标，使他们了解社会发展和以音标记录自己的语言和民风民俗，以便继承文化遗产。随着学校的成立和教学工作的展开，经书也源源不断地送交上来，经书的收集有了较大的进展，数量也日益增多。马学良一边办学教书，一边与经师和学生中文化程度较高者共同整理和翻译有关经书。为了抢救这批文化珍宝，防止进一步散失和毁坏，造成千古遗恨，马学良函告当时中央研究院历史语言研究所所长傅斯年，吁请将这批珍贵经籍由国家图书馆收藏，以利保存和发挥更大的作用。后几经磋商，当时北京图书馆馆长袁同礼先生同意出资收藏。马学良对土司晓以大义，苦口婆心地进行耐心说服，终于说动了土司，将这批珍贵经籍捐献国家。马学良亲自把这批经书梳理、查对和装箱，使得这些珍贵图书得以安全运抵北京。

面对大量彝文经籍，马学良发现很多经师只能照本宣读，而不解经意，使他深刻地认识到要研究彝文经典，必须先通彝族礼俗，“除书本知识外，必须作实地调查”才能全面理解各种经书的内容。由于彝文经典主要是关于原始宗教的记载，而彝族日常生活习惯、心理状态莫不受宗教的影响和制约，所以不了解彝族的社会风习就无从理解经意，这成为他调查彝族社会的缘起。马学良开始收集各种调查材料作为解经的注释，他寻找机会参加彝族的各种祭祀仪式，跟随呗耄（彝族主持祭仪的巫师）实地操作，通过实践加深对经文的了解。马学良下决心在茂连彝区住上一段时间，从日常生活中了解他们的风俗习惯和心理状态。在武定茂连彝区生活和工作的近一年时间内，谦和而执著的马学良与彝族土司和群众打成一片，与彝族亲密无间地融洽相处。淳朴、热情、善良、豪爽、好客的彝族人民也把马学良当做知己看待，竭尽所能安排好他的生活，帮助他完成各项调查研究任务。女土司那安和清更是敞开宽广的胸怀，让他参加族内各种重大的祭祀活动，青年们邀请他参加外族人严禁加入的夜会……在这种十分融洽的人际关系中，马学良“至少可以缩短一年的时间”，提前完成他的调查研究工作。马学良后来总结说：“往者对彝族社会调查，平面调查者多，引经据典者少，‘典’即彝族的历史、古纪，彝人称之为‘根基’，可见他们看得重。而我们调查时往往忽略了这点，所以调查出的材料，他们不是不承认，就认为是‘走样子’了。”①

即使用今天的眼光来看，马学良先生当年对茂连彝族社区的田野调查都堪称一种“创举”。1942年的冬天，马学良住在武定万德村中，那安和清给他提供了力所能及的调查机会。马学良当时便写道：“我很感激土司老太太的厚情，尤允许我住在她土署中工作，并且为我物色当地几位有学识的毕摩……而最难得的是这位老太太颇爱好夷文经典，在经文中许多艰涩晦深的道理……这位老太太能够迎刃而解，令人敬佩。在这种大好的机会，因此每日都孜孜于夷经的研究，很少有到外面散步观风问俗的机会。”看来，马学良最初的调查对象就是那安和清及其家里面的人，“虽然在夜间我常同土司老太太姊妹三人坐在火塘边听她们谈些地方琐闻，但只是她家惨史，如共党过境，及‘反佃’一类的史迹。对于男女玩乐的事，她当是对我矜夸此地男女如何的淑良，如何的贞操。再察看土署中的男女行动，确系男女有别，严守家法，我总感到这个夷区的风俗有点例外，因为我所到过的夷区，男女的关系从未有如此的严肃。”很快，马学良就认识到

---

① 马学良著：《云南彝族礼俗研究文集》，成都：四川民族出版社，1982年版，自序。

那安和清向他隐瞒了事实的真相，“我渐渐的怀疑起土司老太太对我所说的话了，果然不久我就听到土署中几个仆役告诉我一个少女随她的情人潜逃；又有几个青年因为争风动起了枪刀，几乎每日都可听到这类的新闻，而服侍我的一个童仆，也常在夜间悄悄的跑到山野同少女唱情歌去。我这时才明白土司老太太的话，无非是一种粉饰太平之语，但任凭她如何的掩饰，终难压制一般男女的春心，我也知道这个夷区并非例外。”马学良先生并不是一个只会在书斋苦读死书的“呆子”，“在一个旧历十五的月夜，一位小学教师艾渥民先生约我去参观男女野会”，这是一次极为难得的“参与观察”的机会。按照当地的习俗，马学良作为汉人不可被女子见到他的踪影，因为她一察知有陌生的内地人在内便要羞退，“因此我同另一个内地人，躲在一棵大树旁，窥视他们的行动”。①

当地彝族男女并没有选择婚姻的自由，马学良搜集到一首《咒媒歌》：“山头英花红，媒妁子眼红。山腰英花白，媒妁子眼白。山脚山竹折，媒妁子脚折。捣蒜蒜如浪，捣断媒妁裔。捣蒜蒜分裂，媒妁夫妇绝。”这首歌对媒人如此深恶痛绝，也体现了彝族青年对自由婚姻的强烈要求，可见其婚姻是很不幸的。在万德村，除了寻找机会观察极为难得的婚恋场景，马学良还参与了除祸祟的仪式，从中了解到当地黑彝的精神世界。1943 年 6 月 2 日，万德村的安孝贞因为侄儿被匪杀伤，她深信这是凶祟，凶祟不除病人就难愈，因此约请同马学良译经的一位“呗耄”为她作除祸祟的法术，这给了马学良一个绝好的参观机会。这个仪式在当天午饭后举行，直到繁星满天方才完毕，包括家祭、野祭两个仪式，而野祭占了大部分的时间。在烈日下，马学良一面看呗

① 马学良：《茂连社区的男女野会》，载《边政公论》1944 年第 1 期，第 36～40 页。

耄摆布法术，一面听他解释各种法书的名称和道理，真实地了解到这项礼俗的整个过程。第二天，马学良就在万德土署锡质堂将自己观察到的仪式内容详细地记录了下来。[①]此外，马学良对彝区流传着的“放蛊”习俗也进行了考察，“曾记一倮妪告我彼于某村被仇人置蛊于饭中，食后眇一目。……且倮村中常明示人某家为放蛊者，称之‘药王’，人皆敬而远之。倮胞议婚，若访明某家为药王，则不与通婚。”[②]马学良先生在武定茂连彝区研习彝文典籍和开展社会调查的时间将近一年，这是他一生在民族学领域耕耘中收获最大的时期，也为他日后成为民族语文的学科带头人奠定了坚实的基础。

六、刘尧汉的沙村社区调查

在晚清民国时期，对于楚雄民族地区的人类学调查往往被一种“他者话语”所笼罩，不用说西方人的猎奇式的旅行笔记体现了某种“本质主义”的倾向，就是中国学者在科学考察名义下所作的人类学调查也很难摆脱“内部东方主义”的精神结构。相比较而言，刘尧汉先生对自己家乡沙坦兰村彝族婚姻家庭和亲属制度的调查则代表了一种“自我表述”式的本土视野。1943年，刘尧汉考入云南大学社会学系，在费孝通等教授的指导下潜心学习社会学。1945年寒假临近的时候，费孝通详细地询问了他的家庭情况，刘尧汉毫不隐讳地将自己家庭的历史和剥削压迫情况全盘托出，引起费孝通的关注，并特意安排他利用寒假返回家乡，对本家族的历史作全面的调查了解。1945年6至7月，刘尧汉遵照师嘱，从昆明乘车抵达南华县城，随即徒步返乡进行

---

① 马学良:《黑夷风俗之一——除祸祟》，载《边政公论》1944年第9期，第27~30页。

② 马学良:《倮族的招魂和放蛊》，载《边政公论》1948年第2期，第38~40页。

调查。刘尧汉自己说：“第一次调查的目的，原只是想通过实地观察来了解彝族的生活习俗……在调查过程中，观察过许多庙宇。”① 据说费孝通对刘尧汉的这次凋查结果十分满意，并鼓励他在原有基础上再作补充调查，以此作为毕业论文，定名为《沙村社区研究》。在费孝通的指导下，刘尧汉开始从自己的家庭、家族历史出发，剖析当地彝族社会状况。为了获取更丰富的第一手资料，他于1946年暑假再返乡作社会调查，出色地完成了云南大学社会学系的毕业论文。1947年，刘尧汉留在云南大学担任助教期间，在著名民族学家杨堃先生的指导下再次利用寒暑假重返家乡作进一步的深入调查。后来，刘尧汉根据这些实地调查所获资料，写出了《云南汉彝杂居社区一个村的调查》(1950年)、和《哀牢山区彝族狩猎见闻记》（1953年)、《哀牢山彝族的垦荒生活》（1953）和《一个彝族地区底社会经济结构在明清两代迄解放前的发展过程》（1957年）等研究论文，受到学界关注。

实际上，刘尧汉调查的“沙村”是由37个大大小小的自然村组成的一个地理区域。在第一次调查中，他得到沙坦兰马鞍山村彝族农民鲁师宏的帮助，在村旁山岗的墓地上抄录了沙村在清光绪年间的彝族地主刘宇清（1830—1890）在其高祖刘楷墓碑上撰写的沙村历史碑文及其《诫谕诸儿侄》一文。据此了解到沙村的地主家族原系普姓彝族，后受大汉族主义思想影响，数典忘祖，认一刘姓汉族官绅为家门，遂改姓为刘。在《沙村社区研究》中，刘尧汉对这个封建地主大家庭的人口繁衍历史与阶级分化情况进行了非常详实的描绘，同时涉及这一区域内彝族与汉族、回族之间复杂的关系。非常可贵的是，社会学专业出身的

① 刘尧汉：《云南哀牢山区彝族反清斗争调查记录》，载《近代史资料》1957年第3期，第111～142页。

刘尧汉在调查中对与“性”相关的问题直言不讳，这对今天的人类学者来说仍需要极大的勇气。毫无疑问，刘尧汉当年对沙村的调查涉及了许多“隐私”方面的内容，所以对当事人他并没有使用真名，而是用一些特定的符号来代替不同的人在刘氏家族中的地位和角色。刘尧汉的母亲郭荫莱是本县晚清举人郭燮熙的大女儿，不幸年轻守寡，改嫁到刘家做了偏房。因为“庶出”的关系，幼年时代的刘尧汉遭到了族人的歧视。不可否认，刘尧汉对自己出身的封建大家族的“曝光”带有某种“复仇”的心理因素在内，所以他的调查能够深刻揭示沙村彝族社区的精神结构，这是其他职业人类学家“望尘莫及”的地方。由于是写自己家乡的亲人们都熟悉的事件，可能是考虑到“伦理学”上的问题，刘尧汉建构的沙村“文本”对于专业的人类学者来说都显得有些“晦涩难懂”，普通读者更难弄明白其中的复杂关系。

不可否认，刘尧汉对沙村的社区研究受到了指导教师费孝通和张之毅的影响，他将沙村的居民划分为截然对立的“地主”和“佃农”两种，一开始好像并没有强调沙村所具有的“彝族”特征，而是将其作为滇中高原农村的另一个“典型”。从这个意义上来说，刘尧汉的“沙村”与费孝通的“禄村”、张之毅的“易村”和“玉村”并没有本质上的差异。当然，由于受调查资料的限制，费孝通和张之毅侧重的是横向的比较，而刘尧汉更注重口述历史资料的挖掘，从这个意义上来说《沙村社区研究》更像是一部社会史的著作。在新中国成立以后，随着对“资产阶级社会学”的妖魔化运动和“历史主义”思潮的盛行，刘尧汉彻底“抛弃”了费孝通关于社区研究的信仰和主张。①此时的“沙村”被建构成为哀牢山彝族在新中国成立前社会变革的一个

① 刘尧汉：《资产阶级社会学贩运的是什么货色》，载《反对资产阶级社会科学复辟》第二辑，北京：科学出版社，1958 年版，第 601 ~604 页。

缩影，其“民族性”人为地受到了强调和夸张。可能正是出于这方面的原因，费孝通在1987年重刊《云南三村》的时候，并没有考虑将《沙村社区研究》收在里面。直到2002年5月，刘尧汉才将其作为“彝族文化研究丛书”中的一种，改名为《彝乡沙村社区研究》单独出版，书前专门附有《费孝通教授关心彝族文化研究》的谈话纪要。刘尧汉自称该书是“社会学家费孝通五十六年前指导一个大三学生的习作”，紧接着又强调该书是“史学家范文澜称许的‘山野妙龄女郎’的调查实录”。由此可见，在投靠“历史学”之后的刘尧汉仍继续坚持着费孝通倡导的中国人“自我表述”的学理主张，这在一定程度上迎合了“非殖民化运动”的思潮。正是在这种潜在精神结构的支配下，刘尧汉高举着“寻找山野妙龄女郎”的旗号，带领着“中华彝族文化学派”主导了当代楚雄地区的人类学研究。

疑虑与接受：基督教对滇中少数民族传统社会文化的冲击与变迁

——对武定县下长冲村苗族基督教信仰的调查

杨甫旺　单江秀*

摘　要： 苗族是一个经历了长时间、远距离、大范围迁徙的民族。基督教在清末传入武定，并迅速在下长冲苗族中扎根，正是适应了苗族被压迫、希望脱离“苦海”的愿望和苗族社会发展滞后，其原始宗教发生解体和变异的社会实际。下长冲苗族信徒的入教带有很强的功利色彩，主要是满足心理需要和安慰。基督教对下长冲苗族社会文化、教育、医疗卫生、经济生活等方面都产生了重大影响。

关键词： 基督教　苗族　社会生活

苗族是自北而南经历了长时间、远距离、大范围迁徙的民族。苗族最早进入滇中武定是在清道光初年。由于武定苗族特殊

---

* 基金项目：2007 年云南省民族研究院基金项目（项目编号：myb0715）

作者简介：杨甫旺（1962— ），彝族，楚雄师范学院地方民族文化研究所副所长，研究员，云南大学硕士生导师，主要从事民族学调查研究。单江秀，女，民族学硕士，楚雄师范学院地方民族文化研究所研究人员，主要从事云南民族文化研究。

的历史背景、经济状况、生计环境和性格特征，使基督教在20世纪初传入后的短短时间就扎下了根，并逐渐取代其传统的原始宗教而成为其主要的宗教信仰，对苗族社会生活的各个方面产生广泛而深刻的影响。笔者仅以滇中武定县高桥镇下长冲村苗族为个案，对基督教在云南农村传播的现状、发展特点及其影响作粗浅的探讨。

一、武定苗族基督教的传入及现状

云南武定县高桥镇下长冲村位于县境西部的元（元谋）武公路旁，距县城23公里，计70户227人，全部为苗族 。高桥镇共有3个基督教堂点，下长冲村是其中之一。自20世纪初基督教传入下长冲村至今，基督教在这里迅速扎根并传播，逐渐取代苗族的原始宗教成为全民信仰的宗教，即便在20世纪六七十年代的“文革”期间也从未中断，“在下长冲村，只要稍懂事的小孩都是信基督的，没有不信基督的。”① 信徒中文化程度最高为高中（含中专），多数为小学，文盲不多，十二岁以上的98%的人识苗文，能念诵《圣经》。下长冲堂点设长老一名、执事两名、传道员三名，管理教堂的一切传教事务。

基督教作为一种外来文化，在传入下长冲村后的短短时间内能够生存下来并不断发展，使苗族抛弃了传承数千年的原始信仰转而信仰基督教，这究竟是为什么？

首先，苗族作为一个历史上被奴役、被压迫最深的民族，迫切希望脱离“苦海”。由于受到长期迁徙和战乱的影响，苗族内部正常的社会发展进程被打破，除部分传统聚居地区的苗族社会有明显的自然演进过程外，流迁至云南的苗族，无法在自然条件较好的地方生存，只能依附于外族社会和政治统治。武定苗族清

① 笔者2008年7月28日在下长冲村采访时记录。

朝中晚期才自贵州等地迁入，居住在比较贫瘠的半山区、山区或高寒山区，长期以农牧为主，兼营狩猎，过着十分困苦的、迁徙不定的、自给自足的生活。他们租种着其他民族的小片坡地或高山缓坡地，上缴各种各样的实物租如“谷租”、“羊租”、“猪租”等而外，还要负担残酷的“人租”，即以其子女给土目为奴。[1]苗族到土目地主家交租，只能睡马圈、牛圈，土目地主给苗民的食具是喂猪、狗的用具。苗族完全没有被当人看待。[2]因此，武定苗族社会地位低下，经济贫困，生活极端困难。据20世纪50年代的调查，禄劝县苗族375户普遍没有土地，武定县第三区苗族240户亦全都不占有土地[3]。作为一个深受压迫、奴役的民族，生活的贫困化，社会处境的边缘化，使他们陷入绝境。绝望、麻木、甘为牛马任人宰割成了他们唯一可以生存下去的方式。“绝望成了这一种族的特征。他们把贫穷、悲痛、疾病和死亡视为自己所无法避免的世袭命运。”[4]面对种种不幸而又无法抗拒，他们无所依靠，唯有向神灵祈祷，企盼有“神”能拯救他们出“苦海”，哪怕是虚无飘渺的“上帝”，他们也相信它、信赖它，最终皈依它。

其次，苗族经济发展处于自给自足的低层状态，社会发展滞后。在残酷的剥削和压迫之下，武定苗族内部的社会发展和阶级分化十分缓慢。苗族迁入武定之初，完全作为土司土目的佃耕和依附者，没有生产资料，没有人身自由。民国时期，武定苗族虽然获得了人身自由，但几乎整个民族都是地主的佃户，经济生活极端贫困，又极度分散，因此形成单一的经济社会，只能依附于其他民族生存，形成了封闭的自给自足的自然经济。“从吃的粮食、畜禽饲养到衣物，都是以户自给自足。不足部分，主要靠狩猎和采集各种植物来补充。”[5]在极为封闭的社会状态下，苗族被分割在相互联系极少的环境里，只能靠亲友和民族保持联系，不可能形成明确一致的政治、宗教意识，对自己民族的处境的认识非常模糊，因此，除了在极端情况下采取武力反抗外，大多数时间和大多数人“对待压迫唯一武器是‘麻木’、‘忍受’，他们实在忍不下去了，便一担担挑了全家妻儿，连夜逃走。”[6]因此，从苗族社会经济的角度看，“都有接受那些与人们的生产生活和物质需要相对分离的宗教信仰的可能性”[7]以及他们渴望从可悲的、不幸的命运中被拯救出来的心理。

再次，传统的原始宗教已脱离了其原生形态及正常的发展轨道，发生了较高程度的解体和变异。苗族的传统信仰认为，世间万物都由看不见摸不着的鬼神创造并支配着，他们的信条是“人眼不见天眼见”、“恶有恶报，善有善报”。在人们的日常生活中，凡遇病痛灾祸，都被认为是触犯了鬼神而受到的处罚，必须通过祭鬼、赶鬼的方式加以驱除。苗族把神鬼分为善恶两类，认为善神能庇护人而恶鬼则专门作祟害人。各种鬼神虽有大小之分，但相互之间并无等级和隶属关系，不同的鬼导致不同的伤害，也就相应需要不同的驱除方式。此外，苗族普遍崇拜祖先，认为祖先灵魂有强大的力量，随时保护在世的子孙。因此，武定苗族的祭祀活动便主要围绕着祖先崇拜和鬼神崇拜而进行。

从祭祀活动来看，武定等地苗族以村寨为单位的集体性祭祀不多，主要是以家庭和个人为单位的小规模祭祀，甚至有许多是在半夜悄悄进行的，祭品多以鸡猪为主，还没有固定的或专门的活动场所，仅有不固定的、多神崇拜的自然祭祀地点；巫师也尚未脱离生产劳动，还保留了氏族公社时期集村社首领和精神领袖为一体的身份。祖先崇拜重视近祖崇拜，有“新鬼大而旧鬼小”之说。可以看出，武定等地苗族自贵州、四川迁入后，在异族的统治下，传统原始宗教已脱离了其原生态及正常的发展轨道，发生了较高程度的解体和变异，对人们的影响和控制作用已大大削弱，因而抵制基督教传入的社会机制较弱，苗族原始宗教的实用性和功利性很容易被基督教所取代，在某种程度成为基督教传播的土壤。由于长期处在贫困、饥饿、疾病和死亡威胁下而又无力抵抗，生活在短缺社会的武定苗族对他们自己的命运充满了宿命论的认识，并由此构造出了一个由神话传说和鬼神观念组成的文化体系，来表达他们的渴望和生活理想，以此消除心理短缺而产生的焦虑，加之激烈社会变迁的冲击，使他们的原始宗教信仰不同程度地发生了危机，就有了基督教传播的社会基础。

由于上述种种原因，基督教在传入武定苗族地区后，迅速取代了原始宗教，满足了当地苗族心理的需求，为人们所接受。据调查，基督教在20世纪初传入下长冲村，苗族纷纷皈依基督教，到新中国成立前已全民信仰基督教。20世纪80年代以后，随着国家宗教信仰自由政策的落实，下长冲村苗族的基督教信仰得到认可。宗教活动也更加正常化，甚至嫁入的极个别的异教徒也很快皈依了基督教。在现今的下长冲苗族村，不信仰基督教就“不跟伴”，成为了人们孤立的对象，难以融入人们的社会生活，全民信仰基督教已成为人们精神生活的依托。

二、基督教对苗族社会生活的影响

（一）入教的动机

下长冲村苗族入教的动机可谓五花八门。信教徒入教有很大的功利性，“靠主得平安”不仅是基督教徒的普遍信仰，而且也是教会最吸引苗族人的方面。调查发现，下长冲村苗族约60%的信徒是因为自己或家人生病，带着谋求上帝治病救人的目的而入教的，这种情况在基督教传入之初更为普遍。新中国成立前，苗族受异族领主、地主的剥削压迫，生活极端贫困；近年来农村贫富差距日益拉大，这种由于经济地位的落差而产生的精神失落和困惑，很多苗族无法靠自己的力量打开“心结”，需要寻找宣泄的途径，而基督教正好满足了人们的心理需求。更为重要的是，随着农村生活方式的改变，农民平静的心态被电视、VCD

等现代传媒所传递的现代生活的躁动所撞击，他们渴望更加丰富多彩的生活。由于种种原因，农村在实行家庭联产承包责任制以后，一切活动均以家庭为中心，下长冲村过去还组织一些集体活动，如社员大会、放露天电影等，但现今这些活动没有了，人与人之间的交往、交流越来越少，农民内心的孤独无法自行消解，而基督教每周组织的讲经、礼拜等活动正好为人们的交流提供了一个平台。“每个星期三和星期天，别人都去听讲经和做礼拜了，不去挺孤独的。在那里（指教堂）可以互相拉拉家常，交流一些栽种的技术和教育孩子的经验。教堂里热闹，人们心中的不愉快得到了释放。”① 从信教人员的虔诚程度来看，大多数是已婚妇女，她们都相信信教得福，而其他的人特别是年轻人，虽然表面上信教，但真正能严格遵守教规的并不多，“教会讲的是个人自觉，入了教，就要遵守教规，但现在的很多年轻人，已很难严格遵守，不时要做一些违反教规的事。但一般的事，教会也不会去管，因为主相信他能自觉改好，如教规不允许喝酒，但现在不喝酒的年轻人有几个，只要不把酒带进教堂去喝也就不会去管了。”②

基督教在传入下长冲苗族地区后，与苗族传统文化实现了相互兼容而发生了多方面的变异。正是这些变异，使苗族群众克服了“洋”教的心理障碍，认可并把它当成是“苗族化”了的宗教。首先，传教内容的生活化。基督教在传教过程中，注重培养本民族传道员，以获取人们的认同和好感。下长冲村教堂的长老、传教员，都是土生土长的苗族，他们熟悉广大教徒的情况，同时又受过“三自”爱国会组织的专门培训，文化素养相对较高，能看懂《旧约》、《新约》，对基督教的基本精神和教义大体

① 笔者2008年7月28日采访下长冲村一村民的记录。

② 笔者2008年7月28日采访下长冲村前任社长的记录。

知晓，他们常见的传道方式是“讲圣经”，即把《圣经》分成若干段，一边读，一边结合本地的情况对教徒进行口头讲解，一般都贯穿了传道人“上帝是怎样对我们，我们要怎样信奉上帝”的说教，但很容易让人们接受。此外，教会根据苗族能歌善舞的特点，将赞美诗译成苗语，再配以苗族民歌一些曲调，创编了大量民俗化的宗教歌曲（灵歌），使人们唱起来既琅琅上口，乐此不疲，又强化和加深了宗教感情。其次，宗教仪式简单化。对于下长冲的苗民来说，主要生活内容是农田里的劳动，所以农忙时节，教会一般都会酌情减少聚会次数，或是减短礼拜时间。按常规，每周三、六、日晚上教徒聚会，但农忙时教会也不强求教徒每次都参加，而且周末礼拜的时间也较短，有时仅一小时左右，把宗教仪式大大简单化。而且，教会传教的内容也会随着农业生产的各个阶段而有所变化，讲一些与播种、中耕、收储等方面相关的知识，以及“互爱互助”的内容，向教徒灌输“你有困难大家帮，我有困难你来帮”，建立起教徒之间的友爱、扶助、信赖、团结。再次，宗教禁忌的变通化。基督教《圣经》中列有诸多的规定和禁忌，但经过千余年的发展演变，至今对教会生活具有最基本、最完整影响的教会禁忌规定，即所谓的“摩西十诫”。下长冲苗族教徒除了遵守“十诫”之外，又实行着具有自己特色的变通的禁忌。如“不可敬拜别神”，下长冲苗族除信奉基督之外，还保留着祭祖习俗，逢年过节都要敬祖献祖，但不在礼拜日献祖；“不饮酒”，教会一般不允许在教堂等公共场所饮酒，对于平常的饮酒行为没有明确规定，只对醉酒行为持禁忌态度；“不吸烟”，也没有强行禁止，但做礼拜时禁止吸烟，禁止吸鸦片；“不吃星期天宰杀的牲物”，但可以提前一天杀牲，只要不是星期天宰杀的都可以食用。笔者在下长冲村采访时，前任社长王××说，他家星期天有几个朋友要来，他必须在星期六把要吃的鸡杀好。只要不是星期天杀的，就不违犯教规了。

基督教作为意识形态工具，对苗族社会产生巨大的精神约束力量，而且通过信仰的方式，使人们把它的观念践行到社会的日常生活中，从而对社会文化的形成与变化产生全方位的影响。

（1）苗文对苗族社会文化的影响。苗族在长期的迁徙中由于没有文字而使自己封闭在孤立的环境中，社会发展极为缓慢。基督教作为一种文明化的现代宗教，它的系统的教义及其神学意义必须靠文字才能掌握理解。没有文字，它的原有教旨就会丧失，意义就会发生变异。[8]于是基督教传入苗族地区之初，传教士就为当地苗族创造了文字。苗文的创制和使用，在苗族社会中产生了很大的影响，“从本世纪初到1949年，乌蒙山区2/3的苗族皆能草读《平民夜读课本》四册，达到扫盲标准。”[6]“苗族中的青年，不识这种文字的已经很少了。”[6]下长冲苗族12岁以上的98%的识苗文，能读苗文《圣经》，8岁以上的苗族既能讲苗语又能讲汉语，但汉语没有苗语流畅，识的汉字没有苗文多。因此，苗文的创制和使用，对于下长冲苗族社会的发展与变迁，产生了重大的影响和作用。同时达到了基督教推行宗教教育的目的，以至于凡有教会苗文流传的地区，都有基督教活动的踪迹。

（2）教会学校对苗族文化教育的影响。基督教传入苗族地区之前，武定苗族传统教育主要靠口传神话史诗和各种巫术及图腾禁忌相混杂的宗教教育，使人们的知识异常贫乏。“苗族在数字计算上是很幼稚的。赶场不是每个人都能够胜任的。由于不熟悉汉语，数字计算又低，所以一个村寨只有几个人可以赶场。”[8]基督教教会为培养苗族本土传教士，在苗族地区创办了大批教会学校，如教会针对武定苗族的文化落后、人们心理上的潜在地有一种对文化的渴求，把建教堂与办学校相结合，提出“哪里有教堂，那里就有学校”的传教口号。据调查，下长冲村新中国成立前就建有教会学校，进入教会学习苗文和《圣经》的主要是青壮年，教材为《绘图学》等启蒙书，很适合苗族的宗教热情和对知识的渴求，使得许多青年和部分妇女也入教会学校学习，读书的热情高涨，以至在下长冲苗族中没有文盲，多数苗族既识苗文又识汉文，文化素质普遍较高。因此，教会学校开启了下长冲苗族现代教育制度的先河，使苗族信徒不仅获得了系统的宗教经验训练，还受到了科学文化与现代文明的熏陶。但教会学校对苗族传统文化的破坏作用也是不可低估的。

(3) 医药传教对苗族医药卫生的影响。基督教在少数民族地区传教过程中一个非常重要的特点，就是扎根社会的最底层，从关怀普通百姓的生活疾苦入手，通过治病救人、行医施药进行传播“福音”，用善行“劝喻”人们皈依上帝。苗族原始宗教观把生病与鬼神联系在一起，认为疾病是鬼魂作祟引起的，有病必须请巫师或作法驱鬼，或杀牲祭鬼。基督教传入后，禁止信徒杀牲祭鬼，主张用“神药两解”即祈神和吃药的方法代替占卜祭鬼求医。教会的这种做法尽管是出于宗教的目的，但在客观上却保护了生产力的发展和人们生活的稳定，并由此而促进了基督教在当地的传播和发展。下长冲村苗族王××说：过去苗族信鬼神，现在信基督了，生病都是去看医生，很少有人再去求神送鬼了。有很多苗族妇女之所以信教，就是家人或自己生病，被基督教的人治好了才信教的。由此来看，尽管基督教传授的医疗卫生知识极其有限，只能做一些简单的常见病的诊治处理，但对于苗族破除陈规陋习、接受新生事物仍有重要的社会进步意义。

(4) 基督教对苗族经济生活的影响。基督教教会的生活准则之所以能对苗族形成较强的吸引力和影响，根本的原因在于教会生活为人们的日常生活带来了一些实际的好处。苗族原始信仰中杀牲祭鬼是相当普遍的，由此形成极大的浪费。基督教传入后，禁止信徒杀牲祭鬼，在某种程度上减轻了家庭负担，增加了家庭积累，从而为扩大再生产提供了条件，因而人们为避免杀牲祭鬼的沉重负担，往往采取了放弃传统信仰而改信基督教的做法。同时，苗族长期的迁徙生活，难以形成固定的生产和居住区域，养成了“今朝有酒今朝醉”的不连贯消费习惯。基督教禁止信徒饮酒（虽然不能完全禁止），在一定程度上、促进了财富的积累和人们生活的稳定。下长冲村一龙姓教徒说：“仅原始宗教杀牲祭鬼和饮酒两项，以现在的消费来算，至少可以供两个孩子上初中了。即使没有孩子上学，一两年就可以买一辆手扶拖拉机了”。① 苗族自古喜戴银饰物，银饰物的多寡反映一个人的地位和身份。基督教要求信徒取消“华美的装饰”，因而在武定苗族中，从佩戴银饰物上，就可以区分信徒和非信徒。这也对苗族人的生活内容、提高生活质量起到了一定的积极作用。“我们信教的妇女一般都不戴银饰，即使戴一点也很简单。银饰物很贵，买不起，与其花那么多钱去买银饰戴在身上，还不如用在家庭生活上，既实用又管用。”②

基督教还倡导信徒不贪不赌，通过勤劳致富过上好日子。下长冲村社长龙××说：“基督对懒惰的人是很痛恨的，鼓励人们勤劳苦干，用自己的双手改变眼前的生活状况，靠勤劳过上更好的日子。”所以，信徒们在村中都勤劳肯干，千方百计寻找致富门路，使下长冲村逐步成为蔬菜种植专业村。一些人靠自己的聪明和勤劳建盖了砖房或瓦房，成为村里经济发展带头人。

个案一：王阳忠，全家五口人，除种植蔬菜和林果外，在公路旁建盖了一栋砖房从事小百货经营，每年出栏猪 3 头，羊 10 余只，年收入近 2 万元。

个案二：龙思仁，全家 3 口人，建有宽敞的大瓦房，他本人开手扶拖拉机跑运输，还有一辆摩托车，妻子除种蔬菜和家禽饲

---

① 笔者 2008 年 7 月 28 日在下长冲村的调查记录。

② 笔者 2008 年 7 月 28 日在下长冲村采访一女信徒的记录。

养外，还从事苗族服饰加工，年收入2万多元。

个案三：龙永祥，三口人，主要种植蔬菜和养殖，家里有手扶拖拉机，年收入一万二千多元。

可见，基督教比较强调“爱”，包括爱国、爱教、爱家、爱人，不恨人，不嫉妒人，不仇富，倡导信徒勤奋努力过上幸福生活，因此，教徒们都认为信教与发展经济、改善家庭生活不相矛盾。

基督教对苗族生活方式的影响也不容忽视。一是通过卫生教育和日常生活中文明习惯的培养，下长冲村的卫生面貌和信徒的家政生活发生了显著变化，长期不换洗衣服、不洗脸洗澡的现象得到了改变，信徒都养成了讲究卫生的良好习惯。社长龙××说：“信徒都比较讲究个人卫生，村里的卫生环境和家庭卫生比过去不知好了几倍，信徒中已经没有人畜混居的现象，居住也宽敞多了。”二是推动了婚姻家庭制度的变革。基督教传入后，在信徒中严格推行一夫一妻制度，废除了苗族的公房和转房制度，禁止三代或五代以内的血缘婚姻，主张婚姻自主，结婚不收彩礼，并按基督教的礼仪举行结婚仪式，把现代婚姻理念带进了苗族社会，但基督教禁止教徒与非教徒通婚，影响了苗族相互之间的和睦和团结。

此外，从下长冲苗族信徒的精神来看，因教会平时讲道、唱赞美诗都是围绕着信主得救、劝人和睦相爱、要爱国爱教走正道等内容来进行，所以多数信徒都会虔诚地奉行这些原则，不为一些鸡毛蒜皮的事与人生是非，心胸变得开阔了，与他人的关系和睦了，对生活各个方面都比较有信心和乐观。从群体归属来看，教会组织和教堂活动成为苗族农民自发的自助互助的载体。共同的信仰和定期的聚会和礼拜活动，使原本松散的农民自觉地成为密切互动的有组织、有共同归属感的成员，他们在一起不仅交流各种社会信息，而且还彼此分享情感、分担忧愁，并在必要时搞一些经济上的互济互助。教会还积极倡议信徒出钱出力修路、修桥，定期看望老人，慰问病人，给灾区捐衣物、钱等，努力营造一种和谐的人际关系和社区环境。

总之，基督教作为一种外来的、较为先进的文化因素，给下长冲苗族的传统生活带来某些方面和某种程度的变化是不足为奇的。正是武定苗族传统生活的某些特点，以及基督教在传播过程中对苗族现实生活的介入和干预，在很大程度上消除了彼此之间的文化差异，使基督教能够在与自身不同的文化背景和社会土壤中获得了立足，并在其中形成了较大影响。正如我们所看到的，下长冲苗族的信徒最初的入教带有很强的功利色彩，信教是为了摆脱受压迫和生活贫困，寻求一种解脱和心理安慰。但入教后，由于心理的踏实和信徒间彼此互动过程中产生的种种互相支持和归属感、认同感，使他们感受到了入教带来的一些实实在在的好处。确实，基督教不同程度地改变了下长冲苗族的生活，也改变了信徒所赖以生存的社会，而与此同时，基督教也吸取了苗族的某些文化因素，发生了一定程度的变异。正是由于这种双向的互动，基督教在下长冲苗族中落地生根和发展，并能够在社区经济生活中发挥重要的影响。但毕竟基督教是以超越一切民族宗教和国家界限的强势向全世界传送“上帝的福音”，是与西方殖民者的强势经济直接相联系的，它以拯救人的灵魂的说教和散发通往天堂的入场券的方式，渗透进了民族文化心理的防线，对下长冲村苗族传统社会给予了毁灭性的冲击，打破了苗族社会文化正常的发展方向。因此，基督教有着明确的殖民化的目的。至于基督教传入下长冲苗族地区后所引起的积极变化，是基督教不自觉的产物，也是基督教“滋生”的“附产品”。对此，我们一定要有清醒的认识。

参考文献：

[1] 苗族简史［M］．贵阳：贵州人民出版社，1985.

[2] 古文凤．云南两个支系不同社会发展特征初析［J］．民族学，1988（2）．

[3] 云南民族情况汇编（下）［C］．昆明：云南民族出版社，1986.

[4] 贵州民族研究所．柏格理在中国［M］．贵州：民族研究参考资料，第28集．

[5] 楚雄苗族史略［M］．昆明：云南民族出版社，2005.

[6] 张坦．“窄门”前的石门坎［M］．昆明：云南教育出版社，1991.

[7] 韩学军．基督教与云南少数民族［M］．昆明：云南人民出版社，2000.

[8] 钱宁．基督教与云南少数民族社会文化变迁［M］．昆明：云南大学出版社，1998.

宗教对黑井旅游文化的影响刍议

李秀寨　夏　缘*

摘　要：通过文献收集及实地走访，探讨了宗教对黑井旅游文化的影响。结果表明：宗教的传入和流传对黑井盐文化、儒学观、建筑文化、旅游观及居民生活等产生了较大的影响。黑井旅游的发展须以“盐”为中心，同时兼顾如宗教在内的多元文化的发掘和利用。

关键词：宗教　旅游文化　影响　黑井古镇

一、引　言

旅游的本质是一种体验。这种体验不仅有对自然旅游资源的直接感知，而且有对目的地旅游文化的品鉴。当今，旅游文化的挖掘与利用受到更为广泛的重视，甚至已成为影响目的地旅游业发展的重要因素。

理论上，旅游文化被认作是一种复杂的现象和人类文明遗

* 作者简介：李秀寨（1975—），男，汉，楚雄师范地旅系讲师，硕士学位，研究方向：旅游教育及生态旅游；夏缘（1985—），女，汉，重庆大学经管学院硕士研究生。

产，包含人类群体的传统行为方式和个体心理认同选择的行为模式，并有不同的层次和不同的质态[1]；现实生活中，其外现形式，如仪轨、节庆、婚恋、绘画、建筑等等，也正成为旅游体验的重要对象。

宗教是文化的重要组成部分，不管是西方的朝觐还是东方的取经，也不管是欧美的传教还是泛亚的布道，更不管是达官显贵的探幽寻胜抑或是平民百姓的礼佛敬香，其间无不体现了宗教与旅游颇具渊源又富蕴内涵的关系，表征了其为目的地旅游开发提供着物化艺术或精神食粮的文化属性。据此可知，宗教对目的地旅游文化的形成和发展有重要影响。

然而，已有的研究或侧重宏观的宗教旅游资源开发[2,3]，或关注一隅宗教文化的某一层面[4]，几乎未涉及"宗教如何和怎样对一地旅游文化产生影响"这一命题。本研究以域内寺庙庵堂众多的中国历史文化名镇——黑井古镇为例来解析前述命题，期望能为宗教旅游研究及一地旅游内涵挖掘提供参考。

二、黑井简介

自西汉以来，黑井就是云南出产井盐的重镇；唐时开通古驿道，黑井盐名闻天下，黑井也成为当时西南地区最富饶的地方；明清及民国时期，黑井盐税几乎占了云南财政税赋的半壁江山，其经济地位及影响由此可见一斑。交通条件的改善，不仅促进了商贸的繁荣，而且带来了多元文化的交融。旧方志记载："黑井共建造了文笔塔 5 座（现存 3 座），碑刻 65 块（现存 26 块），石碑坊 5 座（现存 2 座），寺庙庵堂 56 座（清真寺 4 座）。"[5]弹丸之地而集历史、民族、宗教、建筑及饮食文化于一体，全国罕见。故此，其于 2005 年被命名为"中国历史文化名镇"，现为全国 AAA 级旅游区。

三、宗教对黑井旅游文化的影响

据资料收集及田野调查，佛、道、伊斯兰、基督等宗教类型在黑井都有体现且有遗存，加之黑井居民的原始信仰，这里俨然是一个“宗教大观园”。这种状况的形成对黑井现被当做主要开发对象的盐文化、儒教、建筑文化、民族文化有何影响是本文重点探讨的问题。

（一）宗教对黑井盐文化的影响

黑井因盐而兴，因盐而衰。据此可知，盐文化在黑井旅游文化的众多质态中应该居于重要地位。实际上，尽管黑井人的精神寄托早已寄附于原始宗教，但随着盐业的兴旺发达，他们不得不对异域宗教和文化兼收并蓄，并逐渐将其融入以“盐”为中心的生活中。

1. 盐水女龙王

黑井得名于一个传说。传说中，名叫李阿召的姑娘养了一群牛，其中的一头黑牛长得特别肥壮且毛色光润；某天，这头牛走失，姑娘到处寻找，最后在一口井边找到，原来黑牛独自舔食含盐井水来了；于是，该井称为“黑牛井”，后来就以“黑井”简称该地，李阿召也被称之为盐水女龙王。

实际上，李阿召的人物形象与黑井的祖先崇拜有着密切的关系，相类于云南白族的本主崇拜。本主即保佑本境的神，类别众多，来源不同，可以是历代的君王，也可以是有影响的官员等。李阿召作为黑井的盐水女龙王，“盐”字凸现了本地特色，也体现出她对黑井的贡献；水和龙又体现原始宗教的水崇拜和自然崇拜。现如今，供奉盐水女龙王的大龙祠是黑井祠堂中最宏伟有名的一个，每年都有大型的祭祀活动和戏曲表演在这里进行。

在盐水女龙王的信仰影响下，黑井的盐业显然受到了女龙王的影响，比如盐井洞称“龙房”、打卤水的工人称“龙工”等。

"龙房"因意外事故致18人丧生又被称为"十八罗汉洞"，其实是想借助佛教中的罗汉形象来表达对逝去的龙工的怀念，因为龙工工作异常艰巨枯燥，志载"分班轮值，日夜不止"[5]。故从精神层面看，盐业中器物的"龙"名至少表达了一种美好寄托，给了龙工及时人信仰抚慰，于盐业发展起到了精神支持作用。

2. 宗教·盐业·环境

在宗教传统文化中，自然环境与人的关系常常被称为"天人关系"，各家对此均有不同的论述。道教哲学主张尊重天地自然，尊重一切生命，与自然和谐相处。所谓"道大、天大、地大、人亦大。域中有四大，而人居其中焉"。道家认为，要使人树立保持人与自然的和谐而不违反自然规律的思想，就必须做到知足不辱，知止不殆。既然天地万物都有自己的限度，人的行为就应当有所"止"，有所克制。儒家认为，"仁者以天地万物为一体"，一荣俱荣，一损俱损。佛教相信一切众生皆有佛性，所有生命都应加以尊重和珍惜，不可随意杀生。黑井是一个"靠山吃山，靠水吃水"的小镇。最繁盛的时候，其居住者多达30 000余人，每年煎盐5 000吨。"黑井千家，皆灶户也。"煎一斤盐要消耗3斤柴，每人每天生活用柴还需要半斤左右，仅煎盐用柴，每年就要1.5万吨，生活用柴又需要5 000多吨。加上无穷无尽地抽取卤水，1 800年的煎盐历史，使得黑井的森林覆盖率急剧下降，生态环境恶劣。这样的结果和宗教的主张是背道而驰的。直到山洪暴发，稀少的树木失去了保护伞的功能，黑井人才意识到盐业所带来的生态破坏，于是开始接受宗教保护生态的主张，一方面利用卖盐得来的钱雇人修建堤坝，抗拒洪水，康熙四十六年兴建的庆安堤就是其中的一个大工程，现在已经成为黑井的著名景点。另一方面，加强了自然环境的保护。

自然环境作为旅游业发展的物质基础，是黑井旅游长远发展的重要保障。因此，开创一条可持续发展的道路对黑井的旅游业的延续有着重要的作用。

（二）宗教与黑井文庙

以儒、释、道三家为主体的中国传统宗教文化，儒家最为特殊复杂。“一方面，它作为传统文化的主体，以正统思想自居，是一个政治学说；另一方面，它受释、道的影响，在民间被神化，受到超乎平常的重视。”[6]文庙就是体现儒教崇拜的一个典型。从旅游业的角度看，文庙是能够体现当地文化氛围的景点。黑井的文庙建于1617年，约明万历年间，是古镇比较宏伟的建筑之一。整个建筑以大成殿为中心，由泮池、回廊、享殿、配殿四面环绕而成。现在享殿、配殿已经作为当地的小学在使用。文庙在黑井人心中的地位崇高，据李家荣老人说，在以前，文庙的大门被一面照壁严格挡住，所有人都走侧门，要等到出了状元才能打开正门。后来因为状元稀缺，因此改为供进士进出。

在尊师、崇师、重师的儒学思想影响下，黑井人自古以来便重视教育。早在明洪武年间，黑井已经开始设“学政”，这是一个级别非常高的教育管理机构，设在这么一个地理位置极为偏僻的地方，绝非偶然。而黑井有据可查的办学历史，起自“黉学”。黑井人以文化作为人生的另一条驿道。于是，古代黑井的书院众多，普及到小镇的每一个角落，如龙川书院、万春书院等，即使农户家的子女也有接受教育的机会。教育发展的最突出表现就是黑井的“进士现象”。黑井历史上曾经产生过好几位恩科进士，即使现在去黑井旅游参观，“进士院”的三层建筑依旧是黑井人引以为豪的标志。按当地的规矩，只有进士的住房才能修建成三层。重视教育的黑井人才辈出，仅在民国时期这里就出了六个国民党将军：三个中将，三个少将。黑井历史上最有名的一个拔贡，应该就是杨仁林了。杨仁林在为官期间清如水、明如镜，深得黑井人心。他对今日黑井旅游业的最大贡献在于申请并负责黑井最有名的一处景点的修建，那就是“节孝总坊”。

（三）宗教对黑井建筑文化的影响

1. 宗教建筑

“一个地区的建筑不仅仅是他们挡风避雨的地方，更是他们精神交流，传承文化的重要符号。”[7] 历史上因宗教活动而遗存下来的寺庙塔阁，几千年来就是人们观光的对象，构成了旅游资源的重要组成部分。各种宗教建筑在其形状，样式以及空间布局上都表达着宗教的意义取向。

黑井大部分的寺庙或道观以释迦牟尼、老子、孔子三人作为供奉对象，体现了“三教合一”的特色，凸显了信仰的多层面。又，黑井因商贸的关系与汉族同化较早，加之佛教的影响较之其他宗教更为广泛，因此建筑群上侧重偏向于汉传佛教的风格，以宫殿式“伽蓝七堂制式”为主，如飞来寺、诸天寺等；而道观在布局上则比较松散和随意，多建楼阁来奉祀神仙，如真武观。

2. 建筑风格与风水文化

受宗教建筑的影响，黑井的民居体现出一种追求与大自然以及外部环境和谐相处的自然观。在用料、特色上都透出一种天然、质朴、简约。结构布局因地制宜，巧妙利用自然环境，遵循着与自然环境协调相容的原则。整个小镇以龙川江为界分成两部分，两部分都依山而建，呈现“抬头一线天，低头一条沟”的布局特色。寺庙点缀在山林民居之间，俨然融为一体。古代为了方便在贩盐的时候查收税赋，因此黑井的道路一般都比较狭窄，一座五马桥便是连接两岸之间的必经之路。

在建筑形式上，因受道家逍遥观的影响，显得自由随意。主要依据居住者的身份、喜好、生活方式等来分类。富家以“走马转角”式的宅院为主，普通人家多为“三坊一照壁”或者小巧的“四合院”，商铺人家则是一楼一底一铺面的务实居所。

民居中最有代表性的当数下武家大院。整个宅院为土木结构，1837 年动工，1858 年完工。古代的人受宗教和周易的影响都非常重视风水。尚商的下武家建筑符合风水学中选择环境“山环水抱”“藏风聚气”的特色，选址远离利润街这一闹市区，坐落在七星台之后与文庙为伴。下武家大院一改院户坐北朝南的形式，将大门侧向朝北开门，与不远处的文庙相互呼应，寓意向文的风气。屋子依地势为三层，上下两个四合院共同构成一个“王”字，把主人维扬“黑井第一灶户”的霸气永远地保留了下来。正屋比天井高一个台阶，花园又另建在一个台阶上，使得整个宅院形成六个台阶。转角楼梯连接四面八方，大门由单一斗拱组成的三重檐四柱三门，在设计上分别把“六品高位”、“四通八达”、“万物生三”等寓意融汇其中。

基督教的传入也让洋文化在黑井生根发芽。黑井进士院附近有一处建筑就是仿西洋哥特式风格，在当时是非常新潮的。但是由于最初小镇人对外来文化的不理解，认为该建筑不吉利，主人只能在对面民居与大门对应的地方刻上一个白虎印。因为在道教文化中白虎是西方的守护神，有镇邪之用。

3. 装饰风格

除了建筑主体之外，室内的装饰题材上也受到了宗教的渲染。寺庙道观、民居中广泛运用青龙、白虎、朱雀、玄武等图饰，壁画、门窗的装饰以八卦、太极及仙鹤、鹿、龟、灵芝等含有长生不老、羽化登仙之意的图案最为常见。“二十四孝”、“唐僧取经”、“八仙过海”等装饰组图也有迹可寻。

4. 石刻·碑文·题字匾额

石刻、碑文、题字匾额是宗教建筑文化中较为有吸引力的一个重要部分。飞来寺前的沙石上就刻着教化世人的二十四孝故事以及古诗词。但黑井最有名的石刻当数真觉寺附近的《万春山真觉禅寺记碑》，俗称“天生碑”。刻于元顺帝至元六年。记载了元代黑井盐业“取雄一方，以佐国用，以资民用”，以及佛教传入、佛寺兴建的情况。诸天寺内康熙御笔题写的“流露垂云”，乾隆年间的“慈航普度”，道光年间的“心印苍穹”，既弘扬了佛法，又体现了历史文化价值。

（四）宗教对黑井旅游观的影响

黑井不是一个玩的地方，而是需要深入琢磨才能体会到它深沉的文化韵味。对于这个深巷中的古镇来说，前来黑井的游客的旅游观受道家老庄思想影响较深。具体来说，分为逍遥游观念以及雅游观念。逍遥游观念源于《庄子·逍遥游》，它反映出庄子的旅游观。庄子思想认为，旅游作为一种社会文化现象，它最基本的两大支点应该是自由性和非功利性。因此，这类游客不爱学说，只爱游学；不爱都市喧嚣，只是寻求山林小镇之游，期望获得精神上的满足和自由。而黑井的古朴幽静正好满足了他们的这类需求。雅游的观念源于庄子“天地有大美而不言”的言论，表现为对目的地的审美追求，以及对目的地文化蕴涵的探知。随着社会的进步以及人们文化素质的提高，这样的旅游观已经逐渐成为社会普遍的旅游观，并直接影响到旅游文化内涵的提升。

（五）宗教对黑井日常生活的影响

即使黑井的经济随着盐业的没落而衰败，但宗教对黑井人生活的影响却是根深蒂固的。时至今日，飞天寺的香火依旧旺盛，人们不计较40分钟的漫长山路，部分老人还保留着初一、十五吃斋念佛的习惯。宗教对生活的影响，最突出还是表现在节庆、丧葬两方面。

1. 节　庆

上古时代人们对自然的感受是神秘的，反复出现的定期性的祭祀与禳除活动，逐渐转化为特定的节日。人们通过传统节日密切了人神之间的联系，事实上对当地社会的民众心理与生理状态也是一个有效的调节。人们通过节日活动获得一种身心放松和精神自足。黑井的节日中与宗教有关系的就占了三分之一，如：元夕赏灯放莲花灯祈求平安；谷日登绝峰山烧香；清明日拜扫；四月八日浴佛；六月朔日至六日，祈南斗祈年；七夕中元祭。

2. 丧　葬

明清时期的人们一般来说是以土葬为主的，但是黑井在这个时期就已经进入火葬时期。这与阿吒力宗教的传入密不可分。彝族地区的影响以密教为主，阿吒力密教讲究焚其身，扬其灰。将骨灰放入火葬罐之中入土。这与我们今天所使用的形式比较相似。其他宗教中，佛教的创始人释迦牟尼去世后火葬，所以佛教的规定是以火焚身，后来由僧侣影响到广大佛教信徒，扩大到民众间。

四、结论与建议

（一）主要结论

据前分析可知，宗教文化的实质是以宗教为核心，衍生出来的与宗教有关的各种民间、世俗活动，具有多元化的特点。故而宗教对黑井旅游文化的影响并非全都是可以直接感知的，思想层面的影响体现较为明显。

就盐文化而言，宗教文化与它之间是一种相互促进、相互渗透的关系。宗教在黑井的传入由盐文化而引起，引进后的宗教文化又对盐文化中的本主崇拜、命名、环境相继造成一系列的影响。

传统的儒教文化使黑井这一偏远小镇充溢着“尚学”的氛围。文庙作为黑井儒教文化的代表更显示出儒学在黑井人心中的重要地位。

宗教对黑井建筑文化的影响是多方面的，但细节反映较多，比如建筑设计、形式、装饰以及碑刻、匾额等。

宗教对黑井居民生活的影响主要体现在节庆和丧葬两方面，而这恰为旅游节庆开发提供了素材和精神内涵。

黑井所处的地理位置及长久以来所形成的文化氛围，使得老庄的一些思想，如返璞归真作逍遥游及寻觅自然美和高尚品格的雅游观念，渗入大部分来访游客的旅游观中，从而使黑井有了“闲适体验”的思想本质。

（二）建 议

正如前言，旅游文化是多层次、多质态的，文化旅游的挖掘和利用也必须多视野、多内涵。黑井旅游主打文化牌，但仅依靠盐文化却远远不够，策略上应形成以盐为主、多种文化并存并进的局面。黑井丰富的宗教旅游资源及其宗教对黑井多方面影响的遗存，可以成为黑井旅游发展中的新亮点。

1. 宗教建筑的特色宣传

黑井的每个寺庙都有自己独特的特色，因此宣传的侧重也应该有所不同。如，飞来寺以地理方位、传说为主，突出其险峻以及登高望远特色，鼓励游客攀爬参观；而道观则应该强调道教“天地感应、天人合一”的哲学思想，以达到游客放松静心的目的。

2. 宗教活动的品牌塑造

结合黑井现有的节庆文化，对宗教的祭祀活动进行较好的宣传，突出最有特色的一项，使其成为黑井除了盐业之外的另一大特色，也能让前来游玩的游客可以融入其中，不仅仅作为一个看客，更是一个参与者。例如道教可以进行一些道场表演，包装成旅游产品，不要做“超度”道场，多做“祈雨”、“祈福”，五谷丰登、健康长寿是人们所希望的。

黑井节庆的一项主要活动就是唱大戏，又以每年二月十五日太平会期间大龙祠的古戏台的氛围最佳。演唱的剧目包含了洞经音乐、滇剧等不同形式。因此，节庆的音乐、戏曲表演应该得到较好的旅游宣传，在规模上也可以进行一定的扩大。形成如紫溪山樱桃节一样的品牌活动，有利于黑井文化层次的丰富。

3. 宗教景点的内涵讲解

黑井文化的内涵须通过精彩的导游讲解来传达。对外来游客而言，黑井是陌生的，如果没有导游的跟随，获取信息只能靠景点内的文字介绍。但黑井的景点只有五马桥、武家大院、节孝总坊等几处有标识牌，其上宗教方面的介绍信息十分有限，很难让游客深入了解宗教文化。而且景区内的路标与地图制作上仍然需要改进。因为黑井地广，而且分布比较随意。很多景点在小巷之间穿梭，并不易寻找。而黑井的路标以及相关的注释比较少，为游客的游览造成了不便。特别是旅游接待中心，因为没有相关的标识，单单以“会客堂”为名，容易让人错过。

4. 线路产品应整合

黑井导游的讲解实行分时间段制度，而且讲解的线路比较固定，主要集中在龙川江附近，除了大龙祠之外不包含宗教类景点，既不能满足游客不同的需要，又不能体现出黑井的宗教文化。建议根据游客的意愿，增加一些宗教相关景点，或者增加一条宗教文化体验的旅游线路。

5. 宗教环境观与科学发展观要充分融合体现

黑井的环境现状不容乐观，这与科学发展观和宗教环境观是不相容的。旅游开发过程中，应平衡两者的环境思想，从各方面做较为扎实的工作，促成黑井环境的极大改善。

参考文献：

［1］胡幸福．中国旅游文化［M］．银川：宁夏人民出版社，2006：6.

［2］罗福源．我国宗教旅游资源及其开发研究［J］．社会科学家，2004.1：87－89.

［3］沈中印，曹诗图．试论三峡宗教文化资源的旅游开发［J］．三峡大学学报，2004.9：15－17.

[4] 翁毅．浅谈福建民间宗教中特色饮食的开发 [J]．亚太经济，2003.04：88-90.

[5] 杨成彪．楚雄彝族自治州旧方志全书·禄丰卷 [M]．昆明：云南人民出版社，2000.

[6] 施惟达，段炳昌．云南民族文化 [M]．昆明：云南大学出版社，2005.

[7] 秦永红．宗教文化与旅游经济 [J]．西南民族学院学报，1998.6：16-19.

中越陆地跨境少数民族简况调查

师有福*

中国和越南一衣带水，文化同源，越南的主体民族京族起源于古代中国南方到越南北方一带百越族群的一个分支——雒越。雒越人在中国秦朝之前就居住在红河中下游，越南古籍中有“瓯雒国”的记载。越南是在中国的唐末宋初，也就是云南的南诏和大理国更迭时期，趁中原王朝内乱，南诏势力衰退，难以遏制的情况下建立国家的。公元689年，即北宋太祖开宝元年，丁部领击败合并“十二使君”，建立丁朝，使安南地区摆脱中国封建王朝的统治，成为独立的国家——越南。后来，经过黎朝、李朝、陈朝、后黎朝、阮朝的发展，国家体制逐步成熟，国力日益强大。1858年，越南和法国战争爆发，越南成为法属殖民地。1976年7月2日，越南南北实现统一，“越南社会主义共和国”正式成立。之后，国家基本稳定，进行民族识别。

由于中国和越南的民族识别标准不同，在中国国内同一个民

* 作者简介：师有福，红河州民族研究所副所长，云南省有突出贡献的哲学社会科学专家，红河学院客座教授，享受云南省政府特殊津贴，国家社科基金项目“滇越跨境民族和谐文化关系研究”课题主持人，云南彝族历史文化与社会发展研究基地兼职研究员。

族，在越南就成为二个或三个。根据越南教育出版社2007年出版的《越南民族大家庭》公布数据，越南全国有54个民族，2006年总人口8 415万人，主体民族京族有65 795 718人，占约80%，其他为少数民族。其中越南本土土著民族有22个：芒族、土族、哲族、高棉族、巴那族、色当族、戈贺族、赫黎族、莫侬族、斯丁族、戈都族、叶坚族、麻族、戈族、左罗族、抗族、莽族、嘉莱族、埃地族、拉格莱族、尔都等族。移居自海岛、老挝、柬埔寨的民族有朱鲁、佬、布鲁云乔、克木、达渥、欣门、布娄、勒曼等9个民族。移居自中国的有18个：岱依、泰、侬、山泽、热依、卢、布依、苗、瑶、巴天、哈尼、拉祜、夫拉、倮倮、贡、西拉、布标、仡佬族。现将中国和越南陆地跨境相同民族分述如下：

壮族：在越南，壮族被分为岱依族（tay）和侬族（nung）。岱依族是越南人数最多的少数民族，人口大约140万，主要分布于越南北部高平、谅山、太原、合江、宣光、老街、广宁和山罗等省。越南岱依族和中国壮族同源于古代百越中的西瓯和雒越，历史、语言、风俗习惯、服饰、宗教信仰相同。侬族有85万多人，与岱依族交叉分布。越南侬族与广西左右江壮族布侬是同一个支系，公元10世纪左右从广西迁入，部分辗转从云南的文山、红河迁入，明末清初从广西进入莱州省的侬族，现在已经融合入泰族（黎氏）。侬族崇拜建立过“大历国”民族政权的文山广南侬智高，奉为土地神或“阴府大王”。两族相加，越南的壮族有225万人，占越南总人口8 415万的2.7%。中国壮族1 700多万人，加上越南225万人，共1 900多万人口。

泰族：人口130多万，在少数民族中排位第二，主要居住在兆江至马江、篮江地带，按服饰分红泰、白泰、黑泰。泰族（thay）从中国西双版纳等地辗转迁入，与中国傣族历史文化同源，婚姻关系密切，过泼水节、跳孔雀舞、信仰南传上座部佛教。中国傣族126万人，加上越南130万人，两国共256万人。

苗族：自称赫蒙（hmong），在越南也叫赫蒙族，人口78万多，越南的第三大少数民族。分布于河江、宣光、高平、老街、莱州、山罗、北件、太原、河西、河平、清化、义安等省。与中国苗族同宗同源，有花山节，婚姻关系密切，17世纪后陆续从贵州经广西和云南迁入。中国苗族900多万人，加越南78万人，两国的苗族近1 000万人。

瑶族：在越南被划分为瑶族（yao）和山由族（sandiu）。瑶族有62万人，山由族有12万人，共74万人。瑶族分布于红河中游和越南北部海域省份。与中国瑶族同宗同源，迁入时间延续近千年。过盘王节，禁止食狗肉。山由从“山瑶”语音变化而来，分布在红河中游，海兴和清化省亦有分布，明末清初从广东广西迁入，讲广东话，也会越语。有独特的“开花酒”婚礼仪式。中国瑶族264万人，加越南74万人，共近340万人。

哈尼族：人口17 535人，越南哈尼族（hanni）分布在靠近云南红河州的老街省和莱州省的清河、封土、孟德等县，自称国作、糯比、糯美，和金平县的哈尼腊咪支一致，与中国哈尼族同宗同源，明清时期迁入。由于人口少，迁入时间较晚，哈尼族和彝族在越南几乎没有什么政治地位可言。中国哈尼族143万人，加越南1.8万人，两国共近145万人。

彝族：越南把彝族分为扶拉（phula）、倮倮（lolo）、卢（lu）等民族，扶拉（濮拉）有9 046人，倮倮有3 307人，卢有4 964人，共17 317人。根据越南学者研究，彝族最早于明正德年间从弥勒迁入，与明朝平叛阿寺阿勿有关。其实，彝族进入越南北部是从南诏时候就开始，当时，越南老街、莱州大部属于南诏领土，派兵驻防是人口流动的一种方式。越南的彝族是从文山的马关、麻栗坡和红河州进入。老街省老街市和成乡的彝族濮拉的毕摩为亡灵指路时指归中国。由于越南彝族进入越南时间较早，与中国彝族婚姻关系不怎么密切，村落或与周边族内互婚，很少与其他民族通婚，文化处于半封闭状态，虽然越南政府实行免费教育，在彝族村落办有公办学校，实行越南国语（京语）教育，但是，越南彝族出门参加工作或做生意的几乎没有。

拉祜族：越南把拉祜族分为两个民族，即拉祜族（lahu）和拉哈族（laha），拉祜族有6 874人，拉哈族有5 686人，相加共有12 560人，主要分布在黄连山南岸沱江河流域崇山峻岭中。属于彝语支民族的拉祜族分黑拉祜和黄拉祜，于明清之际从普洱、老挝转入中越边境定居，与中国拉祜族同宗同源，风俗习惯和语言相通，生产力发展水平一致。受教育程度不高，文化落后，生产力水平低下。处于中越边境越南方的拉祜族与中方拉祜族婚姻自由，民族观念胜于国家观念，越方拉祜族不少人现在仍然以鸦片走私作为谋生手段的补充。中国拉祜族41万人，加上越南1.3万人，近42.3万人。

布依族：越南的布依族（boy）分布在老街、河江等省，人口1 864人。布依族于清乾隆五十九年至嘉庆十二年（1794—1806年）从贵州都匀、麻江、福泉等地迁入文山马关县木厂杨茂松、茅草寨、小田房、底麻等地。咸丰年间开始陆续入越南定居。语言风俗习惯与中国布依族相同。由于人口少，木厂及其对面越南的布依族已经汉语化，族内通婚保持密切。

仡佬族：越南仡佬族（golao）分布在河江省，人口1 865人。1957年，文山州的仡佬族归为彝族，1984年，文山州恢复仡佬族族称，1995年有1 666人。仡佬族在原来的史书上记为僚人，原籍贵州等地，清朝迁入麻栗坡及越南。中国仡佬族44万人，两国相加约44万人。

布朗族：越南没有布朗族，布朗族分布在中国临沧、普洱、西双版纳。中国境内克木人和莽人于2009年归为布朗族，在越南仍分为克木族和莽族。克木族（khmu）人口56 542人，分布于越南和老挝边境地区。莽族分布于金平县对岸莱州省张赵坝等地，人口 2 663 人，与中国金平莽人（归为布朗族）同族同宗，语言习俗相同。金平莽人 2009 年末统计有 126 户 681 人。中国布朗族近 9 万人，加越南近 6 万人，共近 15 万人。

中越陆地跨境民族共有 10 个。由于中越民族识别的认识不同，标准没有统一过，同一民族出现了不同的归类。移居自中国的巴田（5 569 人）、热依（49 098 人）、山泽（147 315 人）、西拉（840 人）、贡（1 676 人）、布标（705 人）等族，目前还难以确定为中国的哪一个民族，只有 862 371 人的华族可归为汉族，4 841 人的艾族归为客家人，其余无法说清。

2010 年 8 月 23 日，中越两国外交部在天保口岸声明，两国按陆地边界划定的标准，按界碑履行管理国境任务。中越按照 2006 年《联合声明》，共同致力于发展“长期稳定、面向未来、睦邻友好、全面合作”的中越关系，永远做“好邻居、好朋友、好同志、好伙伴”。要达到长期稳定、和谐发展、共同进步的目的，构建东盟平等和谐发展格局，从历史和文化的角度，双方共同理清民族关系，是属于当前两国民族学家的主要任务之一。

石羊镇古建筑防火及消防安全措施探讨

单江秀　杨甫旺　李　娜

石羊镇是云南省人民政府公布的首批省级历史文化名镇，是一个以盐文化为主线，多元文化相融并存的千年古镇。石羊因掘得“石羊”而得名，因盐而兴，尽管在元明清时期没有形成多元的经济发展格局，但盐作为一种需求弹性很小的特殊商品，给石羊带来了稳定的收入。盐业兴盛，百业繁荣。由于盐业的开采和兴旺，各种文化纷纷进入，与当地本土文化相融，石羊呈现出多元文化并存发展的格局。

石羊自汉以后，历魏晋、隋、唐、宋、元、明、清各朝各代，依山就势，建成集民居、无数庙堂、牌坊、石道、堤岸、桥梁为一体，与四周山麓的参天古树互相映衬，美不胜收的山区集镇。其布袋似的布局，高超的建筑技巧，独具匠心的彩绘雕刻，琳琅满目的匾额对联，有着丰富的文化艺术内涵，可以说是堪舆学、建筑学、美学、宗教学融为一体的结晶。

一、石羊古建筑民居的防火意识

石羊镇位于云南省楚雄彝族自治州大姚县西北部，距县城35公里，属金沙江支流的一泡江流域。古镇处于象岭、飞凤、魁阁三山麓之间，香水河穿城而过，山水相映争辉。其地势呈一长条形，状似布袋，总面积1.5平方公里。石羊地形特殊，香水河蜿蜒曲折，两岸群山对峙，在这窄狭的峡谷里分布着鳞次栉比、参差交错的民居建筑。民居建筑为了充分利用空间，有“过街楼”、“吊脚楼”等独特风格。其规模，或两重堂、或三重堂、或四合五天井、或三坊一照壁，都取决于实际地形和需要。建筑结构讲究肥梁瘦柱，明柱露梁，住房的高度、进深、开间等的尺寸选择上，一般都要带一个寓意吉祥的“六”字。屋面兼用板瓦和筒瓦覆盖。

石羊古镇盐业繁荣，在众灶起煎的情况下，天空常常是浓烟滚滚，所谓“雪团万灶，烟笼千家”，所以民居建筑首先考虑通风，讲究的是“高楼重檐”。“高楼”是对房屋建筑高度的要求，“上七下八”指底层净高八尺，楼层楼板至平梁净高七尺，这是起码的高度要求，正房高过耳房和厢房，如果是三重堂或四重堂，则要求一层高过一层。“重檐”是正房厢房都有“大厦”和“小厦”，正面梁的显露部分都雕刻有花草图案，小厦两端与大厦山墙相连接处，筑“码头墙”。门窗也很讲究，窗为用几何图案拼成的木制花窗。堂屋门多为楸木制作的雕花木门。房屋的整体大都美观大方，古朴典雅，通风采光都很好。

石羊古民居多是土木结构，布局严密，风格流畅。为了防止发生火灾烧房毁屋，石羊居民自古以来就有较强的防火意识，具体表现在以下几个方面：

首先，石羊古民居多为“高门大户”。虽然石羊古镇地势狭窄，但各户的大门都建得比较高大。因石羊千百年来都是以生产食盐为主，即所谓以卤代耕，而每户的盐灶房，都是与生活住宅连在一块的，为了生产生活的方便，宽敞的大门显得很有必要，特别考虑的是，如果发生意外火灾，也就不会因大门窄狭壅塞而造成屋毁人亡的后果。据《续修白盐井志》载：“国家准建坊表，所以旌善行，著荣名也，白井自明至清，励名节，登高科者，代不乏人，皆给建坊之贵，表其门间。”由此，许多民居的门楼改建为牌坊。这些民居牌坊，不仅突出了古民居的门楼，而且具有很好的防火功能。

其次，民居建筑设有“防火墙”。石羊民居多系土木结构或石木结构，每幢为三开间的二、三层。屋面用筒板瓦覆盖，前后重檐。木结构部分为屋架四柱落地，前排面三间和楼板照面枋之下，前后均有一根穿枋，将整幢房屋的排架连为一体。木柱脚多设柱墩，以防潮腐。整幢房屋的左、右、后三方，用土基或石头砌墙围护，左右两方的山墙到顶，山墙和后墙均无窗，既可防盗，又可防火。正房厢房的小厦两端与大厦山墙处筑“码头墙”，把大厦和小厦分隔开来，以防发生火灾祸及整幢房屋。石头在石羊民居建筑中被广泛运用，不仅用于墙基、墙体、台阶、天井地坪，而且人们还将一两米长的石头用做门头、窗头的横梁。房屋的檐口，用薄青板石封得严丝合缝，具有较好的防火性能。这种墙被称为“封火墙”。石羊民居建筑较为拥挤，如果建筑物间缺少防火分隔，万一发生意外失火，很快便会蔓延到毗连建筑，形成火烧连营的局面。为此，石羊民居院落与院落之间，有至少要留“三尺滴水”的规矩，起了防火阻隔的作用。

第三，灶户的柴薪尽可能堆放在取水方便的河边。香水河贯穿石羊古镇，居民沿河两岸居住。灶户用柴薪数量较大，储备的柴薪也较多，为防止发生火灾，人们都把柴薪堆放在距水近的香水河边，用时再取。沿河两岸居民还把香水河分段筑小坝，使水深保持一米左右，以便发生火灾或柴薪起火可取水及时扑灭。

第四，灶户均配备有灭火工具——压水枪。过去，石羊灶户每家都配有 2～3 支压水枪。压水枪用铜或铁制作，长约 1.5 米，喷射出的水可达 20 米左右，能够达到古民居的灭火高度。一旦失火，邻居都会拿着压水枪前来帮助灭火。此外，石羊镇虽然水资源十分充足，但为了确保消防安全，严防火灾和方便生活，人们还挖井凿泉，在自家门前挖凿大大小小的水井。有些较大的宅院，院中也有水井。除水井外，还放置有石水缸。既是饮水之需，也是防火灭火取水之源。

二、石羊镇古建筑的火灾隐患

石羊古镇民居建筑有较好的防火意识和防火措施，但特殊的地势和拥挤的民居建筑，也存在着许多的火灾隐患。

其一，街道狭长拥挤。石羊古镇方圆1.5平方公里，街道最宽的地方有3米多，最窄的地方只有2米，民居建筑之间通道有的地方不到1米。据不完全统计，古镇有旅社客栈几十家，各种商铺上百家。这些旅社、商铺随着经济的发展还在逐年增加，外来人员居住人口增加，人员复杂，使原来就拥挤狭窄的街道更加拥挤不堪，也给防范火灾带来更多的困难。

其二，民居建筑材料耐火等级低。石羊民居多为二、三层土木结构建筑，民居建筑之间的距离较近，基本上为毗连建造，建筑密度极高，防火间距严重不足。特别古民居建筑多采用松、柏、杉、楠等木材及石材建造，用大量木材加工制作斗拱、梁、椽、望板等构成的大屋顶，木材使用量极大，历经上百年甚至数百年的风吹日晒雨淋，造成建筑木质腐蚀、干燥、疏松，水分含量约在12%左右，远远低于一般木材自然风干的含水量，成了全干材，极易燃烧。同时，古民居建筑内部装饰使用的布、棉、纸等可燃物质已经陈旧腐烂，一旦燃烧，极难扑灭。

其三，缺乏必要的消防设施。近年来随着石羊古镇旅游的开发，古民居建筑大多开办成营业性场所（旅社、饭店、货铺等），甚至租赁与私人作为住房，导致用火用电量增加，给消防安全管理造成极大困难。而石羊镇多数古建筑管理和使用单位无防护组织机构或防护组织不健全，单位领导没有真正成为防火安全责任人，没有组建专（兼）职防火灭火队，无消防车辆，有的虽配备有消火栓，但因年代久远，严重损坏根本无法使用。

其四，用火用电不规范，存在很大的火灾隐患。近年来，石羊镇虽然对用电线路进行了改造，但用火用电同样不规范。其主要表现为：居民用电线老化，私拉乱接，线路混乱等现象十会严重；居民生火做饭和营业性饭店，使用液化气灶、沼气灶、甚至烧柴烧煤生火等明火的频率越来越高；窄长的街面上地摊铺面一个接一个，有的甚至是仓库、铺面、吃住“三位”一体，埋下了很大的火灾隐患。此外，石羊古镇是儒、释、道和土主崇拜相融共处之地，有众多的庙、寺、阁、庵，宗教活动中的用火如烧香、点蜡烛、烧纸、供龛的植物油灯，还有定时的庙会、法会及临时性的超度等用火，无形之中也埋下了众多的火灾隐患。

其五，古镇居民整体消防意识较为淡薄。据调查，石羊古镇居民对1961年的水灾记忆深刻，但对火灾则感受不深，没有起码的防范意识。现在居住在古建筑中的居民，多数是无力建造新房或购买商品房的住户，房屋脏、乱、差，加之防火意识差，一旦失火后果不堪设想。特别是近年来，居住古建筑民居的又多是老年人、妇女、儿童和外来人口，他们的防火意识淡薄，消防知识贫乏，遇到紧急情况不能果断处理。据调查，许多石羊老住户都认为石羊没有发生过大的火灾，因而在思想上对防火没有引起高度重视。

三、石羊古镇开发中的防火措施

随着石羊古镇旅游业的深度开发，石羊将成为楚雄州旅游业的一大亮点。能否保护好石羊古镇的民居和特色建筑，是石羊旅游业发展的关键。政府相关职能部门及开发商在对石羊古镇开发中要制定切实有效的措施，做到既能保护古建筑有序开发改建，又能确保消防安全。要按照“确保安全，万无一失”的高标准，做好石羊古镇的消防安全工作。

1. 加强消防安全宣传，提高居民防火安全意识

要保护好石羊古镇，关键是要提高居民的防范意识，使全体居民认识到，爱护自己的家园要从防火做起，同时开展多种形式的宣传教育。一方面，通过新闻媒体，利用具有典型教育意义的违法、违章行为及典型案例进行宣传教育，使人们认识到火灾的危害性。经常宣传消防法律、法规，普及消防常识，以增强居民的消防意识。另一方面，要加强消防安全培训，不仅要加强对居民的消防教育和培训，特别是加强对古镇的经营者、外来人员的消防安全培训，包括消防安全的重要性、预防火灾的方法、发现火情的处理及灭火技能等，提高对做好古镇防火工作的认识，有效增强预防火灾的自觉性和有效性。

2. 严格控制管理水源

石羊古镇最有特点的地方之一就是以沿街古建筑为商铺的小食品街，其中餐饮等各种特色食品店铺较多，但火灾的隐患也最多，首先是烹煮的用火不慎，燃气灶具的燃气泄漏等；其次是外来旅游人员吸烟、小孩玩火和使用香烛等，诸如此类的明火应严格控制在一定的时间和一定的范围内；三是节日期间各种烟花的燃放；四是电器电路的老化、短路及电气线路的超负运载等，都要严格管理和监督。禁止在古建筑物内使用液化气和安装煤气管道；必要使用的地方应形成独立的防火分区；在生活区的炊煮与烟囱的设置，必须符合防火安全要求。禁止游人在参观的地方吸烟等。

3. 改善古建筑的消防安全环境

一是改变不合理的用地结构，对古建筑进行整治，家庭式的小作坊场所应当取缔或限期整改。适当降低建筑物的密度，结合古镇布局合理区分古镇中的保护区、游览区和商业区。二是充分利用市政供水管网，在古建筑内设置室外消火栓，确保每个厅堂的室外都有消火栓。市政水管网不能提供消防用水的，应修建消

防水池。消防水池周围，应留有消防通道。三是开辟消防通道。在保证古镇的道路系统不被破坏的前提下，合理布置消防车道，一般宽度不小于3.5米，净空高度不小于4米。如不能满足上述要求，建议配备先进的消防装备。四是设置必要的防火墙，防止火灾发生后的蔓延，拆除违章搭建和严重影响消防通道的建筑物，空出必要的防火间距，在设置防火墙上可利用原有古建筑物的山墙作为防火墙进行防火分隔，防火墙的高度宜高出相邻的建筑物50厘米，严格控制防火分区。

4. 健全消防组织，明确安全责任

石羊古镇古建筑单位要严格贯彻执行《文物法》、《消防法》和《古建筑消防管理规则》的有关规定，成立防火安全领导小组，根据各个古建筑的不同特点，建立和完善防火灭火的预案，增加日常工作中的巡视力度，加强消防安全管理，逐级落实防火安全责任制和岗位防火责任制，确保逐项措施落到实处。加强设施建设，配备先进的灭火器材、专用报警通讯和在明显处悬挂警示牌。有条件的古建筑单位应在建筑内安装监控器和烟雾报警器，并指定专人值班监视。

5. 加强消防安全队伍的正规化建设

以自防自救为主要的灭火方式，应在古镇开发中强化设立专职消防队的重要性，做到早报警早灭火。建立小型适用型消防站，建设专业消防人员、当地公安人员、民兵和居民相结合的有一定数量的消防队伍，深入开展灭火救援训练，学习消防理论知识，充分做好灭大火、打恶战的思想准备，有效地发挥专业消防安全队伍防火灭火的职能作用。

参考文献：

[1] 杨甫旺．千年盐都——石羊［M］．昆明：云南民族出版社，2006.

［2］石羊诗词书画协会．龙女牧羊的地方［M］．内部资料，2004.

［3］李晓莉，杨甫旺．石羊盐区多元宗教的形成、融合及变迁［J］．云南民族大学学报，2010（1）．

［4］杨甫旺．大姚石羊历史文化资源调查及分析［J］．云南民族文化形态与现代化［C］．成都：巴蜀书社，2002.

［5］杨甫旺．品读石羊［J］．金沙江文艺，2005（3）．

传承中的云南少数民族银饰艺术*

花瑞卿**

在云南这片神奇、美丽、广袤、富饶的土地上生活着25个少数民族的1 415.9万同胞[1]，许多民族都喜欢用银装饰身体，这种习俗由来已久。从春秋战国德钦石板墓中的银饰片和饰泡开始，到晋宁石寨山、江川李家山出土的银扣和银铜合金的牌饰，到唐宋时期的“银齿蛮”以银片包牙为饰，到马可·波罗的游记中所载的元代滇南少数民族在臂上戴金银圈，到今天我们能见的——几乎所有少数民族妇女都有使用银饰的经历……银饰已成为人们点缀服饰、装饰身体、驱邪祈福、美化生活最常见的物品。

少数民族同胞发挥聪明才智，或引用或借鉴或创造银饰件佩戴于头颈躯干四肢作装饰，所佩的饰件或多或少、或简或繁，饰件的造型千变万化，形成一道美丽的风景线。仔细审视这些银饰，我们确实能找到不少其中鲜明的特点，本文将对传承中的银饰艺术共性方面作一些探讨。

---

* 本文为云南教育厅科研基金项目成果之一，项目编号5Y0760。

** 作者简介：花瑞卿（1972—），彝族，楚雄师范学院副教授，主要从事视觉艺术的教学和研究工作。

云南少数民族银饰传承性是比较显著的，主要体现在对我国主流传统银饰艺术的传承和对云南本民族本区域传统银饰艺术的传承两方面，而且其传承更以一种相互促进、相得益彰的新形态形式被推广，被继续传承着。

中国具有数千年的文明历史。中华民族在长期的民族融合中发展壮大，中华文明也是在不断地兼容并收中辉煌灿烂，甚至有学者认为，中国处于统一的状态，文化的一脉相承是至关重要的因素。作为中国边疆的云南，虽然历史上有过分属的风云变化，但云南的文明历史却始终以华夏文化为主流，悠久厚重，并兼容着，持续着。

艺术属于文化的领域，中国银饰艺术是中国文明中不可忽略的一个内容。几千年来，我国各民族的银饰艺术通过不断的融合形成了一些共同的特点，这也是云南少数民族银饰至今仍保留的特点。

1. 银饰类型

头部有发饰、冠饰、耳饰；颈部有项链、项圈。上肢有手镯、戒指。躯干部分主要有肩饰、胸饰、背饰、腰饰，并都饰于服装上；服饰及其构件上还有扣件及用于点缀的银泡、银片，服饰构件上的局部也会有银纹装饰。另外还有一些配件装饰等。

2. 银饰件造型的内容与题材

银饰造型的内容是道德礼仪，突出表现在道德教化、祈福、热爱自然、讴歌美好生活、宗教信仰的传达等方面。

银饰造型题材有这样一些：

（1）花草鸟兽。这历来是人类热爱自然，表现美好生活不可或缺的题材对象，是人们表现主题世界依托的主要客体，它们也是我国各民族银饰中采用较多的题材内容。

（2）汉字纹。汉字，是迄今为止连续使用时间最长的主要文字，也是上古时期各大文字体系中唯一传承至今的文字。各民族用汉字传递着相同的信息。银饰中常使用的祈福、道德礼仪汉字纹，一取该汉字清晰的含义，二取纹样有文化内涵。

(3) 具有象征含义的装饰造型。人类的生活极其丰富，人类文明的内涵也极其宽广，在这有限的银饰体量中，象征手法的使用，不啻是银饰设计一个极其成功的地方，银饰工匠根据表现内容，根据传统习惯和一定的社会习俗，选择人们熟知的象征物作为本体进行塑造，以表达丰厚的内涵。这种艺术手法，使抽象、复杂深刻的事理浅显化、单一化、形象化，同时它也创造了一种艺术意境，以引起人们的联想，增强作品的表现力和艺术效果。

(4) 历史、神话、宗教、伦理故事或其中的经典人、物，也是银饰常用的题材，这类题材在表现我国的道德礼仪上是比较直接的。

(5) 几何形体、链状等抽象题材的造型。几何形体是造型艺术中最基本、最原态的元素，当它直接用来造型时，会使所塑造的形象因人、因时、因景产生不同的变化，因此它具有某种含糊、暧昧的特征，这正是几何形体银饰抽象艺术的魅力所在。链状银饰，是由多个细小银圈连接而成，是多个相似几何体的连接，自然它也有抽象艺术的魅力，而且这种链条，它的整体形状会随人的运动而发生变化，于是更有一种摇曳的美感而备受各少数民族的喜爱。

3. 云南工艺制作

通过数千年的实践，到现代，我国各民族普遍掌握并使用的银饰制作工艺有：熔融浇铸工艺、锤碟工艺、錾刻工艺、花丝工艺（掐丝工艺）、焊接工艺、镶嵌工艺、点翠工艺、炸珠工艺、珐琅工艺等。

4. 云南风格特点

我国银饰艺术的风格多姿多彩，但也是有共同点的，它是融汇世界各民族银饰的精华，并始终以华夏文明为主导的艺术形态。艺术表现上写实与抽象并重，注重装饰效果，尤其注重意境“意”的传达和含蓄的表现。银饰意境是银饰创作者和使用者主观情感与客观物态形象相交融而表现出来的浑然一体的境界，所谓的注重“意”，其实就是追求这种境界的时候更注重主体意志的表达，这种表达其实也是一种中国艺术中常见的含蓄，而象征手法的运用自然更是含蓄美的追求了。

求同存异，历来是世界各民族文化发展俗成的规则，云南少数民族银饰艺术在传承华夏文化“同”的同时，从来没有放弃对本地域、本民族“异”的创造和传承，正是这一“异”，使云南少数民族银饰艺术熠熠生辉，独具魅力。当然，这种“异”是相对于大的华夏文化而言，针对某地域、某民族的个体，它无疑是另一种“同”，具有这一地域、这一民族共同具有的饰俗和艺术特点。在云南这一地域范围内同时存在多种文化现象，这些文化现象包括了经济、政治、语言、宗教信仰等与人们有关的一切物质领域或精神领域的诸多方面，这种处于同一地域的多种文化现象和睦共处、相互依存、互相包容、辩证统一的文化融合局面即是多元文化或多元文化主义。[2]由于社会、历史的发展变化和云南特殊的自然条件，决定了云南这一区域民族众多，且发展不平衡，他们之间的思维方式、行为方式都有很大差异，从而形成了多元文化的格局。而这样的局面以地域和民族为界限是可依稀辨识的，各少数民族在发展的历史长河中，相同的族源或相似的生活环境和自然条件，形成了相似的审美文化，并一代代延续着。另外，云南地处我国西南边陲，西、南部和东南亚国家缅甸、老挝、越南接壤，西北和西藏相通，北接四川，东毗贵州、广西，秦汉以前，它与东南亚、南亚之间就形成了一条民间商道，即“南方丝绸之路”，可以说云南是我国最早对外开放的地方之一。藏文化、古代吐蕃文化等西域文化与东南亚文化和中国中原文化在这里与本土土著文化相会，这是一种极为精彩的文化交融局面，虽然代表着中华文化核心层面的中原文化以明显的优势占了主导地位，但其他的文化类型依然影响着云南的文化。这就使族系众多的云南少数民族的银饰艺术呈现出靓丽多姿的局面。

云南少数民族银饰造型纹样较多，各具特色。头部，饰件通常有钗、簪、箍、头链，头部帽上有银泡、须坠、文字、佛像等各种银饰构件，还有牙包银等。瑶族的头钗多为鸟形，佤族喜欢用条形的头箍，哈尼族喜欢用较多的小银泡装饰，水族头簪喜欢植物叶的形状。耳饰又分耳环、耳坠和耳珰。耳环为一个圆环，有素环的，更多的圆环的银条有很多变化，有圆有扁，下端变化较多，有花纹装饰；耳坠多为须坠，或坠银铃；耳珰，常用于佤、德昂、布朗族妇女中，用一条圆柱横穿耳垂，两头稍大以防脱落，柱有空心实心之分。

颈饰有项圈、项链、领扣、领牌几种。项圈一般分为扁平形和圆管形，多为瑶、佤族妇女和其他民族的孩童佩带戴；哈尼族有一种棱形领扣较为别致，造型是一只美丽的眼睛；小凉山彝族和昭通东北部的彝族用一种方形刻花的银牌作颈扣，在整套艳丽的民族服饰中起到画龙点睛的作用。

肩饰指银披肩，在壮族妇女中常见，由若干雕花块状银牌在肩部围成扇形，以坠须镶边，是少女出嫁时的贵重饰物，彝族较富贵的妇女在一些庆典仪式也有披饰的。

胸饰的造型最为丰富，简单的以成串珠链悬挂在衣扣上，复杂的在链上缀有雕刻各种动物、花卉图案的银牌，制作工艺上多采用镂空浮雕，也有直接刻线于一个银牌表面上的。胸饰挂链的主体造型一般是对称组合，对称图案之间用珠链、响铃、钱币等连接过渡，下面缀上多重须坠，佩戴时将珠链恰到好处地固定在衣扣上，展示出完整的造型。

手饰指戒指、手镯和臂镯，是云南少数民族妇女的常用饰品。戒指皆为环状，分有戒面和无戒面，戒面的方圆大小、图案造型多种多样；手镯的造型有条形、扁形、扭丝状、宽片筒状等，条形手镯有实心空心之分，武定银饰厂从20世纪70年代开始，从武定、禄劝彝族民间搜集并传承着一种中空夹层、多种工艺融汇且能摇响的手镯制作技艺，目前这种手镯深受各少数民族地区妇女的欢迎；佤族、哈尼族的手镯多为素面；蒙古族、水族则以繁复的雕花工艺而著名；臂饰造型多为封闭式圆筒状，镯身较宽；在云南只有孟高棉语族的佤、布朗、德昂等族有佩戴臂镯的传统习俗，有的女孩从幼时戴上它后就不再取下，成人后成为臂镯。

从地域上看，滇西、滇南银饰是最为丰富的，这应该和异域他国文化的融入有关，具体体现在个体饰件使用的量大、银饰类型多、饰件造型样式多、饰件结构复杂、饰件工艺手段多、饰件大、风格多样等方面。就风格来说大致也可以作这样的归纳，滇西少数民族银饰造型丰满，艺术趋于粗犷、浩大气派；滇南少数民族银饰造型艺术趋于简洁厚重；滇中和北部少数民族银饰造型艺术既粗犷与精致，又华贵与小巧；滇东少数民族银饰造型艺术趋于朴实和小巧。

当然，"不同的文化个体，一旦发生联系，尽管双方各自的能量大小强弱不一，但双方都会尽其所能向对方施加影响，都可能在对方身上打下自己的文化烙印。人们在视察不同文化个体在文化交往与融合、互动与变异的过程中，往往会认为强势文化或主流文化对弱势文化或非主流文化的影响，而不太注意文化间性的双向性。事实上，文化交往与融合、互动与变异始终是双向的，即使对于那些在交往与融合、互动与变异中形式上消失或融合的弱势文化个体，其文化要素仍在对方肌体上打下烙印，被融合本身也是一种文化渗入，是一种新的文化组合下的原有文化延续。一些原有的文化组合形式可能消失了，而其实质文化内核却仍然保存着、发展着，这样，不同的文化个体之间的交往与融合、互动与变异在双向作用下，达到动态的平衡，并找到自身存在与发展新的基点。在人们看似独具特点的文化个体，并非是独立存在的，而是在交往与融合、互动与变异中构成整体的文化存在，这种文化存在，一方面为文化个体提供保护与传播自身文化要素的场所和机会，另一方面，又不得不接受其他文化要素的融入，而改变着自身的结构。这种文化存在事实上是为不同的文化个体架起了桥梁并成为互动关系的传承场，正是凭着这种文化存在的功能效应，不同的文化个体才能在差异中求得认同，并推动文化向更高层次发展。"[3] 本文一开始就提到云南少数民族银饰的传承是对中国主流传统银饰艺术的传承和对云南本民族本区域传统银饰艺术的传承，但实际上"中国主流传统银饰艺术"和"云南本民族本区域传统银饰艺术"两者不是独立存在的，在漫长的岁月中，两者的任何一方事实上都有了对方的痕迹以及他方的烙印。

云南传统银饰艺术的传承是受外来艺术影响，然后沉淀，然后又受影响……它是一个动态的传承过程。

随着现代文化交流途径的增加，文化交流的频繁，云南少数民族银饰有望在传承中以更多的新形态形式向各地传播，有望取得更高的艺术成就。

参考文献：

[1] 云南省统计局．第五次人口普查公报——云南．http：//www. ynethnic. gov. cn/Item.

[2] 邓涛，孙丰文，袁治平．基于多元文化论的大理本土文化与外来文化互动发展解析．中国科技信息，2007，17，P：147.

[3] 李娅菲．云南少数民族传统文化关系特征探析．中共云南省委党校学报，2010，4，P：149.

彝族古籍文献的保护现状及对策研究

李燕鸿*

摘　要：文章对彝族古籍文献保存保护现状进行调查和分析，并针对现阶段抢救保护彝族古籍文献所面临的困难与问题逐一进行比较、分析和综合研究，提出了保护彝族古籍的对策和措施。

关键词：彝族古籍文献　保存现状　对策研究　统一规范

彝族是中华民族中具有悠久历史的古老民族，也是我国西南地区人口最多、且跨境而居的民族之一。我国彝族人口800余万人，居少数民族人口的第六位，主要分布于滇、川、黔、桂四省区。彝语属汉藏语系藏缅语族彝语支，全国共分为六大方言区，即北部、东部、南部、东南部、西部和中部等六个方言区。彝族有自己古老成熟的文字，拥有卷帙浩繁的彝文典籍、金石铭刻和口碑文献等，博大精深，源远流长。

一、彝族古籍文献的形成、发展、特征及价值研究

彝文是世界上最古老的文字之一，史称韪书、爨文、夷文、

* 作者简介：李燕鸿，女，汉族，楚雄彝族自治州图书馆彝族文献室馆员。

倮倮文、贝玛文、毕摩文等，是连续使用时间超过千年并至今仍通行的单音节表意兼表音的方块文字。这在我国各少数民族文字中具有唯一性。彝文创世于何时何人无从稽考，但纵观实物材料和历史文献记录，彝文源于远古氐羌游牧部落使用过的刻画象意符号，形成于汉晋时期，广泛运用于元明清时期。彝文的产生与发展经过了刻木记事——图画——文字——象形文字——表意文字等过程。彝文产生后在很长的历史时期里，一直掌握在毕摩阶层手中。毕摩源于彝族父系氏族公社时的酋长和祭司，他们主要行使“兴祭奠，造文字，立典章，设律科，文化初开，礼仪始备”等祭司职权。到了元朝，祭司从奴隶主、封建主集团中分化出来，成为辅佐彝族酋长治理政要的“奚婆”，到了明末清初封建王朝在西南地区进行大规模改土归流，大多数彝族土司被革除，“奚婆”无政可佐，才发展成为专司宗教职事的毕摩。其中一部分以彝文著述和教授彝文为自己的职业，毕摩成为彝族祭司和知识分子，他们既是彝文的创造者、传承者，也是彝文古籍文献的拥有者和传播者。在漫长的彝族历史发展进程中，毕摩们总结了彝族人民生产、生活和社会实践经验，致力于彝文经卷典籍的编纂整理工作，形成了广博浩繁的彝文历史文献。

彝文在不同方言语区流传使用有明显的差异，从而出现了各具方言土语及地域特色的多种彝文“流派”特点：①使用的彝文单字多少不一样；②同义近音的彝文书写不一致；③同义异用字不一致；④形同音异不一致。现流传在滇、川、黔、桂四省区的古彝文字，云南有 14 200 余字，四川有 8 000 余字，贵州有 7 000 余字，广西有 600 余字。滇、黔、桂一带彝文由左向右竖行书写，四川及云南宁蒗彝族自治县一般从右至左横行书写。从而形成了繁杂的彝语方言土语及地域特色的彝文古籍文献，难以互相通读和理解。

彝文古籍没有“前言”、“后语”；绝大部分不署抄写者姓名和抄写年代，内容丰富，涉及面广；由“毕摩经卷”和“民众文献”两部分构成。毕摩经卷是彝族毕摩在进行宗教活动时所形成和使用的经书，主要记述各种宗教活动的仪式、内容和具体过程。其种类有《作祭经》、《指路经》、《福禄经》、《百解经》、《占卜经》等。民众文献是彝族毕摩和其他知识分子编纂的除彝文经卷外的彝文典籍。它有历史类、哲学类、伦理类、文学艺术类、科学技术类、语言文字类、军事类、译著类等。此外还有大量的原生载体古籍和金石铭文、口碑载体的古籍文献。彝文古籍文献载体形式多样，有岩书、皮书、木牍、瓦书、竹简、木刻、布书、纸书、金石铭文、印玺等。

传世彝文古籍文献所记载的内容涉及广泛，政治、经济、军事、天文、地理、数学、医学、生物学等无所不包，尤其是有关滇、川、黔、桂山区的历代物候资料、历史地理资料、特种动植物资料、灾变资料，均为汉文典籍和其他少数民族文本资料记载之空缺。现存的数以万计的彝文经卷、典籍都是毕摩自撰、自抄、自传，上千块的彝文碑刻也多出自毕摩之手，毕摩传承以世袭为主，也有拜师学习的。彝文古籍文献就是通过毕摩的宗教经典由毕摩父子、师徒代代相传。在这些古籍文献中，天文、地理、历史、医药、农牧、冶金铸造、手工工艺等方面的科技典籍占有非常大的比重，具有很高的科学技术史料价值和开发利用价值。彝文古籍文献只在彝族民间传承使用，由于彝语语区的多样性、复杂性以及古文字的多样性，研究难度大。随着时代和历史的变迁，大量的古籍文献损毁和流失严重，成为不可再生的宝贵资源。因此，开展彝族古籍文献保护研究，具有重要的现实意义和深远的历史意义。

二、彝文古籍文献存藏现状

彝文古籍文献几千年来都是由毕摩传抄使用和传播保存，新中国成立以来，才逐步被收集到档案馆、民族相关机构和图书馆珍藏，特别是党的十一届三中全会以来，民族政策得到了认真贯彻落实。在20世纪80年代初，党中央国务院提出抢救整理中华文化古籍，提出了“救书、救人、救学科”的方针政策，开展了全国各少数民族的古籍抢救整理工作。根据滇、川、黔、桂彝族地区保存有数以万计彝文古籍文献的实际情况，开启了滇、川、黔、桂四省区彝族共同抢救整理自己民族古籍文献的先河，同时，也为这四省区彝族共同抢救整理自己民族古籍文献搭建一个相互交流、相互了解、相互学习、相互沟通、统一协作的良好平台。

（一）彝文古籍文献的收藏分布情况

目前，在全国范围内已收集到15 000册彝文古籍。分别收藏于云南、四川、贵州、广西四省区和北京等地的民族工作部门、科研部门和图书馆、博物馆，此外，在国外也藏有部分彝文古籍。

云南：有34个单位收藏彝文古籍近4 700册。

贵州：有16个单位收藏彝文古籍文献8 000余册。其中，贵阳市收藏3 100余册；毕节地区收藏4 700余册；六盘水地区收藏200余册。

四川：有17个单位收藏和保存彝文古籍近2 000册。

广西壮族自治区：收藏彝文古籍11册。

其他：中国国家图书馆善本部藏有彝文古籍551册；中国民族图书馆藏有彝文古籍471册；民族文化宫博物馆藏有彝文古籍57册；中央民族大学博物馆藏有彝文古籍64册；广州中山大学藏有50册；南开大学藏有1册。

新中国成立前一部分珍贵的彝文古籍流失国外，法国文化机构收藏73册；英国文化机构收藏8册。

（二）散存于民间的彝文古籍文献

除上述已收集到的彝族古籍文献外，各地研究人员经过多次普查统计出约有数万册彝文古籍文献还散存于云、贵、川彝族地区，据不完全统计，目前散存在云南全省的彝文古籍文献有18 000余册。其中，楚雄州有2 000多卷；红河州有1 774册；玉溪地区有6 000余册；昭通市有近1 400册。散存在贵州毕节地区的民间彝文古籍约有700册；六盘水地区散存的彝文古籍近千册；四川凉山州民间也散存了大量的彝文古籍文献。

三、彝文古籍文献的整理、译注、出版研究

（一）历代对彝文古籍文献的编译、出版研究

对彝文文献进行翻译和采录，在明朝的史籍和地方志就出现过：《元史·地理志》就引用了彝文典籍中的人名、地名、史实；明清时期的史籍和地方志《新纂云南通志》、《滇志》、《大定府志》等对彝文有所介绍。明清两代设有专门编译少数民族语文的会同馆、四夷馆，其编译的《华夷译语》中的“倮倮语文”就是彝语文。

近现代首先对彝文调查的是西方传教士。他们进入我国西南地区，对包括彝族文字在内的彝族文化作了一些调查整理，并开始向世界介绍彝族文字和彝文文献。如：法国保罗·维亚尔的《倮倮——历史、宗教、习俗、语言和文字》（1898），《法倮词典》（1909），《云南彝文研究》（1890），伯西和的《禄劝的倮倮碑文》等。

我国学者对彝文的调查研究开始于20世纪30年代，1928年，著名人类学家杨成志在西南彝区进行民族调查，著有《中罗字典》、《云南罗罗的文字》、《彝文〈十二生肖〉对译》等。1930年，著名地质学家丁文江在作地质调查时，搜集到很多彝文古籍，与彝族学者罗文笔合作，编译出版了第一部彝汉对译巨

著《爨文丛刻》，对后来的学者系统了解彝文及其文献起到了重要作用。

抗日战争爆发后，北大、清华、南开大学迁往昆明，成立西南联合大学，在西南联大任职的马学良多次到云南彝族聚居地对彝语文进行系统调查，搜集了数千册彝文古籍，出版了《倮文作斋经译注》(1946)，《倮文祭经的种类述要》(1947)，《倮族作斋献药供牲经译注》(1947) 等重要著作。

新中国成立后，党和政府十分重视民族工作，为了抢救保护彝文古籍，全国彝区于20世纪50年代初纷纷成立彝文文献整理研究机构，对收集到的部分文献进行一系列的整理、译注工作，出版了一批具有代表性的彝文古籍文献。

四川省编译局和有关部门业已完成三百多卷共一百多万字的彝文古籍整理、编译工作；其中重要出版的有《玛牧特依》、《支呷阿鲁》、《尔比释义》、《爨文丛刻》(上、中、下)、《勒俄特依》等，其中《尼木特依》是涵盖最广的彝文古籍，约一百卷，被誉为彝族传统文化的百科全书。

云南省所译注和出版的彝文古籍文献在西南地区数量最多，内容最为丰富，以楚雄彝文研究院为例：初步翻译彝文古籍文献和部分口碑文献300余部，译为汉文原始资料1 000万字，公开出版有6部约120万字；该院创办的《彝文文献译丛》已出版34辑，刊出译文150余部570多万字；其中《彝文文献译丛》第17辑专门汇编彝文碑刻文献专辑，共收录彝文摩崖、山界碑、墓碑碑文原文和汉文译文20篇，这些碑文题刻时间最早的是清乾隆四十五年 (1770年)，较晚的到民国十五年 (1926年)，该专辑的出版填补了云南省彝文金石出版领域的空白；《彝文石刻选》，该书共收录彝文摩崖、碑刻38篇，标志着云南彝文历史石刻档案的研究已取得了突破性进展；同时注重彝族口碑资料的收集、整理，如彝族创世史诗《梅葛》、《查姆》，先后编印《彝族民间文学资料》共九缉约130万字，以及《彝族部落史》、《彝药志》、《居次勒俄》、现正在译注的《彝族毕摩经典译注》（一百卷）等。

贵州省翻译出版的《彝族流源》、《支嘎阿鲁王》、《彝族诗文论》、《物史纪略》、《宇宙人文论》，彝文医学手稿《启谷署》受到海内外高度评价，其中毕节彝文翻译组整理译注的《西南彝志》、《六祖纪略》、《水西全传》等25部51卷约80万字，加上汉文译文共200余万字。其中《西南彝志》以六祖分支为主线，全面记述西南彝族历史的通史性权威著作，被誉为“彝族历史巨著”。

（二）分　编

分类是彝文古籍文献整理工作的重要环节，是编目工作的依据，也是彝文古籍史料提供利用的基础。为此，各彝族古籍文献管理部门对古籍作了科学整理，形成了各部门各自的一套分类编目方法。

云南楚雄彝文研究院将所收集到的古籍文献进行分类编目为十三大类，每类之下按顺序排列，每部彝文文献后面列有文献名称、编号、页数、字数、文体、规格、残缺等情况以及形成时间、征集地区、备注等项目，全面地反映了彝文历史内容。

贵州毕节彝文翻译组则把收集到的彝文古籍分为四个部类，即哲学、社会科学、自然科学、民俗，四个部类又分为二十六个大类，其编目项目有：类别名称、编号、文献名称、文献出处、册数、内容简介等。

1981年，马学良教授和云、贵、川三省八位毕摩在对北京现存部分彝文古籍整理的基础上，编成了《北京现存彝族历史文献的部分书目》，《书目》把古彝文文献分为十一大类，每类之下按顺序排列古籍，每本彝文古籍注明书名、出处、书存单位、该书现状、号码等项目。

综观滇、川、黔、桂四省区的彝文文献，根据资料和现存书目，按其包罗的内容，可以概括为宗教类，历史类，谱牒、神话类，哲学类，伦理类，天文律历类，地理类，文学及论著类，医药类，农牧生产类，军事类，契约、账簿、通告类，译著类，文字类。

（三）规范彝文的整理

全国彝语六大方言区分为25种土语，以下又有若干次土语。彝文随方言分化而分化，形成彝文异体众多的情况。各地彝文古籍中，不仅按方音口语混用同音字，还混用多形字，使不同方言土语区的彝族人互相不能释读；为此，学者们对彝文规范问题进行了研究，目前，彝族地区存在三种规范彝文。

1. 四川规范彝文

20世纪70年代，四川省开始对凉山彝区进行科学规范整理，从原有彝文中选出819个字代表彝语813个音节，其规范彝文就是表音的音节文字，即同音词用同一个字表示。1976年起在四川境内试行，1980年国务院批准《四川彝文规范方案》正式推行。

2. 云南规范彝文

云南彝区居住分散，分属于各个不同的彝语方言，互相不能通话，于是云南省在原有的彝文字中选出一些简单易学的字作为表意字，固定字形、字义，不规定读音，各方言按各地的方音念读，即用一套超方言表意彝文作为云南省彝区的通用文字；1987年2月，云南省人民政府批准规范彝文在全省范围内试行。

3. 四省区通用彝文

1992年，滇、川、黔、桂四省区和北京有关部门汇集彝语六大方言区从事彝文古籍研究的专家学者，从对比研究各地彝语方音方言入手，从各地沿用古彝文中优选比较有规律和便于书写的彝文字，共同整理一套“固定字形，字音各按方言念读”的超方言通用古彝文。在四省区的古彝文中选定2 600余字作超方言通用彝字编写《彝文字典》，收集各地彝文古籍中不同用字编成滇、川、黔、桂《彝文字集》二书，先后于2001年2月、2004年6月，由滇、川、黔三省的民族出版社联合出版，为各彝区的彝文古籍“书不同文”扫清了障碍，逐步在全国彝区实现统一字形、字义、读音求同学异的通用正体字，为实现彝文古籍“书同文”定准了方向，铺平了道路。

四、彝文古籍文献保护的紧迫性

人类的进步离不开古老文明的传承。古代彝族先民们留下不可再生的重要文化遗产，这些遗产除民间口传以外大量保存在毕摩的彝文古籍文献中，而彝文古籍文献在不断形成流传的同时，自然与人为地对它的摧残也紧密相随。

（一）彝文古籍文献的受损情况

1. 人为损毁

从明朝中期到清朝初年，彝区改土归流，在历时一个半世纪的社会制度变更和硝烟战火中，许多彝文古籍文献灰飞烟灭，惨遭灭顶之灾。19世纪西方基督教传入我国，实行殖民文化渗透，宣言耶稣为唯一救世主的排他信仰，彝区也不能幸免。一方面一些外国传教士在彝区设教堂传教，学习彝文并收集彝文古籍运回国，另一方面让信教的毕摩后裔将自己藏存的彝文古籍通通烧光。据云南省红河哈尼族彝族自治州建水民族研究所在1988年进行的民间彝文古籍状况调查：仅石屏一个县在“文革”期间被烧掉的彝文古籍有258卷，其中不乏《祭祖经全集》、《物常书》等珍品。许多传世的彝文碑刻、摩崖、金文被凿没、敲断或打碎。

2. 传承中的人为损毁

彝族毕摩不管是家传己子或师传弟子，每个毕摩学成，为师者一般要传抄一套彝文经籍给从师者作出师后用，而为师的毕摩一旦去世，其原来所用经籍需焚祭给他。即使毕摩没有后传，一旦去世，其后人也同样将其生前所用经书焚祭给他，以表示其生为毕摩，死后仍掌毕摩之职。这种世代焚祭彝文古籍给去世毕摩的习俗，使无数彝文古籍毁于一旦。

3. 自然损毁

古籍文献在长期的流通过程中自然老化是不可避免的，随着时间的推移古籍文献老化和损坏将日趋严重。

许多藏书单位均存在一定数量的破损古籍文献，由于对古籍文献缺乏科学的保护管理，致使许多珍贵古籍文献遭受不同程度的损坏，特别是散存民间的彝文古籍，有的已是千疮百孔、残缺破碎。据报道，在近20年来对北京部分彝文古籍进行整理的过程中，发现所编目的659部文献中保存完好的只有248部，占总数的37%；边残的有168部，占19%；全残难以整理的有120部，占18%。楚雄州档案馆收藏的58个卷宗150册彝文古籍，文书中前残的有18册，占12%；前后残的有29册，占19%；后残的有14册，占9%；严重残损无法修复的有6册，占4%。若不进行及时的科学技术保护抢救、整理，随着时间的推移，彝族古籍文献将面临失传的危险。

(二) 彝族古籍文献保存的条件

在历史上，彝族形成过较大范围的地方政权，也形成过统一的宗教社团，所以彝文典籍也曾被地方政权集中收藏与研究过，在过去的年代往往由历史上的土司家支的毕摩用个人的力量来分散收藏与研究，随着土司制度的解体，彝文典籍的收藏失去了原有的社会力量的支撑。目前有许多宝贵的典籍基本散失，存世者残损情况极其严重，另外尽管传世彝文典籍卷帙浩繁及内容广泛，但却又无法实施有效的全面协调研究，常常也因保管不善而严重毁损。

1. 缺乏统一协调的保管使用机构

目前存世的彝文古籍文献总数超过已收藏总数的近十倍，尚有十万件急待收藏。即使已经收藏的彝文古籍文献由于分属不同的单位和部门，各单位提供的保管经费和后续收购经费严重不足，而各藏书单位基本都缺乏现代化和专业化的保管设施，使用时无法互通有无，从而使这一珍贵的文化遗产无法充分发挥其应有的效益，甚至成为死资料。

2. 缺乏科学的保护设施

传世彝文典籍绝大多数均为手稿或传抄本，70%以上均属国内外孤本，仅有几个地区发现雕版印本，甚至是套色雕版印本，极其珍贵，一旦毁损或丢失，就意味着该典籍彻底消失。而时下的保存条件却令人担忧，从民间收集到档案馆、图书馆、博物馆及有关民族科研部门的彝文古籍文献，从现藏的条件看，达不到科学保护的条件。由于环境污染，一些古籍酸化和脆化程度加快。而彝文古籍所用纸质较糙、杂，纤维较短，含酸性强，时间长了容易褪色、破损；干燥的环境会造成古籍纸质脆裂、老化；潮湿的环境，空气不流通，容易使古籍生虫、长霉；古籍通常温度在18℃±3℃比较合理，是保存保护古籍的最佳环境。但绝大多数保存古籍的单位没有吸湿吸潮物质及调温设施，所藏古籍基本上处于不被日晒雨淋的自然状态；有的单位古籍书柜年代太久，书柜本身已被虫蛀，用于存放古籍犹如雪上加霜；保护措施不到位，仅采用施放樟脑药片、老草烟等简单防虫措施，也没有防霉措施。至于散落在民间的彝文古籍文献，其保管条件就更简陋，多数毕摩把古籍存放在木箱、柜子、竹篮、布袋里，长期受到家里烟雾熏烤，致使古籍纸质变脆变黄、变黑，甚至受潮、虫蛀、脆化和霉变，有的已无法修复和通读。再者，彝文古籍文献的书写材料不同，毁损的因素也不同，应加以区别保护。令人堪忧的是时下的收藏机构对彝文典籍也仅仅是按照一般图书的收藏去进行上架保管，这只会加快毁损速度，跟古籍的科学保管要求背道而驰。

3. 古籍保护、整理、专业人员匮乏现象突出

古籍整理保护专业人员匮乏是全国普遍现象，在民族地区尤为突出。大部分地区管理人员不太了解古籍的科学管理，又因为专业知识的缺乏，有的管理人员甚至将线装古籍像普通图书一样竖着放在书架上，有的在古籍上圈点批注，使古籍原貌遭到破坏。收藏机构由于条件所限，大多数均未能开展古籍修复工作。同时，也缺乏古籍编目人员。彝文古籍内容比较繁杂，往往一本书涵盖了天文地理、文学艺术，给分编带来难度，绝大多数分编也仅对其简单分编，古籍揭示不充分。再者，古籍文献数字化建设是当今古籍保护所采取的最为有效的方式，但由于专业人员的缺乏和技术条件的限制，许多古籍收藏部门至今还未使用计算机编目，古籍数字化建设还未起步。即便有分编，各省彝族古籍文献收藏单位对典籍有各自的分类体系，许多单位只按入库时的流水号来进行编目，造成检索上的极端困难，致使彝文典籍难以发挥其实效。

4. 彝族古籍文献传承面临严峻形势

彝族古文字的书写记载从来都没有脱离其口头文化的传播语境。一代代毕摩正是通过诗歌的创造，使彝族文化在流动的语言中进入文字，文献文体又通过仪式“声教”的口头传播走向民间。因此，毕摩文献堪称是我国活形态的文献遗产，也是“人类记忆”的生动载体。然而，十年浩劫，彝族毕摩和彝文经书成了封建迷信的活靶子而被大加扼杀，造成无人敢学的局面，毕摩也不敢收徒传授衣钵，随着时间的推移，现在精通彝文的毕摩相继谢世。另外由于现在传统生活方式的改变和古老山地文化逐步消失，毕摩的生存环境受到威胁，彝族毕摩面临“断层”危机。尽管近年来对彝族文化抢救做了一些工作并在翻译出版方面

取得了一定的成果，但对彝族古籍文献并不能形成直接的助益作用，古籍整理研究工作也面临人才断层的危机。毕摩经诵的受众兴趣转移，毕摩难以将手抄经书与仪式经诵作为维系这一书写传统的现状，导致古彝文文献传承与传播的迅速萎缩。老毕摩的相继辞世，许多古老的经典面临无法解读的危机，许多古文献正在成为天书，毕摩文献传统的存活空间进一步缩小。“没有记忆就没有创造”，对这些珍贵的人类记忆加以抢救和保护迫在眉睫。

五、针对彝文古籍文献保护现状应加强采取的措施

（一）建立完善的彝文古籍保护和传承机制

完善的保护制度是保护古籍的根本保证。古籍的存藏、流通、复制、修复、常规检查等都应通过完善的制度和专门技术措施防止与减少古籍损坏，从而最大限度地防止和减少各种损坏古籍的不利因素，把古籍的自然损坏率降低至最低限度，延长古籍寿命。

彝文古籍大多数是靠毕摩们以手抄的形式在内部通过仪式并以其自身为载体活态传承，活态展现，不论是抄写方式还是传承方式都独特而稀有，识读彝文、整理彝文文献、传承和推广古彝文都离不开毕摩的协作和配合，毕摩是彝族古籍文献永葆生命力的关键所在。现精通古籍的毕摩为数不多，随着岁月的流逝更是越来越少，因此，应该提供一种适宜毕摩自然传承的环境和条件，激发他们培养年轻传人的积极性，建立健全长效的古籍保护机制和古籍传承人员命名制度，同时把研究彝族毕摩文化的机构和队伍建设纳入重要的议事日程，投入资金和相应设施以及建立健全各项相关法律法规，以保护和完善古籍传承机制，实现彝族古籍在民族地区长期而有效的传承。

（二）建立统一规范的彝文古籍文献管理中心

传世彝文典籍卷帙浩繁涉及内容广泛，语区、文字多样化，典籍价值极高，但无法实施有效地全面协调研究。彝文古籍从分类到著录各单位不统一，典籍文本的管理水平普遍不具备科学化和专业化，尚未实现标准化，使抢救整理工作无法应用开展。鉴此，笔者认为应该集中全国四省区彝族机构，对全国性彝文及典籍，集中研究和保护，建立统一的彝文管理和研究中心，并对每部彝文古籍书目都建有包括书名原文、国际音标、注音、汉译、字数、原藏书者、收集地点、收集时间、收集整理者、现藏书单位、内容提要等；让人们对每本彝文古籍有个比较全面的了解，也为研究彝族文化的专家、学者提供线索和对古籍文献的内容介绍概貌，对彝文古籍有一个宏观的把握；并在古籍内容归属、目录格式制作、分类排架等方面，尽快制订出统一的规范标准，集中财力、物力、技术力量由全国性的定点机构实行统一标准化管理。比如图书馆——既是文献信息中心，又具备馆藏文献的专业知识技能，能对每部彝文古籍管理提供规范方案和技术力量。

（三）加强彝族古籍文献保护从业队伍建设

古籍文献的保护程度如何，关键在于人才培养。我国的彝文古籍，是一种不可再生资源，且收藏分散，语言、文字、载体复杂多样，保护设施落后，人才严重缺乏，影响了古籍的管理、使用、交流和共享。因此，应该制定规划，多渠道、分层次培养古籍保护人才，加强古籍保护科技的研究和运用推广，开展工作交流，逐步培养一批高水平的古籍修复专家和整理专家。

1. 做好珍贵彝文古籍修复工作的人才培养

对一些珍贵的彝文古籍要投入必要的财力和人力进行原生性保护和修复。作为我国的传统工艺——古籍修复行业，一直是口传身授，一代传一代，没有一个统一的技术规范和质量标准，并且古籍修复人员极其缺乏，技术普遍落后。因此，要有计划选派人员进行对古籍保护方面的学习、深造，培养古籍修复保护工作的相关人才。建立科学、规范的修复档案，按照技术标准和规范进行，并建立古籍修复机构资格准入与修复人员资格认证制度。努力将传统修复技艺与现代技术相结合，充分吸收国内外先进技术和经验，提高古籍修复水平。

2. 努力培养彝族古籍文献学科队伍建设

培养彝族古籍保护专业人才和一专多用的彝族古籍保护复合型人才是关键。彝族古籍整理工作是一项专业性很强的工作，只有建立古籍保护人才培养基地，以提高彝族古籍人员业务水平为重点，把学历教育和高级人才培养结合起来，培训古籍保护、整理、出版、研究人才和翻译人才，并提高现有古籍从业人员的工作能力和业务水平，使民族古籍专业人才队伍不断趋于合理，进一步完善彝族学科体系建设，使之更好传承。

（四）加强彝文古籍数字化、标准化、规范化建设，实现资源共享

古籍数字化，就是利用现代化信息技术将古籍文献加工、处理，制成古籍文献书目数据库和古籍全文数据库，用以揭示古籍文献中所蕴涵的极其丰富的信息资源，为古籍的深度开发打下良好的基础。由于古籍来之不易和难于保管等原因，使各个收藏单位随之也产生了“重藏轻用”的保守倾向，使得彝文古籍无法像一般图书文献一样正常流通使用，加之彝文古籍数量庞大、语种文字复杂以及目录的分类方法、编排样式、检索手段都和现在图书馆经常使用的不一样，往往使其无法充分发挥应有的作用，大大降低了古籍的利用率。数字化以后，读者和专家可以通过光盘和网络浏览阅读，不仅可以很好地保护古籍文献使之不在无数次翻阅中遭到损坏，而且也可为查阅者提供快捷的服务，妥善解决文献藏与阅的矛盾。所以数字化建设是保护和传承古籍文献最有效的形式，是古籍保护工作的重点。

制定统一的数据库规范，应进行有效规划并制定统一标准来实现标准化和规范化，进而实现数字化成果的最大范围共享。统

一规范的数据库形式是民族古籍数字化的生命力之所在，要想建立全国规范统一的彝族古籍数据库，必须要有统一的数据格式要求。要对彝族古籍原本进行鉴别和统一著录，执行统一的分类表和分类原则。然而，目前许多彝族古籍管理单位设计数据库的时候所采用的标准并不一致，导致古籍信息资源难以共享。因此，只有将全国相关部门从事彝族古籍数字化的单位联合起来，制定出古籍数字化的统一标准，实现彝族古籍数字化建设的标准化和规范化。在此基础上进行分工合作，建立可共建共享的彝族古籍文献信息资源体系，才能达到保护、利用、共享彝文古籍文献的目的。

参考文献：

［1］左玉堂，陶学良．毕摩文化论．云南：云南人民出版社，1993.

［2］朱琚元．中华万年文明的曙光．云南：云南人民出版，2003.

［3］陈英．陈英彝学研究文集．贵阳：贵州人民出版社，2004.

［4］张公瑾．民族古文献概览．北京：民族出版社，1997.

［5］戈隆阿弘．彝族古代史研究．云南：云南民族出版社，1996.

［6］华林．西南彝族历史档案．昆明：云南大学出版社，1999.

对楚雄彝州县域特色经济发展的几点思考

安 敏*

摘 要：利用楚雄州的优势与特色资源，发展优势产业、特色经济，是楚雄州发展县域经济的现实选择，也是楚雄州解决“三农”问题及实现全面建设小康社会目标的关键途径。本文从发展楚雄州县域特色经济的必要性入手，就楚雄州发展特色县域经济的资源依据、路径选择和优势产业发展方向等几个方面进行了深入探讨和分析。

关键词：县域经济 特色经济 比较优势 因地制宜

在我国国民经济和社会发展中，县域经济占有十分重要的地位。党的十六大发出了“壮大县域经济”的号召，并把发展县域经济作为我国全面推进小康建设的首要任务；党的十六届三中全会又进一步强调“要大力发展县域经济”。

因此，为进一步深入贯彻“三个代表”重要思想和党的十六大、十六届三中全会精神，切实增强县域经济发展的紧迫感和责任感，我们必须认真分析研究楚雄州自身的比较优势，以科学

* 作者简介：安敏，女，楚雄师范学院经管系副教授，主要从事经济学、会计学研究。

发展观为指导，把探索楚雄州县域经济发展的新思路和新举措作为当前和今后一个时期全州经济社会发展所面临的一项主要任务，努力把全州的区域经济推向一个崭新的发展阶段。

一、楚雄州发展县域特色经济的必要性探寻

云南县域经济所面临的形势和其他省区市相比有较大差距，县域经济基本竞争力十分孱弱。据中国县域经济基本竞争力评价中心测评，2001 年云南县域经济发展指数为全国倒数第 3 位，比西部平均值还低 2.3 个百分点，目前还没有一个县市进入全国县域经济竞争力百强。全省 129 个县市区中有 116 个要靠省级财政补贴保证工资发放和机构运转，这种“大河有水小河干”的“讨饭财政”现象引起了云南社会各界广泛的关注。正如云南省委书记白恩培所说：“县域经济是云南经济发展中的薄弱环节，已经成为影响云南经济快速发展的最大制约，成为与发达省区的最主要差距。”

因此，可以说作为云南省重要组成部分的楚雄州，其县域特色经济的发展水平不仅关系到楚雄州综合经济实力能否切实提高，关系到贫困县能否真正脱贫致富奔小康，也直接关系到云南省经济持续发展、社会稳定和民族团结的政治大局。

首先，发展楚雄州县域特色经济是解决“三农”问题，实现民族地区跨越式发展的关键。

楚雄彝族自治州位于云南省中北部，全州总面积 29 258 平方公里，辖楚雄市和双柏、牟定、南华、姚安、大姚、永仁、元谋、武定、禄丰 9 县，居住有彝、苗、白、回、哈尼、傈僳等 25 个少数民族。其中，很多县的县级财政增长乏力，许多财政补贴县财政自给率持续下降；“三农问题”比较突出，农民收入增长缓慢。在第四届中国西部百强县（市）评价结果中，云南有 10 个县（市）进入百强行列，其排名分别为：大理市第 5

名，安宁市第12名，弥勒县第18名，楚雄市第21名，宣威市第56名，会泽县第57名，个旧市第59名，宜良县第72名，景洪市第81名，开远市第83名，我州有一县市榜上有名。但是在最近公布的第五届中国西部百强县（市）评价排序中楚雄市处于第30位，比第四届的排序位次下降9位，并且评价中心还将各地（市）下辖县域单位的竞争力排位的平均值进行排列，得出云南省各地（市）的县域经济基本竞争力强弱排序，依次是：曲靖市、西双版纳州、昆明市、红河州、玉溪市、保山市、大理州、楚雄州、文山州、德宏州、临沧地区、思茅地区、丽江市、昭通市、迪庆州、怒江州，我州排位的等级不容乐观。由此可见，楚雄州县域经济发展水平比较滞后，县域经济实力薄弱，乡村人口比重大，农村社会矛盾错综复杂。怎样才能使楚雄州县域经济尽快发展起来，遏止业已存在的地区差距扩大并逐步缩小差距，这本身就是一个超常的历史性任务，没有特殊的思路，超常的举措，单靠传统的发展思路与模式是难以实现的。因此，结合楚雄州的具体州情，以市场为导向，因地制宜，突出重点，扬长补短，发挥优势，发展多元特色经济，既是解决“三农”问题和财政倒挂问题的根本途径，也是实现楚雄州县域经济跨越式发展的必由之路。

其次，发展楚雄州县域特色经济是比较优势理论的现实要求，也是市场经济发展的本质需要。

国际贸易理论证明，在各经济要素不流动的前提下，各国应在生产具有比较优势产品的基础上进行贸易交换，各国都将从贸易中获益并提高福利水平。这一理论虽是针对国与国之间的贸易而言，但同样可以用于一国地区间的分工与发展问题。市场经济发展的长期实践已从正反两个方面表明：一国或一个地区的经济发展速度与收入水平的高低主要取决于利用现有优势要素参与分工和实现比较利益的程度。同时也表明，市场经济在一定意义上就是特色经济，市场竞争就是特色竞争。如果各地的产业、产品结构雷同，生产的东西都差不多，也就没有了交换的必要，这就人为地削弱了竞争力，抑制了市场经济的发展。从这个意义上说，楚雄州应该按照各县域不同要素禀赋特征进行专业化分工，立足于发展特色经济才能在市场竞争中争得一席之地。

再次，楚雄州县域特色经济发展既是经济全球化对发展区域经济的必然要求，也是顺应我国西部大开发必须作出的战略选择。

当今世界，和平与发展的时代潮流与新技术革命正推动着经济全球化的加速发展，国际经济全球化的不断加深，扩大了国家和地区之间的合作与交流，对全球经济的发展产生了重要的推动作用，同时也使国际间的市场竞争日益激烈。无论哪个国家和地区，要想在国际竞争中立于不败之地，就必须适应国际产业结构和市场的变化，发展具有活力的特色经济，以适应各种挑战，提高市场竞争力。县域经济作为一种地方经济，由于各地的自然环境、资源条件、社会经济发展的条件、机遇、程度各不相同，致使县域农业的结构、品种、质量，工业的强项与弱项，经济的支柱与潜力，区位的优势与劣势等等，总是各有特色的，特色就是“比较优势”，就有可能发展为特色经济。在西部大开发和我国加入 WTO 的大背景下，这种可能性已大为增强了，这是欠发达地区县域经济发展千载难逢的机会。如何抓住机会，充分利用楚雄州各县的区位优势及资源优势进行县域经济结构的调整，提升县域经济竞争力，已显得非常必要和迫切。与此同时，西部大开发是国家制定的大区域经济发展战略决策，西部各县域利用比较优势，发展特色经济和优势产业，将有助于逐渐改变地区产业结构趋向问题，打破地区封锁，促进真正意义上的全国统一大市场的形成。从某种意义上说，楚雄州县域特色经济的发展能够为云南省乃至整个西部大区域经济发展开辟新市场，找到新的或潜在的消费群体，从而有效加快西部大开发的进程，大幅度地提高国家整体的竞争力。

二、楚雄州发展县域特色经济的资源依据剖析

一个国家和地区竞争优势取得的关键在于其对自身优势的认识和把握，这就客观上要求各地区在发展县域经济的战略决策中，必须注意县域经济的比较优势。我们认为，目前楚雄州县域地区要素禀赋的相对比较优势主要集中在以下几个方面：

（一）地理气候资源特色

楚雄州地处康滇地轴南段的偏西一方，位于东经100°43′~102°30′，北纬24°13′~26°30′之间，属云贵高原西部，滇中高原的主体部位。境内气候宜人，属亚热带季风气候，大部分地区光热资源比较充足，年均日照为2 450小时。同时因各地地形和海拔的差异，气象要素时空分布复杂、气候垂直变化明显，凸显出立体气候的明显特征，具有发展立体农业的潜力和优势。

（二）矿产资源特色

州内地质构造复杂，矿产资源丰富，种类涉及41个矿种，产地和矿化地达431处。其中，铜、铁、砷、岩盐、芒硝、石膏等可称优势矿种，煤、铁、石油、天然气等储量较丰富，其他还分布有金、银、铅、大理石、石棉、磷、铂等多种矿藏。历史上铜、铁、盐、煤等矿产曾对楚雄州乃至云南省经济发展起过举足轻重的作用，同时楚雄州还是云南省寻找石油和天然气最有希望的一个盆地，生油岩层厚达1 000~2 000米，预测天然气资源的储量十分可观。

（三）农业与生物资源特色

楚雄州的植物种类有6 000多种，主要是中草药、野生食用菌等。全州有林地面积1 731.3万亩，森林面积1 633.6万亩，森林综合覆盖率60.69%，森林覆盖率达39.5%。党的十一届三

中全会以来，全州造林面积大幅度增长，已初步建成规模较大的用材、板栗、核桃、蓝桉、黑荆、水果等林业基地多处。州内常见的树种有云南松、华山松、滇油杉、金丝桃、滇橄榄、杜鹃、冬瓜树等。草本植物以香茅、龙须草、野古草、金球花为最多。药用植物以薄荷、大黄、黄连、茯苓最为有名。州境有野生哺乳动物110多种、鸟类有390多种、爬行类66种、两栖类34种、鱼类85种，其中长臂猿、懒猴、云豹、绿孔雀、黑颈鹤等为国家重点保护的珍稀动物。进入21世纪，以“三区八大基地”(即医药工业园区、绿色食品工业园区、特色蔬菜种植园区和优质烟、优质米、中药材、畜牧、林果、茶桑、魔芋、水产养殖基地）建设为标志的楚雄州生物资源开发创新产业初步形成，标志着楚雄州具有培育绿色产业，构建“绿色经济强州”的潜在特色资源基础。

（四）旅游资源特色

特殊的地理地貌和气候环境，众多的民族风情，悠久的历史以及灿烂的文化，造就了楚雄州独具特色、丰富多彩的旅游资源和环境。

自然旅游资源方面：千里彝山，胜境天成。素有“西南第一山”之称的武定狮子山，风景秀丽为云南省级风景名胜区。元代建筑正续禅寺古刹庄严，相传明惠帝曾徒步八千里潜居此地为僧。与武定相邻的元谋县，便是著名的“元谋猿人”化石发掘地；还有元谋土林风光，千姿百态 ，引人遐思。永仁方山山顶平阔，松涛呼啸，极目远眺，金沙江蜿蜒于群山峡谷之间，相传当年诸葛孔明渡泸，扎营于此。大姚的唐代白塔、明代的石羊孔庙是早期佛教和儒家文化在此流传的历史遗存。楚雄紫溪山于明清时为省内佛教圣地，林壑幽深，奇花、古木、森林相映成趣，并有珍贵的宋代摩崖石刻，为旅游和避暑胜地。被誉为“化石王国”的禄丰，曾发掘出世界上第一个腊玛古猿头骨化石，是研究人类起源的重要区域，又是著名的恐龙化石产地，建有恐龙化石博物馆。近年来，楚雄州以“三古一彝”（古生物、古人类、古文化、彝族风情园）为特征的特色旅游业不断发展，丰富的文物古迹、靓丽的中等生态城市建设景观及浓郁的地方民族风情吸引着中外游客纷至沓来。

人文旅游资源方面：楚雄州是人类发祥地之一，有着悠久的历史和灿烂的文化，形成了举世无双的人文资源。其特色主要表现在三个方面：一是历史久远，博大神秘。20 世纪 60 年代中期至 80 年代初，在禄丰发现了生活在 800 万年前的禄丰腊玛古猿化石，在元谋县发现了生活在 300 万年前的元谋竹棚人猿超科化石。1965 年，在元谋县发现了距今 170 万年前的元谋人化石，并发现了打制石器和用火的痕迹，证明元谋人不但完成了从猿到人的进化过程，还掌握了用火的技能。1975 年，楚雄万家坝出土了迄今为止世界上最早的铜鼓，证明早在 2 500 年前，楚雄地区的先民便创造了以铜鼓为特征的青铜文化。二是鲜明的彝文化特色。流传至今的有大量彝族人民关于天地万物、人类起源等各种神话、传说和史诗，如《梅葛》、《查姆》等，是中华民族文化宝库中的珍品。人们从流传至今仍盛行不衰的民族歌舞海洋中，既可以感受到彝族人民对生活的艺术提炼与表现，还可以归纳出丰富多彩的民族民间体育活动。彝族远古十月太阳历和与此相关的彝族虎宇宙观、阴阳（雌雄）观在其后的历史长河中深深地渗透于中国文化的各个领域。三是独具特色的民族风情。如彝族火把节、大姚插花节、牟定三月会、禄丰高峰花会、姚安龙华会、永仁赛装节等民族节日和民间集会与自然风光的有机融合，形成人与自然的和谐一致，给人以“天人合一”，刚柔相济，自然纯朴的感受和意境。

（五）土特产品资源特色

楚雄州较出名的土特产品有楚雄的云泉豆瓣酱、薄荷、粉丝、丝绸、吕合米酒、紫溪茶；禄丰的香醋、东河米、耐磨铸铁、汽缸套、剪刀、黑井石榴；南华的大白芸豆、铁锅、沙桥豆腐、月琴；大姚的薄壳核桃、果脯、野坝子蜂蜜；姚安的三角糯米、茯苓、菖河蜂蜜、荞酒、乳鸽、山药；永仁的苴却砚、永兴花椒、永桥酒；牟定的油卤腐、喜鹊窝酒、铜炊具、化佛茶；双柏的妥甸酱油、白竹山茶；元谋的土锅、龙须草、毛叶枣、热带水果；武定的壮鸡、板栗等。此外，遍布全州的虎掌菌、松茸、牛肝菌、黑木耳等野生食用菌畅销欧洲和日本；元谋的冬早蔬菜远销全国各大中城市并名列全国十大蔬菜基地之一；柠檬酸、高低压开关柜等工业产品及“蝴蝶泉”、“桂花”、“国宾”等品牌的楚雄卷烟畅销全国；“排毒养颜胶囊”等民族药享誉国内外。

三、楚雄州各县域特色经济的优势产业发展方向构想

县域经济发展必须因地制宜，以发展特色经济为基本方向。之所以如此是因为，对一个县域而言，不可能发展全方位、全门类经济，而只能是依托本地比较优势来发展特色经济。在上述分析的基础上，我们认为，楚雄各县域发展特色经济要根据实际情况，重点支持有特色和优势的农业、旅游业、轻工业、能源、原材料加工业等，推进水电、有色金属、农牧业、中草药等优势资源的合理开发和深度加工，加快资源优势向经济优势的转化。

（一）楚雄市充分发挥县域优势的关键在于着力培育5大支柱产业

楚雄市应围绕县域经济发展规划，结合自身优势重点抓好烟草及配套产业、天然药业、畜牧及绿色食品业、商贸旅游业、能源冶金业等5大产业的培育。一是巩固发展烟草及配套产业。认真抓好优质烟基地建设，加大推广应用烟草新技术，不断提高烟叶生产效益。二是突出发展天然药业。以现有药业企业为基础，加大对盘龙云海、龙发制药、老拨云堂、万裕、云中等药业的扶

持力度，整合现有药业资源，使其尽快上规模，发挥应有的效益。三是壮大发展畜牧及绿色食品加工业。在鼓励和支持农户养殖商品牛、羊、猪、禽等传统产业的基础上，积极引导和扶持发展畜禽规模养殖大户，带动畜牧业发展。绿色食品业要以优势特色农产品基地建设为重点，促进绿色食品业的发展。四是加快发展商贸旅游业。充分发挥楚雄区位和交通优势，加强商贸网点、专业市场的规划建设，加快民族文化产业和旅游产业的发展步伐，促进商贸旅游业的发展。五是整合发展能源冶金工业。在抓好对现有能源、冶金等工业的基础上，充分挖掘煤炭资源的整合开发，提高整体办矿水平和产业集中度，增强发展后劲。在抓好不管河、泥堵拉河等电站建设的基础上，认真做好礼社江流域电站开发建设等项目前期工作，努力将资源优势转化为经济优势。

（二）双柏县应以生态畜牧为特征，以环保工业为主导，聚焦“畜牧富民、水电富县”

双柏县应着力打造黑山羊之乡、水电能源之乡，努力把畜牧、水电“双富”产业培育成为支撑县域经济发展的“双支柱”产业，稳步推进县域经济发展。一是充分利用双柏县森林覆盖广、草水丰沛等得天独厚的自然资源优势，通过引进和培育龙头企业，实施知名品牌工程、畜禽良种工程、牧草种植与饲料开发工程、畜产品基地建设工程、动物疫病和畜产品安全工程、畜产品市场和营销网络建设工程等“六大工程”，采取加强领导、加大资金投入、加大对龙头企业的扶持、加强队伍建设及科技推广、表彰奖励等“六项措施”，努力把畜牧产业培植成为国民经济增长的支柱产业。二是着眼富县抓水电。该县水能理论蕴藏量达36.345万千瓦，规划可开发41座电站，总装机容量30万千瓦，目前仅开发4座5.22万千瓦，开发潜力还十分巨大。另外，紧紧依托妥甸酱油厂和白竹山茶厂的名牌优势，推动酱油、茶叶产业快速发展，不断扩大金雀花、甜菜、大苦菜、臭菜等特色人工野生蔬菜的种植规模，大力开发野生菌类、蕨类资源，加快使绿色食品及加工业成为县域经济发展的特色产业。

（三）大姚县应念活“山”字经，作好“树”字文，大力发展特色林菜、林果和中药材种植产业

大姚县发挥优势，突出特色，必须立足于核桃、彝药、蚕桑、畜牧四大特色经济产业，精心打造“薄壳核桃”、“恒元彝药”、“百草岭牌野坝子蜂蜜”、“滇星牌蜂蜜核桃汁”四大品牌，形成自己的拳头产品，名牌产品，发挥品牌效应。同时围绕四大品牌，实现一个经济产业带突出一个特色，构建山区、半山区经济发展平台：一是建设高山生态、林副产品经济产业带，重点发展核桃、白芸豆、脱毒马铃薯和中药材产业；二是建设半山区经济产业带，重点发展板栗、优质野坝子蜂蜜和畜牧业等产业；三是建设金沙江干热河谷经济产业带，重点发展花椒、小米辣椒、冬早蔬菜等产业。

（四）永仁县应充分依托光热资源优势，大力发展种养殖业

永仁县全县年平均日照为2 836.4小时，日照时间仅次于拉萨，居全国第二，属全省第一。境内海拔在926—2 884.7米之间，立体气候明显，年均降雨量833毫米，多年平均气温17.6℃。无霜期达267天，为亚热带季风气候，特别适宜发展各种种养殖业。因此，永仁县依托优势，发展特色县域经济，必须继续抓好四大产业。一是提升烤烟产业；二是壮大畜牧业；三是培强蚕桑业；四是优化绿色食品业。此外，还可依托方山和龙虎峡创新旅游业。

（五）牟定县应牢固树立“兴工强县”的发展思路，培强做大龙头骨干企业

从牟定县资源条件、区位优势、发展基础的情况看，坚持以市场为导向、企业为主体，以两大园区建设为依托，提高工业经济的整体素质、核心竞争能力和质量效益，加快产业结构调整步

伐是实现县域经济快速发展的必由之路。一是要围绕名猪、名酒、名腐乳“三乡”建设，继续培强壮大南塔、宏羚、正兴集团等龙头企业，从政策、人力、资金、原料组织等方面给予重点扶持、重点管理，引导和帮助龙头企业不断改进工艺，提高技术装备能力和产品科技含量。二是要围绕亚麻、仔猪、香料、蔬菜、茶叶产业开发为重点，把亚麻作为牟定县继烤烟之后的骨干企业，合理规划，规模发展。三是要巩固提升“散花经济园区”，突出冶金矿产业的开发建设，不断提高建筑建材业在牟定国民经济中的战略地位，认真清理不适宜企业发展的政策、规定；严格执行相关法律法规并切实搞好服务，努力营造良好的发展环境；引导各建筑建材企业整合现有资源，在提高科技含量、管理水平、人员素质和企业资质上下工夫，进一步提升建筑建材企业的竞争实力。

（六）元谋县应充分发挥“天然温室”的区位优势，大力发展热带水果和冬早蔬菜种植业

元谋是金沙江流域典型的干热河谷地区，素有“天然温室”之美称。优良的气候资源非常适宜种植热带、亚热带水果、蔬菜和经济林木。境内农作物复种指数为158.7%，盛产水稻、玉米、花生、蚕豆、薯类等作物，特别是冬春早蔬菜可种植品种丰富，是全国仅有的冬早蔬菜种植区。因此，元谋县立足自身的优势，发展县域经济，首先应加强生态园区和无公害蔬菜试验基地建设；其次大力促成热带水果和反季节花卉种植的产业化发展；最后以人类发祥地、云南“三林”之一的土林奇观、日灿金沙、虎跳滩、西河筏舟的龙川江、红军长征渡、丝绸之路、滇川必经之地姜驿古驿道、姜驿恐龙化石、凉山活佛寺、法林寺、苴林中山寺、羊街青龙寺及建设具有一定规模的“大菜园、大果园、大花园”等一批自然景点为依托创新旅游业。

（七）南华县应该大力发展农特产品加工业，宜农则农

南华是一个物产丰富的内陆县，境内地形复杂，高山、河谷地带和冷凉、温凉、温暖、燥热气候皆有，农、林、牧、副、渔各业齐全，粮、烟、豆、茶、果、药等种植业兼有，是典型的农业县。盛产水稻、包谷、小麦、蚕豆、烟叶和名贵中药材，是地道的“云烟之乡”和国家农业部优质大白芸豆生产基地县。核桃果大皮薄，“银毫”绿茶色正味佳，畅销省内外。年产松茸、牛肝菌等野生食用菌450吨，县城已成为省内最大的野生食用菌交易市场之一。因此，南华县突出特色，应把重点放在丰富的农特产品，如花卉、果蔬、畜产、优质烟、优质稻、野生菌等的深加工上，打造地方品牌，实施品牌战略，促进对外贸易。

（八）武定县应以“壮鸡之乡”和“西南第一山”（狮子山）的品牌建设为契机，大力发展第三产业

武定县的狮子山是驰名全省的旅游胜地，有“西南第一山”之美誉，“雄、古、秀、奇”兼具，有73个自然景点和人文景观，还有众多的楹联、碑刻、摩岩、浮雕、壁画，以及耐人寻味的建文遗迹。景区内的牡丹园占地6 000平方米，有121个品种，9个系，1.4万株，有建文帝手植白牡丹一株，花径28厘米，被中央电视台称赞为“中国牡丹之最”。目前，狮子山已成为旅游、避暑、度假、科考等多功能的风景名胜区。同时，“壮鸡之乡”建设步伐加快，年出栏武定壮鸡298万羽。依托这两大优势，武定县应着力发展特色旅游业和特色餐饮业，积极进行旅游产品开发和宣传促销活动，加快第三产业的发展速度。

（九）姚安县应突出特色，发挥优势，重点培育粮、烟、蚕桑三大产业

姚安县独特的气候条件，孕育了丰富的物产，使姚安粮食、经济作物单产高、质量优，特产莲藕、菖河蜂蜜、“姚州”牌优质粳米、三角香糯米等享誉省内外，曾先后被列为全省商品粮基

地县、优质蚕桑基地县、国家级种子加工中心、全省烤烟科技成果转化示范县、国家级农业综合开发建设项目县和国家级水稻机械化项目示范县。因此，姚安县应紧紧围绕这一重点优势，注重科学规划，合理安排，主要从水利措施、农业措施、林业措施、科技推广、提高投资资金使用效益等五个方面入手，全面推进农业综合开发，不断巩固粮、烟、蚕桑三大产业的支柱地位。

（十）禄丰县应坚持“以工兴农”的发展理念，着力培植烟草、冶金矿产、生物资源开发创新、建筑建材、特色旅游五大产业

禄丰县独特的地理区位，悠久的历史，灿烂的人文，富集的矿产资源，使禄丰的汽缸套、剪刀、香醋等产品在国内、省内评比中多次获奖，畅销省内外和东南亚等国。因此，禄丰县加快县域经济的发展步伐，形成区域特色主导产业，必须以培植烟草、冶金矿产、生物资源开发创新、建筑建材、特色旅游等五大产业为突破口。首先围绕禄丰工业园区规划，在完成德钢三期技改的基础上，全力支持德钢做好四期技改（200万吨钢）项目的可研论证；其次坚持用发展工业的理念去谋划农业，加快培植农业龙头企业；再次紧紧围绕广通其地处滇西“旱码头”的优势，大力发展以交通运输、邮电、金融、旅游、餐饮服务、批发零售、仓储转运为主的第三产业，加快形成集贸易、加工为一体的综合大市场；最后牢固树立“经营城市、营销城市”的理念，积极发展以“恐龙文化”为核心的城市旅游。

楚雄彝州“R”县政府信用现状的实证调查与剖析

刘会柏*

摘　要：地方政府信用研究是社会主义市场经济发展的客观要求。笔者在对云南楚雄州的多个县乡进行深入调研的基础上，撷取了R县为个案剖析对象。按照一定的地方政府信用评价指数体系，根据采集到的相关数据，我们对R县政府信用状况进行了评价和原因分析。

关键词：“R”县　政府信用现状　实证调查　剖析

当前，我国部分地方政府、政府工作人员存在带有一定普遍性的信用缺失问题。政府信用的缺失与构筑，已成为国内学者研究的一个重大课题。系统了解、全面考察云南民族地区地方政府信用的现状及其所存在的问题，对于当前云南民族地区加快政府信用建设，进而顺利地实施全面建设小康社会的奋斗目标，具有十分重大的意义。

---

* 基金项目：楚雄师范学院引进人才科研启动项目（03 －RC03）；云南省教育厅科学研究基金项目（04Y24 9G）。作者简介：刘会柏（1973— ），男，湖南邵阳人，法学硕士，楚雄师范学院政治与公共管理系副教授，主要从事政治学和政府管理研究。

基于上述研究动机的冲动和政治学理论工作者的责任感，2004—2005 年，我们课题组对楚雄州的多个县乡先后进行了深入实际的调研。这里，主要撷取 R 县①为剖析对象，虽然带有个案研究的性质，但我们拟通过这一个案梳理出一些带有一般性的、全盘性的研究结果，进而期望为政府信用建设提供一定的实证素材和参考依据。

一、R 县政府信用的现状与评价

（一）R 县概况

R 县地处滇中腹地，是云南的一个民族自治州的东大门。国土面积 3 536 平方公里，海拔 1 309 至 2 754 米，2 平方公里以上的坝子 25 个，坝区面积占 8.1%，辖 7 乡 11 镇 163 个村（居）委会，境内居住着汉、苗、回、彝、傈僳等 25 个民族，2004 年末总人口 416 668 人，总耕地面积 34.83 万亩，水利化程度达 70%，森林覆盖率达 68%。根据 R 县的统计材料，近三年来 R 县县内生产总值一直稳步增长，2004 年，全县实现县内生产总值 34.45 亿元；2005 年上半年全县实现县内生产总值 18.33 亿元，按照可比价格计算，比上年同期增长 12.2%。

（二）R 县政府信用状况评价

1. 廉洁指数

根据 R 县检察院《工作报告》统计，2003 年，R 县检察机关共受理各类职务犯罪案件 14 件，其中，贪污贿赂犯罪案件 11 件，渎职侵权犯罪案件 3 件，共查处职务犯罪案件 3 件，为国家挽回经济损失 32.5 万元；2004 年，共受理各类职务犯罪案件 16 件，共查处职务犯罪案件 7 件，同比增长了 133.3%。县检察院 2003 年共受理民事行政申诉案件 24 件，其中立案审查 6 件；

① 应被调研单位的要求，本文省去了该个案的真实名称，以 R 代替。

2004 年共受理民事行政申诉案件 19 件，其中立案审查 7 件，立案审查的案件数量同比增长了 16.6%。2004 年，全县纪检监察机关共受理群众来信来访 284 件（次），比 2003 年（276 件）同期增长了 2.9%。2004 年，纪检监察部门立案查处行政人员违纪案件 31 起，查办大案要案 13 件 13 人，为国家和集体挽回经济损失 58.5 万元。

在群众投诉方面，2004 年，全县信访部门共受理群众来信来访 7 611 件（次），其中反映建议类 651 件，检举揭发类 781 件，申诉类 710 件，求决类 5 011 件，比 2003 年同期增长了 7.3%。全县全年发生群众赴京、昆明、州、县集体上访共计 78 批 937 人（次）。其中，群众到州上访 1 批 25 人（次），赴昆明上访 8 批 118 人（次），到北京上访 3 批 4 人（次）。从受理的来信和上访情况看，群众上访的重点集中在党政干部工作作风、党政干部拖欠就餐费、村委会及村民小组财务不清、土地征用、房屋拆迁、土地宅基及农民负担等问题。

2. 透明度指数

各行政部门在维护经济和社会秩序，保护人民群众生命财产安全，促进社会和经济发展上起到了积极的作用。但由于机构庞大，人员结构复杂等诸多方面的原因，大部分行政部门的工作都会存在这样或那样的问题。一是吃拿卡要、以权谋私的现象屡禁不止。二是粗暴执法、野蛮执法的情况还时有出现。三是违规收费、超范围收费的现象较为严重。2004 年，该县人民政府出台了《R 县 2004 年民主评议行风工作实施意见》，从人大、政协和社会各界人士中聘请了 9 名行评代表，对各行政单位组织了民主行风评议。共发放社会调查表 821 份，回收 798 份；召开了包括职工、个体工商户、农民等为评议主体的各种形式的座谈会 18 场次，参会人员达 300 余人；走访干部、群众 150 多人次，暗访群众 18 人次。通过这些活动，一方面，全县的行风得以明显改进，逐步建立健全政务公开、村务公开、收费公开、价格公示等制度规章，“三乱”、“四难”现象明显好转。但是在行风评议活动中还存在一些行政部门迎评工作不主动、走过场以及媒体、舆论监督不充分等问题。另一方面，也使评议代表通过评议活动充分地了解、知悉群众许多意见、建议和愿望，这些意见、建议和要求在评议后的及时反馈十分有利于党政工作部门决策的民主化、科学化、透明化。

此外，从行政实施程序的合法性和行政结果的满意度来考察，我们获取了一些有关的具体的数据和材料：2003 年 R 县法院共受理行政案件 1 件，结案 1 件，受理行政非诉执行案件 76 件，比上年增加 27 件，增长了 55.1%，2004 年 R 县法院共受理的行政案件是 2003 年的 11 倍，涉及公安、工商、卫生、城建、社会保障等行政执法部门的具体行政行为，全年共受理行政案件 11 件，结案 11 件，受理行政非诉执行案件 44 件，结案 44 件。通过行政案件的审理和非诉行政执行案件的审查，增强了行政机关依法行政的自觉性、服务行政的有效性和公开行政的主动性。

3. 行政效率指数

R 县认真贯彻《行政许可法》，建立相关制度，规范了行政审批程序。自 2001 年起，R 县为发展经济，提出要为企业发展创造良好环境，该县开展了整治企业经营环境活动。为提高行政效率，对收费项目和行政审批项目进行清理。2001 年至今，该县行政收费项目总数量在减少，行政审批项目有了明显的削减，行政审批的时间也大大缩短。

4. 行政能力指数

（1）社会治安状况在逐步改善、好转。2004 年 6 月，R 县社会治安综合治理委员会、办公室对全县 1 500 个公民开展了一次关于公众安全感的民意调查，调查对象涉及工人、农民、企业管理人员、国家机关党群组织干部、下岗待业人员、离退休人员和个体私营企业主等，共发出问卷1 500 份，回收1 500 份，回收率达100%。从调查的结果来看：对所在地区社会治安状况认为与过去一样的占18.2%，认为比过去好的占66.6%，认为比过去差的占9.07%，认为说不清的占6.7%；认为辖区“两抢一盗”案件减少的占57.73%；对政法干警工作态度和纪律作风满意的占41.7%，认为其工作作风一般的37.7%；认为目前公安机关出警速度一般的占34%，认为出警迅速的占40%。

（2）应急措施及时有力。2003 年上半年，全国“非典”疫情突如其来，R 县政府迅速反应，立即成立了以党政一把手为组长的工作组，在全县实行责任制和区域联防制度，并对“非典”患者进行排查。由于措施及时，该县没有出现一名“非典”患者。“非典”期间，该县群众生活基本稳定，没有形成过度的恐慌心理。

（3）经济发展态势和财政状况增长势头良好。一是城乡居民生活持续得到改善。二是消费和对外贸易快速增长。三是非公有制经济发展迅速，已经成为经济发展的主力军。四是特色农业格局初步形成。R 县先后被列为全国商品粮、优质烟叶、商品猪基地县和国家级农业综合示范县。五是城市建设发展迅速。六是财政收入持续增长。具体说来，主要可以用以下数据进行描述：

全县目前18 个乡镇和163 个村（居）委会都通畅了公路和程控电话，18 个乡镇开通了移动电话网络，电视覆盖率达96%，广播覆盖率达100%；1995 年就基本普及九年义务教育，全县有完全中学29 所，职业中学1 所，完全小学390 所，幼儿园15 所，全县有各类医疗单位45 个。2004 年，全县实现县内生产总值34.45 亿元，比上年增长12%；地方财政自收收入1.54 亿元，比上年增长25.6%；上划中央“两税收入”1.58 亿元，比上年增长 56.3%；全社会固定资产投资 11 亿元，比上年增长27.6%；社会消费品零售总额达8.5 亿元，比上年增长23.2%；

农民人均收入 2 375 元，城镇居民人均可支配收入达 8 921 元，分别比上年增长 10.5% 和 16.5%。另外，据统计，2005 年上半年全县已经实现县内生产总值 18.33 亿元，按照可比价格计算，比上年同期增长了 12.2%；2005 年上半年全县已经累计完成地方财政总收入 11 034 万元，其中，地方财政自收收入 6 180 元，同比增长 41%；上划中央“两税收入”4 854 万元，同比增长 19.9%；全社会固定资产投资 1.64 亿元；农民人均现金收入 1 116.63 元，城镇居民人均可支配收入 4 991.70 元，分别比上年同期增长 22.4% 和 12.8%。

经过对 R 县政府基本概况的分析，可以看出，R 县政府信用指数呈现如下特点：

第一，从检察机关查处的职务犯罪案件来比较，R 县的廉政状况呈下滑趋势。

第二，从纪检监察机关和信访部门受理或查证的群众来信来访的数量、规模来比较，可以发现群众上访率居高不下，甚至还在有上升的趋势，集体上访、越级上访的批次、人数也有一定的上升趋势。R 县在 2005 年 5 月还专门出台了《关于切实解决“息访难”问题的具体意见和措施》，这说明了 R 县群众对地方政府的满意度不高，县、乡政府在行政作风、行政能力、政务公开、政府形象等方面都还存在一定的问题。

第三，R 县的行政透明度不高，在公众民主参与度上有所缺陷。集体上访、越级上访说明了 R 县县、乡两级政府在提供和拓宽政治参与渠道、有效吸纳和及时反馈群众利益要求等方面还存在缺陷。

第四，尽管行政效率有较大幅度的提高，但从群众的上访率和政府受“八难”问题困扰的窘境来看，R 县的行政效率仍处于一个较低的水平。

第五，从社会治安的状况和政法干警的形象来看，R 县的政治稳定状态良好，政府在打击犯罪、维护群众合法权益和社会公共安全等方面表现出了强有力的形象。

第六，在滇中地区，R县综合经济实力居于前列，经济发展速度较快，发展前景良好，显示了R县政府领导和县、乡政府比较卓有成效的领导经济发展的能力。从纵向看，县级财政好于乡级财政，乡级财政好于村级财政；行政部门的行政工作进步速度也较快，因而政府总体形象和社会影响力还是呈正的上升趋势。

综上所述，如果将地方政府信用设立为优、良、中、差四个等级，我们认为，R县的政府信用处于中等水平。

二、R县政府信用缺失原因的一般性分析

以上分析表明，R县政府信用存在一定程度的缺失。虽然其缺失的表现形式和特征与其他地区不尽相同，但是在中国现行的体制环境和权力结构模式下，其信用缺失的原因却具有十分明显的普遍性。政府信用缺失的原因很多，但从根源上来分析，主要有四个方面。

（一）官本位思想和行为在现实中的表现还比较突出

新中国成立以来的计划经济体制使得政府的角色变得空前的重要，社会生活的每一个方面都要纳入政府的计划，都需要由政府来管理。由于管理工作的艰巨、复杂，就将各级干部的地位和作用提到空前的高度。一些干部通过他们所掌握的职权而垄断了社会的政治权力，因此他们便成为实际上的社会主人，成为人民的家长即所谓的“父母官”。这样，他们与人民之间基于法理的政治关系就被颠倒了，由“人民的勤务员”变为“主人”，人民群众在他们看来只是被管理的对象。同时由于这种垄断，便使得行政权力容易处于高于法律的地位。由于国家在立法程序上的不够完善，许多法律都是由行政部门起草并获得通过的，因而是反

映部门利益的。这就使得在社会中造成权大于法的状态。这样，一些干部便能很容易地进行权力寻租，把国家的财富变成了个人可以随意支配的东西。“做人民公仆”、“为人民服务”等等口号往往成为理论上衡量政府官员的标准，在实践中却常常落空，以至于他们在侵害人民利益时，常常麻木不仁，无动于衷。很多官员有强烈的“为民做主”的思想意识，他们认为，官和民从来就是管理与被管理的关系，更确切地说是管制与被管制的关系。在这些官员看来，只有行政过程中的“恰当不恰当”、方式与方法对与不对的问题，而没有所谓信用问题。

（二）当前地方各级党委、政府主要对上级负责而不是主要对人民负责的权力结构模式的运作和发展

宪法规定，中华人民共和国的一切权力属于人民。但是，现行的干部人事制度决定了在政府机构内部纵向关系上，是依赖等级结构在组织内部层层授权、上级对下级进行监督和管理的实际状况和结构。又由于种种原因，人民对国家机关的监督是弱化的，所以本来是各级机关对人民负责变成了下级机关唯上级机关命令是从，对其负责。这样，下级机关为保护自己的利益、投上所好而表现出来的弄虚作假、政绩注水、形式主义等严重损害政府信用、耗散政府信用资源行为的频频发生就显得很正常了；这样，公民权利很难对公共权力进行制约，所谓的责任行政、服务行政、透明行政、依法行政也就很难真正在地方政府中切实运作和践行。

（三）利益规范机制的缺失

从一般意义上说，利益关系就是不同的利益主体之间的相互关系。在政府、集团、个人的利益关系中，由于都有自己的特殊利益，当扭曲了一种需要和利益来实现另一种需要和利益时，即不合理地分割同一利益主体的两部分利益时，它们之间的矛盾就会发生。具体地讲，包括以下几个方面：

1. 政府的自利性

政府的自利性，表现为政府内部各部门官僚集团利益的外化和内部机构为实现一定利益而产生的自利行为。政府自利性导致的是政府决策的非理性。

首先，政府维护自身利益有一个“度”的界限。在“度”的范围内，政府的社会性可以得到充分发挥，不仅可以维护政府的正当利益，而且政府的威信也可以得到提高；超出了“度”的范围，公共决策过程就会显示出非理性判断，作出错误的决策，使公共利益受损。

其次，政府自利性的膨胀会直接造成一系列不良后果，如：非理性行为泛滥、政令不畅，部门利益分割，必要的组织、协调、指挥和控制无法实现等。结果必然就是政府信用下降，形象受损，人们对政府的信任发生危机。

最后，政府作为公共价值选择的主体，它的一切行为都会影响公共价值选择的有效性。非理性行为下的公共价值选择都是低效的，其逻辑终点就是公共行政价值选择偏差，而这种偏差会进一步加剧政府自利性的膨胀，进而严重阻碍政府和民众关系的良性发展。

2. 决策的集团利益倾向

决策集团化，指的是行政部门的行政行为偏离了“公共利益”的导向，以追求部门自身局部利益的形式来变相地实现个人利益。正因为部门利益的存在，长期以来的机构调整才会“按下葫芦起来瓢”，处于一种精简与膨胀的不断恶性循环之中。部门利益的刚性存在，与行政部门的公共性是根本对立的，它违背了政府为公众服务的宗旨，损害了政府的权威与形象，降低了政府工作的效能。部门利益的实现方式就是部门职权利益化与部门利益法定化。与西方发达国家政府部门在立法机构中通过争夺较大的预算份额来获取部门利益不同，我国政府部门是通过将部门职权利益化的方式来直接获取部门利益。这种部门利益对政治运行有着重要的影响力，如果任其追求利益而不加限制，那么政府的整体职权、形象将分割为各种扭曲的残片。

3. 对个体正当利益的漠视

一个人作为政府雇员，他愿意为政府作出贡献，是因为政府可以提供给他一定的诱因。如果个人的贡献总和在数量和种类上都很充分，足以提供给政府进一步发展所拥有的资本的话，政府就有能力提供给个人更多的资源。这样，政府就能够长期保持自身的创造力和活力。反之，如果不能够在这方面达到一定程度的平衡，政府就会衰退。政府对内部要做的，就是对自己的雇员的利益履行保障和平衡的义务。在政府的运行过程中，欠缺的往往是政府对个人利益的重视，过分强调“人民公务员”，忽视个人的基本需要，置个人利益于不顾，在宣传和教育上强调的是官员个人德行的修养和品质的培养，忽视了激发个人才能发挥的外部机制的建设问题，结果就会使得个人因需求缺乏满足而离开政府机构。随着这些精英的逐渐流失，政府信用所赖以存在的主体将会不完整，信用的实施会更加困难，政府的信用就会随之降低。

参考文献：

［1］［美］塞缪尔·亨廷顿：《变革社会中的政治秩序》，华夏出版社 1988 年版。

［2］马裕兴、姜子华主编：《云南边疆少数民族问题研究》，云南大学出版社 1995 年版。

［3］周平：《民族政治学导论》，中国社会科学出版社 2001 年版。

［4］周平：《少数民族政治分析》，云南大学出版社 2000 年版。

［5］陈振明主编：《公共管理学——转轨时期我国政府管理

的理论与实践》，中国人民大学出版社 1999 年版。

［6］王海生：《提高西部地方政府信用 促进西部大发展》，《南方经济》2002 年第 2 期。

［7］王良主编：《社会诚信论》，中共中央党校出版社 2003 年版。

［8］李新庚：《中国信用制度干部培训读本》，中共中央党校出版社 2002 年版。

［9］赵立平主编：《信用链——温州·萧江调研报告》，复旦大学出版社 2003 年版。

［10］《中共中央关于完善社会主义市场经济体制若干问题的决定》，人民出版社 2003 年版。

永仁县文化产业发展思路及对策

肖莹莹*

永仁早在新石器时代就有先民生息繁衍，由于受区位和历史的造化，呈现出了丰富、多元的文化特征，主要受金沙江文化、滇池文化、洱海文化、中原文化、巴楚文化的熏陶，随着历史的变迁及民族的迁移，形成如今19种民族居住的大家庭。各民族之间大杂居，小聚居，民族文化相互渗透，多姿多彩的民族文化和多种多样的宗教信仰，同时也保持和发扬了地方特色和以彝族为主的少数民族特色，特殊的地理位置和独特的日照资源，悠久的历史，复杂多样的地貌，勤劳智慧的各民族人民在生产生活中孕育出了永仁各民族灿烂而丰富的民族文化。直苴彝族赛装节、方山风景区、彝绣、苴却砚享誉省内外，具有产业化发展的基础和条件。

一、文化产业的内涵

要发展文化产业，必须对文化产业的内容、特性及发展环境有一个全面的认识、理解和把握，以便在工作中按科学规律，遵循产业属性，用科学的发展观来发展文化产业。

* 作者：肖莹莹，永仁县县委党校教师。

1. 文化产业的概念

我国研究文化产业的著名学者，北大教授叶朗指出：文化产业是指从事文化产品与文化服务的生产经营活动，以及为这种生产和经营提供相关服务的行业，它的最终目的是满足人们的精神文化需求。原云南省委副书记、全国作协副主席丹增亦说道：文化产业是经济文化化和文化经济化的产物，它有文化和经济的双重属性，具有推动文化繁荣和经济发展的双重功效。用通俗的话讲，文化与经济相结合形成了文化产业。按行业划分，文化产业的内容主要有10类：文化产品制造业；文化艺术、体育业；广播、电视、电影和音像业；文化用品印刷、纪录媒介复制业；新闻出版业；文化用品批发零售业；文化信息传输服务业；文化社会娱乐服务业、商务服务业；科学研究、技术服务和地质勘察业；特色产业的文化附加值研究、策划和品牌设计。

2. 文化产业的种类

文化产业是一个特殊的产业，它与一般物质生产的产业比较，从其产品看表现在7个方面：

（1）文化产业的发产品是满足人们的精神需求的，这是更高层次的需求，一般来说，人们的消费能力越强，对文化产品的消费越多。

（2）文化产业产品的生产者，必须是文化人力资本的拥有者，劳动者必须是具有创作才能的个人。生产文化产品中劳动的支付，完全是脑力的支付。

（3）文化产业是通过创造供给来培育和创造消费需求的。在文化产品未被生产出来之前，市场对文化产品的需求是难以判断的，投资文化产品是要承担市场高风险的。创造文化产品，创作者是靠涌动的创作激情，或者靠对市场需求的理性预期，不可能有明确的消费对象。

（4）文化产业的生产都具创造性和个性。每一件文化产品之间都具有不可重复性、不可替代性和不可再生性。

（5）文化产业的产品创造是无形资产，积累的是品牌效应。

（6）文化产业与其他产业有共生性和融合性。任何一个产业形态都融入不同的文化内涵，如酒文化、茶文化、饮食文化、居住文化、汽车文化等，它反映着不同的文化价值取向。

（7）作为社会主义市场经济体制下的文化产业，具有双重属性。作为产业具有经济属性，自然要进入市场，在管理体制、经营方式和经济效益上同市场接轨，要遵循社会主义市场经济规律。但文化产业毕竟姓“文”，又具有政治属性，这就是文化的意识形态性质。作为一种意识形态，它又肩负重大的历史使命和历史责任，特别在社会主义的中国，它代表着先进文化的前进方向，政治属性的功能显得更为突出，所以在发展文化产业时既要重视经济效益，更要重视社会效益。

3. 文化产业的特点

随着我国经济的发展和人民生活水平的提高，文化消费需求的增长速度远远大于对物质消费需求的增长速度。据统计，我国目前每天在各类文化场所的消费者超出 2 000 万人，城镇居民人均文化消费年平均增长率为 22.09%，远远高于同一时期经济增长率。最近几年，这个比率仍在不断增长，文化作为一种产业，在现代经济结构中越来越显示出其基础地位，如今，文化产业被视为 21 世纪的“朝阳产业”，文化产业将成为未来世界经济新的增长点和国民经济的重要支柱产业之一。但就现在来说，我们的文化产业还是弱质产业，许多发达国家文化产业占国内生产总值达到 4% 左右，而我国目前仅为 0.3 %。在我县，文化产业几乎是一片空白，这说明，文化产业还有很大的发展空间，前景非常广阔。

二、永仁县文化产业发展现状

1. 永仁民族文化资源

永仁县是我州文化资源最具多样性的地区之一，在永仁境内保存完好且具有很好的开发利用价值的民族文化有以下几种：

（1）历史名胜古迹文化。永仁境内有被誉为“清凉世界”的国家AA级风景名胜区方山；有省级文物保护单位菜园子新石器时代文化遗址；有能充分体现滇西彝族民居建筑风格的县级文物保护单位中和夏家大院、夏氏故居；其他古迹还有维的石棺墓遗址、方山的诸葛营、比丘尼塔；宗教庙宇有方山的观音寺、静德寺、活佛寺、回族的清真寺、永定粮所内的“黉学庙”等。

（2）节日文化。除了各民族共有的春节、清明节、端午节、中元节（也叫七月半）、中秋节外，还有彝族的赛装节、火把节、牛王节（冬月初十）、彝族年（北部彝族农历冬月第一属龙或属兔日）、山街节；回族的圣纪节、代尔节、古尔邦节；傣族的泼水节等。

（3）民族服装服饰文化。永仁的民族服装服饰大体可分为两大类：一类是彝族（倮罗）以中和镇直苴为代表的彝族服饰；另一类是彝族（诺苏）以永兴乡的干树子、立溪冬、马颈子和现在的永定镇大土塘和莲池搬迁点为代表的彝族服装服饰。

（4）民族民间歌舞文化。主要有山歌、情歌、劳动歌、赶马歌、婚嫁歌、苦歌、酒歌、祭祀歌等，这些民间歌曲，除祭祀歌外，大都是触景生情，即兴发挥；民间舞蹈主要有自娱自乐式舞蹈和祭祀性舞蹈两种。

（5）民间音乐文化。彝族民间音乐起源早且古朴，用说唱和伴奏形式表达彝族人民在生产生活中的喜怒哀乐。主要分打击乐和管弦乐，如芦笙、哔噜、响篾（口弦）等，主要分布为直苴派系和平地、维的、永定派系，分哀乐调和喜庆调。

（6）居住文化。

（7）饮食文化。

（8）民族体育文化。

（9）婚恋文化。

（10）丧葬文化。

（11）民族宗教文化。

（12）毕摩文化。

（13）民族建筑文化。

2. 永仁文化事业发展现状

县人民政府设有专管全县文化体育事业的专门机构——县文化体育局。2001 年机构改革时，又加挂了永仁县新闻出版（版权）局，核定行政编制 6 人，下属文化事业单位有县文化馆、县公共图书馆、县电影公司，四乡三镇均设有文化站。到目前为止，除宜就外，均有独立的综合办公楼（莲池乡文化站在建）。全系统有专业技术人员 19 人，其中有中级职称 4 人，初级职称 15 人。永仁有省级文物保护单位 1 个，州级文物保护单位 3 个，县级文物保护单位 2 个。在基础设施建设方面，县文化馆、图书馆和乡（镇）文化站有业务用户建筑 5 300 平方米，体育馆在建，年内将投入使用，游泳池、门球场、地掷球场各一。县、乡村有标准水泥篮球场 9 块。全县有 3 个影剧院、电影放映队 11 个。文化市场方面全县有经营户 68 户，其中：网吧 8 户 98 台，歌舞娱乐场所 17 户，打字复印 22 户，音像制品出版物租售 16 户，其他项目 7 户。

3. 我县文化产业发展存在的问题

（1）对文化事业和文化产业的性质、特点、发展规律及走向缺乏深层次的认识。什么是文化事业、什么是文化产业，二者能否相互渗透、交融、交叉或相互转化等问题，大部分同志还不是很清楚；在实际管理工作中，对于不同程度存在事业与产业相互渗透、交融、交叉的机构、单位如何管理也不是很清楚。由于过去没有对文化产业形成市场化的观念，没有把它作为市场经济的一个组成部分来考虑，只是把它作为政府的一个调控工具，企业缺乏自主经营自负盈亏的经营理念，缺乏生存发展的生机和活力，从而导致了文化产业过分强调社会性而忽视其效益性，制约了它的快速发展。

（2）资金投入不足。永仁是集民族、山区、贫困为一体的农业小县，做强做大任何一项产业，都离不开政府的财政投入、税费优惠、产业扶持、设施建设等方面的支持，如：乡镇文化站由于缺乏组织活动的经费，要巩固原有的文化阵地已非常不易，要发展文化产业就更难了。

（3）管理人才、专业技术人才的匮乏。过去一直把文化产业作为政府的一个事业部门，从业人员没有竞争压力，无进取心。因此，缺乏既有文化底蕴又通晓经济管理的专业化人才。我县现有人口 10.3 万人，但在文化战线的专业技术人员仅有 19 人，中级以上职称的只有 4 人。由于人才的匮乏，对民族文化资源进行挖掘、整理、保护、开发工作就显得相对滞后，文化资源优势就不能形成经济优势。

（4）产业优势尚未形成。表现在：产业规模不大，目前我县各类文化经营户总量不算多，但大多数经营户仅有 1 ~ 2 名从业人员，经营场地也非常小，服务质量跟不上；文化产业之间缺乏密切的联系，产业群体没有很好地形成，产品的规模优势没有得到发挥；产品档次偏低，我县目前的文化产品生产从总体上说还是以传统工艺技术为主，创新能力不强，技术水平偏低，产品缺乏竞争力的问题比较突出；民族文化资源和良好的区位条件也没有得到有效开发利用，难以形成特色文化旅游业；永仁在发展文化产业方面有一定的优势，如丰富多彩的原生态文化资源，良好的区位优势，浓厚的文化氛围等，但却不能形成产业，就是因为开发程度低，处于自然经营阶段，没有形成自己的文化品牌。永仁现在有一定基础的直苴赛装节和方山风景名胜区，但都缺乏深度的开发，没有形成品牌，所以在当前竞争日益激烈的形势下，竞争力不够强，也就不能起到带动一种产业发展的龙头作用。

（5）文化市场不规范。市场对文化资源的配置没有起到基础性作用，文化资源闲置、浪费现象较严重；不同行业、不同部门、不同所有制之间政策不平等，特别是非公有制企业进入文化产业市场的准入条件过高；市场垄断不同程度地存在，公平、规范、竞争性的统一市场尚未真正形成；文化中介组织不健全，缺乏行业自律规范。

4. 永仁发展文化产业化的优势条件

（1）区位优势。永仁自古以来就是出滇入川的咽喉要道，县城距中国西南重要的钢铁基地城市攀枝花市仅有87公里，随着南永公路（南华—永仁）和武永公路（武定—永仁）的全线通车，永仁的区位优势将得到进一步增强，必将会为文化产业建设者急需的信息、物资、资金的流动带来极为便利的条件，为文化产业的发展注入强大的动力。

（2）文化基础设施不断得到改善和加强。随着楚雄州“千里边疆文化长廊”工程建设规划的实施，我县的图书馆、文化馆、各乡镇文化站都处在全面施工建设阶段，文化基础设施得到大大改善。大力提倡和举办各种文化活动，努力营造良好的民族文化环境；结合民族民间文化普查工作的开展，努力引进和培养民族民间艺人。对散布在民间的民族老艺人进行普查，整理、记录其技艺，对濒于失传的民间技艺进行抢救。这些行之有效的工作，创造出良好的人文环境，给文化产业的发展提供了优良的社会环境。

（3）拥有丰富多彩的民族文化资源，永仁是一个以彝族为主的多民族聚居区，除彝族外，还有汉、回、傣、傈僳等19个民族，勤劳智慧的楚雄各族人民不仅创造了自己辉煌的历史，而且创造了瑰丽多姿的民族文化。彝族是永仁县人数最多的少数民族，彝族文化沉淀极为丰富，并形成了完整的历史和现实的文化体系，彝族的历史和语言文字、饮食、居住、服饰、婚俗、丧俗、原始信仰、节日、礼仪、歌舞、工艺等独具民族和地域特色，特别是中和直苴地区的彝族文化更是保存得相当完整。丰富的民族文化资源，是民族文化产业的资源基础和产业优势。

三、永仁县文化产业发展思路和对策

（一）发展思路

（1）进一步解放思想，树立文化产业观念、长期以来，由于受传统文化的影响，对文化的作用，对文化作为产业已成为当代经济的重要支柱之一的地位认识不足，在现代化建设中存在着“重经济，轻文化”的现象。因此，解放思想，更新观念，将文化与现实经济联系在一起，这是我们的文化沿产业化发展要解决的首要问题。

（2）要充分认识到文化与经济的协调发展，文化与持续发展的重要意义。人们愈来愈强烈地感受到：文化就是一种经济，文化就是明天的经济。文化将大踏步地进入市场，经济性将成为文化产业的基本性质之一。另外，文化产业是以精神产品为基础的产业，对自然资源，环境不构成威胁，甚至不造成消耗，并且，文化产品价值还有增值效应，如果开发得当，往往可以产生很大的投入产出比。由此可见，文化产业是具有极大可持续性发展潜力的产业。我们文化发展走产业化的发展道路是正确、明智的选择。

（3）改革管理体制，把经营性的文化产业和公益性的文化事业分开管理。现在我们对文化的管理处在一手抓的状态，要重新认识，把经营性和公益性的文艺生产分类管理，政府职能从“办文化”向“管文化”转变，明确工作思路，加快我县文化产业的发展。

(4) 不断改革和增加投资渠道，形成新的投资格局。多年来，我国文化产业的资金来源渠道较为单一，几乎所有文化机构的生存与发展都依赖于各级政府的财政拨款，这极不利于社会主义市场条件下文化产业的建设。因此，一方面，要继续加大国家对文化事业的投入，落实对文化事业投入增长幅度不低于财政增长幅度的政策；另一方面，要积极寻找商机，引进外资，多渠道融资和充分利用市场回报等新的投资格局，为21世纪我县的文化产业的发展注入更强大的动力。

(5) 以人为本，加大人才的引进和培养力度。现有的文化专业技术人才远远不能满足文化事业发展的需要，文化产业的管理和经营人才更是一片空白。要发展文化产业，就必须下决心引进和培养人才，按照“引进急需人才，利用现有人才，挖掘潜在人才，培养后备人才”的方针，努力引进培养文化专业人才和产业管理人才。对散在民间的民族民间文化进行普查，对濒于失传的文化进行抢救，创造良好的重视人才、尊重人才的人文环境，为文化产业的发展创造优越的社会环境。

(6) 突出重点，发挥民族文化旅游业的龙头带动作用。文化产业门类众多，地域性的文化产业由于条件所限，一般不能面面俱到、全面出击，只能抓住特点，发挥优势。永仁县在民族文化旅游资源上优势比较明显，在科技、人才、资金方面则较弱。鉴于此，我们应扬长避短，重点打造方山风景区、彝族赛装节、彝族刺绣、苴却砚四大品牌，大力发展民族文化旅游业，带动我县文化产业的发展。

(二) 对策和建议

(1) 请专业人士到永仁指导，做好永仁县文化产业发展的策划工作和总体规划工作，确保我县文化产业发展融入到全省、全州的大环境中，抓住好的发展机遇。

(2) 组建永仁民族艺术团，挖掘、整理、打造民族文化艺术精品。我县是彝剧的发源地之一，要投入一定的资金，组织人力对彝剧进行深入的挖掘、整理，力争创作出在全省、全国都深有影响的彝剧作品 1 ~ 2 件，并把它打造成一个品牌，成为推动我县文化产业发展的龙头产品。

(3) 在民族服饰加工方面，永仁有自己的优势条件，经众多专家学者鉴定，直苴的女式服饰最能代表楚雄州内的彝族服饰。现在楚雄州内的彝族服饰都是在直苴款式上修修补补，但万变不离其宗。直苴有三分之二的妇女会刺绣和缝制彝族服饰，据调查，现直苴有近 50 户的人家能自己生产和推销民族服饰。现永仁已成立了彝族刺绣协会，但开发程度低，经营分散，缺乏竞争力，建议成立直苴民族服装加工厂，并重点加以扶持。

(4) 依托具有一定基础和影响力的方山风景区、直苴彝族赛装节、彝族刺绣、苴却砚，大力发展特色旅游业；保护开发永仁菜园子新石器文化遗址，诸葛营遗址、维的石棺墓群遗址为主的历史文化资源；加快对中和夏家大院、夏氏故居彝族建筑群的修复，再融合彝族文化，把历史文化与民族文化融为一体；把中和镇建成永仁民俗集中展示基地，提高具有一定基础的农家乐旅游的品位和质量。

(5) 随着人们生活质量的提高，人们对体育娱乐休闲的需求越来越大，体育产业将大有可为。要发展体育产业，首先要加强体育基础设施建设，在县城建一个综合性体育馆的基础上，每个乡镇建一个职工活动中心，建一块标准灯光球场。

(6) 加强文化基础设施建设，为文化产业发展创造优良的人文环境。建一个宣传文化中心和未成年人思想道德建设活动中心，完善文化站的配套设施并在各个乡镇组建一支业余文艺队。

（7）加强对现有大众娱乐业的规范管理和规模化集中经营，如：对电子游戏室、电脑网吧等群众反映较大的文化产业，采取特殊行业管理的办法实行集中定点经营，便于监督管理。

（8）加强文化交流合作，采取“走出去，请进来”相结合，官方交流与民间交流相结合的办法，加强文化交流，通过取长补短，提升现有文化人才的素质。同时，运用市场机制配置人才资源，引进一些热爱民族文化事业、致力民族文化繁荣与发展有较高专业水平的民族文化人才，允许个人以其拥有的文化品牌、创作成果和科技成果、管理经验等作价入股，鼓励外地有能力的人到永仁发展民族文化产业。

译　文

丛林中的莎士比亚

［美］劳拉·博安南　著　丁晓辉　译　谢国先　校[①]

摘　要：一个群体的思维方式是由这个群体社会生活的整体面貌所决定的。跨文化交际中的沟通障碍之所以产生，主要是因为交际双方各自生活于其中的原有社会背景存在差异。这种差异越显著，沟通障碍出现的频率就越高，沟通障碍带来的挫折感就越大。人类学家劳拉·博安南在非洲丛林中对当地人讲述哈姆雷特的故事，但却无法把这个故事的基本主题传达给他们。尽管交际双方对共同使用的交际语言的熟练程度也会影响理解效果，但各自文化的差异才是造成沟通障碍的根本因素。

关键词：人类学家　哈姆雷特　蒂夫人　沟通障碍

就在我离开牛津前往西非的蒂夫人那里去之前，我跟别人谈话的话题转移向斯特拉特夫的季节。“你们这些美国人，”我的一个朋友说，“总是难以理解莎士比亚。毕竟，他是个地道的英国诗人，人们很容易因为误解了个别事例而错误解释了一般情况。”

① 译者：丁晓辉，华东是师范大学文学院中国民间文学专业博士研究生，三峡大学文学与传媒学院讲师。

我反驳说，世界各地，人们的本性完全是一致的。至少，比较伟大的悲剧的普遍情节和动因是清楚的——处处皆然，尽管习俗的一些细节可能需要解释，而且翻译的原因也会造成其他细微的差异。我们意见相左，为了结束争论，朋友给我一本《哈姆雷特》，让我在非洲丛林里作研究：他希望这本书能够使我不受原始环境的影响，也希望我可能会在漫长的沉思之后能够得到神的恩赐，正确理解它。

这是我第二次到那个非洲人部落里作田野调查，而且我认为我已准备好在它最偏远的区域之一住下来。那个地方甚至步行都难以穿越。我最终在一个知识渊博的老人的小丘上安顿下来。他是140来人组成的家园的头领，这些人要么是他的近亲，要么是近亲们的妻儿。与附近的其他老者一样，这位老人把大多数的时间花在举行仪式上了，那段时间，这些仪式在部落里交通较为方便的地方很少见到。我很高兴。很快会有三个月被迫的隔绝和闲暇。我发觉道德争论是无用的，因为姻亲是很好的欺骗对象；而且，我很难向不识字的人解释造假在技术上的困难。我不想让他们觉得我愚蠢到一天到晚就会看那种纸，所以我马上向他们解释说我的“纸”是在我国“很久之前发生过的事情”之一。

“啊，”老人说，“讲给我们听听。”

我反对说，我不是讲故事的人。在他们当中，讲故事是一项有技巧的艺术；他们的标准很高，观众也很苛刻——并且在发表批评时畅所欲言。我反对无效。

这个上午他们想边喝酒边听故事。他们威胁说如果我不给他们讲一个我的故事，他们就再也不给我讲故事了。最终，老人承诺说大家都不会挑剔我讲故事的方式，“因为我们知道你正在拼命学习我们的语言。”“但是，”一个老者插话说，“你得把我们不懂的东西解释清楚，就像我们给你讲故事时所做的一样。”我以为我可以趁机证明《哈姆雷特》能够被普遍理解，就同意了。

老人又递给我些啤酒，让我更好地把故事讲下去。男人们把长长的木烟斗装得满满的，从火里敲下一块块木炭，放到烟斗里；然后，一边满足地喷着气，一边背向后靠着听我讲故事。我按正常的方式开始讲了，“不是前天，不是昨天，而是很早以前，发生了一件事。一天夜里，三个男人正在大首领的家园外面放哨，忽然看见从前的首领向他们走来。”

“为什么他不再是他们的首领了？”

“他死了，”我解释说，“所以他们看见他时又担忧又害怕。”

“不可能。”老者中的一个人开始说，把烟斗递给旁边的人。后者插嘴说：“当然不是死去的首领。那是女巫送来的一个预兆。继续吧。”

受到一丝震动，我继续讲。“三人当中有一个人是知道事情的人”——“知道事情的人”是对“学者”最贴切的翻译，但遗憾的是“知道事情的人”也指女巫。第二个老者得意地看着第一个老者。“所以他对死去的首领说，‘告诉我们，我们要怎么做你才能在坟墓里安息’，但是死去的首领没有回答。他消失了，他们再也看不到他了。然后那个知道事情的人——他名叫霍拉旭——说这是已故首领的儿子哈姆雷特的事情。”

一圈人的脑袋都摇起来了。“死去的首领没有活着的兄弟吗？要不，是他儿子当了首领吗？”

“不，”我回答说，“是这样，他有个弟弟活着，哥哥死了后，弟弟就当了首领。”

老人们嘟囔起来：这样的预兆是首领和老者们的事，不是年轻人的事；背着首领说闲话可没有什么好处；显然，霍拉旭不是一个知道事情的人。

“不，他是，”我坚持说，一边把一只鸡从啤酒旁嘘走。“在我们国家，儿子要继承父位。已故首领的弟弟成了大首领。葬礼后仅仅过了大概一个月，他还娶了哥哥的遗孀。”

“他做得好，”长老微笑着向其他人宣告说，“我告诉你们，如果我们对欧洲人有更多了解的话，我们会发现他们的确跟我们很像。在我们国家也这样。”他又对我补充说：“弟弟娶哥哥的遗孀，成为哥哥的孩子们的父亲。现在，如果娶你寡母的叔叔是你父亲的亲弟弟，那么他就会像亲生父亲一样对你。哈姆雷特的父亲和叔叔是一个母亲生的吗？”

他的问题表明他根本就没有理解我的意思，因为我忽略了《哈姆雷特》中最为重要的内容之一，我非常难受，不知所措。我相当犹豫地说，我想他们是一母所生，但我也不敢肯定，因为故事里没有说。老人严肃地说这些家世细节至关重要，等我回家后应该找老年人问清楚。他朝门外喊，让他的一个年幼的妻子把他的羊皮口袋拿来。

我决心要尽力补救母亲主题，所以深吸了一口气，重新开始。“儿子哈姆雷特非常伤心，因为他母亲那么快就再婚了。她本来不必要这样做，我们的风俗是寡妇要服丧两年后才能再到下一个丈夫那里。”

“两年太长了，”老人的妻子反对说，她已拿着那个瘪瘪的羊皮口袋出现了，“没有丈夫，谁来帮你锄地呢？”

“哈姆雷特，”我不假思索地反驳说，“他已经长大了，完全可以自己帮助母亲锄地。她不需要再结婚。”没有人表现出被说服的样子。我放弃了。“他母亲和大首领告诉哈姆雷特不要伤心，因为大首领自己会成为哈姆雷特的父亲。而且，哈姆雷特会成为下一个首领，因此，他必须留下来学习做一个首领。哈姆雷特同意留下来，其他人都去喝啤酒了。”

我停下来，发愁如何把哈姆雷特的讨厌的独白翻译给这样的一群听众——他们确信克劳狄斯和乔特鲁德的行为极其正确，这时一个年轻人问我谁娶了死去的首领的其他妻子。

“他没有其他妻子，”我告诉他。

“但是首领一定要有很多妻子的！不然他怎么能酿啤酒和为所有客人准备食物呢？”

我坚定地说，在我们国家即便是首领也只有一个妻子，首领们有仆人替自己干活，他们从税收中拿钱付给仆人。

他们反驳说，还是这样更好——首领有许多妻子和儿子，他们能够帮他耕种土地、养活人民，于是每个人都爱戴付出很多但从不索取的首领——税收是件坏事。

我同意最后的评论，至于其他那些话，我借用他们最喜欢用来搪塞我的那种方式应付他们：“事情就是这样做的，所以我们就这样做了。”

我决定跳过那段独白。即便这里的人认为克劳狄斯娶寡嫂是对的，但依然还有毒杀的主题，而且我知道他们不会赞成杀害兄长的行为。我更加充满希望地接着说：“那天晚上哈姆雷特和那三个见过他亡父的人待在一起站岗。死去的首领又出现了，尽管别人很害怕，但哈姆雷特还是跟着死去的父亲走到了一旁。他们单独在一起时，哈姆雷特死去的父亲说话了。”

“预兆不会说话！”老人一字一顿地说。

“哈姆雷特死去的父亲不是预兆。看见他可能是一个预兆，但他不是一个预兆。”我的听众们听我说这些显得很迷惑。“那的确是哈姆雷特死去的父亲。我们叫做‘鬼’。”我不得不使用了英文词，因为与很多相邻的部落不同，这些人不相信人的任何单个部分在人死后还会继续存在。

“‘鬼’是什么？预兆吗？”

“不，‘鬼’是已经死了但到处走，并且会说话的人，人们能听见他，看见他，但摸不着他。”

他们反对。“人摸得着僵尸。”

“不，不！那不是女巫用做祭品和食物而弄活的死尸。没有别人能够让哈姆雷特死去的父亲走路。他自己走路的。”

“死人不会走路。”听众们异口同声地反对。

我相当愿意妥协。“鬼就是死人的影子。”

但他们又不同意了，“死人不会投下影子。”

“在我们国家死人是这样。”我抢白说。

马上掀起来一阵不相信的声音。长老制止了大家，带着一种虚假而又讨好的迁就——这种迁就是一个人在年轻无知而又迷信的人的想象面前表现出来的——对我说：“毫无疑问，在你们国家，死人即便不成为僵尸也可以走路。”从他口袋深处，他摸出来一块已经蔫了的可可果，咬掉一端，表示没有下毒，然后把剩下的递给我表示求和。

“不管如何，”我接着说，“哈姆雷特死去的父亲说，他自己的弟弟，就是成了首领的那个人，毒死了他。他想让哈姆雷特为他报仇。哈姆雷特内心相信这件事是真的，因为他不喜欢父亲的弟弟。”我又喝了一大口啤酒。“在大首领的国家，在同一个家园里，因为那个家园很大，住着一个非常重要的老者，他总是跟大首领待在一起，给他提建议，帮助他。老者的名字叫波洛尼厄斯。哈姆雷特正在追求他女儿，但她父亲和哥哥……（我飞快地向周围看看，寻找部落里能够相类比的东西）警告她说当她一个人在地里时不要让他来找她，因为他将要成为大首领，所以他不会娶她。”

“为什么不？”那个妻子问，她已经坐在老人的椅子边上了。他觉得她问了一个太愚蠢的问题，于是皱着眉头，然后咆哮说：“他们住在同一个家园里。”

“那不是原因，”我告诉他，“波洛尼厄斯是一个陌生人，他住在家园里是因为他帮助了大首领，而不是因为他是亲戚。”

“那为什么哈姆雷特不能娶她？”

“他本来可以，”我解释说，“但波洛尼厄斯认为他不会。毕竟，哈姆雷特是一个应该娶大首领的女儿为妻的重要人物。因为在他的国家，一个男人只能有一个妻子。波洛尼厄斯担心如果哈姆雷特与他女儿相爱，那么就没有其他人出高价娶她了。”

“那倒可能是真的，”那些更精明的老者当中有一个评论说，“但是一个大首领的儿子可以给他的女人的父亲足够的礼物和庇护，这些尽可以弥补损失了。我听起来觉得波洛尼厄斯像个傻瓜。”

“许多人认为他是傻瓜，”我赞同。“同时波洛尼厄斯让儿子累尔提斯到巴黎学习那个国家的事情，因为那儿的确是一个非常重要的大首领的家园。因为他担心累尔提斯会把很多钱浪费在啤酒、女人和赌博上，或者因为打架惹麻烦，所以他派一个仆人偷偷到巴黎，监视累尔提斯。一天哈姆雷特碰到了波洛尼厄斯的女儿奥菲利亚，他举止怪异，这把奥菲利亚吓住了”。的确，我搜索着词语来描述哈姆雷特的似疯非疯——“大首领和其他很多人也都注意到，哈姆雷特说话时人们能听懂他说什么单词，但不明白是什么意思。许多人觉得他疯了。”我的听众们忽然更专注了。“大首领想知道哈姆雷特怎么了，他叫来哈姆雷特的两个同龄人（同学这个词肯定还要费口舌解释）跟他说话，看看他心里到底为什么事情痛苦。哈姆雷特已经明白他们被大首领收买了，背叛了自已，所以什么也没有告诉他们。然而，波洛尼厄斯坚持说哈姆雷特疯了，因为他不能见到奥菲利亚——他爱的人。”

“为什么，”一个疑惑的声音问，“会有人因为那个原因给他施巫术？”

“给他施巫术？”

“是啊，只有巫术才能让人发疯，当然，除非一个人看到藏匿在森林里的生命。”

我不再讲故事了，拿出笔记本，请求他们告诉我与发疯的两个原因相关的更多的东西。即便是他们讲述我迅速记录时，我还在估算着这个新因素对情节的影响。哈姆雷特并没有撞上隐藏在森林中的生命。只有他的男性亲属才会给他施巫术。除了莎士比亚没有提到的亲戚之外，蓄意害他的只能是克劳狄斯。当然，这个人的确是他。

与此同时，我说，大首领也不相信哈姆雷特只是因为对奥菲利亚的爱而发疯。这样才挡回了听众的很多问题。“他确信哈姆雷特焦虑的是更重要的事情。”

“现在哈姆雷特的同龄人，”我接着说，“带来了一个很出名的讲故事的人。哈姆雷特决定让这个人给大首领和全家园的人讲一个故事，故事说一个人因为垂涎哥哥的妻子，又想自己当大首领就毒死了自己的哥哥。哈姆雷特确信大首领如果的确有罪，听故事时就不会不动声色。这样他就可以确定他死去的父亲告诉他的是否是真相。”

老人打断我，非常老谋深算地问：“为什么父亲会对儿子撒谎呢?”

我推托说：“哈姆雷特不能确定那是否真的是他死去的父亲。”不可能用他们的语言来说明魔鬼制造的幻象。

“你的意思是说，”他说，“那只是个预兆，而且他知道女巫有时会送来假预兆。哈姆雷特真是个傻瓜，他没有先去找一个擅长解释预兆、占卜真相的人。会看真相的人本可以告诉他他父亲的死因，如果他真的被毒死了，如果这件事中有人施巫术，那么哈姆雷特可以召集老人们来解决这个问题。”

那个精明的老人冒险提出了不同意见：“他父亲的弟弟是大首领，会看真相的人可能因此不敢说出来。我想是因为这个原因哈姆雷特父亲的一个朋友——一个巫师，又是个老人——送出了一个预兆，让他朋友的儿子知道。预兆是真的吗?”

“是的，”我说，把鬼呀魔呀抛到了一边。它只能是巫师送来的预兆。“事情是真的，因为讲故事人向全家园的人讲故事时大首领恐惧地站起来了。他害怕哈姆雷特知道他的秘密，就打算除掉哈姆雷特。”

下一刻的舞台上的一幕要翻译出来有点儿困难。我小心翼翼地开始了。“大首领让哈姆雷特的母亲从她儿子那儿找出他到底知道些什么。但是，因为一个女人总是在心底把孩子放在第一位，大首领就让有重要身份的老人波洛尼厄斯藏在哈姆雷特母亲睡棚墙上挂的一块布后面。哈姆雷特开始责怪母亲做过的事情。”

每个人都发出惊讶的不满声。一个人永远都不该责怪自己的母亲。

“她惊恐地喊叫起来，波洛尼厄斯在布后面动了一下。哈姆雷特喊了一声‘老鼠!’，拿出砍刀向布砍去。”我为了获得戏剧效果，专门停了一下。“他杀了波洛尼厄斯!”

老人们带着极度的憎恶面面相觑。“那个波洛尼厄斯真是个傻瓜，什么都不懂！再年幼无知的人也应该知道喊‘是我!’”我的心猛地一沉。我想起他们都是热衷于打猎的人，总是弓箭砍刀武装一身。猎手一听到草丛里沙沙响，就搭箭瞄准，口中喊“猎物!”如果没有人的声音马上回答，箭就射出去了。哈姆雷特像个好猎人一样，先喊了一声“老鼠!”

我匆忙要挽回波洛尼厄斯的面子。“波洛尼厄斯说话了。哈姆雷特听见了。但他以为是大首领，他想把大首领杀了，为父亲报仇。那天晚上在此之前他本来就想把他杀了……”我讲不下去了，没有办法向这些不相信人死后都有来生的异教徒解释清楚，在祈祷声中死去和“未授予圣餐、失望、未受临终涂油礼”地死去的区别。

这回我让听众们震惊了。“一个人去对付他父亲的弟弟，去对付成了他父亲的人——这真是件可怕的事。老人们应该让这个人中邪。”

我不知所措地小口小口地咬着可可果，然后指出来毕竟那人杀了哈姆雷特的父亲。

“不，”老人宣告说。与其说是对我说，不如说是讲给坐在老人们背后的年轻人听，“如果你父亲的兄弟杀了你父亲，你一定要告诉你父亲的同龄人，他们会为他报仇。没有人可以用暴力对待自己年长的亲属。”他忽然又有了另一个想法，“但是，如果他父亲的弟弟太坏，给哈姆雷特施了巫术，并且哈姆雷特发了疯，那就确实是个好故事了。因为哈姆雷特发了疯，不再有意识，所以他想把父亲的弟弟杀了。这样一来，这些就都是哈姆雷特的叔叔的错了。”

大家发出一阵赞叹。对他们而言，《哈姆雷特》又变成了一个好故事了，但它对我而言，似乎不再是同一个故事了。我反复考虑着后面复杂的情节和动机，已经失去了勇气，决定飞快地跳过危险地带。

“大首领，”我接着说，“并不为哈姆雷特杀了波洛尼厄斯感到难过。这件事给了他一个理由，赶走哈姆雷特，让哈姆雷特带着两个已经背叛了自己的同龄人，还有写给远方国家的一个大首领的几封信。信里要求处死哈姆雷特。但是哈姆雷特改动了纸上的内容，结果首领反而把他的同龄人给杀了。”我曾经告诉一些人，天衣无缝的造假既不道德，也非人力所能。现在他们中的一人对我怒目而视，我避开他的目光。

“哈姆雷特还没能到家时，累尔提斯回来参加父亲的葬礼。大首领告诉他哈姆雷特杀了波洛尼厄斯。累尔提斯之所以发誓要杀了哈姆雷特，这是一个原因，另外还因为他妹妹奥菲利亚听到父亲被自己所爱的人杀掉之后，疯了，淹死在河里。”

“你忘了刚才我们告诉你的了？”老人责怪地说。“一个人不该报复一个疯子。哈姆雷特在发疯的时候杀了波洛尼厄斯。至于那个姑娘，她不仅疯了，还淹死了。只有巫师才会让人淹死。水本身不会伤害任何东西。它只是我们用来喝的东西，只是我们在里面洗澡的东西。”

我开始生气了。“如果你们不喜欢这个故事，我就不讲了。”

老人发出“嘘”声让大家安静，又亲自给我倒了些啤酒。“你故事讲得很好，我们都在听呢。但是很明显，你们国家的老人从来没有告诉你故事的真正意思。不，别插嘴！你说你们的婚俗、衣服、武器跟我们不一样时我们都相信你。但是到处的人都是一样的，所以总是有巫师，而且只有我们，老人们，才知道巫师是怎么作法的。我们告诉过你，就是大首领想把哈姆雷特杀了，现在你自己的话证明我们对了。奥菲利亚的男亲属都有谁？”

“只有她父亲和哥哥。”哈姆雷特显然已经不在我掌握之中了。

“一定还有很多其他人，这一点等你回国后也一定要问你的长辈。从你讲给我们的内容来看，既然波洛尼厄斯死了，那就一定是累尔提斯杀死了奥菲利亚，尽管我没有看到原因。”

我们已经喝完了一罐子的啤酒，老人们带着一点醉意，兴致勃勃地讨论着这个问题。最终，有个人询问道：“波洛尼厄斯的仆人回来后说了什么？”

我吃力地回想起雷纳尔多和他的使命。“我想波洛尼厄斯被杀时他还没回来。”

“听着，”那个老者说，“我告诉你是怎么回事，告诉你故事该怎么讲。然后你告诉我是不是我对了。波洛尼厄斯知道儿子会遇到麻烦，他确实就遇到麻烦了。

“他因打架要付很多罚金，因赌博又欠了债，但是他只有两种办法快点儿得到钱。

“一个办法是马上把妹妹嫁出去，但是又很难找到一个男人愿意娶一个大首领的儿子追求过的女人。因为如果大首领的继承人跟你妻子私通，你又能做什么？只有傻瓜才会跟一个将来某天会成为他法官的人打官司。所以累尔提斯不得不用第二种方法：他用巫术杀了妹妹，让她溺死，这样他就可以悄悄地把她的身体卖给巫师了。”

我提出反对：“他们发现了她的尸体，把她埋了。的确，累尔提斯跳进坟墓想再看看自己的妹妹——所以，你看，尸体真的在那儿。哈姆雷特刚刚回来，也跟着他跳下去了。”

“我刚才告诉你什么来着？”老者向其他人求助说，“累尔提斯对他妹妹的尸体没安好心。哈姆雷特阻止了他，因为大首领的继承人就像一个首领一样，不希望任何其他人变得有钱有势。累尔提斯会很生气，这样，他就会杀了妹妹却得不到任何好处。在我们国家，他确实会因此想杀了哈姆雷特。难道事实不是这样吗？”

“差不多吧，”我承认，“大首领发现哈姆雷特还活着，就怂恿累尔提斯去杀哈姆雷特，并且安排他俩进行了一次砍刀决斗。决斗中，两个年轻人都受伤了，奄奄一息。哈姆雷特的母亲喝下了毒酒——大首领准备了毒酒，如果哈姆雷特赢了，就让她喝下去。看到母亲死于中毒，垂死中的哈姆雷特挣扎着用砍刀杀了父亲的弟弟。”

“你看，我对了吧！”那个老者大叫。

“是个好故事，”老人接着说，“你讲时极少出错。只是在眼看就结束时有一个错误。哈姆雷特的母亲喝下的毒药显然是为决斗的幸存者准备的，不管是哪个人。如果累尔提斯赢了，大首领就会毒死她，因为这样就没有人知道是他安排了哈姆雷特的死。然后，他也不必害怕累尔提斯的巫术了，用巫术害死自己唯一的妹妹可是需要狠心的。”

“有时，”老人总结说，把宽大的袍子往身边拉了拉，“你一定要给我们多讲你们国家的故事。我们是长辈，会启发你领悟它们的真正含义。这样，等你回到你自己国家后，你的长辈们就会明白你不是待在丛林当中，而是生活在一群知道事情的而且教给了你智慧的人当中。”

注 释

[1] 斯特拉特夫：英国英格兰中部城镇，莎士比亚故乡——译者。

[2] 本句中的“老人”指作者居住的家园里的那位老人。文中提到他时，用“theoldman”。而提到其他老人时，文中用“theelder”，故译为“老者”，与“老人”相区别——译者。